戦前日本の選挙と政党

季武嘉也著

吉川弘文館

目次

図・表目次

序章　戦前日本の選挙と政党

一　選挙に関する課題と視角

本書は、納税要件などの選挙制度を研究対象としたものでも、政党の結成や政党間の興亡を対象としたものでもない。一八九〇年（明治二三）の帝国議会開設から、一九四五年（昭和二〇）の第二次世界大戦敗戦までの期間に、日本の政党あるいは候補者が衆議院議員選挙という、権力欲と名誉が剝き出しでぶつかり合う場でいかに戦ったのか、にひたすらこだわったものである。

いうまでもなく、戦前の日本は一八八九年に発布された大日本帝国憲法に従って運営された。この憲法は、天皇主権の下に、天皇の行為を輔弼する内閣をはじめ、議会、軍部、枢密院、裁判所などを並列的に配置しており、いわゆる権威主義体制であった。議会に即していえば、本来その最大の機能であるはずの立法権を保持したのは天皇であり、議会の仕事は過半数の賛成によって協賛（同意）を与えることであった。さらにいえば、議会には貴族院と衆議院の二院があり、国民代表である衆議院の権限は半減された。このため、歴史研究の関心も拡散し、衆議院・政党については、自由民権運動や政党政治の確立・衰退過程など、おもに衆議院以外の勢力（非選出部分）との対抗関係が注目を集めてきた。

この観点が重要なことは論を俟たないが、一九八〇年代以降、公文書、個人文書、地方史料などの公開、発掘が相次ぎ、歴史学上の史料状況が格段に改善されると、同じ政治史研究でも、より広くより深い視野からの研究、換言すれば、政治と社会の関係に踏み込んだ研究が可能となった。このことは、衆議院や政党の研究に新たな意義を加えた。政治と社会の接点として最も重要な位置にあるのが、国民代表である衆議院や政党だからである。これによって、狭い意味での政局史を離れ、広い意味での歴史を考えようとする場合、衆議院・政党の研究上の比重はこれまで以上に高まったといえよう。

では、政治と社会が具体的にどのような場面で接するかといえば、政党・代議士にとって最も気がかりなのが選挙であろう。選挙は、政党・候補者があらゆる資源を利用して票の獲得に努めるものであり、その総合的な最終結果が数字として評価される。そのため、具体的な選挙の場を分析することは、より広い観点からの歴史を探る上で有効であり、かつ数字を利用することで実証性も今まで以上に期待できるのではないか、と考えられる。本書は、以上のような認識に立って、戦前日本の衆議院議員選挙を中心とした選挙の場を分析しようとするものであり、それによって近代日本社会の解明の一端を担いたいと願っている。

最初に、先行研究を紹介したい。この分野の最初の体系的な研究として、升味準之輔氏の『日本政党史論』第一～七巻を挙げることができる(1)。同書の内容は内政外交から社会、経済に至るまで幅広い対象に及んでいるが、政党に限定して要約すれば、①近世の有力農民が寄生地主化し、さらに地方企業家となって地方名望家層を形成し明治期の政党の基層となったこと、②日露戦前までの代議士は地方名望家に出自する府県会議員経験者が多かったが、その後は中央人種（実業家、ジャーナリスト、弁護士など）が多くなること、③第一次世界大戦後、地方名望家秩序は衰退するが、立憲政友会・立憲民政党という既成政党は依然として名望家に依存する名望家政党であり、大衆政党にはならなかったこと、④全体を通して集権化、中央化が進行し、中央から地方への影響力（中央震源性）、地方から中央への勢力の移動（中央造山運動）という現象が明確になる一方、地方名望家たちは鉄道・道路など地方利益の実現を求めたこと、などである。

また、三谷太一郎『日本政党政治の形成』も、無産政党を除く戦前の政党が名望家政党であったことを明らかにしている。これらの成果は、それまで自由民権運動、大正デモクラシー、そして第二次大戦後の戦後デモクラシーという「下からの連続論」に沿い、藩閥・軍閥など「上からの」非選出部分の支配への抵抗として説明されてきた政党像を覆し、その実態を実証的に描いた画期的なものであった。[2]

しかし、名望家政党論にも問題が指摘されるようになる。そもそも名望家政党とは、納税資格がある時代において、地主、実業家あるいは前述の中央人種など一定の階層の者たちが各地域で私的にクラブを形成し、候補者を推薦して当選させるというものである。これに従えば、名望家と一般大衆である非有権者とは没交渉のような印象を与えるが、政治と社会の関係を意識したその後の研究では、必ずしもそうでないことが明らかになってきた。じつは、升味氏自身も決して没交渉的な名望家政党論に立っていたわけではなかったが、それを十分に展開することもなかった。特に、第一次大戦後の立憲政友会・立憲民政党の両既成政党を名望家政党とした点は、松尾尊兊氏の地方的市民政社論、伊藤隆氏の革新派論が名望家ではない社会中堅活動家層を抽出したあとでは、少し単純化しすぎているように思われる。[3]

こうしたなかで一九八〇年代後半頃になると、より実証性を伴った注目すべき研究が登場した。上山和雄『陣笠代議士の研究』、川人貞史『日本の政党政治　一八九〇―一九三七年―議会分析と選挙の数量分析―』である。先に川人氏の著作を紹介すると、政治学者による数量分析は歴史学界にも大きな衝撃を与えた。あえて簡単に要約すれば、①それまで投票行動には、有権者の属する経済的階級、既成政党間の都市における相違、あるいは地方利益誘導などが強[4]

く影響しているといわれてきたが、いずれも数量的根拠がないこと、②政友会を例にとれば、その得票率などをみると第一次大戦までは地域ごとの差異が大きいこと、③それに対し、昭和初期には選挙ごとに政友会の得票率が全国一律的に大きく上下する、いわゆるナショナルスウィングが激しくなったこと、などである。このうち、特に①の破壊力は凄まじく、これまでの通説を大幅に覆したため、我々は新たな研究の方向を見出す必要に迫られることになった。

一方、上山氏の『陣笠代議士の研究』は、いわばその第一歩を踏み出したものであった。大正期の神奈川県代議士の詳細な日記を分析した同書は、彼の公私にわたる日常生活を赤裸々にあぶり出した。そこに見られたのは、地方名望家としての経済活動ばかりでなく、鉄道・道路・学校など地元利益や補助金要求の役所への仲介、結婚・就職等個人的利益の斡旋、各種団体が開催するイベントへの参加、など戦後の個人後援会と見紛うばかりの地元住民への細やかなサービスであった。これをさらに発展させたのが、時期は少し降るが、手塚雄太『近現代日本における政党支持基盤の形成と変容』である[5]。手塚氏は、愛知県の代議士加藤鐐五郎を例に、第一次大戦後の個人後援会の組織から、戦後は自民党族議員としての活動振りまで追跡し、地域分断的個人後援会と全国横断的族議員の両立という自民党議員の典型を描き出した。この両書は、定点観測による貴重な一点突破となっている。

もちろん、こののちも重要な研究は多々あるが、筆者が選挙に関する研究を志すようになったのも一九八五年頃からであり、その問題意識は現在まで続いている部分が多いので、先行研究の紹介はここまでに留めておき、詳しくは注(1)を参考にされたい。ただ、一つだけ挙げておきたいのは、伏見岳人「初期政友会の選挙戦術―大選挙区制下の組織統制過程―（一）～（四）」である[6]。この論文が対象とするのは日露戦争前の立憲政友会の選挙戦術であるが、そこでは、伊藤大八、原敬、松田正久ら党本部が地方組織を統制し候補者を巧みに調整したことで「現有議席数を維持できる予測が高ま」（（四）の七〇頁）り、それが政党内閣確立の原動力になったと同氏は記している。

さて、以上を踏まえ、本書は次の二点を視角としたい。第一は、川人氏の方法と、上山氏の方法を同時並行的に進めることである。ただし、恥ずかしながら筆者の場合は川人氏のような本格的数量分析ができず、単なる数字の寄せ集めでしかないことを、あらかじめお詫び申し上げておく。その代わりに、大選挙区制時代の郡別得票数など足を活かして数字を集めることに努めた。また、その過程で多くの方のご援助によって各地の文字史料も数多く閲覧させていただき、本書でも利用することができた。このため、両立とはいってもバランスを失しているが、とにかく数字と文字、全体と個の間を振り子のように行き来することで「政党史研究は立体的で科学的なものに近づく」(7)という言葉を励みに、論を進めたい。ただし、この行き来のため、記述の仕方もいささか散漫になっており、この点もどうかお許しいただきたい。

第二は、政治と社会の関係をできる限り深く探りたいということである。升味氏は地方名望家層の分析に力を注いだが、松尾氏、伊藤氏はそれより下の運動家層を研究の俎上に載せた。これによって歴史研究は大きく進展したが、さらに研究を進展させるには、やはりもっと深く切り込む必要があるように思われる。では、具体的にいかにすればそれが可能であろうか。

特に男子普通選挙が成立する一九二五年(大正一四)以前の納税資格が存在する時代の選挙においては無理ではないであろうか、という疑問が当然湧いてくる。この点に対し、筆者は選挙の具体的な場をみることで、ある程度可能ではないかと考えている。納税資格があった時代でも、拙著『選挙違反の歴史』(8)において示したように、選挙場裡では投票権を持たない人々も加わったお祭り騒ぎであり、また選挙運動でもやはり選挙権のない若者が多数参加していた。つまり、選挙はなにも有権者のみのイベントではなかったようである。

では、何が非有権者をも選挙に駆り立てたのであろうか。前述したように、川人氏は大正期までは地方ごとで投票結果の差が大きいと指摘した。そこで、本書では地域というものに注目しようと思う。これには、もう一つ理由がある。

〔国民の代表を選ぶ方法として〕実際的の方法として最も穏当なるものは、全国民に普及して居る最も自然的な社会的団結を基礎として、之を以て代表者を出だすの単位となすに若くは無い。而して此の如き最も自然的な社会的団結は実に地方的の団結である。〔略〕一区一人を選出する小地域を一選挙区として、之を以て代表者を出だすの単位となすのは、比例代表の如き政党のみを代表せしむるの弊害なく、却つて能く社会上の無数の勢力を調和して、比較的穏当なる国民の代表者を得る所以であらう(9)

これは美濃部達吉が一九一二年(大正元)に記した文章であるが、彼は「地方的の団結」を「最も自然的な社会的団結」とし、そこから選ばれた議員の集合体が「社会上の無数の勢力を調和」し「比較的穏当なる国民の代表者」となるであろうと評価していた。美濃部のこの発言の背景には、現代の我々が想像する以上に、当時の地域社会に共同性やアイデンティティがあったことを示しているように思われる。

そこで、本書は地域が「最も自然的な社会的」単位であったという仮説に立ち、郡・市あるいは町・村という地域単位での得票数や選挙活動を軸にして分析を進めたい。ただし、史料上の制約から市・郡単位の投票数はかなり正確に判明するが、普選以前の町・村での投票数は知ることができない。そのため、分析は市・郡が中心とならざるを得ない。

「地方的の団結」(「地方的団結」)について、もう少し時期を追って具体的に述べよう。検地制を基本とした江戸時代では、現在の自治体と比較すれば固定的で閉鎖的な村が全国で約七万(明治維新時)存在し、そこでは村請制によって名主など有力農民を中心に自治が繰り広げられていた。しかし、行政内容が大幅に変化する近代に入ると、一八八八年制定の市制町村制によって三〇〇〜五〇〇戸を標準に町村合併が強行され、その結果、町村数は約五分の一に減少した。問題は、合併前は伝統に則って安定した自治を行っていた近世村を、合併により複数抱え込んだために生じた近代町村内の激しい対立であった。つまり、明治中期までは、いかにすれば「地方的団結」を実現できるかが、明治政府にとっても地域住民にとっても重要課題であった。

その一方で、一八五三年のペリー来航で始まった近代日本では、植民地化の危機、民族の危機という意識が強く、一八六八年に成立した明治維新政府は、従来の分権的な封建体制を改めて中央集権化し、さらに武士が主導する身分制を撤廃して四民平等とし、全国民が天皇の下で国家に協力する体制を構築しようとした。このような中で、同じ危機意識を持つ民間の人々からも新たな社会を作り上げようという動きが強まり、その実現のために公議輿論、立憲主義、民撰議院設立が主張された。そして、政党もこのような雰囲気の中で結成された。そのため、初期の政党には、国家的危機に対し全国的に国民が団結しようという考え方、つまり「大同団結」的意識が高かった。このように、当時の日本には様々なレベルで「団結」論が渦巻いていたが、実体が追いついていない状態であった。この目標と実体の関係がどのように展開したかが明治中期までの中心課題である。

次に、社会が安定する明治後期から大正中期になると、議員を当選させるという現実的な目的のために、町村・市郡・県など各地域単位でどのように「地方的団結」を利用するかが重要な課題となった。衆議院議員選挙では、一府県一選挙区という大選挙区制度が採用されたが、そこでは、まず政党の府県支部が候補者数と候補者名を確定し、さらに確定した各候補者たちに適当な数の郡を割り当て、その郡の投票をその候補者に集中させるという作戦がとられた。この方式を、本書では協定選挙区制度と呼ぶことにする。これは、地域の共同性を前提とした高い確度の組織票を最大限に活用し、最大数の議席を獲得しようとする方法であった。また、県会議員選挙では、投票が郡単位で行われるため、同じ協定選挙区制でも町村が割り当てられることになった。問題は、この作戦がどこまで徹底できるかであり、それが当落に強い影響を与えた。この時期では、「地方的団結」が実際にどれほど機能していたのかの解明が課題となる[10]。

第一次世界大戦後の大正後期から昭和初期は、地域の共同性が後退する時代であった。そのため、本書の視角の有効性も大幅に減少するが、実際には直ちに消滅するものでもなく、一定の影響力を持ち続けた。ただし、それだけでは当選が難しくなるのも事実であった。つまり、これまで地域の共同性に依存していた候補者に、それから独立し主体的に対応することを迫るものでもあった。これが個人後援会の誕生となる。最近の研究では[11]、愛知県、大阪府など都市部で始まったこと、第二次世界大戦以前では、いまだ個人後援会的な方法と従来の地方名望家秩序に依存する方法が並存していたこと、が分かってきている。本書第Ⅱ部第七章も、秋田県を例にその実例をみていく。

二　政党に関する課題と視角

次に、戦前日本の政党について、政党の目的、組織、政党システム（政党制）の三つの面から、これまでの研究の概略と本書の狙いを提示しておきたい。

まず、政党の目的について。日本の最初の政党は、一八七四年（明治七）一月一二日に板垣退助・副島種臣・後藤象二郎ら数名が結成した愛国公党とされている。結成直後に彼らが政府に提出した民撰議院設立建白書が、自由民権運動の口火を切ったことは有名であろう。公議輿論、立憲主義（当時、憲法を制定することが議会を設置することを意味した）、民撰議院設立、自由民権運動と続く幕末からの民主化志向の流れは、さらに一八八一年に自由党結成へ発展した。その際、自由党は「吾党は自由を拡充し権利を保全し幸福を増進し社会の改良を図る」(自由党盟約第一章)と、天賦人権論に基づく自由の拡充が目的であることを宣言した。通常、政党を最も簡単に定義すれば、このように、共通の政治的主義主張をもった人々が集まった団体ということになる。

また、同時に「吾党は日本国に於て吾党と主義を共にし目的を同くする者と一致協合して以て吾党の目的を達すべし」(自由党盟約第三章)とあるように、目的を同じくする同志を集め、その実現をめざすことも目的の一つであった。この場合、目的を実現するため多数派を形成し、権力に近づくことが想定される。ほとんどの政党はイデオロギー性と権力志向の両面を持っているが、イデオロギー性を重視する政党をイデオロギー政党とすれば、日本の場合、この自由党や、急進主義を排し漸進的な改革をめざす立憲改進党、第一次世界大戦後の生産手段を持たない無産者の利益を図る無産政党、第二次世界大戦後のやはり革新系政党、および宗教性が強い政党などがこれに該当しよう。このような政党は、党員の献身度や帰属意識は高いが、一方で排他性が強く、党勢拡大の妨害になる可能性もあるのが特徴である。

これに対し、権力の獲得を重視する政党もあった。彼らは国民の間に存在する様々な利益を集約し、幅広く支持を集めることを重視する。この利益集約機能とは、もちろんその根底には全党員が同意するような基本的な同意が存在し、それに沿って多様な利益を調整してまとめ上げ、政策体系として提示することを意味するが、日本でいえば、明治後期から大正期にかけての立憲政友会や、五五年体制下の自由民主党が該当する。実際に両党は、安定した多数党を形成し、長期間にわたって与党であった。また、改進党系政党もこれに含めることができよう。一方で、ここでは党の裾野が広いだけに政策的統一性に欠け、党内の派閥対立が激しい場合が多い。さらに、自民党や一九九八年結成の民主党の場合は、自らの主義を曖昧にして集約すべき利益をより多彩にしたことで、包括政党とも呼ばれる。

この二類型が基本であるが、実際に議会が始まると、権力の追求がより重視され、利益集約型に近づく傾向があったように思われる。そのため、各政党が提示する主義は、自由・平等・平和・福祉など抽象度が増して類似し、政策的差異も見えにくくなる場合がある。しかし、もう少し歴史的にみた場合、各政党の目的には、やはり差異があるように思われる。例えば、愛国公党の後進である愛国社の場合は、「我輩此社を結ぶの主意は愛国の至情自ら止む能はざるを以てなり、〔中略〕我帝国をして欧米諸国と対峙屹立せしめんと欲す」（愛国社「約款」）と宣言していたが、前述したように、初期政党指導者には国民の力を結集することで国家的危機を克服しようという目的もあった。もちろん、彼らはこのような目的を打ち出すことで「主義を共にし目的を同くする」多くの同志を獲得できると考えた結果である。本書は、このように政党の目的を歴史的な視点から考えていきたい。

次に政党の組織の面について。明治初期の政党は、それまでの社会を担ってきた政治意識の高い士族と、国家的危機意識に燃え殺気立った志士たちが中心であった（士族民権）。そのため、直接行動をも辞さない過激な分子が多く含まれていた。しかし、ナショナリズムばかりでなく、民権や自由に駆られた有力農民や商工業者も加わって自由民権運動が大きなうねりになると、しだいに数的に勝る有力農民（のち名望家に成長）が党の中心になり、さらに一八九〇年（明治二三）に帝国議会が開設されると、志士は排除され、議員政党化が進行する。こうして、名望家政党へと近づき、それに従って政党の関心も対外関係ばかりでなく、殖産興業、地域発展へと広がっていった。

この日本の名望家政党であるが、すでに述べたように、通常の定義とは異なり、必ずしも非有権者に対し閉じられていたとはいえない。江戸時代以来の名望家と村民という何世代にもわたる結び付きがあり、名望家が村民の意向を無視して行動することもなかったし、また村民は名望家の選挙に積極的に関わった。しかし、一方で名望家たちは、地域ごとに有権者全体または政党別に集まり、予選会を実施したり話し合ったりして候補者を推薦し、さらに周辺の地域と交渉して候補者を確定していたし、また、大都市でも、大中資本家層と土着の名望資産家が提携して予選を行ったり、地域単位でその地名を冠した公民（有権者）の親睦団体を結成し候補者を一本化したりと、たしかに名望家政党らしい動きもあった[12]。そこでは、人格識見が候補者を選定する際の重要な基準となるが、議員を二期務めると他地域の人物に譲るケースが多かったように、名望家間、地域間の名誉の配分も重視された。

さて、西欧の例に従えば、名望家政党の次に出現するのは大衆政党であった。一九世紀後半に社会主義思想が広まり普通選挙も徐々に導入されていった西欧では、大衆が個人として加入し党費も払う、指導部は党員の間から選挙される、など民主的手続きを持つ政党が出現した。これが大衆政党である。これを日本に即していえば、一九二〇年代に出現する無産政党が該当する。一九〇一年に片山潜らを中心に日本初の社会主義政党として社会民主党が結成されたが、即日結社禁止となった。その後は弾圧もあり、しばらく大きな動きはなかったが、一九二五年に普選実施が決まった直後から新たな動きが起こった。同年、日本農民組合を中心に農民労働党が結成されると、今回も即日結社禁止となったが、動きは止まらず、一九三二年に単一無産政党として社会大衆党が成立、一九三七年（昭和一二）の第二〇回総選挙では三八議席を獲得して有力な第三党へと成長し、戦後の日本社会党につながっていく。これら日本の無産政党については、従来、労働組合、日本共産党との関係や、そのイデオロギー性を中心に研究がなされてきたが、じつは最近、政党そのものとして非常に研究が進んでいる[13]。彼らがどのような大衆性を持っていたのかは今後の進展を待ちたい。

ところで、筆者には大衆政党に関する次の指摘が興味深い。すなわち、山田央子氏がいう、明治初期の日本の自由党は「軍隊」的な組織をめざしていたが、それはイギリスにおいて名望家政党から組織政党（大衆政党）へ移行しつつある際に、政党が「有権者が平等に参加できる機会（パブリック・ミーティング）をベースに、それを下から上へ積み上げるピラミッド型の組織を創りあげようとしていた[14]」ことの影響を受けている、という記述である。じつは、名望家政党であるはずの大正初期の政友会について、「善き意味に於て秩序整然たる軍隊組織也」と評価されていた[15]。大衆政党が下から上へ積み上げるのに対し、政友会の方向は逆であるが、「軍隊」的組織である点は同じであり、決してクラブ的なものではない、というのである。とすれば、閉じられた政党ではなく、「軍隊」的組織の名望家政党政友会あるいは既成政党の組織について、我々はさらに追及する必要があるといえよう。

また、第一次世界大戦後の個人後援会についても、このような観点から再検討が必要であろう。普選は事実上、既成政党が名望家政党であり続けることを不可能にし、その結果が個人後援会の普及につながった。したがって、個人後援会は大衆の組織化ではあるが、一方であくまでも候補者が主導権を持ち、自らが当選するために大衆を組織したものである。その本格的展開は第二次世界大戦後なので本書の対象外ではあるが、その原初的形態については本書でも考えてみたい。

次に、政党システム（政党制）について。これは政党間の関係を表すもので、現在最も広く知られているのはサルトーリの分類で、彼によれば、一党制・ヘゲモニー政党制・一党優位政党制・二政党制・穏健な多党制・分極的多党制・原子化政党制の七つに分けられるという。では、戦前日本の場合はどうか。例えば、第Ⅰ部第三章第一節の図Ⅰ−3−1を見ればわかるとおり、全時期を通して、以下の二つの流れに属する政党が多くの議席を占めていた。

〈自由党系政党〉

自由党（一八八一年）→憲政党（一八九八年）→立憲政友会（一九〇〇年）

〈改進党系政党〉

立憲改進党（一八八二年）→進歩党（一八九六年）→憲政党（一八九八年）→憲政本党（一八九八年）→立憲

国民党（一九一〇年）→立憲同志会（一九一三年）→憲政会（一九一六年）→立憲民政党（一九二七年）

自由党系政党は、一八八〇年に全国の自由民権結社が国会開設を求めて結成した国会期成同盟を母体とし、伊藤博文の呼びかけに応じて立憲政友会に参加した。他方、改進党系政党は、例えば、福沢諭吉の「党派には保守党と自由党と徒党のやうなものがあつて、双方負けず劣らず鎬を削つて争ふて居ると云ふ。何の事だ。太平無事の天下に、政治上の喧嘩をして居ると云ふ。サア分らない。コリャ大変なことだ」（『福翁自伝』）や、大隈重信の「立憲の政は政党の政なり。政党の争は主義の争なり。故に其主義国民過半数の保持する所と為れは其政党政柄を得へく、之に反すれは政柄を失ふへし」（『岩倉公実記　下』）という言葉に代表されるように、議会政治にはイギリス流の「主義」を争う二つの政党が必要であるという発想に基づいて結成された。このいわゆる二大政党制は、戦前のみならず、戦後でも自由民主党と日本社会党、あるいは自由民主党と民主党としても現れ、日本における最有力の政党システムということもできよう。もっとも、戦前期には立憲政友会が、戦後では自由民主党が、多くの時期で多数党であった。

ただし、これは議院内に限定した場合であり、権威主義体制の戦前では両党の力関係がそのまま政治に直結するわけではなく、むしろ明治期では、選挙ごとに両党が同時に議席数を増やしたり、同時に議席を減らしたりすることが多かったように、藩閥・官僚閥政府という共通の敵を前に、共同歩調をとっていた。その藩閥・官僚閥政府に与する政党は、一般に吏党と呼ばれる。吏党としては、以下の政党が挙げられる。

〈吏党〉

・立憲帝政党（一八八二～八三年）

・大成会（一八九〇年）→国民協会（一八九二年）→帝国党（一八九九年）→大同倶楽部（一九〇五年）→中央倶楽部（一九一〇年→一九一三年に立憲同志会に合流）

・無所属団の一部（一九一五年）→公友倶楽部の一部（一九一五年、一九一六年に憲政会へ合流）

・維新会（一九一七年）→新政会（一九一七年）→清和倶楽部（一九一八年）→無所属団（一九一八年）→正交倶楽部（一九一九年）→庚申倶楽部（一九二〇年）→中正倶楽部（一九二四〜二五年、革新倶楽部、政友会に合流）

吏党は、二大政党と比較すれば議席数は少なく、また、右のように非常に不安定で、最終的には二大政党いずれかに吸収されていくが、ともかくも普選が開始されるまで存続した。また、普選後になれば無産政党と入れ替わるので、戦前には多党制的側面も存在していたのである。

それとは別に、ここでもう一つ興味深いことは、吏党という用語はジャーナリズムが命名したものであるということである。吏党と対になる言葉が、民党（自由党系政党と改進党系政党）であり、別の言い方をすれば、ジャーナリズム上では、民党対吏党、という二党制が成立していた。考えてみれば、大正期・昭和初期には、既成政党対反既成政党、第二次世界大戦後には、保守系対革新系、というやはりジャーナリズム上の二党制が存在した。これは、実体こそないが、政界全体を視野に入れたものであり、政党システムを考える上で一定の有効性を持っているように思われる。前述の自由党系政党と改進党系政党を議院内の二党制とすれば、これをイメージ上の二党制としておこう。

最後に、一党制を考えてみたい。一党制は特殊なケースのように思われるかもしれないが、ほとんどの政党の場合、最終的には自らがその位置に立つ一党制をめざすので、一党制志向は常に存在しているといえよう。実際に、明治末〜大正前期の政友会や五五年体制期の自民党は一党優位政党制であった。ところで、詳しくは本書第Ⅱ部第二章「大同団結運動から憲政党の結成へ」で触れるが、例えば、陸羯南は大同団結運動を支持して、一八八八年に次のように述べている。

蓋し此の社会の下層に沈める人民の輿論を発揮し、之れをして一国政治の原動力ならしむべきの機関は地方的団結にして、即ち地方的団結は各々其地方人民の意見を代表し、更らに他の地方の同志一味なる地方的団結と相聯合し相団結して、遂に全国の大同団結となるを得ば、是れ即ち吾輩が所謂完全たる集合体を形成するの時期決して遠きに非ざるべし。完全たる集合体とは何ぞや、真正の政党是れなり(16)

つまり、「地方的団結」を積み上げて「全国の大同団結」とし、それを政党組織にすることによって「一国政治の原動力」たらしめよう、と主張している。では、彼が「全国の大同団結」の上で何を実現しようとしたのかといえば、国家の独立であり発展であった。前述したように、近代日本は植民地化の危機、民族の危機から出発したが、陸はそれを国民の団結によって克服しようとしたのである。

ところで、この陸の考えには、先に山田央子氏が組織政党（大衆政党）の特徴として上げた「下から上へ積み上げるピラミッド型の組織」と似た点がある。イギリスの場合は、おそらく階級の相違を前提とした二党制を念頭に置いているのであろうが、陸の「大同団結」は全地域を包含した一党制を想定していると思われる。そして、実際にこの主張は、一八九八年に自由党系政党と改進党系政党が合流して成立した憲政党としてほぼ現実となっており、一概に空想論と片づけることはできない。

このような一党制論に対し、日本の独立・発展を実際に担う立場にあった藩閥政府からも対案が出された。吏党の指導者品川弥二郎が、殖産興業政策に関し「一市一村の経済組織鞏固にして、而して後一国の経済も始めて鞏固(17)」になると述べているように、藩閥政府も下からの積み上げによる国力の発展を重視したが、彼らにはそれ以上に国家機構全体の団結が重要であった。内閣、軍、官僚とともに衆議院も国家運営に協力すべきである、と彼らは考えた。この発想からすれば、衆議院は吏党が多数を占める一党制になるのが理想であった。この主張も、じつは一九四〇年に大政翼賛会として現実のものとなる。

本書では、陸羯南のような考えを国民的一党制とし、大政翼賛会のようなものを国家的一党制としておく。両者の違いは、国民的一党制が下からの積み上げ型の政党を政治の中心に据えようとしたのに対し、国家的一党制は、政党はあくまでも国家の一部分であり、国民は上からの指導に協力することが要求される、という点にある。

以上の議院内の二党制、イメージ上の二党制、国民的一党制、国家的一党制の関係を図示してみれば、図序-1の通りである。

本書は、選挙という場を通して、以上の政党の利益集約の方法、閉じられておらず「軍隊」的組織を持つ名望家政党の特徴、政党の大衆組織の在り方、複雑な政党システムなどについて考察を進めていこうとするものである。

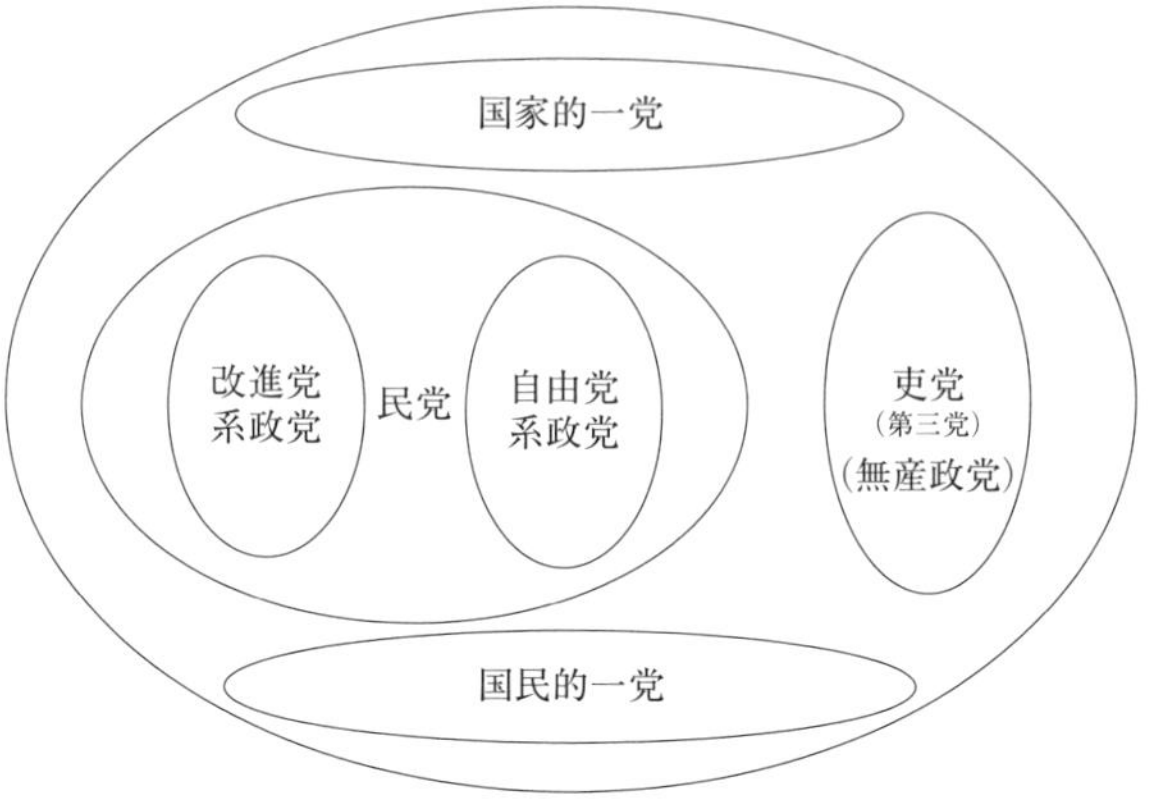

図序-1　戦前日本の政党制概念の関係図

本書の構成について述べておくと、第Ⅰ部「選挙制度の変遷と地域・政党」では、おもに戦前期の選挙制度がどのようなものであったのか、その制度に沿って代議士を選出するために、地域社会はどのように反応したのか、そして、その結果、政党にはどのような代議士が集まり、どのような特徴を持ったのかを、数字を利用して明らかにしていく。

第一章「選挙制度に関する考察」では、一八八九年に制定され、一九〇〇年、一九一九年、一九二五年の三度にわたって大きな改正があった衆議院議員選挙法について、従来注目を集めてきた納税資格ばかりでなく、選挙区制度、投票制度などにも目を配って検討し、その改正によってどのような代議士が選出されることが期待されたのかを考察した。

第二章「選挙と地域社会」は、戦前期すべての衆議院議員総選挙において、各郡市区でどれだけ第一位および第二位候補者に票が集中したかを基準にして、「地方的団結」の実態を考察する。残念ながら、普選以前では地域単位の票数を公式に知ることはできない。そこで、筆者らは地方文書、新聞等を利用して収集したが、それでも不完全であった。しかし、それでも一定の傾向を知ることができたと考えている。これは、日本近代社会の特徴や変化を知る上でも有効であろう。

第三章「代議士と政党に関する考察」は、大正期までの自由党系政党と改進党系政党の二大政党と、吏党の実態を探ろうとしたものである。すでにみたように、この時期の二大政党は従来の名望家政党の定義とは異なるものとなっていた。では、いったいどのような特徴を持っていたのかを考えたい。また、吏党には一般的に保守的反動的なイメージが付きまとうが、必ずしもそうではなく、むしろ時代の先取り的な部分もあったことを明らかにしたい。

第Ⅱ部「戦前選挙の実態」では、一転して各地域の具体例をなるべく深く探ろうとした。これらの具体例からヒントを得て第Ⅰ部の分析軸を考案し、逆に第Ⅰ部の結果を基礎に各地の状況を考察したので、車の両輪と考えていただきたい。地域には特性があり、どの地域を取り上げたとしても、それを即座に一般化することはできない。その溝を最小限にしようというのである。配列は基本的に時代順となっている。

第一章「一八九〇年代の地域社会の混乱とその収束」では、明治前半期の地方議会の混乱とその収束過程をみていく。まず、一八七八年（明治一一）に制定された三新法によって設置が決まった府県会と官選知事の対立を概観し、ついで一八八八年に公布され、翌年から施行された町村制によって創出された近代町村の初期の実態を、宮崎県を例にみていく。町村制は、町村長、町村会による自治を規定したが、同時に近世町村の合併を強行した。このため、新町村あるいは郡内では多くの対立が生じた。この章では、これら地方社会の対立の実相と、それが日清戦争（一八九四～九五年）を境に収束していく過程をみていく。

第二章「大同団結運動から憲政党の結成へ」は、国民的一党制が具体化した一八九八年の憲政党結成に至るまでの過程を概観する。一八八七年頃から始まる大同団結運動は、帝国議会開設に備えて藩閥政府との対決姿勢を示すべく、各地運動家の結集を図った。この時は保安条例など政府の弾圧によって運動は鎮静したが、その火は依然としてくすぶり続け、特に日清戦後になると「地方的団結」熱が高まった。その一方、日清戦後には戦後経営、地租増徴、対ロ問題など重要課題解決のために何らかの政治的変革が必要となった。この点について、玄洋社初代社長、自由民権活動家、吏党議員、炭坑経営者と多彩な顔を持つ福岡県代議士平岡浩太郎を取り上げ、彼が政党内閣実現と国家的課題解決の同時達成を視野に入れながら、憲政党結成に奔走する姿をみていく。

第三章「福岡県の第一三回総選挙」は、福岡県における一九一七年（大正六）の第一三回総選挙での各党の選挙戦術、選挙活動を考察する。大選挙区制度下で各党が採用していた協定選挙区制が最も有効に機能していた府県の一つが福岡県であり、特に政友会であった。ここでは、どのようにして協定が成立したのか、その協定はどこまで守られたのか、など「地方的団結」と選挙運動の具体的関係を紹介したい。また、郡部とは異なる市部の選挙も対象とする。

第四章「大正期の宮崎県政──「児玉伊織日記」を題材に──」は、大正期（一九一二～二六年）を中心に、宮崎県の県会議員児玉伊織の選挙活動を考察する。衆議院議員選挙の場合、郡レベルの動向が重要であるが、おもに郡が一選挙区となる県会議員選挙では、町村レベルが選挙活動の単位となる。本章は、一例にしか過ぎないが、町村レベルの「地方的団結」について垣間見たい。

第五章「一ブロック紙の昭和戦前史――『名古屋新聞』の場合――」は、少し選挙からは離れるが、党勢拡張にとって重要な武器であった地方新聞を取り上げる。『名古屋新聞』は憲政会系代議士の小山松寿が経営する新聞で、大正期ではどの新聞よりも強く普選実施を主張し、昭和戦中期になると既成政党に批判的になる。その背景には、全国紙や小規模地方紙との競争があったが、結局は一九四二年（昭和一七）の戦時統合によってライバル『新愛知』と合併し、有力ブロック紙に成長していった。本章はその過程を追う。なお、小山松寿は日本で最初に個人後援会を作った代議士であったという(18)。

第六章「「実際家」安川敬一郎の普選法案反対活動」は、炭坑主であり、玄洋社とも関係があった福岡県の安川敬一郎を取り上げる。彼は一九一七年に、元老山県有朋から吏党系候補者として立候補することを勧められた。結局、立候補はしなかったが、ここでは、なぜ彼が山県に勧誘されたのかを考えてみたい。さらに、彼は第一次大戦後に大きな運動となった普選に対し、反対活動を展開した。そこで、彼の反対論の論理とその活動を紹介したい。

最後の**第七章**「中田儀直にみる昭和戦前期秋田県の地方政治」は、昭和戦前期に秋田県の政友会代議士であった中田儀直の選挙活動を追う。普選が採用されたことによって、前述のように薄れゆく地方名望家秩序に替わり、個人後援会的組織が広まるが、ここでは木堂会から東亜聯盟まで多彩な活動半径を持った中田を具体例に、その実態をみていく。ただし、彼に特徴的なことは、一九四二年（昭和一七）の翼賛選挙において、推薦候補者になりながらも落選したことであった。そんな特徴を持った一例としてみていく。

注

(1) 升味準之輔『日本政党史論』第一〜七巻（東京大学出版会、一九六五〜一九八〇年）、三谷太一郎『日本政党政治の形成』（東京大学出版会、一九六七年）。

また、戦前期の選挙に関する先行研究を知る上で、以下のものが有益である。清水唯一朗研究室「戦前日本の選挙に関する研究リスト」https://web.sfc.keio.ac.jp/~yuichiro/research-and-more/senzen-jp-senkyo-research-list/（二〇二四年九月五日閲覧、二〇一〇年一月二日データ最終更新）は、この分野に特化した形で著書、論文をリストアップしている。小宮一夫「日本政治史における選挙研究の新動向」（『選挙研究』二七―一、二〇一一年）は、特に一九八〇年代以降の研究を詳細かつ幅広い視点から紹介している。二〇一一年以降の研究については、『史学雑誌』（史学会）が毎年の第五号に掲載する「回顧と展望」に数多くの著書・論文をリストアップし、短評も付している。本書を執筆するに際しても非常にお世話になった。各執筆者に感謝するしだいである。

(2) 森武麿「戦前と戦後の断絶と連続」（『一橋論叢』一二七―六、二〇〇二年）。

(3) 松尾尊兊『大正デモクラシー』（岩波書店、一九七四年）、伊藤隆『大正期「革新」派の成立』（塙書房、一九七八年）。

(4) 上山和雄『陣笠代議士の研究』（日本経済評論社、一九八九年）、川人貞史『日本の政党政治 一八九〇―一九三七年―議会分析と選挙の数量分析―』（東京大学出版会、一九九二年）。

(5) 手塚雄太『近現代日本における政党支持基盤の形成と変容』（ミネルヴァ書房、二〇一七年）。

(6) 伏見岳人「初期立憲政友会の選挙戦術―大選挙区制下の組織統制過程―（一）〜（四）」（『法学』七七―五、七八―一、七九―一、八〇―三、二〇一三〜一六年）。

(7) 小関素明氏は、前掲注(4)川人貞史『日本の政党政治 一八九〇―一九三七年』の書評（『日本史研究』三七九、一九九四年、一八〇〜一八九頁）の中で、数量分析と歴史的嗅覚を両立させることで「政党史研究は立体的で科学的なものに近づく」と述べている。本書はこれに少しでも近づきたいというささやかな試みである。

(8) 季武嘉也『選挙違反の歴史』（歴史文化ライブラリー、吉川弘文館、二〇〇七年）。

(9) 美濃部達吉「現行選挙法を非難す（四）」（『読売新聞』一九一二年三月八日）。

(10) 前田貢一「戦前戦後の市町村における政治構造の連続性と不連続性」（筑波大学博士論文、二〇〇九年度）、塚原浩太郎「近代日本の選挙―空間とその組織について―」（東京大学博士論文、二〇二一年度）は、高度な数量分析や、地域の特性をより深く考察することで成果を上げている。

(11) 手塚雄太「戦前日本における個人後援会の全国分布」（『選挙研究』三八―一、二〇二二年）。車田忠継『昭和戦前期の選挙システム』（日本経済評論社、二〇一九年）も千葉県の川島正次郎を題材として個人後援会を追跡するとともに、個人後援会の全国的な分布に関する研究にも先鞭をつけた。

(12) 都市選挙に関する代表的な研究は、原田敬一『日本近代都市史研究』（思文閣出版、一九九七年）、櫻井良樹『帝都東京の近代政治史』（日本経済評論社、二〇〇三年）。なお、本書が対象とする地域はおもに本州・四国・九州である。したがって、北海道・沖縄は残念ながら考察することができなかった。なお、北海道に関しては、井上敬介『戦前期北海道政党史研究』（北海道大学出版会、二〇一九年）がある。

(13) 社会大衆党に関しては、渡部亮氏の「昭和恐慌後における社会大衆党の経済政策」（『史学雑誌』一三一―二、二〇二二年）、「昭和新党運動の重層的展開―社会大衆党の「国民の党」構想に注目して―」（『史学雑誌』一三二―二、二〇二三年）、「選挙粛正運動の二つの顔―社会大衆党の議会観を手掛かりに―」（『日本歴史』八九九、二〇二三年）があり、また、法政大学大原社会問題研究所・榎一江編著『無産政党の命運―日本の社会民主主義―』（法政大学出版局、二〇二四年）は無産政党を体系的に取り扱っている。

(14) 山田央子「明治前半期における政党の誕生」（季武嘉也・武田知己編『日本政党史』吉川弘文館、二〇一一年）、五〇頁。

(15) 吉野鉄拳禅『党人と官僚』（大日本雄弁会、一九一五年）、二一二～二一三頁。詳しくは、本書第Ⅰ部第三章「代議士と政党に関する考察」を参照されたい。

(16) 『陸羯南全集一』（みすず書房、二〇〇七年）、四六五頁。陸羯南については様々な評価があるが、本書では、このように国民の団結を背景として、外国からの圧力にたち向かい国家の独立とその発展を主眼とする「国民主義」者として扱う。

(17) 村田峯次郎『品川子爵伝』（大日本図書株式会社、一九一〇年）、四一八頁・五二六頁。本書第Ⅱ部第二章「大同団結運動から憲政党の結成へ」参照。

(18) 前掲注(11)手塚雄太「戦前日本における個人後援会の全国分布」。

第Ⅰ部　選挙制度の変遷と地域・政党

第一章　選挙制度に関する考察

はじめに

一八八九年（明治二二）に国政選挙に関する日本初の法律である衆議院議員選挙法が公布されて以来、選挙制度が国民各層から多大な関心を集めた時期は、普通選挙論が急激に高まった一九一九〜二五年と、小選挙区比例代表並立制が中選挙区制度にとって替わった一九九〇年代であった。両者を比較した場合、有権者の量的拡大をめざす前者と、票の公平な配分あるいは票と議席の結び付け方など質的改善をめざす後者とでは性質が異なるが、その背後には現状を打破したいという極めて政治的な意図が存在していたという点では共通している。一般的に、選挙制度改革論には何らかの政治的意図が含まれることは必然であろう。選挙制度が政党の議席獲得数のみならず、政党の政治戦略にも強い影響を与え、ひいては政治全体を揺り動かす可能性を持つからである。

しかし、選挙制度改革論が単に党派的意図から発せられたものであれば、それが簡単に実現するとも考え難い。もしそうであるとすれば、我々はもっと頻繁に選挙制度改革を体験していたであろう。つまり、選挙という民主政治の根幹部分にあたる重要な制度を、政局の動向という一時的現象とは取りあえず切り離して考えているから、簡単に変更してはいけないと思っているのである。では逆に、どのような場合に選挙制度改革が実現するかといえば、やはりそれは国民や政治家が持っている「理想」的な選挙像が存在し、それと現実とが許し難いほどに乖離している場合になるであろう。とすれば、選挙制度の変遷を考える時、我々は党派的な利害関係に留まらず、背後にある「理想」的な選挙像というものをも視野に入れて考える必要がある。

では、実際にどのような場合に変更されたであろうか。大日本帝国憲法が発布された一八八九年二月一一日と同日、衆議院議員選挙法も公布された。その後同法は、三回の大きな改正を経ながら戦前の衆議院議員選挙を規定した。同法は、戦後においても公職選挙法が公布されるまでは有効であり、男女普通選挙が初めて実施された一九四六（昭和二一）年四月一〇日の記念すべき戦後第一回（戦前から通算すれば第二二回）総選挙も、じつは同法の下で実施されたものであった。参議院に関しては、前身の貴族院が憲法改正によって廃止されたのに伴い、一九四七年二月二四日参議院議員選挙法が公布された。しかし、国会議員のみならず地方自治体首長・地方議員も含め、選挙を包括的に規定した公職選挙法が一九五〇年四月一五日に公布されるに及んで、衆議院議員選挙法および参議院議員選挙法は廃止された（ただし、選挙制度そのものには大きな変更がなかった）。以後、公職選挙法は、一九四八年七月二九日に公布された政治資金規正法と共に、現在に至るまで政治モラルを規定することになった(1)。以上が選挙制度変遷の概要であるが、これらの改正をまとめたのが表I-1-1「衆議院議員選挙制度の変遷」である。

ところで、「理想」的選挙像とはどのようなものであったであろうか。取りあえずここでは、国政選挙、とりわけ衆議院議員選挙に絞りながら、それをいくつかの論点に分けて歴史的に考えてみたい。その論点の第一は、期待される代議士像、つまりどのような人物が議員としてふさわしいかということである。彼らこそが国民の意思の具体的表現であり、国民が将来を託す存在となる。公約を守るか、行動力があるか、金にクリーンか、国政指導者としてふさわしい能力があるか、地元発展に尽力するか、過去の業績はどうか、などが問われることになろう。第二は、期待さ

選挙・投票方法	納税資格	最低年齢	有権者／人口
記名捺印 2人区は連記 非立候補制度	選挙人直接国税15円 被選挙人　同15円 いずれも男子	選挙人　25歳 被選挙人30歳	1.1%
単記無記名 非立候補制度	選挙人直接国税10円 被選挙人　無し いずれも男子	選挙人　25歳 被選挙人30歳	2.2%
単記無記名 非立候補制度	選挙人直接国税3円 被選挙人　無し いずれも男子	選挙人　25歳 被選挙人30歳	5.5%
単記無記名 候補者制度 戸別訪問禁止 運動費制限	男子普選，但し「貧困に因り生活の為公私の救助を受け又は扶助を受くる者」は欠格	選挙人　25歳 被選挙人30歳	20.1%
制限連記・定員10人以下は2人，11人以上3人．選挙運動の大幅な自由化	男女普選	選挙人　20歳 被選挙人25歳	51.2%
選挙運動の文書図画等の特例法・選挙運動等の臨時特例に関する法律で，運動に制限が加えられ，公営化される	男女普選	選挙人　20歳 被選挙人25歳	52.6%
若干の運動の自由化	男女普選	選挙人　20歳 被選挙人25歳	55.7%
政党中心に公営化	男女普選	選挙人　20歳 （現在18歳） 被選挙権25歳	77.6%

表I-1-1　衆議院議員選挙制度の変遷

法　律	選挙区制度	定　　員
衆議院議員選挙法（1889）	小選挙区制度 1人区　214 2人区　43	合計定員　300 約12万人に定員1
同1900年改正	1府県1選挙区の大選挙区制度 都市に53独立選挙区	大選挙区人口13万人に定員1，独立選挙区人口が最低3万人で定員1，それ以上は13万人で1 合計定員376
同1919年改正	小選挙区制度 1人区　295 2人区　68 3人区　11	人口13万人に定員1 2人区・3人区の分け方については規定無し 合計定員464
同1925年改正	中選挙区制度 3人区　53 4人区　39 5人区　31	合計定員466
同1945年改正	大選挙区制度・定員466を維持しつつ，人口で各都道府県に配分，定員15人以上の場合は分割	合計定員466
同1947年改正	中選挙区制度 3人区　40 4人区　39 5人区　38	
公職選挙法（1950）	中選挙区制度・選挙区割りは据え置き	合計定員466
同1994年改正	小選挙区比例代表並立制 1人区　300（現在289） 比例代表区11区・200人（現在176人）	合計定員500（現在465）

れる有権者像である。有権者が自由に表明する意思に基づいて一票を投じることによって初めて民主主義的な選挙となるのであり、彼らもそれにふさわしい存在であることが望まれる。買収に応じないか、情実に流されないか、適切な判断を下すだけの能力・知識・自覚があるか、などが求められる。第三は、より公平な制度の追求である。公平性には、性別・年齢・所得など有権者資格に関するもの、都市か農村かなど地域性の偏向に関するもの、選挙区有権者数に対する議席数の配分に関するもの、選挙費用制限など選挙運動に関するもの、など様々な要素が考えられる。この他にも色々な論点が存在する。なかでも選挙区制度は非常に重要なので第二節でさらに詳述することにして、第一節では以上の点について論を進めていきたい。

選挙制度改革は、これらの「理想」を実現しようとして、あるいは複数の「理想」と「理想」の間の妥協折衷として実現されてきたものである。もっとも、以上に挙げた諸要素を改めて見れば、そこには現実の場においては相互に矛盾する場合がある。行動力があり、金にクリーンであっても、指導者としての資質に欠ける候補者もいるであろうし、公平性を重視して有権者数を増加した結果、期待される有権者像にはふさわしくない有権者が激増するかもしれない。このように理想の重点の置き方によってもたらされるであろう結果は多様となり、改革の論議も複雑とならざるをえない。

以下、本章第一節では、衆議院議員総選挙が日本で始まった一八九〇年から現在にいたるまでの選挙制度の変遷の概略を述べ、第二節では、戦前期における選挙制度がどのような理想像の下で制度化されたのか、その理想像はその後の実際の選挙結果からどのように評価されたのか、そしてその評価を踏まえどのような新しい理想像が生まれたのか、をみていきたい。

一　日本における選挙制度の変遷

1　一八九〇年衆議院議員選挙法の制定

一八九〇年の国会開設を前にして、官民ともに選挙制度・議会制度に関する議論がさかんであった。これらについては、太平洋戦争中に執筆された河村又介「明治時代に於ける選挙法の理論及び制度の発達」[2]が、現在でも多くの知見を提供してくれる。この論文を読んでまず驚くことは、普通選挙（但しこの時は男子のみ）にしろ、比例代表にしろ、現在でも通用する選挙制度理論が、明治のこの時期にほぼ出尽くしているということである。当時、欧州ではすでに様々な選挙法が実験されており、日本でもそれらを比較考量しつつ選挙制度が構築されていった訳であるから当然といえば当然であるが、彼らが現在の我々と同程度の選挙制度に関する知識を持った上で、なおかつ表Ⅰ－1－1のような枠組みを選択したということは十分に留意しておきたい。

さて、実際に制定された衆議院議員選挙法の特徴は表Ⅰ－1－1の通り、小選挙区・納税資格（直接国税一五円）・記名投票であった。小選挙区制度の採用については、ほとんど異論が見当たらない。欧米でも小選挙区を採用する国が多かったことにもよるが、その理由としては、有権者が比較的候補者を熟知しており、適切な選択が可能であるという点にあった。翻って考えてみるに、江戸時代と比較し、明治期は地域の交流が一段と激しく深くなる時期であった。自由民権運動華やかなりし頃、各地で地域の名士・志士が集まり、「懇親会」という名で数多くの宴席が催されていたが、これなども地域間交流を促した重要な要因であった[3]。彼らは村を越え、郡を跨がり、県に集い、最終的には国家大に結合した。しかし、情報・交通手段が格段に発達した現在と比べれば、未だ人々の交流範囲は限定されていたのも事実であった。したがって、候補者を熟知するという意味では、数郡を範囲とする小選挙区が確かに適当な広さであった。では、熟知するという意味はどういうことかといえば、党派色とか、単なる知名度ならば熟知の必要はないのであり、ここで要請されていることはあくまでも地域住民の信頼を受け、代表にふさわしい人格・識見を持った人物が誰かということであった。そして、具体的に選出された人物たちをみれば、小選挙区内の地域住民たちと日常的に顔を合わせ、かつ敬意を集めることができた地域限定の名望家たちであった。

納税資格は、記名投票制度とともに有権者の側に要請されたものであり、いうなれば国民の政治的知識と自覚の程度との関連であった。藩閥政府が国民の政治的知識と自覚の欠如を理由に国会開設時期尚早論を唱えたのに対し、民権運動家は民撰議院設立建白書以来、逆に国会を開設することによって自覚は育つとし早期国会開設を主張したのであるが、そんな民党側も政治的知識が未だ低い国民が多かったこの時点では普通選挙に消極的であった。江戸時代では、人民は「お上」からの命令を受け、それに従って生きていたのであり、そんな彼らに民主的政治教育を施さずに選挙権を与えても、必ずや情実や権力の圧迫によって投票するに相違なく、公正な選挙など期待できないというのが当時の一般的な認識であったようである。これに対し、男子普通選挙を提唱したのがロエスレルであったが、彼の意図については次節でふれることにする。また納税資格以外でも、例えば戸主であるか否かとか、学歴の面などから有権者を限定しようという考え方もあったようである。

この政治的自覚についてもう少しみれば、知人・親戚・団体との情実、あるいは知名度優先の投票行動などの現実を見る時、現在でも厳密な意味での自覚が十分に徹底しているとも言い難い場合があろう。とすれば、政治的自覚の程度によって選挙権の線引きをすることはどうしても主観的になってしまい、実際には非常に困難とならざるを得ない。この点、江戸時代の村人たちは村の自治的運営を経験しており、さらに明治維新以降の急速な教育制度の普及によって、責任を持って選挙権を行使するという点では現在の我々と同等に真剣であったようである。おそらくこのような認識が官民に共有されたことで、明治後期以降は政党が選挙権拡張を熱心に主張し、官僚勢力もしだいにそれを認めざるを得なくなって順調に納税資格は緩和され、制度開設以来三十五年にして男子普選が実現したのであった。

記名投票も有権者に強い自覚、責任を促すものであった。江戸時代においても「入札《いれふだ》」という形で選挙が行われ、また国会開設以前の明治期でも一八六九年（明治二）高級官吏の選挙が実施されたのを嚆矢として、地方民会でも選挙が行われていたが、その多くは記名投票であり、一八九〇年の衆議院議員選挙法制定の際も反対論は少なかった。この背景には、選挙とは神に誓って責任を持って公平無私に行うべきものであり、記名捺印することはその宣誓の表明であるという考え方が存在していたようである。逆に言えば無記名投票の下では、自己あるいは自己のグループの私欲が横行したり、権力の圧迫によって責任や公平性を放棄した投票が行われると考えられていた。記名投票は権力の介入を導くという我々の常識とは反対だったのである。

以上をまとめれば、制定時の衆議院議員選挙法がめざすものは、地域において公共性を実現し人格識見が備わった人物を選出させることにあったといえよう。この場合の公共性とは政党に対置する意味もあった。当時、未だ政党観念は官僚や一般国民の間には十分に浸透していなかった(4)。つまり、政党とは全体＝公共の利益を代表するものではなく、一部の利害を同じくする者たちが私的に集まった利益団体と考えられていた。そして、この衆議院議員選挙法は、このような意味での公共性こそが公平なのであり、これに沿うような議員、そしてそのような議員を選出するような有権者を望んだのである。就中、有権者に対して特に厳しくそれを求めたのであった。

2　一九〇〇年の改正

一九〇〇年の衆議院議員選挙法改正によって、それまで地主中心であった議会にブルジョアジーが進出したことはよく知られている。(5) しかし、村瀬信一「選挙法改正問題と伊藤新党」(6) を読めば、そこには議会・政党・選挙に関わる、より根本的な問題が横たわっていたことがわかる。以下、同論文を参考にしながら説明していこう。

この改正を提唱したのは伊藤博文であり、最終的には伊藤の原案通りに改正が行われた。伊藤の意図は、それまで対立的であった官僚勢力と民党勢力の関係を憂慮し、政党の体質を改良しつつ政党が国政に参加する体制の実現をめざすことであったが、この政党の体質改良のためには選挙制度改革が必要であった。そんな伊藤の改革論の最大の特徴は、大選挙区制度の導入と独立選挙区の新設であった。まず大選挙区制度とは一府県を一選挙区とし、人口一三万人に対して一名の定員を配当するというものであった。この理由は、それまでの小選挙区制度ではごく狭い地域で一定の得票をとれば当選が可能なため、小地域限りの地方名望家が多かったこと、および有権者が少ないため買収行為がやりやすかったこと、の二点を是正するためであった。前者については、前述の通り、制定時では人民の熟知している地方名望家が代議士として期待されたのであるが、彼らの多くは地主として自らの利益に汲々とし国家的視野に欠けている、そこで府県大規模さらには全国規模で名望を持つような、視野が広くバランス感覚の優れた大物が当選するようになれば、官僚勢力との関係が改善され国政運用が円滑にいくであろうと考えたのである。後者に関しては、選挙区を拡大して有権者を増やせば買収は難しくなり、結果として地域の内部での党争は緩和されるであろうとの考えであった。

独立選挙区とは、一つの市を独立した選挙区として定員を割り当てるというものであった。当時の国税は地租が中心であったため、農村では中程度の地主でも一〇円（この改正で納税資格は一〇円に引き下げられた）程度の地租は払っていたが、市部在住の実業家が一〇円の所得税を払うためには、かなり大規模な経営をしていなければ達しなかったという。つまり、市部では税は安いが、納税資格獲得は厳しかったのである。そのため、圧倒的多数の地主の意向が選挙の大勢を動かしていた。これを是正するため市部を独立させたのであるが、当時は人口三万人で市を成立させることが可能であり、実際に多くの県庁所在地はこの程度であったので、定員と人口を比較すれば、現実には都市部では人口三万人に定員一、郡部では人口一三万人に定員一となり、現在とは反対に都市部に非常に有利となった。

このほか、大政党に有利な連記制や、買収行為を防止するための記名投票制などが政党側から出されたが、伊藤は強引にそれらを抑え込み単記・無記名を通した。

このように、この改正は官僚・軍・政党など諸政治機関が多元的に割拠する明治憲法下での円滑な政治運営をめざし、特に農村と都市の公平性（票の格差という意味では不公平性）を基本路線として構築されたものであり、議員は立憲国家を担う国政政治家としての能力が要求されたのであった。

3　一九一九年の改正

原敬内閣下で改正された主要点は、選挙区を大選挙区から小選挙区に戻すこと、納税資格を一〇円から三円に引き下げることであった。この改正については、三谷太一郎『日本政党政治の形成』が的確な分析を加えている。(7) それによれば原の意図は次のようなものであった。すでに普通選挙論が大きな潮流となっていたように、選挙権の拡大は必至であるが、同時に買収行為はいっそう甚だしくなることが予想される、それに対し厳罰をもって当たることは、選挙さらには政党のエネルギーを抑圧することとなり好ましくない、そこで名望がより大きな意味を持つであろう小選挙区制度に戻すことによって、買収の効果が薄らぐように改めなければならない、と。すなわち衆議院議員選挙法制定時と同じように、候補者には人格・識見を期待し、有権者には金ではなく候補者個人の資質を見極めるよう要請したのがこの改正の趣旨であった。また原には、鉄道・教育等の他の政策にも見られることであるが、維新以来の文明化の恩恵を普く全国の地域社会に享受させようという強い「地域均霑《きんてん》」的発想があった。議会制度も文明の一つとして考えれば、小選挙区制度は「地域均霑」に適合的であり、この時の議員定数大幅増加も文明の普及として理解できよう(8)。このように、この改正には日本社会を、都市と農村という二分法的ではなく、多くの「地方的団結」の集合体としてよりきめ細かく捉え、各々に公平に発言権や名誉を配分しようという意図が底流にあった。

しかし、小選挙区の別の重要な特性、つまり各選挙区で一票でも多くとれば当選するのであり、したがって全国的に各選挙区で少しずつでも勝っていれば多数党を形成するのが比較的容易である、という点も重要であった。勿論、原はこの点をも期待していたのであり、過半数政党を創出して衆議院での地盤を強化し隙を与えないことによって、強大な官僚勢力に対抗しようとしたのである（もっとも小選挙区制度で実施された一九二〇年〈大正九〉の総選挙で、政友会は票獲得率よりも議席獲得率が下回った）。この意味で同じ小選挙区制度でも、政党進出を阻もうとしていた制定時とは正反対の意味を持っていた。

ただし、そうなれば自身の存在価値が極めて低下する野党側から猛烈な反対意見が出るのも必然であった。重要な点は次の三点である。過半数政党の出現は少数党を圧迫し一党の専制政治になりやすいこと、小選挙区から選出される議員は限定された地域での名望はあっても全国政治に関する能力が無いので、党内部は有力な一部の幹部といわゆる「陣笠」代議士という二極構造となり幹部専制体制になりやすいこと、地域が狭い小選挙区は地方選挙とも連動しやすく、そのために衆議院選挙における激しい競争意識がそのまま地方自治体にも波及し、円滑なる自治体運営が困難となること。つまり、本来民主主義の象徴であるべき政党が議会内でも、政党内でも二重の意味で専制政治になると批判しているのである。確かに官僚勢力との交渉において、原はこのような独裁体制を築くことによって大成功を収めた。しかし、政界での対立軸が政党対官僚から政党対政党に移った時、選挙の結果が政権交代をもたらしたという経験がほとんど無かった日本（与党が勝つのが一般的であった）では、多数党はいつまでも多数党であり続け、少数党は常に冷遇されてしまうことも大いに予想されるところであり、この小選挙区制度が短期間で廃止された原因もここにあった。

この点で興味深いのは、通常、選挙区制度についてはデュベルジェの法則に従って小選挙区制度は二大政党制になりやすいとされているが、日本では、次章で触れる明治期の小選挙区制度時代もそうであったが、このように一党制になりやすいと認識されてきたことである。

4　一九二五年の改正

一九二五年衆議院議員選挙法改正の最大の焦点は、もちろん普通選挙（普選）であった。普選は都市や農村あるいは地域社会という地理的公平ではなく、階級的平等意識に基づくものであるが、普選論者の粘り強い活動は、第一次世界大戦中から急激に民主化しつつあった欧米の動向に刺激を受けた国民を巻き込み、大戦後には大規模な運動に発展した(9)。同時に彼ら熱心な普選論者は、普選を契機に政界の大革新をも構想していた。他方、従来あまり普選に熱心でなかった政治家も、後述のロエスレルと同じく体制維持のための安全弁として普選を認めざるを得なかった。欧米に範を取ることが多い日本の場合、農村対都市なり、階級間なり、社会的亀裂が修復しがたい傷口になる前に選挙制度によって傷口を最小化しようとする傾向が強い。とにかく両者の思惑の一致によって有権者は四倍、実数にして一二〇〇万人に増加したが、問題は彼ら新有権者をどの方向に導くかにあった。さらに、この時期は政党が政治舞台の主役となり、政党の動向がそのまま国家の運命と直結することとなったので、選挙の重要性もますます高まり厳しい目が向けられるようになった。

まず、買収の温床であった戸別訪問は禁止され、金持ち候補者と無産候補者の間で選挙運動に大きな不公平が生じないよう運動費も制限された。運動の制限という方向はこの後もさらに強まり、一九三〇年代になるといわゆる選挙粛正が提唱されて、選挙運動の画一化・公営化、そして取り締まりの強化に向かった。また、候補者に対しては初めて立候補制度が採用された。それまでの非立候補制度の理念は、有権者がその地域内で自分たちを代表するような人格・識見・能力の優れた衆目の集まる人物（「出したい人」）をあぶり出すことを目的としていたが、立候補制度とは公約を明らかにした候補者（「出たい人」）の中から有権者が選択するシステムである。つまり、アマチュア的名望家ではなく、弁論が立ち政治活動に専念する職業政治家が望まれたのだが、一九四二年のいわゆる翼賛選挙では、「出たい人より出したい人を」のスローガンの下に候補者の推薦制度が実施され立候補制度の意味を薄めようとした。このようにこの時の改正では有権者の急増を契機に、従来の「腐敗」した選挙を断ち切るべく公平、厳格な選挙活動が要請されたのである。

選挙区としては、中選挙区制度が採用された。しかし、その意図は必ずしも十分に明らかではないが、小選挙区・大選挙区制度の長所と短所を折衷する形で妥協がなされたといわれている。これを前述の原敬の主張した小選挙区論とそれに対する批判に関連させていえば、小選挙区制度における多数党形成の容易さという面と、大選挙区制度における政党間あるいは政党内での民主化・流動性が確保されやすいという両面を同時に達成しようとしたということになろう。これを戦後の五五年体制に即して評価すれば、自民党内では派閥から首相を出し合うことによって党内流動性は確保されたが、政党間の流動性はなかったということになる。もっとも、この自民党一党優位制システムは選挙制度のためというよりも、冷戦が大きな原因であったといえよう。

5　戦後の改正

戦後の改正では、まず何よりも女性に参政権が与えられたことが重要であった。また、戦後第一回（戦前からの合計では第二二回）総選挙では大選挙区制限連記制の下で多くの政党が誕生したが、その後は中選挙区制度に復帰した。この他の戦後の改正点を簡単に分類すれば、第一は選挙運動に関するものが挙げられる。第二二回総選挙ではGHQの方針もあって選挙運動制限は緩和されたが、一九五二年八月の改正では戸別訪問の禁止、ポスター・郵便葉書・演説等の制限の強化などが盛り込まれ、その後規制は徐々に強められていく。また、一九六二年五月の改正の頃からは、運動そのものが候補者個人よりも政党本位の形に改められ公営的要素が強まっていった。第二には、議員定数の是正である。戦後の激しい人口移動によって農村部の過疎化と都市部の膨張が起こり、一票当たりの重さに大きな格差が生じた。公職選挙法では、五年ごとに実施される国勢調査の結果に基づいて定数を見直すことが明記されており、実際に一九六四年二月、一九七五年七月、一九八六年五月、一九九二年（平成四）一二月に改正が行われ、偏りの激しい一部の地域で定員数が是正された。また、奄美群島、沖縄県でも総選挙が実施されるようになった。このため、定員数は最高で五一二名にのぼったが、歴代の自民党政府は全面的な見直しには消極的であった。第三は、一九八二年に参議院にそれまでの全国区に替わって比例代表制度が導入されたことであった。これによって、議員個人の識見・人格が重視され「良識の府」とされた参議院に、政党本位の論理が持ち込まれることになった。一方、候補者にはカネに対するクリーンさが強く求められるようになった。確かに選挙期間中の各候補者の選挙費用額は減少し選挙違反者もしだいに減少したが、選挙終了時点から次の選挙開始までの間の選挙区活動には多くの費用を要するようになった。このように、政党の政治的地位が高まり、しかも政権争奪競争が強まれば強まるほどカネがかかるようになるのはある意味当然であろう。にもかかわらず、大衆党員個人からの党費徴収がままならず、結局は他の方法での寄付金に依存せざるを得ないため、政治資金規正法に抵触する事件も跡を絶たないのである。

最後に、戦後最大の改革となった細川護熙内閣下の一九九四年改正に触れておきたい。その最大の修正点は衆議院議員選挙における小選挙区比例代表並立制であり、最初の男子普通選挙である一九二八年の第一六回総選挙で採用されて以来、約六五年間に亘って続いてきた中選挙区制（第二二回総選挙を除く）が廃止されたことの影響は大きかった。大雑把に言えば、小選挙区比例代表並立制とは、小選挙区（力強すぎる多数党の出現）と比例代表制（小党乱立による政治の不安定化）の短所を矯めるべく、両者折衷することによって克服しようという意味では中選挙区制度と発想は似ている。この制度を採用するに際し、小選挙区制によって二大政党制を促して政権交代を容易にし、かつ政策本位の政治を実現する、やはり小選挙区制度によって選挙費用を低く抑える等が制度上の目的であったが、その背後には長期的自民党一党体制を打倒したい、そのために派閥や金権政治の温床であり、政策本位の政治や本格的大衆政党組織の形成を妨げている中選挙区単位で形成された個人後援会を撲滅したいという、当時の細川連立政権の政治的意図があったことは確かであろう。

それから約三〇年、当初は自民党と民主党による二大政党制に向かうかに見えたが、単に小選挙区制と比例代表制の並立という制度上の性質からみれば、安定過半数政党の出現や二党制の実現は難しく、一方で乱立的な多党制にもなりにくい訳であり、その中間の穏健な多党制と親和性が高いのかもしれない。また、選挙戦における資金は大幅に減少し、個人後援会など組織票に対し無党派票がより重要な意味を持つようになって、選挙戦では政策論議が積極的にされるようになってきた。以上は、もちろん選挙制度だけに基因している訳ではなく、高度成長期以降の大衆社会化の進行、少子高齢化、情報社会化など社会構造の変化が複雑に絡み合って選挙の姿を大きく変化させつつある。もっとも、いずれにしてもこの改革以降、選挙結果が政治のみならず社会に与える影響力が増大していることは確かである。

二　戦前の選挙区制度と期待される代議士像

1　どのような人物を国政に参加させるべきか

前節でも述べたように、特に第二次世界大戦以前の日本では、国政に参加することになる代議士の質が大きな関心事であった。現在では、人的ネットワークの連鎖で重層的に結ばれた個人後援会の役割はやや後退し、候補者と選挙民の関係はメディアを通して形成されたイメージや、さらにはＳＮＳを通じてもっと直接的に結ばれる傾向が強まっている。このこと自体は民意が反映されるという意味で重要であるが、他方で不安定な大衆社会状況下で大衆迎合主義となる懸念も指摘されている。この不安を取り除くには候補者個人の質を上げることが必要となろう。つまり、当然といえば当然であるが、政党政治の重要度が増せば増すほど、単なる数合わせではなく、国民指導者としてのエリートの資質が問われるのである。

さて、戦前期における代議士の質を問う議論は、多くは選挙区制度に関連して論じられてきた。現在の選挙区制度に関する論議は、得票率と議席獲得率との関係（小選挙区か比例代表か）や、都市部と農村部の定数是正などから論じられる場合が多いが、戦前日本ではどのような選挙区制度にすれば、国政にふさわしい質の良い代議士が選出できるか、すなわち量よりも質が論じられた。これは、そもそも選挙の目的自体が国民多数の利益の表出や集約を意図していたのではなく、国家の発展に寄与できるような人物を選出することにあった以上当然であった。もっとも、そこで求められる代議士像は時代状況によって異なるため、それを選挙区制度によって調整しようというのが戦前の発想だったのである。

本節は、前節と重複する部分もあるが、戦前の大きな選挙区制度の改正を対象に、もう少し詳しく制度採用の目的→実際の代議士選出結果→結果に対する評価→新たな制度改正論の台頭、をトレースしていきたい。

2　明治小選挙区制度と地方名望家（一八八九〜一八九九年）

日本には全く前例の無い議院制度の導入に際し、伊藤博文を中心とする明治政府指導者は御雇外国人に多くを依存しなければならなかった。中でもロエスレルとモッセの二人のドイツ出身者は有名であり、一八八九年（明治二二）衆議院議員選挙法制定の際にも両者に対ししばしば質問がなされた。そこで、まずはその両者の議論を紹介しよう。

ロエスレルは、選挙区制について「一選挙区には一人の議員を選ぶを以て適当とす。〔略〕此の如く為すときには投票するに容易ならしめ、時間及費用を減少し、且つ信用ある議員を選挙するに容易ならしむ」として小選挙区制度を主張した。しかし、彼の最も特徴的な点は普通選挙を主張したことであった(10)。

〔選挙権に納税等の制限を設けることは〕必ず中等の人種を助くるの傾向を生じ、且つ之をして他の人種を妨害するの特権を得せしむるものなりと信ず。此の如き特権は従来の経歴に依れば国家及政府の利益と為らざるものなり。中等の人種は強大且保守の政府に対して常に反対する改進の傾向を有するが故に、政府の困難を惹起することを平常計画し、且つ自己の便宜及上等並下等の人種を抑圧するの目的を以て政治を志向することに汲々たり。

また別の箇所では、「中等の人種」は「破壊主義或は非君主制主義」的傾向を帯びるが、「日本国民の多数は忠節にして勤王の思想を抱くもの」なので、「君主政治」でなければならない日本では是非普選を採用すべきであると主張した(11)。彼が想定する「中等」とは、おそらく自由民権運動家の中でも最も過激な士族グループを指すものと思われるが、要するに君主制的傾向を持たせるため、「改進」的な彼らの存在価値を薄めるようなるべく有権者を拡大し、それが同時に人民の反発を予防するにも有効であるというのであった。但し、彼の言う普選は「不羈独立」の人間、すなわち独立して生計を営む男子を対象としており、この案は四〇年近く経った後に実現する普選で採用されることになる。

一方のモッセの特徴は間接選挙にあった。「国民を政事上の自由に導くには急進よりは寧ろ漸進の方向を取るべき」であり、特に一瞬にして封建制から立憲制に変わろうという日本ではそうである、そして「議院制の安全なる基礎は自治体に依るに非ざれば能」わず、具体的には県会議員が選挙人団となって国会議員を選ぶというものであった。彼ら名望家の地方議員は「同胞の信用を得、其地方の利害及需要に通暁し、公共事務に参加して多少政務の熟練と見聞を得」ており、そのような議員によって選ばれた上位機関の議員は下位の議員よりもさらにその「資格を備ふる者たるは勿論なるが故に、実地の政務に長じ、学理及憲法上の問題を論及するより寧ろ経済上の利益を計るに熱心(12)」だからである。周知のように、モッセの影響下で策定された明治期の地方制度は、県会議員・郡会議員は下位の団体の議員団から選出されることになっていた。一般に直接選挙では中央と地方の政争が直結し、中央から地方に強い党派性が持ち込まれる可能性が強いが、モッセはそれを等級選挙・制限選挙によって十分に予防できると考えていた。要するに、モッセの場合は漸進主義の立場から間接選挙・等級選挙・制限選挙を主張したのである。

両者以外にも、様々な案が検討されていた。選挙区制については「或は府県の区域に依ることを得べく、或は郡の区域に拠ることを得べく、或は特に其区域を定むることを得べし[13]」という案ばかりでなく、比例代表制も考慮されていた。また単記制、制限連記制、完全連記制も比較検討されていたようである。当時の欧州において、これらの制度が試行錯誤され熱心に論じられていたからである。

さて両者を比較すれば、選出されるべき議員は社会的に「信用」があり、そんな彼らを基礎にして保守的漸進的政治を継続するという観点から選挙制度を構想していた、という点で共通している。しかし、具体的レベルになると正反対であった。普通選挙か制限選挙か、小選挙区直接選挙か間接選挙かという点もあるが、ここで特に注目したいのは「中等の人種」の捉え方であり、ロエスレルの場合はそれを危険視し、モッセの場合は国家の中核に据えようとした点である。結局、明治政府は両者の主張の範囲の中で日本の国情を考慮し折衷しながら制度を決定した。すなわち、保守的漸進的立場、「信用」ある人物の選出というロエスレルとモッセの一致点は明治政府も同じであったが、最終的には小選挙区直接選挙を採用しながらも、地方自治と連繫した形で「実地の政務に長じ、学理及憲法上の問題を論及するより寧ろ経済上の利益を計るに熱心」な地方名望家を代議士として期待し、過激な士族民権論者を排除するため制限選挙を採用したのである。

詳しく見てみよう。残念ながら、選挙制度制定過程を明らかにする史料は乏しい。そこでここでは、結果的に採用された制度から政府の意図を推測していく。

・有権者資格

候補者、有権者ともに選挙人名簿作成まで一年以上その府県で直接国税一五円（現在ならば約一一～一二万円）以上を納めていなければならないと規定した。現在では決して高い額ではないが、階級差が大きく且つ国税の中心が地租であったため、一定の土地所有者でなければ選挙権は得られなかった。そして、これによって排除されたのは、江戸時代では教育をあまり受けず「お上」の命令に従って生きてきたため、選挙権を与えてもおそらく情実や上からの圧迫に左右されて投票するであろうと思われた一般人民と、都市部に住み、また教養があり弁も立つが資産があまり無い士族であった。他方、この条件に該当したのは土着で温厚篤実で安定志向の名望家（「郷紳」「田舎紳士」）であった。この結果、有権者は国民全体の約一・一％となったことは周知の通りである。ところでこの一・一％という数字であるが、大雑把に言えば一家族が約五〜六人程度、都市部より農村部に有権者が多い、という当時の条件を考慮すれば、農村部では約一〇数戸に一名の割合で有権者が存在したことになるが、これを江戸時代でいえば、庄屋・組頭・百姓代という村の責任者およびその候補者、あるいは五人組頭の人数と似たような規模になろう。[14]制定者の脳裏には、このような意識があったのかも知れない。

・小選挙区制度

小選挙区制度を採用した理由は「信用」のある人物を選出させるためであり、現在言われているような小選挙区の特性、例えば第一党は得票率以上の議席獲得率を得ることが可能でありそれは安定政権につながる、というような点を考慮した訳では無かった。さらに言えば、そもそも得票率の割に多くの議席が獲得できるということ自体が当時では自明ではなく、[15]ロエスレルなども小選挙区制では「地方の利益に関する狭隘なる精神を以て選挙会を左右するの勢力」[16]が登場し、帝国議会は地域エゴの寄集めとなって収拾できない状態になってしまうことを心配した。[17]この点は後述しよう。さてここで言う「信用」であるが、それは全国的に有名な党派や個人という単純な知名度・認知度ではなく、自分たちの代表に相応しい人格・識見を持った人物に備わるものであり、それを見極めるには信用される側と信用する側の関係が密接であることが前提となる。しかし、コミュニケーション媒体が少ない当時において密接な関係が存在するのは、おもに一定の区域内の人間関係ということになる。したがって、そのような人物は所謂地方名望家であることが多かった。

・非立候補制度

有権者が熟知し且つ「信用」ある人物を選出するとすれば、選挙戦において候補者が政策等を訴える必要は無かった。否むしろ、立候補して政策を積極的にアピールすること自体有害と見られていた。江戸時代まで行われた選挙（入札）では、その職を遂行するのに最も相応しい人物は誰であるかを、私心をすべて捨て公平な心から神に誓って投票することが求められ、そのため自分はもちろん、親兄弟に投票することも私心の発露として嫌悪された。したがって、政策（私的利益）を訴え有権者の歓心を買おうとするような行為は嫌われたのである。

・記名投票

本来、秘密投票は圧力に屈せず個人が自由に表明する意思に従って投票することを保証する制度であるが、当時では逆に記名投票こそが自由に表明する意思に従って投票することを保証すると考えられた。というのは、記名投票の場合開票所ではまず投票者氏名が朗読され、次いで投票した人物名が朗読される。したがって、誰が誰に投票したのか直ぐに分かるが、この時、例えば自分自身に投票したり、金銭的に世話になっている人間に投票したりすれば、それは私心によって投票したと認識され、周囲からその投票者は公平でないと見なされ信用を失うのであった。

以上から、一八八九年制定の衆議院議員選挙法の趣旨は、モッセの表現に従えば「実地の政務に長じ、学理及憲法上の問題を論及するより寧ろ経済上の利益を計るに熱心」で「信用」があり優れた人格・識見を持つ穏健な地方名望家を社会の中から選び出させ、明治政府の官僚・軍人と協力して国政に参与させることにあり、これこそが期待された代議士像であった。このように明治政府は、日本の国情を斟酌しモッセの如く彼らを国家の中核に据えようとしたのであった。それは、モッセ・山県有朋が主導して作られた地方制度と連動するものであり、井上馨や陸奥宗光が自治党[18]を構想したのもこのことと関係していたといえよう。

次に、この制度が実施された結果はどうだったのであろうか。まず制定者である藩閥官僚の側からみれば、ある意味では成功し、ある意味では全く失敗に終わったといえる。成功した点は、各地域から「信用」ある人物を選出することができたということである。[19]このことを判定するのは難しいが、彼らの経歴や議場での言動を考慮すれば、ほぼ妥当な評価と思われる。逆に失敗した点は、政治的な意味においてであった。明治政府内には山県有朋・黒田清隆のように政府は議会に関与すべきではないという超然主義を主張する者がおり、このために統一した対議会策を採ることはできず、民党に対して常に後手に廻ることになった。自治党が実現しなかったのもこのためである。しかし、実際に議会が始まると無策という訳にはいかず、選挙干渉という手段も採られたが、これも有効な対策でないことは直ぐに明らかとなった。もう一つの対議会策は吏党育成であった。吏党とは、幕末以来の尊王攘夷論に基づいて国体を護持し藩閥政府とも協調的姿勢を取るなど政治的には漸進主義ながらも、国内的には産業積極主義、対外的には強硬主義を標榜して国家の発展をめざそうとする代議士集団であり、第一回総選挙（一八九〇年七月）後に杉浦重剛・元田肇・津田真道・末松謙澄ら六三名が集まって結成した大成会がそれであった。彼らの中には中央官僚経験者・全国的実業家など錚々たる大物議員が多く、個人個人をとれば民党を圧倒していた。[20]この大成会を藩閥政府が支援する形で一八九二年六月に結成されたのが六七名からなる国民協会であった。しかし、一家言を持つ大物議員の集合体であるがゆえに、結局はこれも意思不統一で成功することは無かった。山県らは、たとえ吏党党首が総理大臣になったとしても、それは政党内閣であるとして反対していたほどであった。

逆に、「信用」のある人物の全国的組織化に成功し（「横断的名望家政党」）、藩閥政府に対抗しようとしたのが民党であった。明治一〇年代の自由民権運動、明治二〇年頃の大同団結運動と民党は、町村から郡へ、郡から県へ、そして県から国家へと下から順に国民の団結を積み上げようという地方主義によって、最終的には責任内閣（政党内閣）を樹立しようと試みていた[21]。言うなれば「議院制の安全なる基礎は自治体に依る」というモッセと同じ方法で、彼らは藩閥官僚に対抗したのである。

以上のように制定者である明治政府官僚は、地方名望家で「信用」ある人物を選出させ急進的な民党を抑え込もうとし、確かに「信用」ある地方名望家を選出させることに成功したが、その地方名望家は必ずしも漸進的ではなく逆に急進的な民党に利用され、その結果、初期議会は大いに混乱したのであった。

3　大選挙区制度と全国的名望家（一九〇〇～一九一八年）

民党も強固な基盤を形成した結果、一八九七年（明治三〇）頃には藩閥官僚・民党共に引くに引けない状況となり、何らかの打開策を必要とした。ここで主役として登場したのも伊藤博文であった。伊藤はそもそも井上馨と同じく自治党のような構想を持っていたと思われるが、一九〇〇年ついに実行に移し立憲政友会を創設した。それに先立ち彼は代議士の質の転換も求めており、それが大選挙区制度の採用に繫がったのである。再び、村瀬信一氏の研究[22]によりながら説明していきたい。

伊藤の現状認識は、第一に選挙競争が激甚となり不正行為が横行していること、第二に本来は国政を審議する人物が選ばれなければならないはずなのに、特定の地方の利害ばかり論じる人物（地方名望家という地主階層）が多いことであり、これを正すために選挙法を改正しなければならないというものであった。そして、それが実際にほぼ実現することになった。具体的には、有権者資格・大選挙区単記制度・市部独立選挙区制度・無記名投票である。

・有権者資格

伊藤は、衆議院議員選挙法制定時では混乱を心配し納税額要件を高くしたが、両者が無関係であることが判明したので低減すると述べている。彼は当初地租五円以上、所得税もしくは営業税三円以上と考えたが、最終的には貴族院の意向によって直接国税一〇円以上となり、全国民に対する有権者の割合は二・二％となった。二倍に増加したとはいえ、社会階層の面から考えれば、それほど大きな変更は無かったといえよう。

・大選挙区単記制度

これが伊藤の最大の狙いで、小選挙区制度では「信用」はあってもそれは地方限定であり、結局は代議士は地主個人としての利害または特定地方利害に拘泥する結果となり、藩閥官僚とは対立し国家運営に支障を来したので、これを大選挙区（一府県を一区とし人口一三万人に定員一を配当）とし国家的立場から判断できる人物を選出しようと考えた。すなわち、選挙区を広くすれば代議士と有権者の距離が拡大し、小選挙区の時には地域に密着していた候補者を、より国家の側に近い人物に転換しようとしたのである。同時に、少数意見を吸い上げるため単記制とした。この単記制によって地域限定の人物が連携して戦うことをなるべく防ごうとした。

・市部独立選挙区制度

これも重要な改正点であるが、市部（人口三万以上の市に定員一を配当し、それ以上は人口一三万人に定員一を配当）に有利とし商工業者の代表を増加しようとした。当時の平均的な県庁所在地は概ね人口三万人を少し越える位であったため、そこでは少数の人口・有権者で定員一を獲得できた。

・無記名投票

伊藤は、記名投票によって不正行為（買収・脅迫）の効果が明白になり、それが一層不正行為を促しているとして、無記名による投票を主張しそれが実現した。但し、すでに述べたように記名投票こそ不正を防ぐという意見も根強く、当時の代議士たちの意見も二つに分れていた。なお、非立候補制度はそのままとされた。

以上から伊藤の意図は明らかであろう。地方的利害に汲々とする地主的地方名望家ではなく、国際的な経済競争を念頭に置き、国家の発展に寄与するであろう知識・経験を持つ国家的人物（中央官僚、大物実業家・財界人等）が理想とされたのである。そして、このような代議士が一丸となって形成する模範的政党の党首が首相として行政府を指導し、同時に多数党党首として議会も自らの指導の下で政府に協力させることをめざした(23)。勿論、このようなスーパーマン的党首は伊藤を措いて他にいなかった。

では、その実態は如何であったのだろうか。第一にいえることは、確かにその意図通り、国際的な知識・経験を持った大物実業家たちが増加した点であった。もっともこの傾向が顕著になったのは日露戦後であったが、地方名望家ないしは地方的企業家というよりも、大都市部を中心に広域で事業を展開し、特に外国や植民地で活動する実業家出自の代議士が増加したのであった(24)。彼らは、伊藤が意図した市部独立選挙区から選出される者の中に多かった。他方、中央官僚から代議士に転出する人物はあまりいなかった。但し貴族院議員の身分で、第一次山本権兵衛内閣成立の際に高橋是清・山本達雄・床次竹二郎等の大臣・次官が数多く政友会に入党し、立憲同志会にも結党の際や第二次大隈重信内閣との関連で多くの有力官僚が入党した。これらの結果、政党は大きく変質することになった。

第二に、党首を中心とした党幹部の指導の下で、党員が整然と行動する組織政党の形成という意味でも成功した。この傾向もじつは明治末・大正初期以降のことである。換言すれば、伊藤の意図は日露戦後の状況に適合的であったのであり、大選挙区制度の導入は時代を先取りしたものともいえよう。政友会の場合は西園寺公望総裁の時期には西園寺・原敬・松田正久の三頭体制で、原総裁の時期は原個人の強い指導力によって「軍隊」にも喩えられるほどの組織力、統制力を持ったとされる。同志会の場合は加藤高明を中心とする総裁周辺グループ（若槻礼次郎・浜口雄幸等）

が党をリードした。もう少し具体的に言えば、両党ともに、党首は首相候補者として相応しい閲歴、政治家としての力量、そして党を運営するための資金力を持ち合わせ、その党首の意向を受けて側近幹部が一般代議士を指導し、さらに一般代議士は伊藤が期待した国家的人物でおもに中央で活動する中央型と、従来のように地元で「信用」があり地元で活動する地方型が分業的に棲み分ける構造、すなわち、党首—幹部—中央型代議士—地方型代議士（陣笠）[25]という階層構造（「縦断的名望家政党」）であったといえる。

しかし第三に、多くの代議士たちが一丸となるような大政党が形成されたかと言えば、必ずしもそうとは言えなかった。確かに日露戦後から大正初期にかけて政友会は過半数政党となったが、憲政本党（立憲同志会）・国民党という少数ではあるが確固たる基盤を持った政党が存在し、さらにそれ以外の第三党がこの時期にはむしろ拡大したため、一九一五〜一九一九年は過半数割れし、三党鼎立的状況が現出することになった。三党鼎立とは山県有朋が提唱していたもので、二大政党（この場合は政友会と同志会）以外の第三党（大隈伯後援会・新政会等）がキャスティングボートを握り政局を左右することである。さらに重要なのは、この第三党には前述の大物実業家・財界人が多かったことである。彼らが国家官僚に協力的であり、手を携えて国家の発展に尽力しようとしたところまでは伊藤の思惑通りであったが、実際に彼らが選択した会派は政友会ではなく、吏党の第三党だったのであった。この制度改正でも、制定者が期待したような代議士を育成することには成功したが、長期的な政治戦略の面では失敗したといえよう。

以上の他に、大選挙区制度にはもう一つ別の意味が含まれていたようである。帝国議会創設から長い期間議員を努めた改進党系の大津淳一郎は、明治期小選挙区時代を回想して次のように語っている。

小選挙区当時ノ状態ハ、藤沢委員ガ述ベラレタ如ク、其争激甚ニシテ弊害百般ニ及ボシテ、甚ダ国家ノ治安ヲ乱スト云フ虞ガアルガ故ニ、大選挙区改正以前ニ選挙法ノ改正案ヲ提出シタル者ガ十九回アルノデアリマス、十九回提出シタル選挙法改正案ノ中ニハ、元ノ自由党ノ諸君モ亦大ニ其弊害ヲ認メテ、大選挙区ニセネバナラヌト云フコトノ改正案ヲ提出シテ居ルノデアリマス、〔中略〕競争激烈カラ起ル所ノ弊害ニ対シテ、本員等ガ最モ憂フベキ事ハ、自治体ノ破壊デアリマス、是ハ大選挙区ニシヤウト云フ時ニ、屢々提出シタル議案モ、自治体ノ破壊ト云フコトヲ一番恐レタノデアリマス、当時ヲ回想致シマスレバ、町村治ニ及ボシタ弊害ハ、実ニ甚シイモノデ、単リ町村会議員ノ選挙バカリデナイ、役場ノ取合ノ争バカリデナイ、随テ此刑事訴訟等マデ及ビ、郡トシテ五六若クハ七八ノ裁判事件ノ起ッテ居ラヌ郡ハナカッタト云フ形況ガ、当時ノ状態ヲ能ク御調ベニナルト有ルノデアリマス(26)

つまり、小選挙区制度では町村の対立が非常に激しくなり「自治体ノ破壊」につながりかねない、したがってそのような対立を緩和するために大選挙区制が必要であった、ということである。前節でみたように、このような対立はしだいに収束して「地方的団結」が整っていくが、一方で日清戦争以前では、第二部第一章で宮崎県の例で紹介した通り、一部町村で非常に激しい対立があったことは確かであり、この大津の発言から、それが全国的な現象であり当時の人々の脳裏に強く残っていたとすれば、大選挙区制度の導入には、前節で見た府県大の名望を持ち国家的な視野に立つ大物議員を選出しようという意図とともに、「自治体ノ破壊」を防止したいという考えも含まれていたと思われる。

4　小選挙区制度と多数党の形成（一九一九～一九二四年）

伊藤のこの政治戦略的失敗を克服しようとしたのが、伊藤直系の後継者を自任する原敬であった。原は第二次西園寺内閣（一九一一～一九一二年）の頃からさかんに小選挙区制度を主張するようになった。そして、自らが首相になるに及んで遂にそれを実現したのである。この過程については玉井清氏の研究(27)が詳しい。以下、これを参考に制定者原の意図を検討しよう。但し同書も指摘している通り、原は本来の意図をなるべく隠そうとして明示的に述べることが少なかったため曖昧な部分も多い。ちなみに有権者資格については、納税額を直接国税三円に引き下げ、この結果有権者は約二・五倍増加し約四戸に一票の割合となった。もっとも、この時期は普選論もさかんに叫ばれており、原はとりあえず三円で実施し、様子を見極めてから決するという漸進主義を主張した。

以下、小選挙区制度を採用した理由を列挙する。

・「普選脅威論」

原が小選挙区制によって多数党が出現することを恐れる山県有朋に向かい、小選挙区にすれば社会主義勢力の台頭を抑圧することができると説いたのは有名である。この点について玉井氏(28)は、第一四回総選挙（一九二〇年）で原が野党同志会・国民党が主張する普選論は社会主義に繋がる危険思想であるとして、「普選脅威論」を猛烈に展開し大勝したことを明らかにしており、確かに現実の場で活用され且つ成功したのであった(29)。

・選挙費抑制

原内閣の説明では、有権者が増加し且つ大選挙区制度のままでは候補者は莫大なカネを使わなければならず、したがって腐敗度も増加するが、小選挙区とすれば選挙費用額を抑制することができるというものであった。では実際はどうであったかと言えば、

第一三回（一九一七年・大選挙区）　八五〇〇円（現在の金額で二一〇〇万円）
第一四回（一九二〇年・小選挙区）　二四〇〇〇円（一八〇〇万円）
第一五回（一九二四年・小選挙区）　二〇〇〇〇円（二〇〇〇万円）

第一六回（一九二八年・普通選挙）　五〇〇〇〇円（七一〇〇万円）[30]

と物価の乱高下はあるものの概ね安定しており、有権者増大に伴う増加は確かに抑制できたといえよう。

・候補者を熟知

小選挙区では候補者と有権者が密接となり、有権者が投票するに際し候補者を熟知できるという長所があると原内閣は主張したが、確かにその通りであろう。但し前述したように明治期小選挙区の場合は、熟知とは候補者の人格・識見に関してであり、人間としての「信用」が重要であったが、先行研究[31]も指摘しているように、この時期には従来のような地域限定の地方名望家の信用は大きく衰退し、且つ中央型・地方型という系列化も形成されていたので、地域限定の地方名望家が選出されることはあまり考えられず、ますます中央型すなわち官僚出身者および全国的な大物実業家・財界人や、あるいはこの頃から多く登場する少壮職業政治家が当選することが多かった。これは原自身も強く意識していた点でもあった。[32]ではこれら中央型の代議士が如何にして地元有権者に熟知してもらえるかといえば、地盤培養活動を通してであり、それを代行するのが地元の名士・名望家であった。

・「私設選挙区」論

床次竹二郎内相が大選挙区制度について「名は成程大選挙区でありますけれども、其実際に於ては議員候補に立つ者は各々根拠地を擁し、所謂私設の選挙区を設けて、此の選挙場裡に立つと云ふことは実際であります」[33]と説明したように、郡を単位として各候補者に数郡の地盤を割り当て（協定選挙区）、候補者は基本的にその地域内だけの得票で当選をめざすという、実質的には小選挙区制度に近い選挙戦術を採っていた。したがって、美濃部達吉も少し前までは小選挙区こそが最も自然な地方的団結と認めていたのであった。[34]

・「政党の発達」

小選挙区にすれば安定した二大政党が形成され、政党及び政党政治の発達に益することが多いと原内閣は主張した。しかしこれに対し野党側は、小選挙区は単に多数党の横暴を招くものでしかないと主張し、ジャーナリズムでもこれこそが内閣最大の目的であると論じた。実際に第一四回総選挙ではその通りの結果となった。但し前述したように、論理的には「地方の利益に関する狭隘なる精神」によって逆に少数意見が確保される可能性もあったのだが、この時期には事実上その可能性はなくなっていた。すなわち、政友会が中心になって明治中期以降進められてきた積極主義によって地域社会内部の構造が全国的に近似してきていたのである(35)。政友会は自らが蒔いた種を自ら育て、そしてその実を摘み取った訳であった。

以上、小選挙区制を採用した最大の意図が多数の獲得にあったことは間違いないが、同時に小選挙区制度の下で、(一)伊藤博文が制定した大選挙区制度では政党に取り込むことができなかった大物実業家・財界人等を政党に収容する、(二)その際従来は単に政府を支持するだけの吏党的存在であった彼らに政策志向性や権力欲を植え付け党派性を持たせる、(三)積極主義の結果である全国的な地域構造の近似性を利用する、等の諸点を実行したかったからであった。こうして、質の高い議員を揃えた権威のある安定的で強力で組織力もある政党内閣を樹立し、積極主義や、第一次世界大戦後の社会の動揺に対処する社会政策を確実にかつ大胆に実行しようとしたのである。以上のように小選挙区採用は、強力な政党政治実現のためであった。

この狙いは大成功した。総選挙で絶対的過半数を獲得した原内閣には死角が無く、内閣が倒れる要素は全く無かった。おそらく日本で最も強く安定した内閣であったと言ってよいだろう。そんな日本初の政党内閣として金字塔を打ち立てた同内閣の死角をしいて求めれば、弱点が無いのが弱点であった。永井柳太郎が「西にレーニン、東に原敬」と表現したことは有名だが、実際に当時の言論界では保守的現実主義的独裁者という見方が圧倒的であり、また小選挙区の下での政友会の戦闘的対決的姿勢は「競争激甚」と認識され多くの批判を受けたが、現実の政界の場で原内閣に肉薄することは全くできなかった。すなわち、あまりに強力であるが故に反発も強く、敵対勢力との距離は広がるばかりだったのである。結局、原内閣を倒したのは凶刃であった。以上の経緯から、小選挙区→戦闘的多数党出現→独裁横暴政治、という連想が言論人や知識人の脳裏に強く焼き付いたようで、この小選挙区制度は二回だけ行われて姿を消し、その後は戦後も含め日本政治にとっては禁じ手と見られるようになった。

5　普通選挙と政治道徳（一九二五～一九四二年）

一九二〇年代に入って普選運動がさかんになり、遂に一九二五年に衆議院議員選挙法が改正されて普選が実現し、同時に中選挙区制度に改められた。ここではまず中選挙区制度に触れておく。同制度を採用した意図は、政府の公式見解によれば小選挙区制と大選挙区制を採長補短したという点にあった。列挙すれば、

・多数代表か、少数代表か
・多数政党による安定的政治運営か、小党分立による不安定政治か
・選挙戦が激烈になるか、緩やかになるか
・選挙費用が少ないか、多いか
・死票が多いか、少ないか

という違いの他に、候補者の質に関しても、

・地方的な人物か、全国的な人物か(36)
・政見が深く浸透するか、しないか

・候補者と有権者の関係が濃いか、薄いか

などの長短があるが、そのバランスを採るということである。

さて、中選挙区制度導入について鋭く考察したのが奈良岡聰智氏(37)である。それによれば第一に、労働者勢力等新しい階層が登場したことに対応して欧州では比例代表に基づく小党分立制となる国家が増加し、日本でも同様の主張をする論者が登場したということである。確かに若槻礼次郎内相も議会の場で「結局は私共も比例代表制に行く方が宜からうと思うて居ります(38)」と明言しており、ただ現段階では国民の理解が乏しいので取り敢えず中選挙区にすると述べている。

第二に、にも拘わらず大選挙区とせず中選挙区制度となったのは、中選挙区の下でも第三党を抑制することが可能であり、それによって二大政党による安定した政党政治を確立できると考えた安達謙蔵等憲政会の意図があったからとしている。感想的にしか述べることはできないが、確かに前述の原内閣で見たように、小選挙区制では議席集中の効果が極端に現れすぎてしまう可能性があり、逆に中選挙区制でも、結果的にみれば、十分に二大政党制となることは可能であったように思われる。つまり、この制度の意図は世界的傾向である少数代表をも考慮しつつ、多数党の安定した政権運営で政党政治の確立を図ろうとしたのであった。他方、普選の採用と選挙区の拡大で選挙費用の急騰が予想されたが、それには選挙費用制限、選挙運動制限によって対処しようと考えていた。

ところで、以上からは代議士の質に関する議論はあまり出てこない。ではこの問題が等閑視されていたかと言えばそうではなく、特に憲政会最高幹部の間では、最も重要な課題として捉えられていた。この背景には、当時、政友会や民政党などいわゆる既成政党による買収や汚職などのスキャンダルが頻繁に報道され、批判が高まっていたことがあった。すなわち、第二次世界大戦後と同じように、普選の施行と同時に大衆へのアピールとしてクリーンであることが重要となってきたのである。首相加藤高明は「予の確信する所によれば一国の政治は少くとも其時代に於ける国民の平均道徳以上を目標としなくてはならぬ(39)」と述べ、政治家は道徳的にも国民の模範となる指導者となるべきことを説いた。

浜口雄幸はもっと分かりやすく説明している。彼は「国民生活」という点から説き起こす。最近の政治家は、政治は国民の実際生活に即したものでなければならぬと声高に主張するが「余も之には固より異論はないが、其の所謂国民生活とは果して何を指すか。衣食住の物質的生活のみを指して思想感情道徳と云が如き国民の精神的生活は之を閑却するつもりであるか。果して然りとせば自分は大に異論を唱へざるを得ない」、確かに衣食住の問題は思想問題となるかもしれないが、だからといって衣食住が満ち足りれば道徳・思想が発達し人類文化が完成するとは「余りに浅慮であり、余りに短見」である、「政治の目的は、国民の物質的生活を充実せしむると共に、更に進んで其の精神的生活を充実せしむるにあらなければならぬ」、「国民道徳の反映が政治に現はるゝとは普通の見方なるも、余は却つて、明るく正しく強き政治をして国民道徳の上に反映せしめんことを理想とするものなり」、政治をして「国民道徳の最高標準たらしめん」としたいが、日本の政党政治は未だ十分に認知された訳ではなく「世人、代議政治を目して、或は衆愚政治と謂ひ、或は平凡政治と謂ひ、甚しきに至つては衆醜政治であると謂ふものがある。〔略〕今の所、大切なる試験時代である。試験時代には傍目をふつてはならない。此の試験に及第するか否か、これは政党の領袖及び党員の人々と一般国民の政治道徳の進歩とに俟たなければならぬ(40)」と述べている。

このように憲政会幹部は、広がりを見せつつある社会主義的思想に対抗すべく、徹底したエリート主義・道徳主義的主張を展開し、政治家＝代議士には国民の道徳的模範たるべきことを強く求めた。彼らがめざしたのは、原内閣のような強力ではあるが言論界の支持を得ない政党政治ではなく、国民の信頼を得、且つ国民を精神的に指導できるような「明るく正しく強き」政党政治だったのである。

以上のように、彼らの関心が普選の実施による国民の政治指導であり代議士の道徳性であったため、それを選挙区制度と直接関連する問題とは捉えていなかった。そして、この後はむしろ選挙区制度改正とは無関係に代議士の質（道徳性）を追求する動きが加速していく。すなわち、選挙革正審議会・法制審議会(41)を経て一九三五年に選挙粛正運動が始まるが、これらは周知のように、候補者にも有権者にも清く正しき一票、つまり政治道徳を求めたものであり、罰則・規制も強化されていく。昭和一〇年代に入ると、広田弘毅内閣で選挙制度調査会、林銑十郎内閣で議会制度審議会が設けられ、比例代表制度実施の適否、規制や罰則の強化、候補者推薦制度などが論議されたが(42)、これらが大きな成果を挙げることは無かった。しかし、一九四二年実施の翼賛選挙では「出たい人より出したい人を」のスローガンの下で推薦制度が採用され「旧套を一掃し、真に公正明朗に行はれ、これによつて大政翼賛の熱意に燃え、大東亜戦争の目的完遂のために、積極的に力を致すべき有為の人材(43)」が求められたのである。

これらの内、少なくとも選挙粛正運動の頃までは、選挙から腐敗を取り除くことで政党・政党政治への国民の道徳的信頼感を回復しようという、政党に好意的な姿勢があったことは事実である。しかし、これに乗じて政党の力を弱めようとする動きがあったのもまた事実であり、次第にこの方が強くなっていった。とすれば、自らの弱点を克服し政党政治の信頼を高めようとした好意の意図が、逆にその弱点を強調し不信を高める結果につながったといえないだろうか。

おわりに

以上、選挙制度の通史的変遷と、そこに込められた期待される代議士像についてみてきたが、まとめれば次のようになろう。

第一は、有権者に対しては戦前・戦後を通して買収や情実に毅然たる態度を取ることが求め続けられてきたことである。この結果、日本の選挙活動は現在でも他国と比較してかなり制限され取り締まりも強いため、選挙違反は非常に少ないといえよう。ただし、それだけに選挙のエネルギーは弱められ、また隠微な形の不正行為も目立つこととなった。

第二は、戦前では社会的亀裂の拡大を最小化すべく、様々な制度的公平性が先取りする形で登場していたが、戦後は一九九四年まで変化がほとんどなかったことである。この点は高度経済成長という巨大な変化があった社会構造とは対照的であり、今後の興味深い課題であろう。

第三は、戦前・戦後を通してのことであるが、小選挙区によって生まれる強すぎる多数党が嫌われ、大選挙区、中選挙区、小選挙区比例代表並立制が採用される時期が長かったことである。これは国民の声をなるべく広く受け止めるべく、政党間のダイナミックでドラスティックな交代をなるべく避け、政党間あるいは党内間での非制度的な交渉に基づく穏やかで曖昧な変化を志向しているからであろうか。

最後の第四として、戦前では候補者に対して限定された地域の中における人格・識見が要求されることが多かったのに対し、戦後は知名度やクリーンさを重視するようになったことが大きな違いである。このうち、戦前についてもう少し具体的にいえば、次のようになろう。

・明治小選挙区

制定者明治藩閥政府官僚にとっては、協力的で漸進主義的な代議士が望ましく、それには穏健着実なはずの地方名望家が相応しかった。彼らならば「信用」もあり、国民も納得するはずであった。しかし、そのような地方名望家を全国的に組織化したのは彼らにとっては急進的で敵対的な民党であり、そのために藩閥官僚の政治的意図は挫折した。

・大選挙区

制定者伊藤博文は、この鋭い対立を解消するには単に地域限定で「信用」がある人物ではなく、全国的に名望のある有力者が選出されるべきであると考え大選挙区制を採用した。そこから選出される代議士ならば、国家の立場を理解し、同時に模範的国家政党立憲政友会の構成分子になるはずであった。この結果、確かに大物実業家の代議士は増加したが、政友会が彼らを十分に取り込むことはできなかった。

・大正期小選挙区

制定者原敬は、そのような人材に党派性を植え付けて政友会という政党に収容し、同時に安定的で強力な政党政治を実現すべく小選挙区制度を採用した。しかし、その大成功は逆に小選挙区制下の強力多数党への不信を生み、その後長く嫌悪されることになった。

・普選中選挙区

中選挙区採用に積極的であった憲政会幹部は、その下での政友会・憲政会による二大政党制を企図したのであろう。同時に彼らは、単に強力なだけでなく、普選下において国民から信頼され且つ国民を指導できるような政党政治をめざし、そのために代議士に道徳を求めた。しかし、その強調は逆に反政党勢力によって利用されることになったように思われる。

選挙制度改革において、制定者が自らの政権安定に利するように改革するというのは当然であろう。しかし、単にそのような短期的政治戦略のためだけで改革を行うこともまた無く、そこには必ず国家・社会にとってより望ましい将来像の提示があり、その中には期待される代議士像も含まれていた。そして、この期待される代議士像は改革実行後しだい実現されていくが、同時に制度は独り歩きを始め、当初の意図とは異なる、あるいは反する現象が生まれ、長期的には政治戦略とは整合しない状況を生んでいった。そして、それがまた新たな改革を要求することになる。制度に託された理想、その背後にある現実的な権力欲、そして社会と擦れ合うことによって生じる制度の独り歩き、戦前期日本の選挙制度改革はこの三者を軸とするダイナミズムの中で展開されていったように思われる。

注

（1）杣正夫『日本選挙制度史』（九州大学出版会、一九八六年）参照。
（2）河村又介「明治時代に於ける選挙法の理論及び制度の発達（一）～（三）」（『国家学会雑誌』五六―一一・一二、五七―一）。
（3）柳田国男『明治大正史 世相篇』（『定本柳田国男集』二四、筑摩書房、一九七〇年所収）、第七章「酒」参照。
（4）山田央子『明治政党論史』（創文社、一九九九年）が、明治の政党・議員について詳細な研究を行っている。
（5）たとえば、富田信男「明治国家の変容―第十四帝国議会における選挙法改正―」（同著『明治国家の苦悩と変容』、北樹出版、一九七九年所収）参照。
（6）村瀬信一「選挙法改正問題と伊藤新党」（『史学雑誌』一〇八―一一）。
（7）三谷太一郎『日本政党政治の形成』（東京大学出版会、一九六七年）。また、玉井清『原敬と立憲政友会』（慶應義塾大学出版会、一九九九年）は実際の原内閣下での選挙の様相を詳しく分析している。
（8）季武嘉也『大正期の政治構造』（吉川弘文館、一九九八年）、第三部第一章参照。

(9) 松尾尊兊『普通選挙制度成立史の研究』(岩波書店、一九八九年)参照。
(10) 伊藤博文編『秘書類纂七』(復刻、原書房、一九七〇年)、二五〜三一頁。
(11) 前掲注(10)『秘書類纂七』、二七七頁。
(12) 前掲注(10)『秘書類纂七』、二八七頁。
(13) 前掲注(10)『秘書類纂七』、一七頁。
(14) 五人組とは厳格に五戸から成るという訳ではなく、しばしばそれ以上の戸数から構成される場合もあった。各組には五人組頭と呼ばれる代表者が置かれ、名主・庄屋の下で組内の連帯責任・相互監視・相互扶助にあたった。また明治時代においても、五人組のような自治単位を置いていた地域もあった。
(15) 小松浩「イギリスにおける小選挙区制論の史的展開」(『明治大学大学院紀要』二七号、法学篇、一九八九年)。
(16) 前掲注(10)『秘書類纂七』、二五頁。
(17) 当時の県会では、山党・川党など地理的特性に基づいた県議グループが形成され、妥協すること無く激しく争って県会機能が停止する、という状況も見られた。
(18) 坂野潤治『明治憲法体制の確立』(東京大学出版会、一九七一年)、佐々木隆『藩閥政府と立憲政治』(吉川弘文館、一九九二年)によれば、一八九〇年に議会を開設しなければならない状況の下で、井上馨・陸奥宗光・古沢滋らは民党に対抗すべく、中等以上の財産家を結合して、町村においては町村自治の中核として独立自治の基礎を固めさせ、中央政治の場では保守党として安定的な政局運営に貢献させる、という自治党構想を持っていた。
(19) R・H・P・メイソン『日本の第一回総選挙』(法律文化社、一九七三年)。
(20) 本書第Ⅰ部第三章第二節「山県有朋と三党鼎立論の実相」参照。
(21) M・ウィリアム・スティール「地方政治の発展」(『年報・近代日本研究一四　明治維新の革新と連続』山川出版社、一九九二年)。
(22) 前掲注(6)村瀬信一「選挙法改正問題と伊藤新党」。
(23) これは政党内閣制をめざすものではなかった。伊藤の意図は「余等同志は国家に対する政党の責任を重んじ、専ら公益を目的として行動し、常に自ら戒飭して宿弊を襲ふことなきを勗むべし」と「党派の私に殉ずる」権力追求の政党ではなく、「国運を進め文明を扶植」するため国家に対して「其の全力を挙げ、一意、公に奉」じて輿論を指導する国家政党であった。

(24) 前掲注(20)本書第Ⅰ部第三章第二節参照。
(25) 中央型とは自分の活動拠点が東京にある代議士で、党本部での活動もやりやすく幹部に出世することも多かった。地方型とはおもに地元で政治・実業活動に従事し、選挙地盤の面倒をみるタイプを意味する（本書、第Ⅰ部第三章第一節「明治後期・大正期の「地域中央結合集団」としての政党」参照）。
(26) 『衆議院委員会議録』大正編第二〇巻（臨川書店、一九八三年）、四八八頁。
(27) 前掲注(7)玉井清『原敬と立憲政友会』。
(28) 前掲注(7)玉井清『原敬と立憲政友会』。
(29) 坂野潤治氏はかつてこの選挙を契機に政友会は右傾化し、昭和ファシズムに繋がって行くことを示唆したが（坂野潤治「平民宰相原敬一九二〇年の誤算」〔『中央公論』一九八五年七月号〕）、当時の日本社会において原のような感覚が広範に存在していたということであろう。
(30) 選挙費用額や選挙違反者数に関しては、季武嘉也『選挙違反の歴史』（吉川弘文館、二〇〇七年）を参照。
(31) 升味準之輔『日本政党史論』第一～七巻（東京大学出版会、一九六五～八〇年）や、前掲注(7)三谷太一郎『日本政党政治の形成』参照。
(32) この点に関しては神奈川県の事例を詳細に追った上山和雄『陣笠代議士の研究』（日本経済評論社、一九八九年）が詳しい。
(33) 一九一九年二月二六日衆議院本会議での発言。
(34) 前掲注(7)三谷太一郎『日本政党政治の形成』。ただし、美濃部は原内閣期頃には比例代表制を主張するようになっていた。
(35) これは全国民が総中流化したということではなく、例えば地主対小作というような対立も含めた地域社会内部の構造が全国的に近似してきたということである。もちろん、この時期は逆に都市対農村という新たな地域社会間の差異が目立つようになってくるのだが、例えば、川人貞史『日本の政党政治　一八九〇－一九三七年』（東京大学出版会、一九九二年）が指摘しているように、昭和初期にはナショナルスウィングが大きくなる。これは地域社会内部の構造が以前と比較して近似してきた結果であろう。このような近似性を促したのが、交通機関・殖産興業・教育など全国的に展開された積極主義であったのである。
(36) すでに述べたように、旧来のような地域限定の地方名望家が当選するのは困難になっていた。但し、全国的人物でなくとも地道な地盤培養活動を続けたり、あるいはのちの個人後援会のような地盤があったりすれば当然当選可能である。つまり、地方名望家としての「信用」だけでは当選が困難となったということである。

(37) 奈良岡聰智『加藤高明と政党政治』(山川出版社、二〇〇六年)、同「一九二五年中選挙区制導入の背景」(二〇〇八年度日本選挙学会研究会報告、『年報政治学』二〇〇九年―Ⅰに収載)。

(38) 一九二五年二月二日衆議院本会議での発言。

(39) 加藤高明「四十五議会に臨むに際して」(『憲政』一九二二年一月号)。

(40) 池井優・波多野勝・黒沢文貴編『浜口雄幸　日記・随感録』(みすず書房、一九九一年)、四八六〜四九一頁・五四〇〜五四四頁。

(41) 選挙革正審議会は浜口雄幸内閣によって創設され、法制審議会は斎藤実内閣の時に創設された。選挙犯罪の防止を目的としたものであった。

(42) この点については、伊藤之雄「「ファシズム」期の選挙法改正問題」(『日本史研究』二一二、一九八〇年)を参照。

(43) 吉見義明・横関至編『資料日本現代史　四』(大月書店、一九八一年)。

第二章　選挙と地域社会

はじめに

本章は、第一〜二一回すなわち戦前期全期間の衆議院議員総選挙の投票結果に基づいて、戦前期日本の地域政治社会と政党の関係について考察を行おうとするものである。

周知のように、現在に至るまでの近代日本社会の変動は急激なものであった。その実態を解明する上で、社会変動の影響を直接に受ける選挙の分析は欠かせないものであろう。また逆に、選挙制度および選挙結果が社会変動に大きな影響を与えたとも考えている。とすれば、本格的に選挙に関する分析は必要不可欠なものである。

にもかかわらず、従来は制度面の研究が多く、その実態に踏み込んだ研究は、地域を限定したミクロ的なものしか見当たらない。それらはもちろん重要なものであり、我々もそこから多くの示唆を受けている。が同時に、例えば、個別事例の積み重ねが必ずしも全体の動向を明らかにするとも限らない。なぜならば、個々の事例は歴史・地理的にも社会的にもあまりに個性的であるからである。本章は、このような研究状況を打開し、全国的かつ長期的な展望を得ようとする試みの一つである。

その具体的な方法及び分析結果に関しては第一節以降で述べることにして、ここでは論を進めるにあたっての仮説を述べておきたい。すなわち、戦前期日本社会では地域的結合が強く、したがって総選挙においても基本的に地域的結合を基礎として展開されていたのではないか、ということである。もしそうであるとすれば、選挙の側の分析から遡って、日本社会の地域的結合の具体的な在り方に考察を及ぼすことができるのではないであろうか、そしてそれが時間的にどのように変化し、また地域によってどのような差異があったのかなどを知る手掛かりをそこから得られれば、近代日本の地域の動態を解明する上で有益ではないであろうか。

このため、本章では候補者単位ではなく、地域単位での票の動向に着目し、各地域における票が特定の候補者にどれだけ集中していたのかを分析する。ただし、選挙というシステムは、当事者たちにとっては一票でも多くライバル候補者を上回ることがほとんど唯一無二の関心事であり、そのためあらゆる試みがなされる。特に、選挙区制度との関連は重要である。一般に、小選挙区制の下ではデュベルジェの法則により二名の候補者に票が集中しやすく、議員定数が複数の場合は「M＋1」(1)、つまり議員定数（M＝Member＝議員定数）にもう一名を加えた数が実際の候補者数になりやすいことが知られている。したがって、その地域で何人の候補者にどれだけ票が集中するかは、選挙区制度と密接に結びつくはずである。

また、政党の選挙戦略も重要である。政党が地域を超越し全国的に政治イデオロギーを共有する同志が結合するものであるとすれば、全く異質であるはずの地域社会と政党がどのように交錯していたのかも興味深い点である。このような観点からの知見は、近代日本の政党組織の研究にも裨益するであろう。

本章は、以上の仮説と課題に基づき、具体的には郡単位でどれだけ特定候補者に投票が集中していたかを基準にして考察を行う。なお、大選挙区制度時代（第七〜一三回衆議院議員総選挙）に関しては少し詳しく論じたいので、まずその他の明治小選挙区時代、大正小選挙区時代および一九二五年以降の中選挙区時代を第一節とし、大選挙区時代を

第二節とする。

一　戦前期の総選挙と地域社会

1　史料状況と分析方法

はじめに選挙結果に関する史料状況を確認しておきたい。残念ながら世論調査のほとんど無い戦前期においては、我々が知り得る有権者の意思の表明の結果は、ほとんど地域単位の投票数だけである。そのため本章でもこれに頼らざるを得ないが、これもまた時期によって残存状況が大きく異なる。まず、一八九〇年の第一回総選挙から一九〇八年八月の第六回総選挙までの小選挙区制度であるが、ここではおおむね二～三の郡が一小選挙区を形成し、各選挙区から人口一二万人に一名の割合で一名または二名（一人区は全国で二一四、二人区は四三であり、二人区の場合は連記制）の議員が選出された。投票所は町村に一ヵ所ずつ設置されたが、開票所は一選挙区に一ヵ所だけ設けられた。もっともこの時期は記名投票であったので、本来ならば町村はおろか個人レベルまで判明するはずであるが、残念ながら我々が入手できる資料は、後述する少数の地域の町村単位の投票を除いて、開票所つまり選挙区が最小の単位となり、その結果は政府の公式な選挙結果報告である『衆議院議員総選挙一覧』（以下『一覧』）として残されている。

次に、一九〇二年の第七回総選挙から一九一七年の第一三回総選挙まではいわゆる大選挙区制度下であるが、これに関しては次節に譲るが、簡単に述べておけば、投票は各町村に一ヵ所ずつ投票所が置かれ、それらは各郡に一ヵ所設置された開票所に集められ、混合開票制（各町村の投票を混合し町村単位での集計が分からないようにする）によって集計された。したがって、ここでも各候補者への票数が判明するのは郡単位までが限界で、町村レベルは不可能である。しかし、その郡単位での集計さえも『一覧』には記載されておらず、結局、公式には各候補者の合計投票数しか分からない。ただし、その郡単位での候補者別票数は県庁文書、地方新聞などに残されている場合があるので、ある程度は判明するのであるが、新聞の場合は有権者総数、無効票の票数などがほとんど記載されていない。

一九二〇年の第一四回と一九二四年の第一五回総選挙は再び小選挙区制度に戻された。納税資格は三円、選挙区は人口に応じて二〜三の郡が一選挙区とされ、基本的にはそこから一名の代議士が選出されるが、場合によっては二名または三名の議員を選出した。また都市は大選挙区制度と同様に、人口三万以上の都市は独立選挙区とされ、人口に比例して一〜三名の代議士が選出された（一人区二九五、二人区六八、三人区一一）。この時期も投票所は町村ごとに設置され、開票所は市郡区ごとに置かれ混合開票制度がとられた。投票結果は、第一四回に関しては相変わらず各候補者の合計票数しか『一覧』には記載されておらず、したがって地方新聞などに頼らざるをえないが、残念ながら記載されていないケースが多く、結局、集計することを諦めざるをえなかった。これに対し、第一五回では『一覧』に市郡区ごとの票数が記載されている。

最後に、一九二八年の第一六回から一九四二年の第二一回翼賛選挙までは、普通選挙となり選挙区も中選挙区制度が採用された。この中選挙区は一選挙区の定員を三〜五名とし、人口に応じて一県を一〜七区に分割した。そして、市町村区内に複数の投票所を設けることが許され（ただし当初は大部分が一ヵ所であった）、開票所は各市郡区ごとに設けられることになったが、混合開票制は廃止され投票の点検は投票所単位で行うようになった。そのため、町村単位での投票数を知ることができるようになり、その結果が『一覧』に記載されている。

以上が開票制度の概要と史料状況であるが、次に分析方法を述べておく。本章では、なるべく全期間を統一した指標で分析したいため、以上のことから市郡区単位での各候補者別の票数に着目し、それを前述の仮説に従って、各市

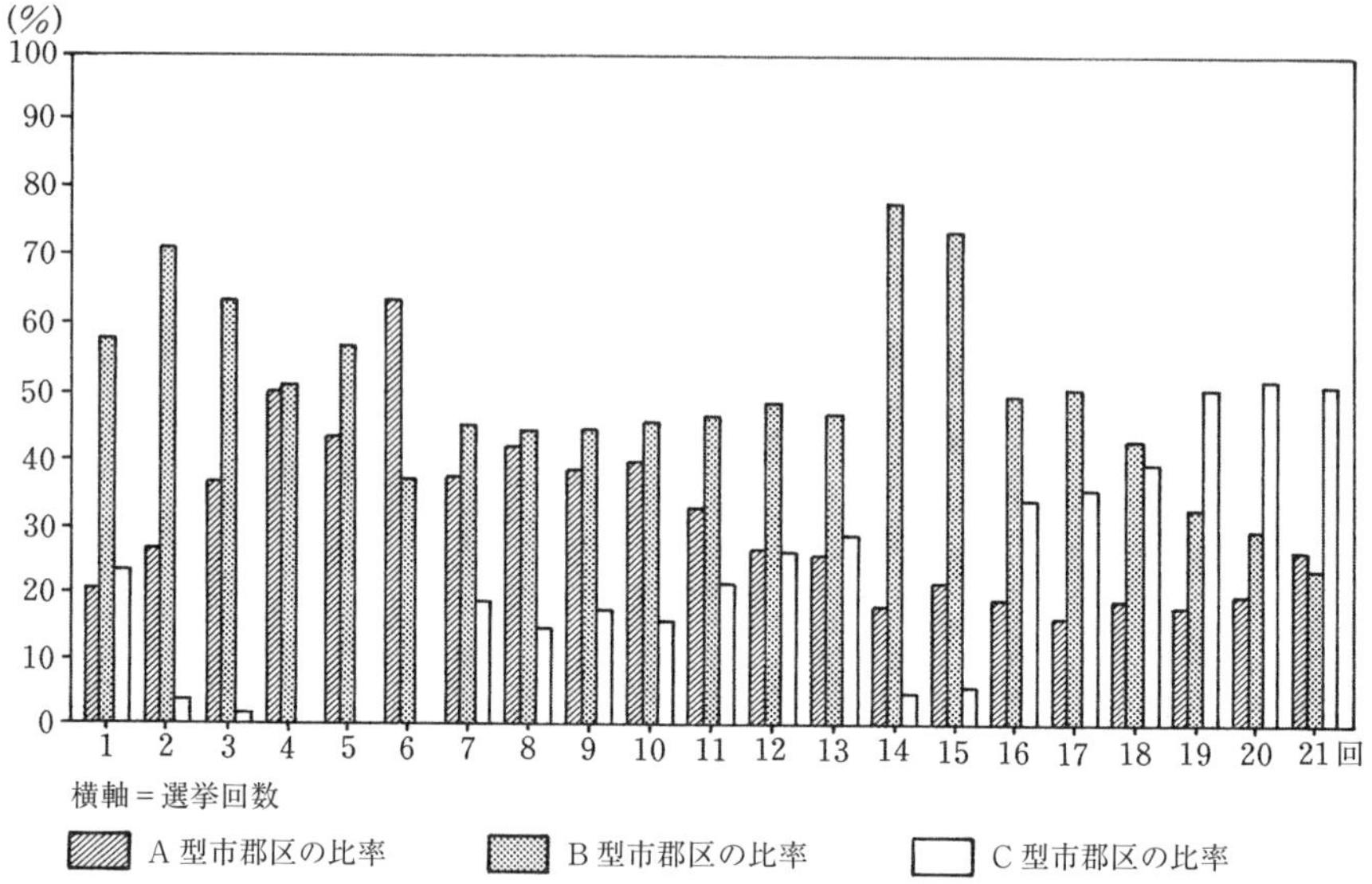

図 I-2-1　A・B・C 各類型の市郡区の割合

郡区でどの程度の票数が特定の候補者に集中していたのか、を基準にして分類した。分類基準は以下の通りである。

A型市郡区（一候補者独占型）

一位候補者票率が五〇％以上、かつ一位候補者票率から二位候補者票率を引いた値が三三・三％以上

B型市郡区（二候補者対立型）

一位候補者票率から二位候補者票率を引いた値が三三・三％未満、かつ一位候補者票率と二位候補者票率を合わせた値が六六・六％以上

C型市郡区（混戦型）

一位候補者票率と二位候補者票率を合わせた値が六六・六％未満、かつ一位候補者票率が五〇％未満

簡単に説明すれば、A型市郡区の場合は一位候補者票率が過半数以上であり、且つ二位候補者票率を相当に引き離しているので一候補者独占型といえよう。B型は一位候補者票率、二位候補者票率が高くしかも接近しているので、二候補者対立型といえる。そしてC型は、一位候補者票率、二位候補者票率ともに低いので、三候補者以上が混戦となっていると考

えられ混戦型と考える。これをグラフ化したのが図I-2-1である。以下では、この分類の集計を手掛かりに、その時間的変遷及び空間的分布状況を考察していく。ただし、前述のように様々な史料的制約があるので、次のような形で集計せざるをえなかった。まず、明治期小選挙区時代は市郡区ではなく選挙区単位で代替した。また、二人区は連記制のため統計から除外した。大選挙区時代は市郡区単位の票数が判明したのは全体の八六%であったが、ここではそれを全体として取り扱うことにした。次の大正小選挙区時代のうち、第一四回は一市郡区で一名の候補を選出する地域のみを対象とした。この方法では都市独立選挙区がほとんどを占め、おそらく全体的な数値とは大きくかけ離れたものになるであろうから、これはあくまでも参考としてみていただきたい。第一五回及び昭和中選挙区時代は問題ないが、全部で一七存在した無競争選挙区は除外した。このような方法で統計をとった結果、第一~二一回の総選挙ごとのA・B・C各類型の割合は表I-2-1の通りであった(2)。以下、時期別に詳しくみていく。

2 明治小選挙区時代

衆議院が設置される以前に、民党が議席獲得をめざして大同団結運動が展開していたことは、鳥海靖、伊藤隆氏らの論文に詳しい(3)。その運動では、まず地域の「有志者」が「地方的団結」つまり「各地ニ政社若シクハ政治倶楽部」を設立し、それを基礎として全国的大政党(民党)を形成することがめざされたが、実際は「選挙候補者は地方の倶楽部において選定調整が行われ、選挙運動も又そこで行われ(4)」ており、つまり、地域に自生的に起こった運動を中央の政党が何とか取り込もうとするものであった。また、地域にとってこの時期の中央政党は選挙に勝つためにはむしろ有害であると映るケースもあった。これらの政社は、県会議員候補者が中心であったといわれており、県会議員をめざす人物の数だけ政社が選挙区内に存在していたようである。このような地域の自生的な活動が、国会開設後にど

東日本			西日本			大都市圏			その他		
A	B	C	A	B	C	A	B	C	A	B	C
12%	56%	32%	25%	57%	18%	15%	61%	24%	21%	56%	23%
12%	83%	5%	35%	64%	1%	29%	68%	2%	25%	72%	3%
27%	72%	1%	41%	58%	1%	54%	46%	0%	32%	67%	1%
40%	60%	0%	55%	45%	0%	66%	34%	0%	46%	54%	0%
40%	59%	1%	45%	55%	0%	54%	44%	2%	40%	60%	0%
64%	36%	0%	63%	38%	0%	66%	34%	0%	62%	38%	0%
25%	49%	26%	44%	42%	14%	44%	30%	26%	36%	47%	17%
32%	49%	20%	48%	40%	11%	55%	22%	22%	39%	47%	14%
38%	38%	24%	40%	47%	11%	44%	32%	24%	37%	47%	16%
33%	47%	20%	43%	44%	12%	42%	26%	33%	39%	49%	12%
26%	49%	25%	37%	43%	20%	26%	25%	48%	34%	50%	16%
19%	55%	26%	31%	43%	25%	16%	22%	62%	28%	53%	19%
21%	52%	27%	29%	42%	29%	16%	19%	65%	27%	51%	22%
18%	82%	0%	17%	74%	9%	6%	77%	16%	20%	78%	2%
14%	80%	6%	26%	68%	5%	18%	68%	14%	22%	74%	4%
13%	54%	33%	22%	45%	33%	14%	44%	43%	19%	49%	31%
11%	53%	36%	18%	48%	34%	9%	37%	54%	16%	52%	32%
13%	40%	47%	22%	44%	34%	12%	36%	51%	19%	44%	37%
12%	30%	58%	22%	33%	45%	12%	22%	66%	19%	34%	47%
15%	27%	58%	23%	30%	47%	12%	23%	65%	21%	30%	49%
24%	21%	55%	28%	24%	48%	20%	19%	61%	28%	24%	49%

のように展開されていったのであろうか。

まず、表Ⅰ-2-1をみれば、第一～三回は圧倒的にB型が多いが、A型も第一回から回を重ねるに従って増加し、第四回以降はB型にほとんど肩を並べ、さらに第六回では追い抜いている。そして、C型は第一回では存在したが、その後はほとんど見られなくなった。したがって、この時期では、主流であったA型及びB型の分布状況を中心に見ていきたい。ただし、前述したように、この時期の数字は選挙区単位で集計したものである。したがって、例えば、B型選挙区の中でも或る候補者を推薦するA型市郡区と、別の候補者を推薦するA型市郡区が混在していたことが当然考えられる。このため、実際にはここで現れた数字以上にA型が多くB型が少なくなることが予想される。

表I-2-1　A・B・C各類型別市郡区の地域別割合

選挙回数	全体			郡部			市部			区部		
	A	B	C	A	B	C	A	B	C	A	B	C
1	20%	57%	23%									
2	26%	71%	3%									
3	36%	63%	1%									
4	50%	50%	0%									
5	43%	57%	0%									
6	63%	37%	0%									
7	37%	45%	18%	38%	43%	18%	31%	67%	2%	19%	14%	67%
8	41%	44%	15%	43%	43%	14%	35%	65%	0%	29%	10%	62%
9	40%	44%	17%	40%	44%	18%	41%	57%	2%	19%	10%	71%
10	39%	45%	15%	41%	45%	14%	40%	58%	2%	5%	5%	90%
11	32%	46%	22%	35%	45%	21%	31%	67%	2%	0%	0%	100%
12	26%	48%	26%	28%	47%	25%	20%	73%	7%	0%	0%	100%
13	26%	46%	28%	28%	44%	28%	14%	73%	13%	0%	0%	100%
14	18%	78%	5%	26%	73%	1%	12%	84%	4%	0%	69%	31%
15	21%	73%	6%	23%	73%	5%	14%	80%	6%	14%	52%	33%
16	18%	49%	33%	20%	50%	30%	16%	51%	33%	0%	12%	88%
17	15%	50%	35%	16%	54%	31%	18%	45%	37%	0%	0%	100%
18	18%	42%	39%	22%	45%	33%	6%	44%	49%	0%	6%	94%
19	18%	32%	50%	20%	36%	44%	14%	28%	58%	0%	0%	100%
20	20%	29%	51%	22%	34%	44%	18%	21%	61%	0%	2%	98%
21	26%	23%	51%	29%	25%	45%	25%	22%	53%	4%	0%	96%

西日本とは　富山・岐阜・愛知以西.
大都市圏とは　東京府・大阪府・京都府・神奈川県・愛知県とする.

この点はあらかじめ断っておく。また、第四回総選挙は第三回とは約六ヵ月、第六回は第五回と約五ヵ月しか経過していないという共通点もある。おそらく、準備期間が短かったため、あるいは選出され名誉を担った期間としてはあまりに短いと有権者が同情したためにそうなったと考えられるが、いずれにしても第一～六回は、デュベルジェの法則に反してB型からA型にしだいに移行したことは事実といえよう。

まずA型について。図I-2-2（第一～六回総選挙で各府県の中でどの型が最も多かったかを図示、なお図I-2-3は同じくそれを第一六～二一回で図示）で地域的な分布状況をみてみよう。第一に目を引くのは、西日本（富山・岐阜・愛知を含めそれを結ぶ線よりも西）にA型府県が多いことである。数字的にみれば、この明治小選挙区を通して西日本ではA型四四％、B型五三％であり、それに対して東日本ではA型三二％、B型六五％とかなりの開きがある。そして、この傾向は図Ⅰ-2-3をみても分かる通り、戦前期では一貫していた。したがって、両者の間には時期に関係なく、地域的な意味での違いが存在していたように思われる。この社会的性格の相違に関しては種々のことが考えられるであろうが、この選挙に関する統計からは、次のようなことが指摘できよう。例えば東北と九州を比較した場合、議員定数と総人口の関係においてほとんど差は無いが、納税資格によって限定される有権者数と議員定数（または人口）を比較してみれば、東北では納税資格をクリアした有権者数が第一回（納税資格一五円）と第七回（同一〇円）では九州よりもかなり多く、逆に第一四回（同三円）では少なくなっている。つまり、俗な表現であるが、東北には一〇円以上の国税を払う「大金持ち」が多かったのに対し、逆に一〇円以下三円以上の国税を払う「小金持ち」は九州の方に多くいたということになる。その他、生産力、社会・村落構造などに様々な相違があるであろうが、それらとの関連は今後の課題とする。

表Ⅰ-2-2　A型選挙区第1位当選者の所属政党

	第1回	第2回	第3回	第4回	第5回	第6回
自由党系	25	17	30	33	28	(53)
改進党系	4	4	12	16	25	(54)
吏党系	7	16	3	12	23	6
その他	7	19	32	45	16	23

また、西日本のA型県の中には維新の主役である薩長土肥という西南雄藩がすべて含まれていることも印象的である。おそらく、これらは江戸時代、あるいはそれより前の時代から独立性の強い外様大名として、藩内にしっかりとした行政上の地域的共同性のネットワークを築いており、それが近代に移行したものと考えられる。さらにいえば、それ故に明治維新の原動力となりえたのかも知れない。また、「大同団結」を強調し自由党結集の中核になったのが九州連合同志会であったことを考え合わせると、九州は同時にその基礎である「地方的団結」という意味でも先行し

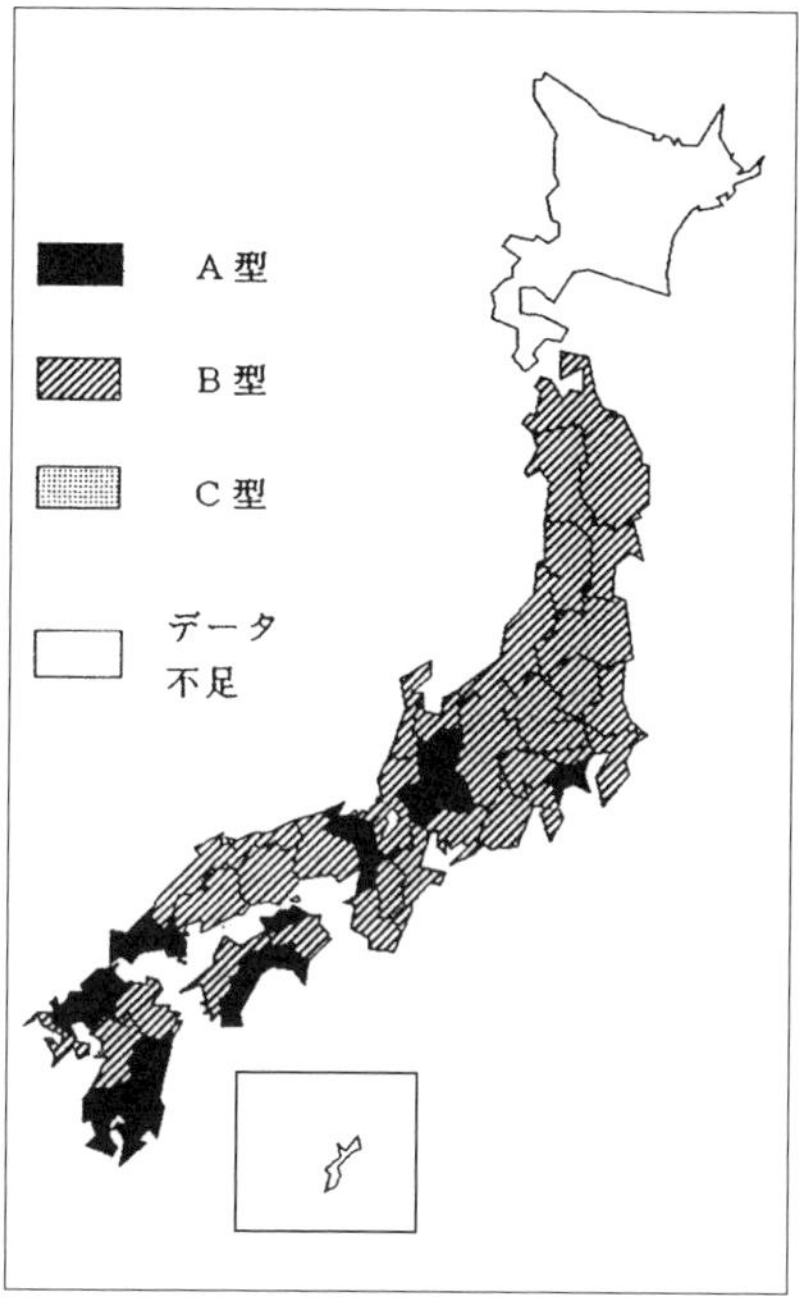

図Ⅰ-2-2　各府県で最も多い類型
（第1〜6回）

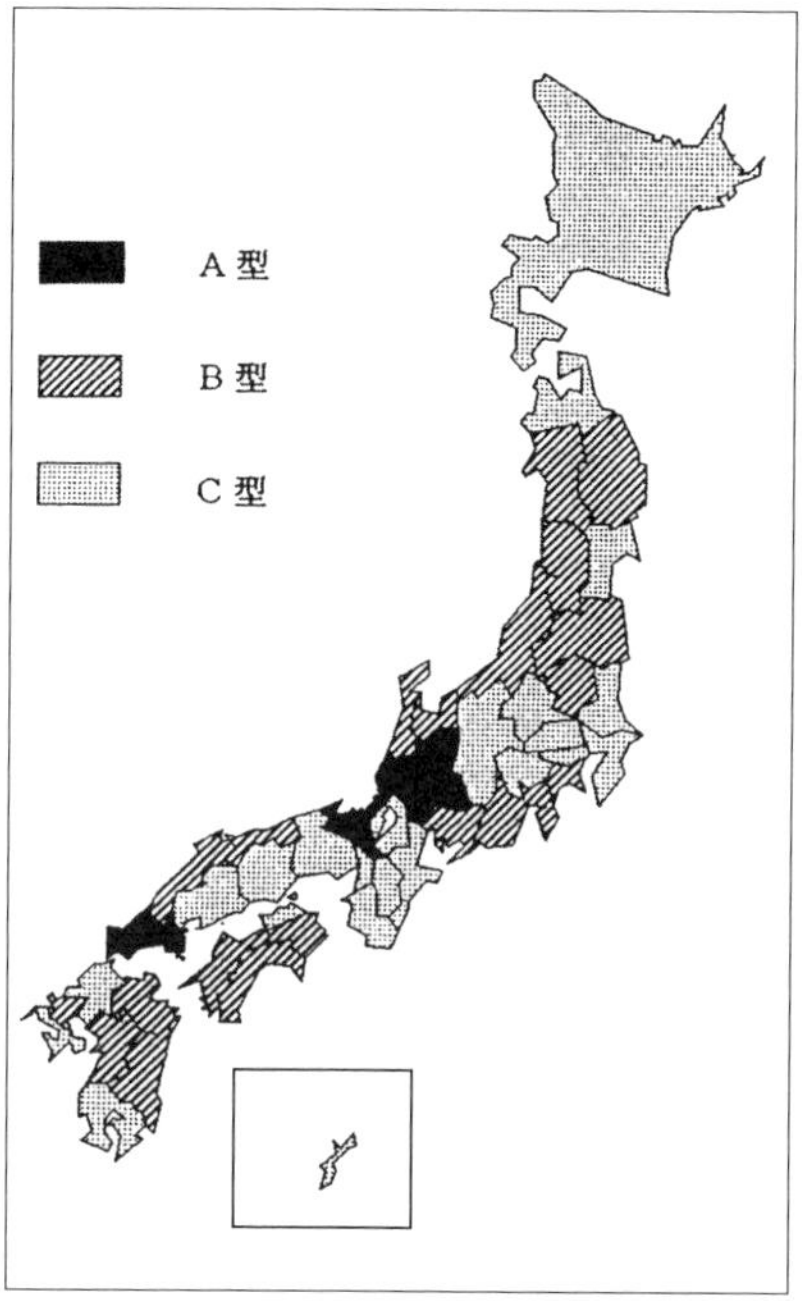

図Ⅰ-2-3　各府県で最も多い類型
（第16〜21回）

ていたのではないであろうか。そして、第四回から第六回までの総選挙は、換言すれば、明治二〇年代初頭に民党が主張した「大同団結」運動の基礎である「地方的団結」的な状況がしだいに全国的連合へと発展しつつあったことを意味しているように思われる。また、ここでいう「地方的団結」は、おそらく一選挙区内に複数存在する政社の間で、例えば、序列付けが確定したり、あるいは政社間で議席の持ち回り（名誉の配分）の協定が成立した場合が考えられ、言うなれば地域の政社間の協調が生まれつつあったことによって、いっそう進行したと思われる。

次に目につくのは、A型に大阪・京都が含まれているという点である。実は、図には出てこないが、東京、神奈川、愛知、京都、大阪という大都市を含む府県にA型が多いという傾向が表Ⅰ－2－1からも分かる。もっともこのことは次節でも触れるように、大都市の内部はおそらくC型のようなタイプが多かったと考えられるが、大都市は非常に裕福なごく少数の有権者と納税資格に達しない大多数の非有権者で構成されており、したがって数字的には有権者数の多い周辺郡部の動向が投票結果に強く影響しており、そのためにA型が多くなったと思われる。ただし前述の西日本と異なる点は、西日本は戦前期を通してA型が多かったのに対し、大都市圏では第一〇回総選挙までに限られており、第一一回以降はA型が全国平均を上回ることが一度も無く、C型が常に全国平均を上回っている。これは明らかに、大都市内部のC型が周辺郡部に及んだためであった。換言すれば、都市化の進行とともに、政治的な意味での都市化も周辺郡部に浸透していったといえよう。ではなぜ初期議会から日露戦争までの時期に大都市圏周辺部にA型が多かったのであろうか。この段階で結論的なことはもちろん言えないが、例えば初期議会では、東京・神奈川近傍の三多摩地域は自由民権運動以来多くの壮士を輩出し院外活動を支えていた。それは、この地域の住民が交通機関の制約から未だ発行範囲が限定されていた新聞の数少ない読者であり、それに触発されて近距離である都市での運動に積極的に関わることが可能であったからというのも一因であると思われる。つまり、政治意識あるいは生産力が高かった地域ということができるのではないであろうか。

政治意識の高さという点に関しては、薩長土肥を含む西日本も同様である。とすれば、もちろん単純にはいえないが、概していえば、A型の地域には政治的または経済的社会的に何らかの点で活性化していた地域が多いように思われる。逆にいえば、共同性の強いA型地域こそ当時ではめざすべき姿だったのではないであろうか。後述するように、戦前期の内務・地方官僚は地域の共同性を強く訴え推奨したが、その背景には地域の発展のためには共同性が必要であり、A型地域こそがそのモデルという意識が存在していたのであろう。とすれば、現在の我々がA型に対してもつ「後進」的イメージとは正反対であった。

次に、政党という観点から見てみたい。表Ⅰ‒2‒2の数字は、各総選挙でA型となった選挙区の一位の当選者を所

属政党別に集計したものである。(5)

ここで興味深いのは、A型が増加したのは特に日清戦争後の第四回と第六回であるが、第四回の場合は自由党系、改進党系という民党よりもそれ以外の増加が目立ち、第六回では民党（憲政党）の増加が目立つということである。本来「地方的団結」を主張したのは民党であったが、第四回では民党とは無関係な候補者がそれを実現していた。ということは、「地方的団結」は民党の専売特許ではなく全体的なものであり、第六回は二つの民党の協力によって同様の傾向が現れたため、このような顕著な結果になったのである。ここで想起されるのは、一八八七年頃から始まった大同団結運動である。詳しくは第Ⅱ部第二章で触れるが、町村から「地方的団結」を積み上げ、最終的に全国民を網羅するような「大同団結」を実現するというこの大同団結運動の論理は、民党に限定されたものではなく、政府党（吏党）からも提唱されていた。この論理からすれば、各地域でA型が増加し、一八九八年には自由党系と改進党系が合流した憲政党が全議席の八〇％以上を占めるというこの一〇年間は、大同団結運動が現実化していく過程とみることもできるのではないであろうか。さらにいえばこの一〇間は、坂野潤治氏が「明治憲法体制の確立」すなわち藩閥と民党の協調体制ができあがるとした時期、あるいは前田亮介氏が「全国政治の始動」として全国規模の利益調整を行う政治システムが実現していくとした時期とほぼ重なる。(6)大久保利通は明治元年（一八六八）から明治三〇年（一八九七）を一〇年ごとに三つに分け、第一期を「兵馬騒擾」の時期、第二期を「内治」重視の時期とした上で、第三期を「守成」の時期とし「後進賢者」がその事業を継承発展することを期待していたが、その「守成」にあたる大同団結運動から憲政党結成にいたるこの時期において、「後進賢者」たちは確かに大久保の期待に応え国民国家を形成していったということになろうか。

次に、B型について。前述したように、小選挙区制度では二党制に近づき、各選挙区においては本章でいうところのB型が多くなるはずであるが、実際にはこの時期を通してB型はむしろ減少傾向にあった。この原因を探るため、まずは村レベルの動向を押さえておきたい。ここで参考となるのは、第四回総選挙での長野県第二区と、第三回総選挙での奈良県第二区である。(7)

第四回長野県第二区は定員一名に対して自由党の候補者一名と改進党の候補者一名が立候補し、結果的には自由党候補者が当選するというB型選挙区に分類される。この選挙区内をさらに郡及び村単位で、同様にＡＢＣ各類型に分類してみると、下水内郡全体はA型で郡内の村別ではA型村九・B型村一となり、上高井郡全体はB型で、うちA型村一〇・B型村五、下高井郡は全体がB型で村単位ではA型村一二・B型村八であった。つまり、B型選挙区内でA型郡が一、B型郡が二であるが、村単位では全体でA型村が三一、B型村が一四であった。ここで注意すべきはA型郡にはA型村が圧倒的に多いのであるが、B型郡の中でも村単位ではA型が多いということである。一事例を一般化することは危険であるが、この時期はB型選挙区あるいはB型市郡区であっても、村レベルではA型村がB型村より多く、C型村は非常に少数であったと言えるのではないであろうか。とすれば、村レベルでは比較的まとまりがあったが、郡単位或いは選挙区単位になれば、それらが二派に分裂して対抗するケースが多かったと推測される。

次に、奈良県の例であるが、この選挙区はじつは定員が二名であり連記制なので、類型化することはできない。そこでいささか強引であるが、各村の一位候補者と二位候補者の票数の平均と三位及び四位候補者の票数の平均を、それぞれ一人区の一位候補者票、二位候補者票として算出した。その結果、A型村が五一、B型村が一八であった。ここでもやはり、A型村が多いことが分かる。しかし、ここでさらに興味深いのは候補者が自由党二名、政務調査所二名で、ともに二名ずつ立っているにも拘わらず、同政党候補をセットとして投票している村は少ないということである。全六九村の内、一位候補者と二位候補者が同政党のケースは二五村であり半分にも満たない。そして、一位候補者と二位候補者が同政党で、かつ同じくらいの票数を獲得している場合はさらに少なくなる。逆に、一位候補者と二位候補者が別の政党であるにも拘わらず、その村の大部分の票数を同じ程度に獲得しているケースがしばしば存在している。つまり、伊藤隆氏が指摘しているように、所属政党はあまり決定的な意味を持っていなかった。以上のように、ここではA型郡はもちろんのこと、B型郡でも村レベルでは挙村一致型が比較的多く、また中央政党そのものの拘束力よりも、個人あるいは地域政社の集票能力が大きな意味を持っていたことを確認しておきたい。

ただし、第Ⅱ部第一章にあるように、じつは、特に日清戦争以前では町村内部でも深刻な対立が存在していた。それは江戸時代以来の近世村を一八八九年の市制町村制施行に伴う町村合併によって強引に統合したため、合併した近代村内部で激しい対立が生じたからである。これについてはまた触れることにする。

次にB型の地域の分布状況及び政党との関連を見ていくと、表Ⅰ―2―1のように、A型と逆に東日本ではB型が比較的多いことに気づく。さらに、この東日本を東北とそれ以外に分け、またB型の内、自由党系と改進党系が対立している選挙区（「自改対立」）の数を集計してみた（表Ⅰ―2―3）。

表Ⅰ-2-3　東日本B型選挙区における自改対立選挙区

	第1回	第2回	第3回	第4回	第5回	第6回
東北						
B型（a）	8	18	13	16	17	8
自改対立（b）	3	1	1	4	9	3
a/b	38%	6%	6%	25%	53%	38%
東北以外の東日本						
B型（c）	36	47	43	31	29	20
自改対立（d）	9	15	17	11	17	5
c/d	25%	32%	40%	35%	59%	25%

東北もそれ以外の東日本も、全国平均よりB型が多いのは明らかであるが、問題は「自改対立」の比率である。この比率も常に西日本よりも東日本が高いが、なかでも東北以外の東日本は最初から高く、東北は第四回から急に高くなる。つまり、東北以外の東日本は当初から自由党も改進党系も組織が発達して二大政党対立的な様相を示しており、さらに以後もその傾向が強まるが、東北の場合は当初から組織が発達していた自由党と、改進党

系ではない政党との対立であったのが、しだいに改進党系も勢力を伸ばし自由党系と改進党系が拮抗する形となる。このように、B型そのものは徐々に減少していくが、水面下では東日本を中心に二大政党対抗型が徐々に現れ始めていたといえよう。

以上をまとめておけば、第一に第一・二回総選挙では、前述のように各地域における「主流派」対「非主流派」という小選挙区らしい二党対立図式が一般的であったが、その後急速にA型が増加する。それは、「大同団結」が長期的で広範囲でそして力強い運動であったことを意味している。第二は、B型自体は徐々に減少していくのであるが、その中でも第四回以降から東日本を中心に自由党系と改進党系という二党が対立する形でのB型が現れ始めたことである。第三に、町村単位でみれば、全体的には比較的に挙村一致型が多かったようである。ただし、町村合併によって深刻な対立を抱える町村も相当数に上っていたものと思われるが、日清戦争後になるとしだいに解消されていく。このことから推測すると、B型が多かった日清戦争以前では、内部的には強い団結を誇っていた近世村が他の近世村と相互に孤立して争っていたが、日清戦後は選挙区単位、郡単位で政治的に連携するようになったと想像される。

3　大正期小選挙区時代

第七回総選挙（一九〇二年）から第一三回総選挙（一九一七年）の大選挙区時代は次節に譲り、ここでは第一四回（一九二〇年、原敬内閣）と第一五回（一九二四年、清浦奎吾内閣、第二次護憲運動時）で採用された大正期の小選挙区時代を取り扱う。まず、表Ⅰ-2-1で明らかなように、この時期は東日本で比較的B型が多く、また大都市部で比較的C型が多いという傾向はあるが、基本的にはどこも圧倒的にB型が多い。しかも、多くの選挙区で非常に厳しい選挙戦となっていた。すなわち、小選挙区制度でよくみられるような二候補者対立図式が露骨に現出されていた。このことを同じく小選挙区であった明治小選挙区時代と比較すると、次のような点で相違がある。第一は、二大政党の党組織が格段に発展していたことである。前述のように初期議会期では、各地域は中央との関連が薄い政社が地域ごとに横断的に結合するケースが主流であったのに対し、この時期はすでに大選挙区時代を通して培われた縦断的な党組織が強固に存在していた。第二に、第一一回総選挙までは、政友会と改進党系政党の議席の増減はほぼ一致していたが、第一二回以降は一方が増加すれば、他方が減少するという傾向が現れたことである。このことは投票数においても同様であった。つまり、第一一回までは基本的な対抗が民党対吏党であったのが、それ以降は選挙場裡では政友会対改進党系政党という二党対立に変化したのである。また同時に、この二大政党による地方名望家の組織化は飽和点に達しており、両党は選挙権の拡張を見据え、争って未開拓の「青年」等新有権者層獲得に向かっていく。以上のような理由により、この時期は明治期小選挙区時代と異なりA型が増加することはなかった。

しかし、狭い地域でとにかく一位になれば当選できるという小選挙区制度であるため、単純に二党対立図式が成立した訳でもなかった。例えば、一九二四年の政友会分裂（政友会と政友本党）の一因もここにあると考えられる。政友会の場合は、以前から高橋是清・横田千之助らの総裁派と、床次竹二郎・山本達雄らの非総裁派の内部対立が存在していた。そこに、大選挙区時代のように党の全県的な組織力に依存する必要性が減少し、個人の力量でなんとか当選できるであろう小選挙区制度が導入されたことによって、分裂が促進されたと思われる。すなわち、政友会は自らが導入した小選挙区制度によって自らの分裂のお膳立てをしたといえよう。もっとも、その直後に施行された第一五回選挙をみると、政友会か政友本党いずれかしか当選していない府県は約半数の二二府県にのぼる。これらには九州がすべて含まれ、また東北、関東に多いということ以外、特に地域的特性は認められないが、すぐに府県大の政友会の団結が消滅したわけではなかったといえよう。ただし、この選挙で政友会は議席数を一二九から一〇〇に、政友本党は一四九から一一六に大きく後退させた。このため、中央の政治状況とは無関係に、両党の地方支部では選挙直後から合同機運が生じた。やはり、それまで培ってきた組織力の必要性を痛感したのであろう。

競争率の上昇もそうであった。大選挙区制度の場合、前述のように政党との関係を深めるか、「府県大の名望家」しか当選することは困難であった。そして、政党は全員当選を期して候補者を絞り、「府県大の名望家」は実際にはあまり存在しなかったことによって、競争率は非常に低かったと考えられる。これに対し、この時期ではそれまで立候補を抑制されていた人物や野心に燃える少壮人物が大挙して立候補したため競争率が上昇したのであるが、それはおそらく全県的な名望は持たないが、狭い選挙区であれば個人の力量で当選可能と考えた候補者が勇んで立候補したからであろう。特に注目すべきは、彼らの多くは「反既成政党」を標榜して立候補していたことである。江戸時代以来の地方名望家秩序が衰退し普通選挙が近づくという状況は、確かに新時代の到来を予感させた。そのような雰囲気のなかで彼らは新たな指導者として名乗りを上げたのであろう。しかし、この時点では彼らの多くは落選した。また、彼らの中には後に当選する人物もいたが、その場合は反対していたはずの既成政党に入党するケースが多かった。既成政党の組織が本格的に変質し個人後援会中心になっていくのは一九三〇年代に入ってからであった。

4　中選挙区時代（戦前期）

まず図Ⅰ‐2‐1に沿って、政党及び市郡区の動向から見ていこう。この時期は大きく二つに分けられる。第一六～一八回は周知のように政党内閣下での選挙であり（前期）、第一九回から翼賛選挙である第二一回までは非政党内閣下での選挙であった（後期）。そこでまず前期であるが、ここではB型が比較的多く、それにC型が接近しつつあるという状況でA型は少なくなる。そして、何よりも二つの既成政党（政友会と民政党）の二人の候補者が対立したB

型市郡区が全体のほぼ四〇％に達している。このことは、各選挙区内で同政党候補同士での市郡区の地盤割りがかなり成功していたことを意味している。しかし同時に、徐々に増加しているC型では既成政党の三名の候補者で争うケースが増加し、第一八回では全体の三〇％に達している。そして、この時期のB型の減少、C型の増加の原因は、まさしく前者から後者への移行であった。この点については後述する。

次に後期についてみれば、図Ⅰ―2―1のようにC型が急増して五〇％に達し、一方B型は激減して第二一回ではA型にすら追い抜かれる。その要因は、B型では既成政党の二候補者が対立する市郡区が減少し、C型では対象となる上位三名中に既成政党候補者が二名以下しか含まれない市郡区が増加していることであった。こうして、既成政党は地域政治社会の中でその地位を低下していく。しかし、ここで注意すべきことは既成政党の凋落にもかかわらず、非既成政党の代議士は安定的に連続して当選できたわけではなく、当選したとしても既成政党から非既成政党に鞍替えした議員がかなり存在したことである。また、空間的にみた場合、非既成政党勢力の進出が顕著な地域は特に見当らなかった。強いていえば、当選者としては東京、愛知、大阪、兵庫、福岡という大都市に多く、また東日本は全体的に少ないのであるが、その中でも茨城、山梨は比較的多かった。この二県は実は明治期ではC型が比較的多い地域であり、したがってそれがそのまま非既成政党の進出に結びついたのかもしれない。他方、西日本では敢えていえば、宮崎、鹿児島など明治期はA型であった地域に多いという傾向も見られる。

各選挙区において最高点で当選した候補者と、最下位当選した候補者の票についてみれば、一概には比較できないが大選挙区時代においては、既成政党は全員当選をめざして細かな地盤割りを行い候補者数を絞ったため、立候補者数は非常に少なく、かつ最高点当選者と最下位当選者の票差も少なかった。これに対し中選挙区時代では、その票差が前期では比較的少なかったが、後期では広がる傾向を見せている。これは政党による選挙区内での票の配分という機能が後退したことを示していると考えられる。それは、第二一回の翼賛選挙においても同様で、つまり推薦候補者制度をとったにも拘わらず、結果的には乱立乱戦になったため、大量に票を獲得する候補者とそうではない候補者が出たのであり、それは既成政党やそれ以外の外からの統制が弱まったこと、及び予想を越える無党派票が発生したことによろう。

以上のことから、次のようなことが推測される。松尾尊兊・伊藤隆氏らが指摘したように、一九二〇年代から各地で既成政党以外に新たな政社が誕生した。中央に誕生した無産政党などの新しい勢力が伸び悩む中で、これら地域の政社は確実に拡大していった。つまり、中央との深い結びつきを持たない地域的な政社が、新たに地域社会に登場したのである。しかし、それはそのまま既成政党の凋落と結びついたわけではなかった。むしろ、前期においては、おそらく新たに登場した政社を既成政党候補者が吸収していったと思われる。地域に根付いた小規模な新聞などには、スローガンとして「反既成政党」を主張しながら、実際の選挙戦になると「革新」的な既成政党候補者を支持するという「総論反対各論賛成」現象がしばしば見受けられる。

これら新勢力の台頭は当然、既成政党やその候補者個人にも方向転換を迫った。民政党は早くから進歩的イメージを打ちだそうとしたし、政友会も少し遅れたが犬養毅を総裁にしてイメージの転換を図ったが、それよりも実際に選挙戦を戦わなければならない候補者の方がいっそうその必要に迫られていた。そこで、この点に関連して町村単位での傾向を見てみれば、紙幅の関係上数字を挙げることはできないが、郡単位ではC型の増加が表すように多極化する傾向にあったが、町村では依然として挙村一致か、または二候補者対立型が比較的多く、後者の場合は既成政党系勢力と非既成政党系勢力が対立していることが多かったようである(8)。そこでは、党ではなく候補者個人がその新勢力と結びつこうとし、その結果が個人後援会の普及につながったと思われる。個人後援会では、選挙区内に存在する全国横断的ともなりえる様々な団体を、他の選挙区とは切り離して候補者側から積極的に組織化を進めていく。大正期の大選挙区時代までは、政党は地域の共同性を利用して村から郡、郡から県へと票を上へ積み上げることをめざしたが、ここでは候補者が頂点となり主体的に選挙区内の諸団体を取り込んでいくのであった。

このため、政党としての統制力は失われていく。既成政党反対という大合唱の中で行われた後期の選挙では、前述のように選挙区内での政党の票の配分調整機能が徐々に減退していく中で、候補者は個人の力で地盤を固めていく（逆にいえば、彼らのこの努力が成功したために新人代議士があまり増加しなかったとも言える）。例えば、中央で起こった官民の様々な運動の地域における唯一の窓口となるべく、選挙区内でそのような運動に感応する人物達をなるべく多く自分の陣営に引き込むなどの方法が採られていた。こうして、中央での党派対立や現状維持勢力・革新勢力の対立とは別に、地域では多面的な顔を持つようになった候補者を中心として、地域の政社の再編成が進行していた。つまり、この時期は無党派票が大量に生じる中で、候補者が個人の力で多様化する地域社会の要求をすくいあげ、地方政治社会の再編成を行っていた時代であり、その成果が再び党組織として結実したのが、いわゆる一九五五年体制であろう。

次に地域的な分布状況を見てみよう。全体的にいえば、この時期の地域的な差異は、それ以前と比較すると、少なくなっており、むしろ選挙ごとに全国的に均一の現象が生じているというのがその特徴であった(9)。しかし、それでもいくつかの傾向を抽出できる。

まず、A型について。表I‐2‐1より地域的な分布を見れば、郡部、西日本、大都市圏以外でA型が比較的多く、かつ幾分か増加していることが分かる。これは、地域によっては流動化する状況の中で再び地域的結合を図ろうとしたためであろう。この現象は終戦直後の総選挙でも見られる。また、図I‐2‐3をみれば、A型が多い府県は岐阜・

京都・山口であった。これらは明治期でもやはりA型であった。そこで、明治期小選挙区時代にA型であった府県で、かつB型、C型が激増した大都市圏の神奈川・大阪及び福岡を除いた岐阜・京都・山口・香川・高知・佐賀・宮崎・鹿児島の八府県のA型の比率を見てみれば、この時期でもやはり三三％（全国平均一九％）であった。つまり、薩長土肥を中心としたこれら西日本諸府県は、A型という点で連続性が比較的強かった。

次にB型とC型についてまとめて見る。まず東西日本を比較した場合、東日本は第一六・一七回では比較的にB型が多いのであるが、第一八・一九回にC型が急増しB型が激減していく。それに対し西日本の場合はABC各類型ともに変化そのものは比較的少なく、また変化したのは第一八回と第一九回の間であるという特徴がある。なお、ここでより詳しく分析するために地域ブロック別に分け、これからいくつかの特徴を拾ってみよう。第一に、政党内閣期である前期ではB型からC型への移行は、主として関東及び東日本の中部、そして東北、九州が中心であった。これを政党別の構成比でみれば前述のように、第一六〜一八回では、C型の増加は二大既成政党三候補が一市郡区内で票を分けあっていたことが主要因となっている。これに対し、第一八回から第一九回にかけてのC型の急増はほぼ全国的な現象であり、かつそれも非既成政党の大量進出によってなされたことも分かる。第二に、関東及びいささか乱高下はあるが関西という地域は、全体を通して比較的C型が多いということである。前述のようにC型は東京・大阪を中心とする大都市内部から周辺郡部に向かって増加していったが、この傾向はこの時期さらに関東・関西圏へと広まった。つまり、C型は明治以来、東京市・大阪市―東京府・大阪府―関東地方・関西地方―全国化というような形で順次拡大していったのである。

次に、市郡区別に見てみると、第一は、市部で数字が大きく変化していることである。大選挙区時代までの市部は、郡部に比べ極端にB型が多くC型が少なかった。それが、この時期はまず郡部に近づき、さらに第一七回以降ではC

型が急増し区部にさえ近づいた。このことは、地方都市が普選の影響を最も受けたということであろう。郡部はおおむね地域のネットワークが下層まで浸透していたことによって、普選となってもその変化は比較的小さかったのに対し、地方都市では従来資産のある少数の人間が二つの大きなグループを形成して市政を二分し、それに対し資産の少ない市民は感情的に一方の応援団になるか、或いは無関心または抵抗するかであった訳であるが、普選になったことによって少数者の独占が困難となったことを示していよう。つまり、それまで政治的には周辺郡部から独立的であった市が、普選当初はまず周辺地域と連動する形でそれまでの二分化傾向が崩れ、さらに組織されていない大衆の票が分散したことで区部に近づいたと考えられる。ところで、興味深いことはこの市部の数字と東日本の数字が近似しており、一方郡部の数字は西日本の数字と近似していることである。もし、前述のように郡部と市部での相違が地域社会のネットワークの問題であるとすれば、同様な相違が東日本と西日本にも存在していたのであろうか。また、区部は相変わらずC型が極端に多かった。この都市を中心とするC型の増加と前述のA型の微増は、第二次世界大戦後の言論戦を中心とする「進歩」的イメージの都市型選挙と、共同性に依存する「後進」的イメージの農村型選挙という二つの形につらなるのであろう。

二　大選挙区制度下の総選挙と地域政治社会

1　大選挙区制度と史料状況

本節は戦前期の総選挙のうち、一九〇二年八月に実施された第七回から一九一七年四月の第一三回まで合計七回の大選挙区制度下の総選挙を対象にして、その選挙結果から当時の日本の地域政治社会の動向を考察しようとするもの

表Ⅰ-2-4　大選挙区制度下での総選挙の結果

回　数	期　日	内　閣	第一党(議席数)	第二党(議席数)	定　員
第 7回	1902（明治 35).8.10	第 1 次桂太郎	政友会（190）	憲政本党（95）	376
第 8回	1903（〃 36).3. 1	〃	〃（176）	〃（82）	〃
第 9回	1904（〃 37).3. 1	〃	〃（133）	〃（91）	379
第10回	1908（〃 41).5.15	第 1 次西園寺公望	〃（187）	〃（76）	〃
第11回	1912（〃 45).5.15	第 2 次西園寺公望	〃（207）	国民党（98）	381
第12回	1915（大正 4).3.25	第 2 次大隈重信	同志会（151）	政友会（115）	〃
第13回	1917（〃 6).4.20	寺内正毅	政友会（167）	憲政会（121）	〃

典拠：『大日本政戦記録史』（政戦記録史刊行会編，1903 年）

である。

すでに前節で大選挙区時代以外については取り上げたが、大選挙区制度は現在の我々にはあまり馴染みのない制度であり、また他の時代と少し違う操作が必要なので、あえて独立させることにした。違う操作とは、選挙投票数の公式な結果である『衆議院議員総選挙一覧』には掲載されていない市郡区での各候補者の投票数が、この時期の地方文書や地方新聞に掲載されており、それらをできる限り集めたということである。これによって、全国的にそして前後の時代とも比較的統一性のとれた類型化が可能になると考えたからである。その上で、大選挙区という制度そのものの特徴を明らかにしようと考えた。

以下、具体的にみていこう。なお、便宜のためこの時期の総選挙の行われた年月日、施行した内閣、二大政党の当選者数を表Ⅰ-2-4にまとめておく。

大選挙区制度の概略についてはすでに前章で紹介したが、以下の行論の必要から少し詳しく説明したい。その特徴の第一は、三万人以上の人口を持つ市部は独立して議席が割り当てられたこと、第二は、その他の郡部では全県一区とし人口一三万人に一名の割合で議員定数が割り当てられ、投票は単記制とされたこと、である。この結果、議席数は約三八〇となった。

まず都市独立選挙区であるが、人口と議員定数の関係は、東京、横浜、名古屋、大阪、京都、神戸など大都市では郡部と同じであったが、人口が三万人を少し越える程度であった各県の県庁所在地クラスの地方都市は、少ない人口でも一名の議員を選出することができた。現在とは反対に、都市にそれも地方都市に非常に有利であった。この都市独立選挙区から選ばれる代議士数は約七〇名であり、全体の約一九%にあたった。開票所は区制を敷いている都市（東京・大阪・京都）では区単位で、そうでない都市は一都市に一ヵ所のみ置かれ、その開票所では集められた投票用紙を混合して、つまり町などの下の単位の地域別に集計するのではなく各町の投票用紙を混ぜ合わせる混合開票制によって開票が行われた。したがって、各候補への票数は、区制を敷いている都市では区単位で、そうでない都市では全体のみが判明する。

次に郡部であるが、やはり人口一三万人に一名の割合で各府県に議員定数が割り当てられていた。その数は多い県で一二名、少ない県で四名であった。もっとも、対馬・佐渡・隠岐・奄美大島の四島、及び北海道では地域性に鑑み、それぞれ独立選挙区とされた。また、沖縄に総選挙が施行されたのは第一一回総選挙からであった。これらから選出される議員は約三一〇名で、八一%にあたる。投票は町村に一ヵ所ずつ投票所が置かれ、そしてそれらは各郡に一ヵ所の開票所に集められ、やはり混合開票制によって集計された。このような制度であったため、大都市における区単位の票数、および郡単位の票数は開票所で一般に公開され、その数字が県庁文書や地方新聞に残されたのである。しかし、ここまでが限界で町村レベルを知ることは不可能である(10)。ちなみに、当時日本全国には約五五〇の郡が存在していた。

表I-2-5は、我々の調査の結果で市郡区単位の候補者別得票数が判明したものである。ただし、このうち新聞に拠ったものは誤字脱字が多く、それらは推測で修正した。この表を見れば分かる通り、判明したものは全体の約八六%であった。取りあえず、以下ではこれをもって全体を表すものとして取り扱うことにする。その上で、本章第一節で採用したABC型分類をした。その結果は、すでに前節表I-2-1でみた通りである。そして、この分類に基づい

選挙回数	7	8	9	10	11	12	13	出典・所蔵
和歌山	○	○	○	○	○	○	○	紀伊毎日, 12 和歌山タイムス・明文
奈　良	○	○	○	○		○	○	県庁文書
滋　賀				○	○	○	○	10・11 県庁文書, 12・13 大阪朝日京都付録・国会
京都府	○	○	○	○	○	○	○	京都新聞, 8 京都日の出・国会
京都市	○	○	○	○	○	○	○	京都新聞, 8 京都日の出・国会
大阪府	○	○	○	○	○	○	○	大阪朝日・国会
大阪市	○	○	○	○	○	○	○	大阪朝日・国会
兵　庫	○	○	○	○	○	○	○	神戸又新・国会
鳥　取					○	○	○	鳥取県史近代 2
島　根	○	○	○	○	○	○	○	島根新聞・明文, 13 朝日地方版・国会
岡　山	○	○	○	○	○	○	○	山陽新報・国会
広　島	○	○	○	○	○	○	○	中国新聞, 13 芸備日日・国会
山　口	○	○	○	○	○	○	○	防長新聞・県立図書館
香　川	○	○	○	○	○	○	○	香川新報・明文
徳　島	○	○		○	○	○	○	徳島毎日・明文, 13 朝日地方版・国会
愛　媛	○	○	○	○	○	○	○	愛媛新報・国会
高　知	○		○	○				土陽新聞・県立図書館
福　岡	○	○	○	○	○	○	○	福岡日日・国会
長　崎	○	△	○	○	○	○	○	長崎, 7～9 鎮西日報・国会
佐　賀	○	△		○	○	○	○	佐賀新聞・国会
熊　本	○		○	○	○	○	○	九州日日・国会
大　分	○		○					7・9 大分県政党史
宮　崎		○	○	○	○	○	○	県庁文書
鹿児島	○	○	○	○	○	○	○	鹿児島新聞・明文
沖　縄	—	—	—	—	○	○	○	琉球新報・明文

（注）1　○＝判明　　△＝一部判明
　　　2　国会＝国立国会図書館所蔵
　　　　明文＝東京大学明治新聞雑誌文庫所蔵

て第七回総選挙から第一三回総選挙までのそれぞれのタイプの割合を示したのが図I-2-4である。

これでみる通り、B型の比率は安定して高い。そして、A型・C型に関しては第一〇回以前（以下、前期とする）と第一一回以降（以下、後期とする）では傾向を異にし、前期ではA型がB型に拮抗するくらいに多いが、後期ではA型は減少し第一三回ではついにC型と逆転する。なお、第一回総選挙から一九四二年の第二一回翼賛選挙までを通してみると、さらに大きな変動があることは前節でみた通りである。

ここで、市郡区特に数の多い郡を基準に据えたことの意味を改めて述べておく。政友会はこの時期に郡制の廃止を主張していた。[11] つまり、郡という単位での自治

表Ⅰ-2-5　大選挙区市郡別得票数調査

選挙回数	7	8	9	10	11	12	13	出典・所蔵
北海道	○	○	○	○	○	○	○	7〜11, 13 北海タイムス, 12 小樽新聞・国会
青　森	○	○	○	○	○	○	○	東奥日報・国会
岩　手	○	○	○	○	○	○	○	7・10〜13 岩手日報・明文, 8・9 県庁文書
秋　田		○	○	○	○	○	○	秋田魁・国会
宮　城	○	○	○	○	○		○	7〜11 河北新報・明文, 13 県庁文書
山　形	○	○	○		○	○	○	7・9 米沢新聞, 11〜13 山形新聞・明文, 8 両羽日日・山形県立図書館
福　島	○	○	○	○	○	○	○	7・10〜13 福島民報, 8・9 福島民友・福島県立図書館
茨　城		○		○		△		8 常総, 10 いばらき, 12 茨城日報・歴史館
栃　木		○		○	○	○	○	両毛新聞・国会
群　馬	○	○	○	○	○	○	○	手島仁『総選挙でみる群馬の近代史』(みやま文庫, 2002)
千　葉	○	○	○	○		○	○	7〜9 東海・明文, 12 東京朝日・東大新聞研, 10 千葉新聞・県立中央図書館, 13 東京朝日地方版・国会
埼　玉	○	○	○	○	○	○	○	12・13 国民新聞地方版・明文, 9〜11 新編埼玉県史 7, 8 雑誌「評論」・明文
東京府	○	○	○	○	○	○	○	7・10 国民新聞, 8・9・11 報知新聞, 12 やまと・明文, 13 東京朝日・東大新聞研
東京市	○	○	○	○	○	○	○	報知・国会
神奈川	○		○	○	○	○	○	7・9 横浜貿易新聞, 11〜13 横浜貿易新報・開港資料館
山　梨	○	○	○	○	○	○	○	山梨日日・明文
新　潟	○	○	○	○	○	○	○	新潟新聞・国会
長　野	○	○	○	○	○	○	○	信濃毎日・明文
静　岡	△	○	○	○	○	○	○	7〜12 静岡民友・明文, 13 東京日日地方版・国会
愛　知	○	○	○	○	○	○	○	新愛知・国会
岐　阜	△	○		○	○	○	○	岐阜日日・明文
富　山	○	○	○	○		○	○	富山日報・明文
石　川	○	○	○	○	○	○	○	北国・国会
福　井			○					須永金三郎他『福井県政界今昔談』(須永他, 1907)
三　重	○	○	○	○	○	○		伊勢新聞・国会

行政組織を廃止し、単なる地理的な存在にしようというのである。とすれば、郡が果たして政治的に意味ある存在であったかということが疑問となるが、じつは明治期の地方自治においては、官選県知事によって任命された官選郡長が近代行政に不慣れな各町村を監督指導する、という形であった。つまり、実際には政党の敵である官僚組織が郡を有効に利用して地方自治を誘導している、と政友会は見做しその廃止を主張したのである。しかし、政党自身にとっても、実際にはのちに協定選挙区制度でみるように、郡という地域単位を政治的に活用していた。

特に、衆議院選挙の場合は県会議員の動向が重要な要素になるが、その県会議員は各郡単位で選出されており、県議が如何にそれぞれの郡内を掌握しているかが

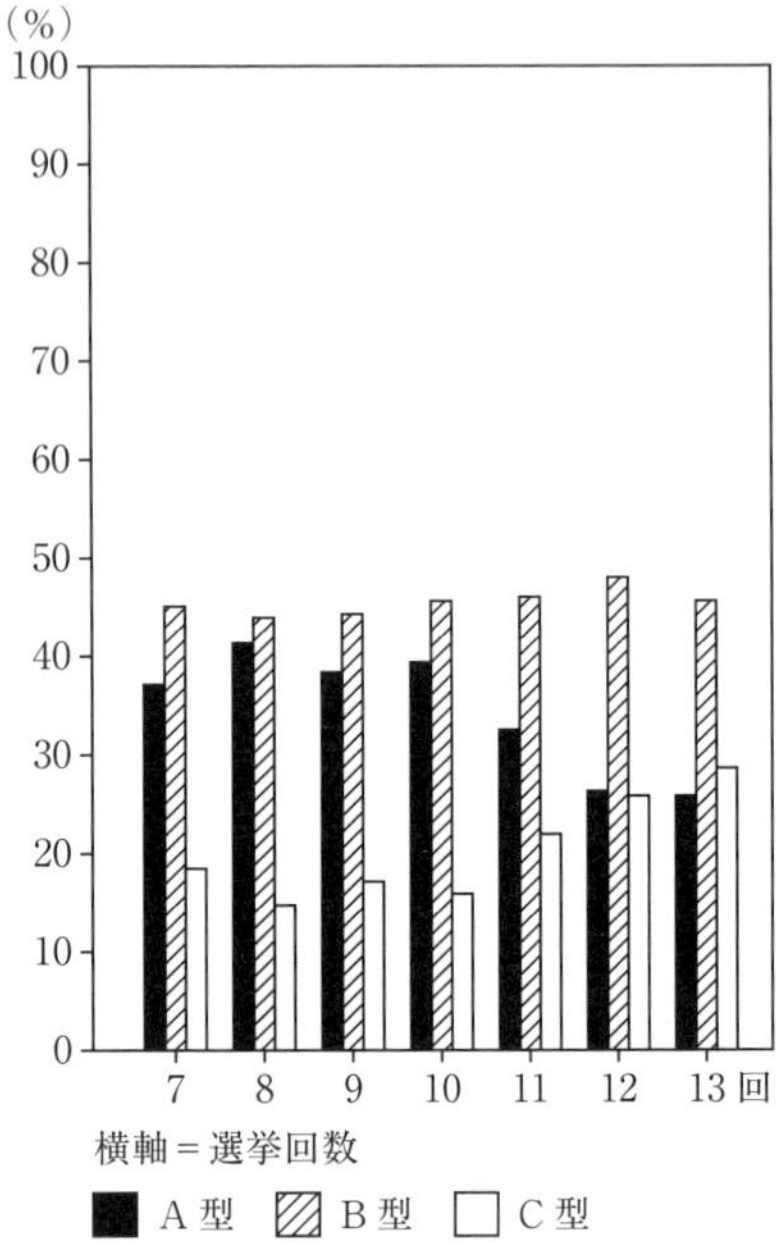

図Ⅰ-2-4　全国各市郡区のA・B・C型の比率（第7回〜13回）

当落の鍵となっていた。このように、郡こそが政党の根幹部分を成していたともいえる。

　では、町村という単位ではどうかといえば、前節あるいは第Ⅱ部第一章でみるように、明治二〇年代では、江戸時代の伝統を継承し協調的で自律的でそれ自体完結している村がある一方で、非常に激しい内部対立を抱える町村も存在した。しかし、その対立は日清戦争後、急速に収束していくようである。さらに、明治後期になると政府も町村の共同性と経済的発展に力を注ぐようになった。

　その方法の一つとして、模範村運動というものがあった。他の模範となるべき町村を内務大臣その他が選んで、その事業を広く紹介するというものである。一八八九年の町村制施行後、町村は大字間の対立や財政支出の増加に悩んでいたが、第一次桂太郎内閣はその対応として、一九〇二年頃から『官報』に優良な成績を挙げた町村を紹介し始めるようになった。その具体例として最初に挙げられたのが一九〇三年四月掲載の宮城県生出《おいで》村で、この村は村長の優れた働きで勧業を村是とし、耕地整理、養蚕に成果を挙げたことが高く評価された。続いて八月に千葉県源村が選挙に際し村民の協議であらかじめ唯一の候補を決定するなど「協同の風」を、一〇月には静岡県稲取村が田村又吉を中心に報徳社的な方法に基づく石花菜《てんぐさ》採取や植林により、豊かな村基本財産を造成したことを評価されて掲載された。以後、この三村は「三大模範村」として有名になる。また同年内務省地方局は『模範的町村治』というパンフレットを発行して広く成功例を紹介した。

日露戦後になると、地方改良運動と結びついて、さらに顕彰運動がさかんになった。一九〇九年五月の地方長官会議で平田東助内相は「自治、矯風、奨善、教化、経済の各方面に於ける効績優良なる団体及個人に対して表彰の道を設け、之を奨励するは現時の急務」と述べ、同年の第一回地方改良事業講習会でも地方における各種事業の事績が示され、それらは翌年に『地方経営小鑑』として刊行され広く紹介された。顕彰は内務大臣レベルばかりでなく県・町村レベルでも行われ、多くの分野がカバーされた。模範村になる場合、まず町村長が知事から表彰され、その上でさらに内務大臣から優良村として表彰されるということが多かったようである。こうして、しだいに模範村は増加していったという(12)。

第二次世界大戦後においても、町村会議員のほぼ九割が無所属で政党との直接的な関係を持たず、議員自身も政治家としては専業化していないといわれているが(13)、戦前期ではそれ以上に、選挙における「協同の風」が重視され、政党的な対立は好ましいものではなかった。

以下では、このような町村の「協同の風」を一応考慮した上で、市郡別の投票動向をみていくことにする。

2　郡部の動向

まず、郡部について考察していく。郡部は都市部に比べて数が圧倒的に多く、したがって郡だけ取り出してみても、都市部に多いB・C型の割合が若干減少する程度で、ほぼ図I-2-4の割合に近い。

まず、A型の地域を見ていこう。詳しくは本書第Ⅱ部第三章で述べるが、一例として福岡県郡部を取り上げる。この時期の福岡県は鹿児島県と並んでA型が圧倒的に多く、そして各郡の一位候補者はほとんどすべて政友会所属であり、いわば政友会の金城湯池であった。その福岡県政友会支部が採用した選挙方法は、簡単にいえば、選挙前に各郡の代表者たちが集まってそれぞれの郡で政友会が獲得できるであろう予想票数を持ち寄り、それを基礎にしてまず候補者の数を決め、さらに各候補者に近接するいくつかの郡（大体二ないし三郡）を割り当て、その郡の政友会票を割り当てられた候補者に集中して当選を期すというものであった。この結果、若干名の落選者も出たが、常に全議席数の過半数以上の当選者を出していた。このような方法を取りあえず協定選挙区制度と名付けておく。また、福岡県では少数派の非政友会系政党でも割り当てる郡の数を多くすることで当選を図っており、これも協定選挙区制度といえよう。そして、福岡県ほど鮮明には出てこないが、他府県でも似たような方法で選挙を戦っていたようである。

このような選挙方法の特徴をみれば、第一に、基本的には数郡を単位として一人の候補を立てており、したがってこの限りでは小選挙区制度と同じであったということである。当時でも「現在大選挙区制ニ於キマシテモ、各候補ハ何レモ各自私設ノ小選挙区ヲ作ッテ居ル」(14)と評されていた。つまり、大選挙区制度導入の一つの理由は、府県大で名が知れ渡った名望の人士を選抜しようということであったが、実際にはそのような候補より従来型の候補の方が多かったようである。(15)むしろ重要なことは、近接する数郡が一人の候補を共同して支持することが可能になったことである。じつは、このような傾向は小選挙区時代の第五回総選挙の頃から現れていた。「競争激甚」と称された小選挙区制度の下でも、しだいに「地方的団結」が整い選挙区を同じくする郡同士接近することでA型が増加した訳であるが、それが大選挙区時代にも継承されたと推測される。とすれば、これら近接する数郡が、総選挙においては政治的に非常に密接な関係を持つ一つの政治的地域圏を形成したといえよう。

第二の特徴は、これは小選挙区時代とは決定的に異なる点であるが、各候補の選挙区を決める際には政党の県支部が深く関与するようになったことである。衆議院議員選挙法制定当初では政党の県支部の設置が認められなかったが、一八九三年四月の集会及政社法改正によって認可されることになった。これが、政党が地域社会に浸透するために非常に有効であったことは疑いない。例えば、候補者が個人間でいくら地盤協定をしても、おそらく守られることはほとんど不可能であったろう。しかし、そこに政党本部あるいは政党県支部という監視機関が介入すれば、もし違反を犯した場合には何らかの罰則が科される可能性があり、相互不可侵の約束は一定の効果を持つであろう。また、これも福岡県でよくみられたことであるが、政党支部が仲介する形で候補者間においてしばしば票の貸借が行われた。例えば、当落線上の候補者に当選が確実な候補者が票を貸すのであり、場合によっては次回の選挙で貸しを返してもらうという相互扶助もあった。このように、政党組織が介在することによって相互不可侵協定および相互扶助が大選挙区制度で可能となったのである。

これは結果として、政党の存在価値を高め、また政党の候補者に対する統制力を強めた。また、これも当時しばしばみられたことであるが、政党本部が地元府県とはあまり関係のない全国的な政治家や実業家をその府県に押し付け、この協定選挙区制度によって安全に当選させていた。こうして政党は、党中央本部―県支部―「政治的地域圏」(協定選挙区)―郡という人的ネットワークの連鎖を実体として組織を充実させていった。特に、この時期では、政友会と改進党以来の系譜を引き継ぐ憲政本党・国民党・同志会という、比較的組織力があり大選挙区制度の特徴を生かせる政党が安定的に勢力を伸ばした。この点で、「自治体ノ破壊」の予防を大選挙区制度に託した意図は失敗したのであり、むしろ政党は「自治体」の非「党争」的共同的側面を利用して地域に浸透していったのである。

もう少し別の角度からみてみよう。図Ⅰ-2-5および図Ⅰ-2-6をみていただきたい。これは第七回から第一〇回までの四回の総選挙(図Ⅰ-2-5)と、第一一回から第一三回の三回の総選挙(図Ⅰ-2-6)のそれぞれにおいて、各府県の中でどのタイプが最も多かったのかを図示したものである(郡部のみで都市部は含まれていない)。つまり、そ

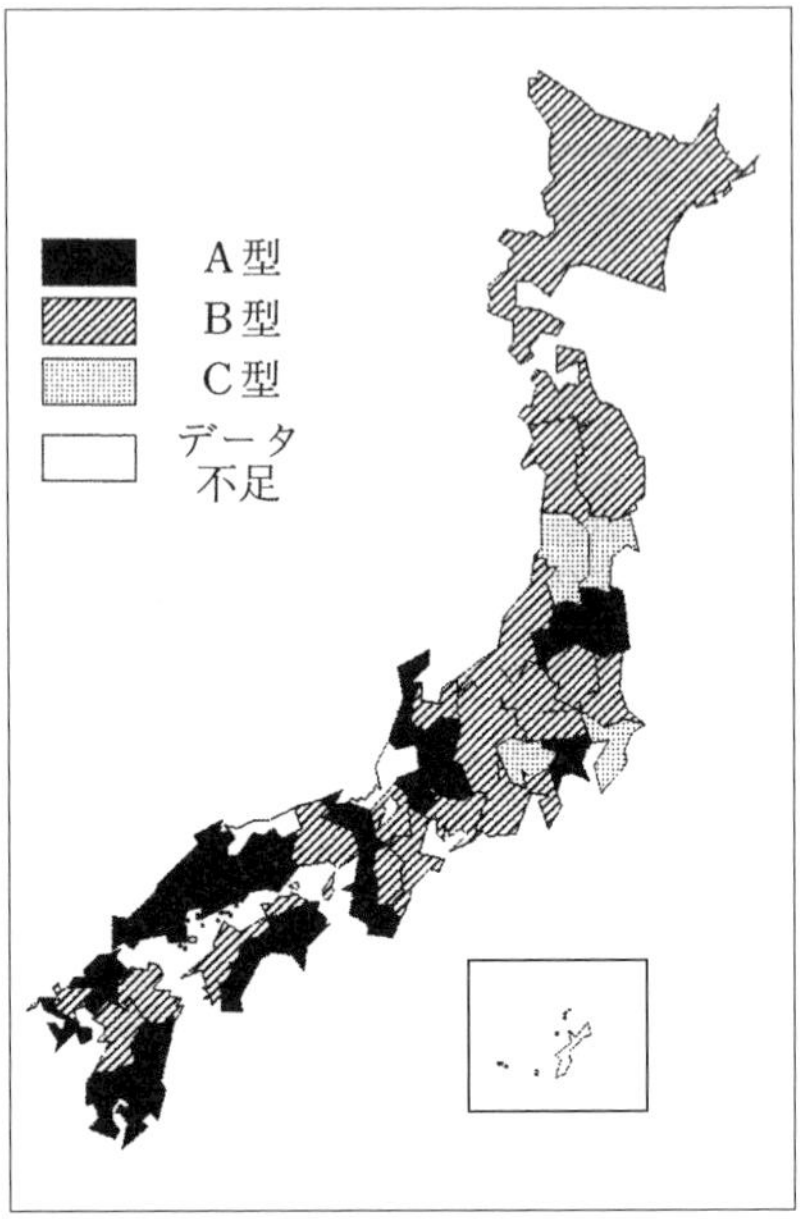

図I-2-5　各府県（郡部）で最も多い類型
（第7〜10回）

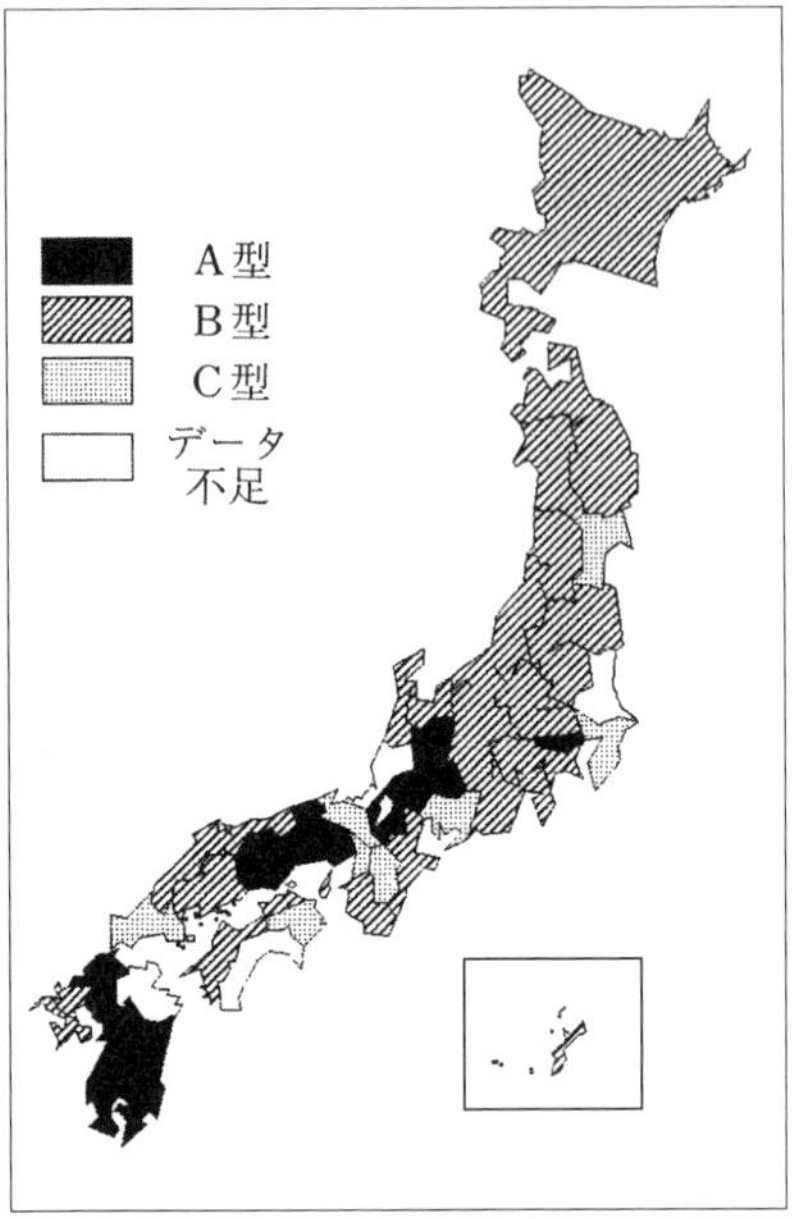

図I-2-6　各府県（郡部）で最も多い類型
（第11〜13回）

れぞれの時期にその県でどの型が最も一般的であったかということを示している。なお、型が同数の場合はよりその県の特徴を示す意味で、全国的にみて少ない方の型を示した。この図からA型のタイプの県について若干の特徴を拾い出してみれば、第一に特に図I－2－5であるが、西日本にA型が多いことである。数字的に言えば、西日本では四六%がA型、静岡・長野・新潟以北の東日本では三二%であった。さらにいえば、薩摩・長州・土佐という維新の主役となった西南雄藩が含まれている。このことは、明治小選挙区時代の特徴を引き継いでいるといえよう。第二は、これも図I－2－5に関してであるが、東京・神奈川・大阪・京都という大都市圏周辺の郡部が多いということである。これも明治小選挙区時代と同様であった。

次に、B型についてみていく。図I－2－4で示したように、B型は安定して最も多く、この時期を通して郡部全体の約四五%に達していた。そこで、明治小選挙区時代では郡は「地方的団結」によって一候補者独占型に収束していったが、それがなぜ二候補者対立型になったのか、あるいは一般に多党制を招くとされる大選挙区制度であるにも拘わらず、なぜこの時期では二候補者対立型が半分近くを占めていたのか、がここで問題となる。

まずは、政党の側から見ていこう。当時は、一九〇〇年に伊藤博文によって結成された、自由党の系譜を引く立憲政友会と、大隈重信によって結成された立憲改進党の後継である憲政本党（一八九八年）→立憲国民党（一九一〇年）→立憲同志会（一九一三年）→憲政会（一九一六年）の改進党系の二党が有力政党であった。この二党を比較した場合、一九一五年の第二次大隈重信内閣下での第一二回総選挙で与党同志会が勝利した以外は政友会が常に第一党であり、過半数を占めることもあった。この二政党が、前述のような大選挙区制度の特性を利用して地方にもしっかりとした党の基盤を築き、拮抗しながら時間の経過とともに勢力を浸透させていった。

他方、これを地域の側からみれば、当然のこととして郡内部において二つの派閥が存在し票が二分したことになる。では、どのような場合に郡内の票が二分するかといえば、何らかの対立が発生していたためと考えられるが、その対立の原因としては、中央の党本部つまり上からの影響によるものなのか、それとも地域内の自生的なものなのか、の二つがまず考えられる。そこで、次のような作業を試みた。すなわち、B型の中で対立する二名の候補者の所属政党が①政友会と改進党系政党の場合と、②所属政党を同じくする場合、そして、その他つまり③一方が二大政党のどちらか所属で他方が少数政党所属か無所属、あるいは少数政党所属や無所属の候補者同士の場合、の三つに分類してみた。ただし、あらかじめ断っておくが、所属政党は『衆議院議員総選挙一覧』によった。これは必ずしも実態を表しているとは言い難いが、現在のところ代わるものが無いので、お許し願いたい。

結果は、表Ⅰ-2-6の通りである。なお、ここでいう少数政党は二つのタイプに分けられる。一つは、中央倶楽部のように、中央の組織と結びついているものであり、もう一つは党として強固な組織がある訳ではなく、選出された議員が院内活動のため便宜的に党派を形成している場合である。しかし、どちらにしても二大政党所属候補者と比較して地元に依存している度合いが強い。そこでここではいささか強引であるが、これらの候補を中央とは関係なく地元内の自生的な対立から立候補したものと捉える。このことを前提に表Ⅰ－2－6に目を移そう。

ここでまず気がつくことは、第一一回総選挙以降は二大政党対立型が急増していることであり、そのほかの二つが減少していることである。つまり、本格的に二大政党が地域に浸透し対立的状況が現れ始めたのは第一一回（一九一二年）からであり、逆に言えばそれまではそれほどでもなかったということである。二大政党の一方は浸透しているかもしれないが、その対立候補者はより地元に依存した候補者である「その他」型の方が多かったのである。また、二大政党候補者同士の同士打ちが第一一回まで多いことも興味深い。この要因として、同一政党候補者同士が郡内で地盤協定を行い、票を分割したケースも考えられるが、筆者の印象ではそれほど多いとは想像できず、本当の同士打ちだったものと思われる。つまり、地域によっては必ずしも十分に協定選挙区制度が機能していなかったものと考えられる。しかし、第一二回以降はそれが減少したように、政党としての組織がかなり安定していったものと思われる。

表Ⅰ-2-6　郡部選挙区における二候補者対立の類型

	二大政党対立型	二大政党内同士打ち型	その他
第7回	40%	18%	42%
第8回	38%	16%	46%
第9回	36%	12%	52%
第10回	37%	14%	49%
第11回	51%	14%	35%
第12回	56%	7%	37%
第13回	60%	7%	33%

以上のように、郡部に限っていえば、当初は地元の事情に起因する対立もかなり広範に存在したが、それに替わって中央の二大政党の対立に起因する票の二分化が第一一回以降顕著になったといえそうである。つまり、図Ⅰ－2－5と図Ⅰ－2－6とでは、同じB型にしても、その性質は若干異なっていた。

この上で、郡内が二分化した理由を考えてみると、まず思いつくのは地方利益、地方インフラを巡る対立である。道路、鉄道、学校などは近代化を推進するに際し、その場所を巡ってしばしば地域間対立が起こることは自然であるが、政友会は積極主義政策を旗印にそれを利用し党勢拡大を図ったことはよく知られている。しかし、最近の研究では、政友会とは異なる方法で改進党系政党も地域発展策を熱心に提示していたことが明らかになっている。(16) とすれば、明治小選挙区時代では「地方的団結」というきわめて政治的な理由によってA型が増加したが、この時期はそれが一段落して地域の経済的発展という観点が重視されB型が多くなったのではないであろうか。ただし、まだこの時期では依然として郡という単位の団結には強いものがあり、昭和期のようにC型になることもなかった。つまり、この大選挙区時代は地域発展という意味では対立はなかったが、その方法を巡って郡内対立もあったのであり、いわば緩やかな対立と緩やかな団結の中で、両党は協定選挙区制度を利用して勢力を伸ばしたのであった。

次に、図I–2–5・I–2–6によって、空間的な特徴を調べてみよう。ここでは、東北・関東北部・中部にかけてB型が多いのが目につく。数字的にいえば、東日本は約五〇％がB型であり、西日本は約四〇％がそうであった。また、B型のうち、前述の二大政党対立型は東日本で五七％、西日本では三八％となっている。とすれば、東日本でB型が多いのはこの二大政党対立型が主因となっており、逆に前述のように、第一一回以降B型の中でも特に二大政党対立型が多くなるのは、西日本でそれまで多かった「その他」型が二大政党対立型に移行したことによると推測される。

では、その変化の原因はどこにあるのかといえば、最も大きな点は改進党系政党が早くから東日本に勢力を扶植していたことであった。新潟・静岡・埼玉は早い時期から改進党系政党の根拠地であったし、東北地方は特に日清戦争頃から改進党系政党への参加者が急増した。秋田県を一例として挙げよう。一八八三年にわずか半年間であったが、大隈重信の改進党の犬養毅が「秋田日報」主筆として秋田に赴いた。これ以降、犬養の秋田県での影響力は強くそれによって秋田県に改進党系政党の地盤が築かれていく。もっとも、一九一三年に国民党が分裂し、犬養は依然として国民党に留まった。この時、秋田県国民党は大いに動揺したが、結局は大政党に加わる方が有利であると判断し、秋田県選出の国民党代議士は揃って桂太郎が結成した立憲同志会に参加し、大正末期まで強い団結力を誇った。ここには、犬養という個人の努力によって蒔かれた種がその後成長し、さらにそれが犬養という個人の手から離れ、県の政党支部という組織として自主的に動き始める姿が見られる。

東北地方は明治維新の際には「賊軍」となった地域が多く、戦場ともなった。そして、特に一八三〇年代の天保の大飢饉以来その復興に苦しみつづけ、明治期に入っても東北の振興は大きな課題の一つであった。また、第一節2でみたように、東北では比較的貧富の差が大きかった。これらがどのような関係にあるのか、ここで断定できないが、とにかく、東北には改進党系政党が入り込みやすい条件があったのであろう。これらのことから、次のようなことが考えられる。自由党系は早くから全国各地の勢力が寄り集まっていたが、一方の改進党系政党は大隈重信が執念をもって追求した二大政党論を旗印に、高田早苗、犬養毅、尾崎行雄、島田三郎、加藤政之助らの政治および言論に跨る精力的活動に支えられていた(17)。当初は東日本で勢力を扶植することに成功し、第一一回総選挙の頃から西日本にも広がり政友会に対抗し得る全国的政党に成長していったのであった。そして、昭和初期には政友会と全く対等な立場になるのだが、この過程は前節でみたような東日本に多かったB型の全国化でもあった。以前は、改進党系政党は都市型政党であり、政友会は農村部を地盤にした政党であるというイメージが強かったが、この時期に限っていえば改進党系政党は決して都市部だけに強かった訳ではなく、むしろ極端な言い方をすれば東日本政党であったということになる。

次に、C型についてであるが、図I―2―4のように、大選挙区時代全般でみればC型は少ないが、現在の我々からすれば、このC型が通常のように感じるであろう。有権者の増大、都市化の進行、そして政治的価値の多様化などによって、実際に現在の多くの市郡区はこれに含まれる。しかし、図I―2―5を見る限り必ずしもそうとはいえない。宮城・山形・千葉・山梨県など一応東日本に多いが、特に共通する特徴は現在のところ見当たらない。この中でC型の割合が最も多いのは宮城県であるが、宮城県の場合は二大政党以外に帝国党系の勢力が強いこと、一郡内にしばしば同政党の二人の候補者が票を取り合っていること、が原因となっているようである。この点については、今後の課題としたい。

しかし、図I―2―6の時期になると一つの特徴が出てくる。それは、それまでA型が多かった大阪府・京都府・愛知県など大都市圏近郊の郡部にC型が多くなったことである。実は、図I―2―6には出てこないが、東京府・神奈川県などもその傾向が出てきた。数字的にいえば、その五府県を併せた第一〇回までのC型の比率は一一％であったのが、第一一回以降では四七％に上昇する。これは、全国平均よりも下回っていた数字から、大幅に上回る数字となった。そして、この時期郡部全体ではC型は一五・七％から二四・四％へ八・七ポイント上昇しているが、このうち四・八ポイントと半分以上はこの五府県が原因となっていた。したがって、図I―2―4でA型が徐々に減少し、逆にC型が増加している原因の多くはここにあった。とすれば、政治的な観点からいえば、東京、大阪、名古屋（これら大都市内部では後述のようにC型が多い）という大都市に限ったことであるが、それまで都市と郡部の間に存在していた壁を越えて、都市というものが日露戦後しだいに周辺にあふれ出てきたといえよう。ちなみに、C型の増加に関しては特に有力な第三党が出現したなどの影響はほとんど見えず、既成政党候補者同士の市郡区内での票の取合いが原因になっているることが多いようである。

以上、それぞれのタイプについてみてきたが、当然のことながら、これらのことは全体的な傾向として言えることであって、一つひとつの郡を個別に取り上げてみれば、各選挙ごとでそれぞれ独自の動態をみせている。ちなみに、A・B・C各分類にしたがってみていけば、大選挙区時代を通して、型にほとんど変化が無かった郡、二つの型が混在している郡、三つの型すべてを含んでいる郡は、それぞれ三分の一ずつであった。つまり、多くの郡でそれぞれ独自の事情によって無風選挙区になったり、激しい競合となったりしていた。また、これは印象でしかないが、全国的な争点が一つの重要な要素となる現在の総選挙よりも、戦前期の選挙の方がより地域の事情が反映していたように思われる。したがって、今後さらに各地域に即して研究を積み重ねていかなくてはならないであろう。

3　都市部の動向

一票の公平性を重視する現在では考えられないことであるが、前述のように都市部は独立した選挙区として優遇されていた。都市とは、現在では逆転している事例も良く見かけられるが、当時は「都市を総国民の力で支持していこうということは、最初からの約束であったと言ってよい(18)」というように、周辺の農村に支えられた人工的な存在であった。すなわち、人的にも産業的にも農村があって初めて成り立ち得たのである。と同時に近世史の都市研究でも明らかなように、両者の間には江戸時代以来行政的にも社会・経済的にも高い壁があったようである。このことはこの時期になっても、後述のように選挙で明瞭な差となって現れていた。したがって、選挙区としての都市部の独立は、一方で近代化産業化のために都市を意識的に育てようとしたのは確かであるが、また実態として周辺の郡部との境界が明確であり、特に地方都市の場合は市自体が一つの「政治的地域圏」を形成しており、それ故に分離したという実際的な面もあったと考えられる。

さて、前述したように、人口三万人を少し越える程度の多かった県庁所在地クラスの地方都市は、郡部や大都市と比較して非常に議員定数の面で有利であった。しかも、有権者数ではなく人口で計算されるため、当時の納税資格である直接国税一〇円以上からすると、都市にはこれを満たす者はいわゆる大商人しかおらず、したがって代議士は非常に数少ない有権者から選ばれていた。ここで、議員を二名以上選出できる大都市（東京・横浜・名古屋・京都・大阪・神戸）、一名を選出する地方都市、郡部について、それぞれの有権者数を議員定員で割った数字を掲げておこう（表I－2－7）。[19]

表I-2-7　地域別の議員1人当りの有権者数

	大都市	地方都市	郡　部
第7回	1586	622	2982
第8回	1521	608	2909
第9回	1523	561	2276
第10回	3096	1310	4754
第11回	3732	1444	4355
第12回	4224	1569	4522
第13回	3615	1384	4526

表I-2-8　市部におけるA・B・C各類型の割合

	大都市			地方都市		
	A型	B型	C型	A型	B型	C型
前期（第7回～10回）	19%	17%	64%	36%	63%	2%
後期（第11回～13回）	0%	4%	96%	20%	73%	7%

つまり、第七回総選挙の時点での一票の重みという点では、地方都市と郡部では平均で四・八倍、大都市と郡部でも二倍近くの格差があった。もっとも、日露戦後から日本資本主義経済の発達を背景に税金納税額が多くなり、その結果納税資格をクリアして有権者になる人間が増加したため、第一〇回ではどれも二倍以上となり、特に大都市の数字は郡部に近づいていったが、それでも地方都市と郡部では相当な開きがあった。

次に、A・B・Cの分類に従ってみていこう。最初に大都市、地方都市に分けて、第一〇回までと第一一回以降の期間のそれぞれのタイプの数を算出したのが表I－2－8である。

表Ⅰ-2-9　地方都市選挙区における二候補者対立の類型

	二大政党対立型	二大政党内同士打ち型	その他
第7回	9%	15%	76%
第8回	12%	6%	82%
第9回	7%	7%	86%
第10回	3%	10%	87%
第11回	23%	14%	63%
第12回	28%	3%	69%
第13回	43%	3%	54%

表Ⅰ-2-10　二大政党の地域別議席獲得率

	政友会		改進党系政党	
	都市部	郡部	都市部	郡部
第7回	40%	54%	16%	27%
第8回	34%	50%	13%	25%
第9回	27%	38%	16%	26%
第10回	36%	53%	5%	22%
第11回	49%	56%	14%	28%
第12回	10%	36%	40%	40%
第13回	35%	46%	25%	34%

ここで明らかなように、同じ都市部といっても大都市と地方都市ではその数字に大きな差がある。それは、地域政治社会としての質的な差でもあろう。以下、両者を分けて考えてみる。

大都市であるが、C型が多いのは一目瞭然である。前期ではまだそうでもなかったが、後期に入ってからは極端にその傾向が強くなった。ところで、東京市は例えば第七回では有権者数が一万六〇〇〇人程度で定数が一一名であったが、この数字は他県の郡部とほとんど同じである。そして、東京市の区の数も他県の郡数と大きな差はない。つまり、規模的には大選挙区郡部に近いのである。にもかかわらず東京市の大部分はC型であり、郡部にC型が少ないということは規模の問題などではなく地域性の問題と考えざるを得ない。とりあえず考えられることは、大都市部では郡部と異なって確固たる伝統的な地方名望家秩序がない以上、選挙戦は選挙区全般の不特定多数に向かって行わざるを得なかったのではないかということである。もちろん、都市でも商人同士であれば経済的利害関係が生まれ人的ネットワークも存在したが、それが伝統的な農村とは異なっていたために票に結びつくことは無かったということになろう。とすれば、選挙区全体に及ぶ知名度とセンセーショナルな言論戦が重視されたものと思われる。この意味では、府県大の知名の士を選抜するという大選挙区制度本来の目的は、この大都市において実現していたこととなる。逆にいえば、大選挙区制度は大都市を理想として考案されたということになろう。

一方、地方都市であるが、ここでは一貫してB型が多いのが目立つ。これは郡部を含めた数字よりもやはりかなり高い値になっている。つまり、地方都市では少ない有権者の中で、二人の候補がしのぎを削っていたのであり、これこそが地方都市の大きな特徴であった。その二人の候補の対立の内容であるが、前に倣って二候補の所属政党で分類してみた（表Ⅰ−2−9）。

ここでも郡部と同じく第一一回以降、二大政党対立型が増加し「その他」が減少していくのであるが、数字そのものを比較してみると、郡部より二大政党対立型が少なく、「その他」が多いことに気がつく。つまり、第一一回から二大政党が都市部に浸透し始めてきたのであるが、それは郡部と比すればいまだ政党化は遅れていたということになる。じつは、二大政党が都市に弱いということは、大都市も含めていえることであった。表Ⅰ−2−10の数字は、二大政党が都市独立選挙区および郡部のそれぞれの全議席の中でどれだけの議席を獲得したかを示すものである。

どちらの政党も、第一二回の大隈内閣下での選挙における同志会以外は、郡部と比較して著しく都市部で弱いことが分かろう。改進党系政党が都市部に強いというイメージは、明治前期のイメージと昭和初期のそれとを単純に結び付けたものであるのかもしれない。中央志向の強い近代日本では、中央から地方へ様々なものが伝播していくが、その際の窓口になるのがこの地方都市であった。この点は、また第Ⅰ部第三章第二節「山県有朋と三党鼎立論の実相」で触れることにしたい。

4　大選挙区制度時代の特徴

最後に簡単に、大選挙区そのものの制度的特徴を改めてまとめておきたい。前述のように、この時期には都市ではそれぞれの都市で、また郡部では二〜三の郡で、一候補が選挙活動をするのに適当な地域規模である一つの「政治的地域圏」を形成していた。その規模は交通や歴史的地理的条件、候補の影響力の広がり具合、その他諸々の要素によって時間とともに変化するが、当時はともかくもそのような「政治的地域圏」が緩やかではあるが、独立するような形で全国に存在していた。そして、実質上はその「政治的地域圏」から一名ないし二名の候補を選ぶという方法が採られた。とすれば、この時期の大選挙区制度の下では制度設計者の意図はともかく、選挙は実質上「政治的地域圏」を基礎に行われており、しかも「政治的地域圏」は人口や有権者数ではなく、地域的な意味で対等の存在であった。これが第一の特徴である。

また、特に定員の多くを占める郡部についてであるが、当時の「政治的地域圏」とは規模的には実際上小選挙区であった。では、それに従って厳密に小選挙区にしたらどうであっただろうか。実際にそれを行ったのが原内閣の一九一九年の選挙法改正であった。その結果は、B型の急増であり、地域対立の激化であった。とすれば、逆に「政治的地域圏」の緩やかな結合体である大選挙区制度には良くも悪くも、そのような先鋭的な対立を吸収する機能があったと考えられる。例えば、小選挙区ならば対立候補者よりも一票でも多く獲得すれば当選するが、大選挙区の場合は一方の候補者が他地域の同政党の候補者から票を廻してもらい、それを上乗せすれば逆転することになる。したがって、当選を期して独自に立候補することはある意味では大変に困難であり、政党も全員の当選を期して候補者数を絞っていた。つまり、制度としては柔軟であり概ね安定的であったが、大きな変化が現れにくく、いささかダイナミズムに欠けるというのが第二の特徴であった。

第三の特徴は、第二のそれとも関係するのであるが、県の党組織が大きな意味を持ったということである。小選挙区あるいは中選挙区の場合は、候補者個人の集票能力（例えば現在の個人後援会のような形で）が大きな影響力を持つが、大選挙区の場合は党支部による調整が重要であった。したがって、政党所属候補者の当選者数などとは別の意味で、党組織の充実を促したものと推測される。このような意味で政党化がこの時期展開したのであろう。「世界に類例稀れな選挙方法」[20]といわれる大選挙区制度は、以上のような特徴を持っていたのであった。

おわりに――近代における三つの波動――

以上、本章では市郡区を単位としてその地域の候補者への票の集中の度合いを軸に仮説を検証してきたが、この結果、近代日本において次のような三つの波動があったことが検出された。

第一は、本章ではA型と表現してきたが、明治初期から西日本特に西南雄藩を中心にして、その後明治小選挙区時代を通じて全国化していった波である。地域の「大同団結」を主張するこの「西日本」型は、おそらく挙村一致から、さらに村という枠を越えて郡を単位とする連合を可能にした。この背景には、西日本の社会の特質、そしておそらく明治維新をも貫いたイデオロギーが存在していたものと思われる。そして、これによって近代での地域社会が形成され、政党の基礎も充実し国民国家の形成に寄与したのではないであろうか。

第二の波は、明治小選挙区時代後期から大選挙区時代に、そして昭和初期に全面開花した、東日本から西日本へと広まった「東日本」型（二大政党と結びついた形でのB型）である。東日本の場合、維新での敗者であり明治政府から排除された地域も多かった。そのためこの地域では、地域の「大同団結」を固めそれを一つひとつ積み上げるよりも、各地域がなるべく早く独自に中央とのパイプを形成することがより重視されたのではないかと想像される。なかでも改進党系政党は、そのような東日本で精力的に活動していた。これはさらに、政党が県あるいは全国的レベルで組織を充実させるのに好都合な大選挙区制度と相まって、この時期の大きな波動となったのであろう。

第三は、大都市内部では早くからそうであったが、日露戦後それが周辺郡部に及び、さらに昭和期には全国化していった「大都市」型（C型）である。これには二つの要因があるように思われる。一つは、農村部においては郡というものの意味が減少して町村単位での集票が一般化したことであろう。そしてもう一つは、農村部・都市部を通じて地方名望家秩序が衰退し、普選が採用されたことと相まって、既成政党にも非既成政党にも流れる可能性を持つ無党派票が大量に発生したことであろう。そして、既成政党候補者は個人後援会を組織し、それに対応しようとしたのである。

注

（1）「M＋1」の法則はSteven R・Reedが提唱したもので、戦後日本の中選挙区制度によく適合することが知られている。

（2）このように、候補者への票の集中度合を分析しようという発想は、常日頃から示唆を受けていた山室建徳氏の指摘と、『新編埼玉県史　通史編6』（埼玉県、一九八九年）中の大西比呂志氏執筆分が参考となった。

（3）鳥海靖「帝国議会開設に至る「民党」の形成」（『歴史学研究報告』一〇〈『東京大学教養学部人文科学科紀要』二八〉、一九六三年）、同「初期議会における自由党の構造と機能」（『歴史学研究』二五五、一九六一年）、伊藤隆「明治十七―二十三年の立憲改進党」（東京大学社会科学研究所編『社会科学の基本問題』下巻、一九六三年）。

（4）前掲注（3）伊藤隆「明治十七―二十三年の立憲改進党」、六四三頁。

（5）政戦記録史刊行会編刊『大日本政戦記録史』（一九三〇年）。なお、第六回総選挙では自由党系と改進党系は憲政党に合同しているが、同書によって区分した。

（6）坂野潤治『明治憲法体制の確立』（東京大学出版会、一九七一年）、前田亮介『全国政治の始動』（東京大学出版会、二〇一六年）。

（7）長野県については、長野県編『長野県史　近代史料編三（二）』（長野県史刊行会、一九八七年）、八八六～八八七頁、奈良県については「奈良県行政文書」中の「衆議院議員選挙一件」（奈良県庁所蔵）参照。これについては、村瀬信一「議員選挙の導入と変容」（『年報・近代日本研究一四　明治維新の革新と連続』山川出版社、一九九二年）に紹介されている。なお、この他に植山淳

『川崎警察署文書』をめぐって」（京浜歴史科学研究会『京浜歴科研年報』四、一九九〇年）、国立史料館所蔵「依田家文書」、鎌田共済会郷土博物館所蔵「鎌田勝太郎関係文書」なども参考になる。

（8）戦前期の個人後援会については、手塚雄太『近現代日本における政党支持基盤の形成と変容』（ミネルヴァ書房、二〇一七年）参照。

（9）川人貞史『日本の政党政治　一八九〇―一九三七年』（東京大学出版会、一九九二年）、山室建徳「昭和戦前期総選挙の二つの見方」（『日本歴史』五四四、一九九三年）。

（10）大霞会編『内務省史』第二巻（復刻原書房、一九八〇年）による。

（11）三谷太一郎氏も述べているように、逆に政党は官僚が持っている郡の威力をおそれた。三谷太一郎『日本政党政治の形成』（東京大学出版会、一九六七年）参照。

（12）詳しくは、宮地正人『日露戦後政治史の研究』（東京大学出版会、一九七三年）、三浦茂一「〝日本三大模範村〟の成立事情」（『歴史手帖』六―二、一九七八年）を参照されたい。

（13）村松岐夫・伊藤光利『地方議員の研究』（日本経済新聞社、一九八六年）参照。

（14）『衆議院委員会議録』大正編第二〇巻（臨川書店、一九八三年）、四九〇頁。

（15）しかし、県支部の推薦で党が有名な人士をその地域に推薦し、当選を図るということも行われていたようである。また、その県では非主流の政党に属する人物が全県から票を集める場合もあった。

（16）五百旗頭薫『大隈重信と政党政治』（東京大学出版会、二〇〇三年）、久野洋『近代日本政治と犬養毅』（吉川弘文館、二〇二一年）。

（17）前掲注（16）五百旗頭薫『大隈重信と政党政治』。

（18）柳田国男『明治大正史　世相篇』（講談社学術文庫、講談社、一九七六年）上巻、一八九頁。

（19）なお、一八九六年に都市部に納税者の多い営業税を地方税から国税に移し、都市部の有権者を増やそうとした。

（20）河村又介「明治時代に於ける選挙法の理論及び制度の発達（三）」（『国家学会雑誌』五七―一二）。

第三章　代議士と政党に関する考察

はじめに

本章で取り扱うのは、明治大正期において選出された代議士の質と、その彼らによって構成される政党の構造や機能である。第Ⅰ部第一章では選挙制度そのものがどのような意図で制度化され、どのような代議士が選出されることを期待していたのかを分析し、第二章ではそれに対して地域の側がどのように反応したのかを考察した。ここでは、そのような形で選出された代議士たちが実際にどのような社会的階層の人物であったのか、そしてそのような人物たちで構成された当時の政党が、政治や社会においてどのような機能を持っていたのかを考えてみたい。

第一節では、おもに大選挙区制度が採用された一九〇二年から一九一七年を対象に、立憲政友会と憲政本党→国民党→立憲同志会→憲政会という改進党系政党の組織構造を検討する。職業や地域との関係を軸にどのような人物が代議士として選出され、政党は当時においてどのような組織原理をもって機能していたのかであり、制度的研究ではないことを予め断っておく。

この時期の代議士および政党に関しては、「地方名望家政党」というイメージが最も一般的であろう。しかし、筆者にはそれが全面的には妥当なものと思われない。その違和感を感じる第一の点は、升味準之輔氏が『日本政党史論』[1]で指摘する、明治期では主流であった地方名望家である「地方的人種」がしだいに「中央的人種」に替わられていくという見方である。確かにその通りで、江戸時代以来の伝統的な地方名望家は、明治社会の中核となっていわゆる地方名望家秩序を形成し、同時に代議士の多くも彼らから選出された。しかし、第一次世界大戦（一九一四～一八年）頃から近代教育の浸透、産業構造の変化などによって地方名望家秩序は急速に衰退していくが、それ以前でも「中央的人種」がしだいに多くなっていた。升味氏はそれを中央への造山運動と表現したが、ここで注意すべきことは、「中央的人種」と「地方的人種」を二項対立的に捉えていることである。この点は、やはり「全国大の名望家」と「地方名望家」の区別を重視して議論を組み立てた三谷太一郎『日本政党政治の形成』[2]も同様である。これに対し本章は、この時期では両者が政党という組織において集団として有機的に連関しており、それ故に政党が地方と中央を結合する集団として有効に機能していたと考えている。

第二は、「名望家」という言葉から連想されるように、政党がおよそ「国民」「大衆」から分離した組織であり、そして政党がいつまでも「名望家」秩序との関係に固執したが故に、「名望家」自身の衰退とともに二大政党への信頼も薄らいでいくという見方である。これもその通りである。特にやはり第一次大戦頃から、大衆組織を持たない二大政党は「既成政党」と呼ばれ、言論界から多くの批判を受けていく。しかし、大衆的党員組織を持たないという点では現在に至るまで日本の多くの政党にも当てはまり、必ずしも大衆から支持されていないということではない。党員組織がなくとも、選挙ではしばしば熱狂が巻き起こってきた。例えば、明治期の新聞などをみれば、多少の誇張があるとはいえ、選挙運動や演説会に動員された人間の数は有権者数を遥かに上回っていた。このことは、単に厳密な意味での政党組織を想定していては政党を理解できないことを表している。また、既成政党の議席数をみると、両政党の最盛期は名望家秩序が衰退し普選が実施された直後の一九二〇年代後半であった。とすれば、「名望家政党」「既成政党」として「名望家」と二大政党とを一体化して考えるすぎることには無理があろう。そこで、本章では「名望家」の背後に存在し、しかも非有権者をも含めた意味での「地域」を想定し、それと政党との関連を考える。

第三は、「名望家政党」という場合、財産や教養をもつ名望家が主体的個人としてサロン的に寄り集まっているだけというイメージもあろうが、これにも賛成できない。第二次世界大戦後の自由民主党が、一方で個人後援会を持つ議員個人の寄り集まりであると同時に、族議員として全体が有機的に連動しているように、一九〇〇～一九一〇年頃の政党も「地域中央結合集団」として組織的有機的に行動していた。そして、松本洋幸『近代水道の政治史』(3)が水道を例に示したように、党組織を通じて集められた全国の地方利益を中央の政党が調整していたのである。次の史料は、当時の二大政党の一つである政友会を評したものである。

政友会は、政界の支那也。其の領域の茫漠たる、群雄の各省に割拠せる、外蕃の風雲を観望するものある、宛然之に似たらずや。然れども、更に深く内部に入りて之を踏査するに、善き意味に於て秩序整然たる軍隊組織也。新参の古参に屈従することも略相似たり。同会を一国の大に比すれば支那の如きも、集団の小に比すれば軍隊の如し。日比谷原頭の喇叭高く鳴りて、新兵陸続として入り来る。古兵一々手を執りて之を案内す。同会の代議士は、之を全国八個軍団の下に配属す。曰く九州、曰く中国、曰く四国、曰く近畿、曰く北信、曰く東海、曰く関東、曰く東北、即ち是れ。〔中略〕而して、此の八団体には、百戦を経て自ら其の地位に進める領袖あり。庸器なるも衆望の帰する古老あり。機智縦横の謀士あり、策士あり。三面六臂の怪物あり(4)。

第二節では、二大政党以外の代議士、政党について分析する。一九二五年以降の普選・中選挙区時代に入ると二大政党の寡占状態になるが、それ以前はいまだ一定数の二大政党以外の代議士が存在した。彼らの政治的立場をみた場合、二大政党よりも進歩的主張をなす者、藩閥に親和性を持つ者、全くの中立である者など多様であったが、興味深いことに一定の共通性もあった。ここでは、その中でも人数的に最も多かった藩閥に親和性を持つグループ、いわゆる吏党を中心にみていく。吏党といえば、「御用党」と呼ばれていたように、政党政治実現という点からはあまり好ましくない保守的勢力というイメージがあるが、その実態を探っていくと、むしろ政友会や改進党系政党を先取りするような性格も持っていた。

以上のように、本章では名望家政党、吏党という存在の従来とは異なるイメージを提出したい。

一　明治後期・大正期の「地域中央結合集団」としての政党

1　大選挙区時代における代議士と政党の特徴

はじめに、大選挙区時代の代議士に関する全体的な特徴を概観しておきたい。そこで、参考として二大政党の衆議院に占める議席の割合（図Ⅰ―3―1）、前議員・新人議員の割合（図Ⅰ―3―2）、及び競争倍率（図Ⅰ―3―3）をそれぞれ戦前期を通して図示したので、まずここから各時期の特徴をみていこう。

図Ⅰ―3―1の二大政党議席数であるが、全時期を通してみれば概ね三つの時期に分けられる。第一は第一回から一九一二年の第一一回総選挙までで、この時期は政友会優位ながら二大政党の増減がほぼ一致しており、したがって二大政党を合計した数は選挙ごとに激しく乱高下している。別の言い方をすれば、この時期は二大政党が吏党系、無所属あるいは非二大政党系民党派などその他の勢力に対して、共通の利害を持っていたのではないかと考えられる。つまり、明治期までは、二大政党は相互に対立を内包しつつも、外の敵に対しては共通性を持っていたということである。

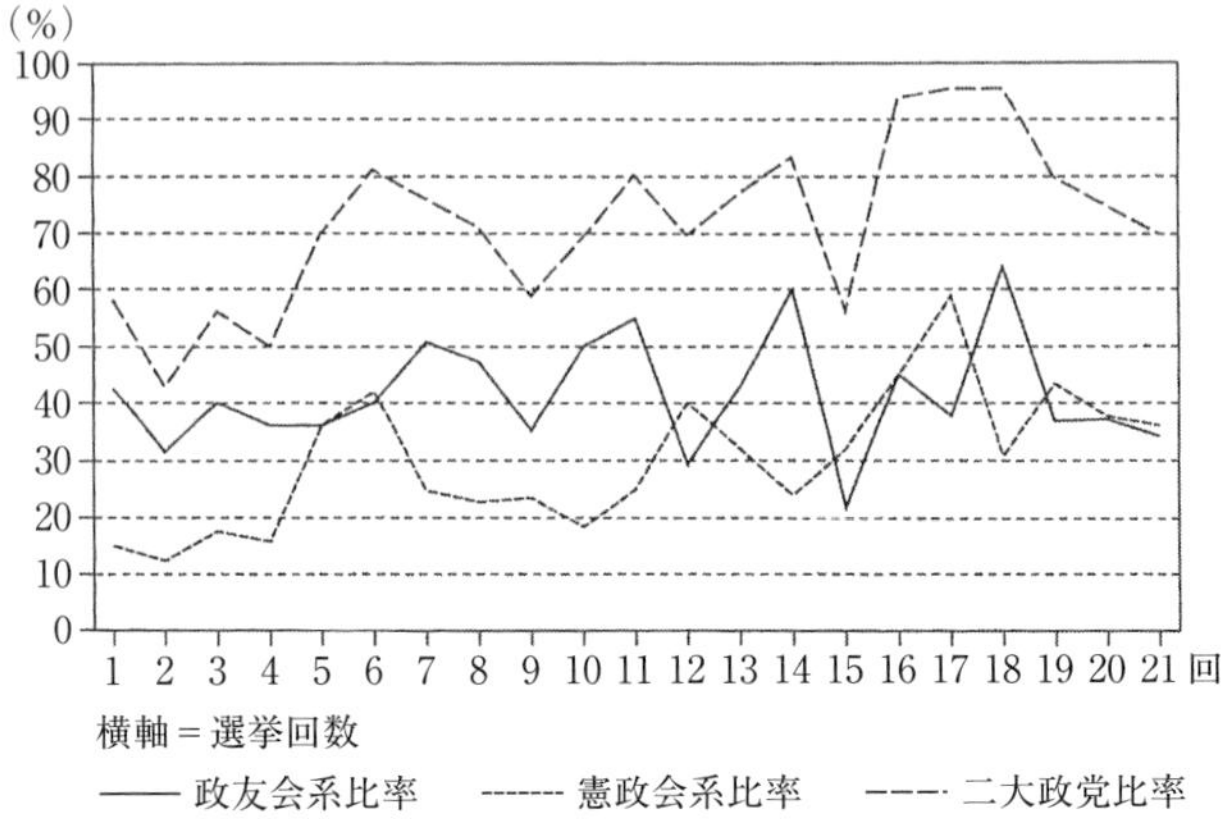

図 I-3-1　二大政党の議席獲得率
典拠：『衆議院議員総選挙一覧』

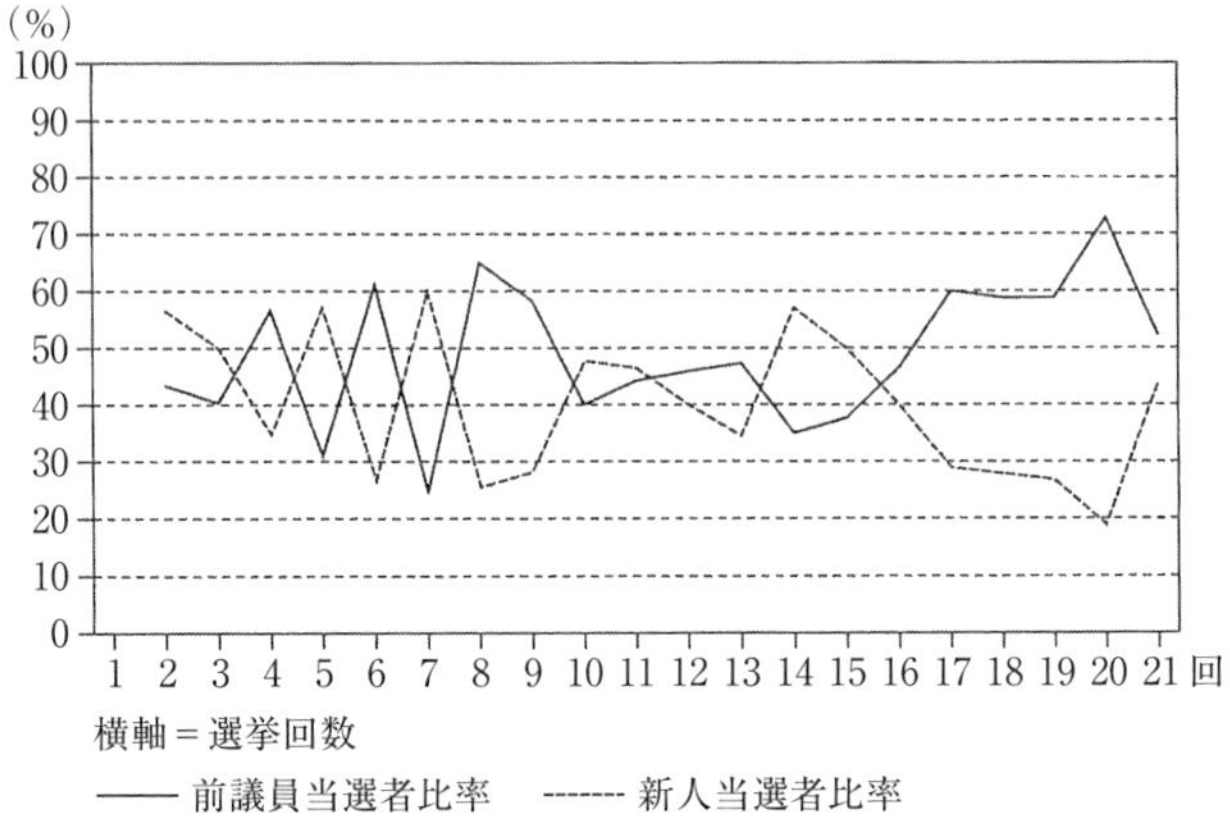

図 I-3-2　前議員・新人議員の比率
典拠：『衆議院議員総選挙一覧』

それに対して第一二回（一九一五年）から第一八回（一九三二年）総選挙までの第二期は、両政党が増減を相反しながらも、全体としてはともに議席を伸ばしている。なお、政友会および改進党系政党に、一九一三年に同志会から分裂した国民党および一九二四年に政友会から分裂した政友本党を合算した既成政党全体の数は、第一二回から第一八回までほぼ一直線に議席数を伸ばし、そして飽和状態に達している。このことは、互いに激しい政策論争を繰り広げながらも既成政党は全体として勢力を大きく伸ばしたということであり、実際に彼らの共同戦線は政界全体を巻き込んで拡大し、政治舞台の主役に躍り出たのである。

第三の時期は、第一九回（一九三六年）から第二一回（一九四二年）までで、これは両党ともほぼその勢力を減少させている。この時期は、既成政党批判の声が高まる中で政民連携（政友会と民政党の政治的提携）や政民合同など両党共同による軍部勢力への対抗が叫ばれており、選挙結果ばかりでなく政界でも両党の差異は薄れていた。この第三期は本章の関連も弱くまた短期間なので一応度外に置けば、この図I−3−1における最大の転換点は第一二回総選挙であったことが分かり、その前後では二大政党の関係、および両党の政治的位置に大きな相違があった。

次に、当選者の中での前議員と新人議員に関する図I−3−2をみていただきたい。これも大きく分ければ、三つの時期に区分することができる。最初の時期は概ね第九回（一九〇四年）までで、総選挙ごとに前議員と新人議員が入れ替わり、比率は激しい乱高下を繰り返している。つまりこの時期は、一名の代議士が三〜五年の期間に二回程度当選するというのが平均的な姿であった。このことは、前の選挙からの期間が短いか長いか（つまり期間が短ければ前議員が多くなる）、あるいは一名の名望家が経済的に堪えられる選挙の回数がほぼ二回ぐらいであった(5)、ということにも基因していようが、例えば第二次世界大戦後においても「（町村選挙において）農村部では地区推薦制を残している地域も少なくなく、議員は一種の交替制によって選出され、多くの場合二期程度で交替する。町村選挙では、三選目がもっとも困難であるといわれる(6)」といわれたように、三期以上になると地域の合意が得られないことも大きな要因になっていた。その主な要因は「名誉の配分」であり、地区持ち回り意識であったと考えられるが、おそらくこのような意識は戦前でも、否戦前の方がより強くあったと思われる。

したがって、この時期も前議員が落選するケースが他の時期に比べて多かったことを考え合わせると、一方で単に名誉のために一、二度当選を果たせば気が済み、後は他の候補者に禅譲した場合もあったであろうが、一方で地域の「交替制」という合意に背いて連続当選をしようとしたが果たせなかった（立候補できなかった）というケースも多々あったであろう。じつは、後に述べるようにこの時期でも連続当選する代議士は少数ながら存在した。その場合、当選者の大半は党の幹部であった。逆にいえば、連続して立候補するだけ資力があり、同時に「交替制」を覆すほどの地域からの支持があれば、それは狭き通路ではあったが、政治家として出世する可能性が強かったのである。

これに対して、第二の時期は第一〇回（一九〇八年）から第一六回（一九二八年）までで、ここでの特徴は小選挙区が採用された第一四回総選挙を除けば、ほぼ両者が安定しながら拮抗していることである。このことについて、表Ⅰ―3―1を見ていただきたい。この表は各総選挙での当選者が何回目であったかを表しているが、第七回総選挙で初当選した代議士がその後当選回数を延ばし、そしてそれに従って回数の数字が多くなっていることが分かろう。この中には安達謙蔵、原敬、木下謙次郎、西村丹治郎などが含まれている。ということは、おそらく第一〇回というよりも、この第七回総選挙から代議士選出に対する考え方が変化して連続当選を果たす者が増加し、そしてその際に当選した代議士たちがその後幹部への道を歩んだものと考えられる。また一方で、適度にかつ安定的に新人の補給も行われていた。

この二つが両立しえた理由は、大選挙区制度そのものにあったと思われる。第Ⅰ部第一章第二節「戦前の選挙区制度と期待される代議士像」で述べたように、この制度下では、郡部では政党県支部が県下の郡を数郡に分かち、それぞれを自党候補者に割り当てる協定選挙区制度が行われていた。そのため、政党県支部の発言権が強く、候補者選定においても強く関与していたと考えられる。またそのような県支部の内部には、徐々に当選回数の多いボス的存在の人物が登場するようになった。彼らは初期議会から当選を重ねていた者であったり、またこの第七回から連続当選する者であったりするが、とにかく全県下を掌握するような大物代議士群が出現した。そして、彼らは全県下の公認候補の選出、協定選挙区の割り当てに力を発揮すると同時に調整も行った。もちろん、彼らも県内各地域の意向を無視することはできず、むしろ地域の意向に沿って決定を行うのが普通であったが、地域間で対立を生じた場合などにはしばしば判定者としての影響力を行使しえたのである。

表Ⅰ-3-1　各総選挙における当選者の当選回数

総選挙＼当選回数	1回	2回	2回連続	3回	3回連続	4回	5回	6回以上	平均
第1回	300								1.00
第2回	168	132	132						1.44
第3回	147	87	54	68	68				1.74
第4回	103	92	71	68	35	39			2.14
第5回	172	35	15	39	28	35	20		1.99
第6回	78	112	97	30	11	31	33	18	2.61
第7回	229	36	13	36	14	20	21	34	2.17
第8回	93	149	130	37	9	27	21	48	2.78
第9回	106	71	38	94	76	26	20	62	3.15
第10回	181	51	28	34	17	48	17	48	2.75
第11回	175	83	59	31	13	21	27	44	2.66
第12回	146	96	61	49	30	22	15	52	2.78
第13回	131	82	51	62	31	36	15	55	3.08
第14回	263	53	37	42	21	29	22	55	2.62
第15回	235	107	88	35	15	26	16	47	2.48
第16回	194	116	92	62	44	31	25	41	2.60
第17回	134	122	93	92	66	46	23	49	2.88
第18回	129	80	45	95	66	71	41	50	3.16
第19回	122	97	63	59	26	66	55	67	3.33
第20回	84	94	77	78	44	57	52	101	3.77
第21回	204	47	35	48	42	48	30	89	3.08

この結果、彼らは県内の多くの代議士予備軍の不満が蓄積しない程度に自分以外の候補者を適度に交替させていたようである。それは、あたかも一九四二年第二一回翼賛選挙の時に、必ず一名の新人候補を翼賛会推薦候補にすることが義務づけられ、代議士の交替が促されたと同じような結果をもたらしたと思われる。もっとも、彼ら大物代議士も自分の当選を優先させて安定的に当選していた訳でもなかった。例えば、一九一五年大隈内閣での第一二回総選挙の際、同志会の有力者でのちに「選挙の神様」と呼ばれた安達謙蔵が落選している。また逆に、新人候補がいきなりトップ当選するケースもしばしばあった。これは、おそらく新人であるが故に、

より確実な地盤が与えられた結果であろう。このような方法であったため、この大選挙区制度の時期には、果てしなく連続当選をする全県的ボスの代議士、数回の総選挙を連続当選する中堅の代議士、そして新人代議士と三階層に分かれ、かつ階層的組織化が意図的に行われていたと考えられる。

第三の時期は、第一六回総選挙から第二〇回（一九三七年）総選挙までの時期で、ここでは明らかに前代議士が有利となり、新人代議士の数が減少する。この背景には代議士の質の変化、代議士個人と地盤の関係の変化があったのであるが、この点に付いては最後で触れる。

次に、図Ⅰ―3―3の競争倍率に移る。ただし、第一五回（一九二四年）総選挙までは立候補届出制ではなく、したがって所謂出馬をしていない人間にも票がわずかに入ったため、現在でいうところの厳密な意味の競争倍率ではないことを断っておく。さてこれによれば、まず小選挙区時代の第一回から第六回までは倍率が高いことが分かる。前述のように、この時期には前議員、新人が入り乱れて激しい選挙戦を繰り広げており当然であろう。のちの時代であれば、中央で成功し全国的知名度を得た官僚、軍人、学者、実業家などがすぐに党幹部になるケースがみられるが、この時期ではそのような全国的エリートは、自由民権運動期から全国的に名が通った少数の人物を除けばあまり存在しなかった。そのため、幹部になろうとすれば連続当選することで知名度を上げるのが最も適当な方法であった。したがって、政党は「壮士」を中心とした政治運動より選挙を重視するようになり、組織も「議員政党」(7)へと脱皮していくことになる。つまり、党幹部になろうとすれば、どうしても力ずくで連続当選を果たすことが必要となり、選挙戦もはげしくなったのである。これはまた、総選挙が地域的なエリートから全国的なエリートを選抜するという機能を持っていたことも意味している。

次の大選挙区時代の特徴は、立候補が簡単であったにもかかわらず、倍率が非常に低いということである。この原因は政党が非常に候補者を絞ったことによる。出馬は自由であるが、政党は公認候補(8)を選定し、前述のように各候補に協定選挙区を割り当てていた。このことを逆に候補の側からみれば、自分が他の自党候補と比較して著しく不利な選挙区しか与えられない場合や、或いは他党候補と比較して最低当選ラインを下回る票しか予測できない場合には、当然反旗を翻すことになり、場合によっては協定選挙区制度あるいは政党組織そのものを崩壊させることにつながりかねない。したがって、政党としても公認候補者数には慎重にならざるを得なかった。しかし、かといってあまりに慎重で現状維持的では党勢拡大につながらないため、政党としては自党勢力拡大および適度に党内の競争を活性化するために、「安全な候補者数プラス一候補」くらいを目途にしていた。前に紹介したように、M＋1である。このような方法であったために、政党の党勢拡大のペースは確実ではあるが、比較的緩やかであった。他方、非既成政党候補はそのような協定選挙区がない訳であり、したがって全県から万遍なく票を獲得する形でいくらでも出馬することが可能であった。しかし、実際には尾崎行雄のような全県的名望家は限られていた。つまり、大衆社会化が進んだ現在とは違って浮動票の数が少なく、それぞれ地域の人間は自分たちがよく知っている近隣の候補者に投票していたのである。おそらく、以上のような理由によって競争倍率が低かったと考えられる。

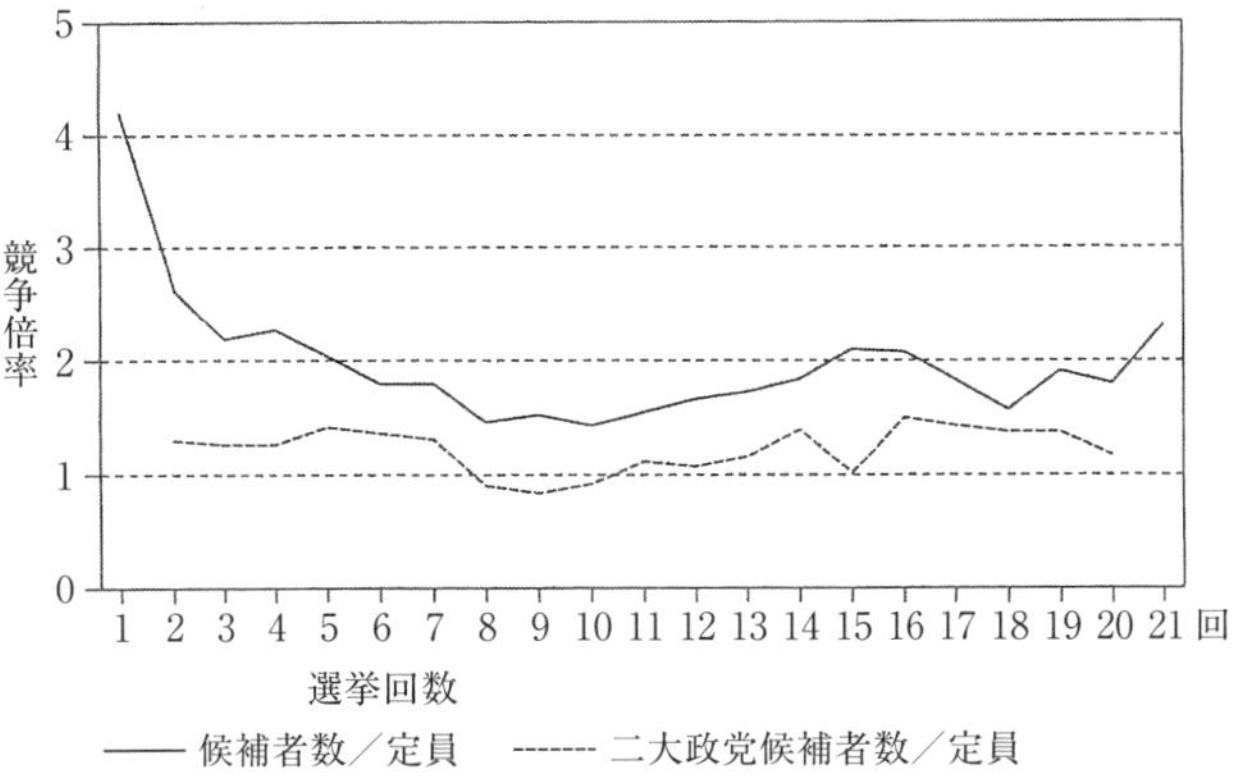

図 I-3-3　競争倍率

典拠：第１回　『大日本政戦記録史』
第２回以降　『近代日本政治史必携』
（遠山茂樹・安達淑子著，岩波書店，1961 年）

しかし、第一一回以降競争率は上昇し始める。しかも、子細にみれば既成政党系候補者数は上昇しているのに反し、非既成政党候補は逆に減少している。つまり、この上昇は偏に既成政党側の上昇によっている。それまでは、既成政党候補の公認候補者数は合計しても定員数に及ばなかったのが、この時期にはそれを追い越すことになる。このことは、既成政党がそれまで安全を第一として守勢であったのが、やや積極的攻勢に変化したことを表している。前述したように、議席獲得数でも既成政党はこの時期から相互に競い合いながら、全体として議席数を伸ばしていったが、このことと対応しているのであろう。

以上のように、大選挙区期は、一つには協定選挙区制度によって一定の特徴を持っていた。立候補者に対する統制を通して前議員・新人の割合および競争倍率などが比較的固定されていたのである。このことは、県を単位として政党が非常に組織的集団的に機能していたことを意味している。また他方では、政党にとって日露戦後期から大正初期にかけて戦前期での一大変化が起きていたことが分かる。つまり、一定の構造を保ちながらも大きな変化が起きていたのである。そこで、次にこの大選挙区時代の代議士の質を取り上げて、政党の構造の特徴と変化の様相についてももう少し詳細にみていこう。

2　代議士の質的変化

この点に関しては、升味準之輔『日本政党史論』という先駆的業績がある。そこでは府県会議員経験者の減少、および職業に関し農業従事者の減少、実業家・弁護士・新聞記者等の増加を実証し、そこから地方的要素に対して中央的要素が、農村的要素に対して実業的要素が増大し、中央が肥大したと結論づけている。筆者も、氏の指摘した「中央的人種」「地方的人種」という分類は大きな意味を持っていると考えている。しかし、升味氏が利用した史料を子細にみていくと、例えば職業欄では農業になっていても、その肩書きの中には会社重役も含まれるし、また弁護士、新聞記者が増大したとしても地方都市在住者も多いであろう。とすれば、すべてを「中央的人種」ということはできない。したがって、単なる職業的分類は「中央的人種」と「地方的人種」を識別する有効な指標にはならないように思われる。さらにいえば、そもそも職業を一つの基準にする事自体にも問題があるといわざるを得ない。なぜなら、当時の地域社会においては未だ地方エリート層の中では職業分化が十分に進んでおらず、一人の人間が地主、実業家、新聞社重役などを兼務することが多かったからである。それ故に、そのような人種を「名望家」として掌握したのであり、その彼らを職業的に分類することは些か矛盾したことになる。

そこで、本節では次のような作業を試みた。すなわち、『人事興信録』(9)から各代議士の現住所を割り出し、それと出生地、選挙区との関係を基にして分類するという方法である。筆者の印象でしかないが、『人事興信録』に記載された現住所は、実際にその代議士の主要な活動舞台を比較的忠実に反映していることが多いようである。例えば、後述するが、政党幹部の場合は選挙区こそ地元であるが、現住所は東京であるものがほとんどであった。つまり、彼らは幹部として党中央での活動、あるいは中央政府との交渉を主要任務としており、それ故に東京に住所を置いていたと思われる。一方、党の重要な役職に就かない「陣笠」的議員は現住所が出生地、選挙区と同一であることがほとんどであった。現在においては新幹線・飛行機という交通機関の発達に因って、東京および地元の両方を活動舞台にすることが可能であるが、当時ではそれが非常に困難であった。このように、活動拠点という観点から代議士の質を見ることにする。

具体的には、次のような分類を行った。その結果が表I−3−2である。

I型＝選挙区と出生地および住所がすべて同府県である者

Ⅱ型＝選挙区と住所は同府県だが出生地が他府県の者

Ⅲ型＝選挙区と出生地は同府県だが住所が他府県であり、かつ選挙区の府県でかつて県会議員等の政治上の公的な役職に就いたことのある者

Ⅳ型＝選挙区・住所・出生地の関係はⅢ型と同じであるが、公的役職の経験が無い者

Ⅴ型＝住所も出生地も選挙区とは異なる者

この分類は、地元選挙区と代議士の関係の深さに対応している。つまり、Ⅰ型は多くの場合、非常に地元に根付いた代議士であり、Ⅴ型は多くの場合、いわゆる純然たる輸入候補である。そして、Ⅰ型からⅤ型に近づくに従って輸入候補的な意味合いが強くなっていく。もし仮にここで、それまで地元政界との関係が薄く、かつ自らの主要な活動舞台が地元以外である代議士を輸入候補としておけば、概ねⅣ型及びⅤ型がそれにあたり、表Ⅰ-3-2のように、第七回総選挙では一七％、第一三回総選挙では三四％がそれに該当する。さて前述のように、この分類は単にそれだけではなく、当時の代議士の類型を表現するのにも適当である。そこで、これに従ってもう少し具体的に個別の代議士たちをみていこう。

Ⅰ型は前述のように「土着型」であり、特に言及の必要はないであろう。Ⅱ型は、他府県で生まれた者が何かの契機で別の土地に住み着き、そしてそこで名を挙げて代議士となった者である。この型で多いのは、東京、大阪、京都、名古屋など大都市を選挙区にしている者である。つまり、地方から大都市に出てきて成功し、代議士となったケースである。むしろ大都市ではそれが一般的であり、例えば法曹界の鳩山和夫、実業界の大橋新太郎、学者の小川郷太郎などが典型である。しかし、最も多いのはマスコミ出身者で、秋山定輔・三木武吉・古島一雄・小山松寿・頼母木桂吉・関直彦・鈴木梅四郎などが名を連ねる。彼らは都市一般大衆を背景に、言論によって徐々に党の主要な位置に登

表Ⅰ-3-2　選挙区と出生地・住所による代議士の類型

	第7回当選者		第13回当選者	
Ⅰ　型	246人	70％	165人	47％
Ⅱ　型	28	8	35	10
Ⅲ　型	21	6	33	9
Ⅳ　型	48	14	108	31
Ⅴ　型	10	3	12	3

っていく。いわば「大衆アピール」型政党政治家ということができよう。

次のⅢ型の場合は人数こそ少ないが、「党人派実力者」が多い。改進党系政党の加藤政之助、政友会の松田正久・長谷場純孝などである。彼らは、初期議会以前の県会時代から活躍し、その後連続的に当選して党のトップに立った人物たちで、東京に住所を持っている場合が多い。また、升味氏によれば、第七回総選挙では二二七名の府県会議員経験者がいたが、第一三回では一四一名に減少している。これに対し、表Ⅰ-3-2によれば、このように地方議会経験者でありながら東京等に移住している代議士であるⅢ型が増加している。つまり、府県会議員経験者と一言でいっても、その質は変化していたのである。

さて、Ⅳ型は少し複雑である。このタイプも大都市に住所を持っている場合が多いが、東京に住所を持つことの意味に関しては後述することにして、このタイプをさらにいくつかにグルーピングすれば、原敬・床次竹二郎など高級官僚から政党に入党した「官僚出身型」政治家たち、中橋徳五郎・山本悌二郎・町田忠治のように東京や大阪の財界で成功した「大都市実業家型」代議士たち、植原悦二郎・島田俊雄・斎藤隆夫など高い学歴を持ち政治的野心も十分に備えた「少壮党人派」たち、などが典型的な存在である。彼らは、中央での官界、実業界、学界などで名を成し、郷里から立候補した。特に少壮党人派たちであるが、彼らは、それまでの党人派代議士の多くが地方議員経験のあるⅢ型であったのに対し、そのようなコースを辿らず直接に代議士となり、その後の政党を担っていくことになる。この他に、平岡浩太郎・木下謙次郎・秋田清・望月小太郎・松本剛吉など政党人ではあるが、その政治的交際範囲は広く、非政党政治家などとも関係を持ち、しばしば政治的陰謀をなす「策士型」の人物が多いこともこのタイプの特徴である。

最後のⅤ型の「輸入型」代議士は数こそ少ないが、加藤高明・大石正巳・高田早苗など全国的な知名度を持った人物たちで、地方から出てきて大都市で活躍し、その知名度の故に別の地域から立候補をしても当選することができたのであった。

以上のように分類した訳であるが、この結果から東京など大都市に現住所を持っているということ自体に重要な意味があるように思われる。そこで、今度は単に選挙区と現住所のみの関係を探ってみたい。そして、そこから時間的変化および各県での分布状況を調べた。いささか煩雑となるが、特徴が比較的明確に出るので、再び次のような分類を行った。

ⅰ型＝選挙区と住所が同じ地域内の者
ⅱ型＝郡部選出ながら住所が同じ県内の市域である者
ⅲ型＝市部選出であるが、住所は同じ県内の郡部である者
ⅳ型＝東京在住ながら選挙区は他府県である者
ⅴ型＝選挙区と住所が異なり、かつ東京在住でない者

この分類に従い、第七回及び第一三回総選挙当選の代議士を各県別に示したのが表Ⅰ－3－3である。まず第七回の方からみていけば、まだ七割は自分の選挙区と住所が同じⅰ型であった。これを「地元型」議員としておこう。これに対して、約二割が選挙区は他府県だが住所は東京といういわば「中央型」議員であるⅳ型がいる。この両者を比較した場合、最も顕著な相違は当選回数にある。「地元型」のこの時点での平均当選回数は一・九回であるが、これに対して「中央型」の場合は三・三回となっている。それだけそれ以前の明治小選挙区時代から連続して当選している人間が多いのである。

また、この表で分かるとおり、半分近くの府県で一人ずつの割合で「中央型」の議員が存在した。しかも、その大

表 I-3-3　府県別の代議士の類型

	第7回総選挙						第13回総選挙				
	ⅰ型	ⅱ型	ⅲ型	ⅳ型	ⅴ型		ⅰ型	ⅱ型	ⅲ型	ⅳ型	ⅴ型
北海道	3					北海道	3	1		1	
青　森	5			1		青　森	4			1	
岩　手	4			1		岩　手	2	1		1	1
宮　城	3	2		1	1	宮　城	2			2	
秋　田	5			1		秋　田	4			3	
山　形	4	3		1		山　形	2	1		5	
福　島	5			4		福　島	5			4	
茨　城	5	1		4		茨　城	3			6	
栃　木	4			1	1	栃　木	4			2	
群　馬	4			3		群　馬	5			2	
埼　玉	5			3		埼　玉	3			4	
千　葉	8	1		1		千　葉	2			8	
東　京	14					東　京	16				
神奈川	6			1		神奈川	4	2		2	
山　梨	2			2		山　梨	2			3	
新　潟	12			2		新　潟	6	3		5	
長　野	4	1		5		長　野	4	1		5	
富　山	7					富　山	3	1		2	1
石　川	6					石　川	2			4	
福　井	3			1		福　井	3	1			1
岐　阜	5			2		岐　阜	2	1		2	1
静　岡	8		1	1		静　岡	3			6	
愛　知	11			2		愛　知	6	3		1	1
三　重	4			4	1	三　重	5			4	
滋　賀	6					滋　賀	3	1		1	1
京　都	5	2		1		京　都	6	1			1
大　阪	11					大　阪	7	3		1	1
兵　庫	7	1		5		兵　庫	6	1		5	
奈　良	3	1			1	奈　良	2	1			
和歌山	5			1		和歌山				5	1
鳥　取	3			1		鳥　取	2				1
島　根	4		1	1	1	島　根	5			1	
岡　山	3	3		2		岡　山	5	1		2	
広　島	5	2		4		広　島	3	3		4	2
山　口	4			2	1	山　口	3			5	
徳　島	6					徳　島	2			2	
香　川	5			1		香　川	4			3	
愛　媛	1	2	1	3		愛　媛				8	
高　知	2			4		高　知				5	1
福　岡	10			1	3	福　岡	11	1		2	
佐　賀	3		1	1	1	佐　賀	3			2	
長　崎	8					長　崎	2	2		2	2
熊　本	6	1		1		熊　本	1	2		3	
大　分	2			4		大　分				6	
宮　崎	3					宮　崎	1			1	1
鹿児島	6			1		鹿児島	7			2	
						沖　縄	1				

半は党の幹部となっている大物の議員が多い。すなわち、彼らこそが前項でみた小選挙区制度の下で連続当選を果たし、そして地方的エリートから全国的エリートへと成長した政党政治家たちであった。一般に選挙区制度が変更されると、前代議士が再選されることは多少困難になるのであるが、彼らはそれをも乗り越え得るほどに力をつけていたのである。そして、彼らはほぼ一府県に一人位の割合で存在し、その他の代議士は地元に居住していた。とすれば、当時の政党の実態は各府県からごく少数選抜された「中央型」代議士が党の指導、運営に当たり、多くの「地元型」代議士が地元でそれに呼応した動きをしていたと考えられる。もっとも、大きな政党は二つであり、さらに二大政党に入党していない人物もこのⅳ型には含まれるので、実際に一つの政党に限って単純にいえば、このような「中央型」代議士を輩出できるのは半分以下の県であった。

数字的にいえば、政友会では二四府県に三三名の、憲政本党では一三県に一九名の「中央型」代議士が存在した。とすれば、逆にそのような代議士を輩出できない県は近県の「中央型」代議士に指導を仰ぐことになったであろう。その意味で、例えばこの時期の東北派とか、北陸派という地方団体は、それなりに存在意義を持っていた。但し、この事は大選挙区期の特徴というよりも、おそらくそれ以前の時代の特徴という方が正確かもしれない。

次に第一三回に目を移せば、「地元型」が約五割に減少し「中央型」は約四割近くに増加している。また、同じ県内でも市部に住みながら郡部から当選している代議士の数が増加している。第七回では、逆に郡部に住みながら市部で当選している人間もいたことを考えれば、都市在住者の比重が高まったことは確実である。「地元型」「中央型」という観点からいえば、ここでも当選回数に差が生じており、前者が二・五回、後者が四・一回となっている。そして、各府県で概ね二名以上が中央に出向していることが分かる。政党別にみれば、政友会では三二府県に六六名の、憲政会では二六府県に三九名の「中央型」代議士が存在していた。もちろん、両政党ともに勢力が強い府県と弱い府県があり全国一律ではなかったが、単純にいえば、各政党でおよそ全国の三分の二の府県に一名あるいはそれ以上の「中央型」議員を輩出していたことになる。

以上のようにこの時期は、「中央型」がほぼ「地元型」に拮抗する位にまで増加したのであり、しかもそれが多くの府県において同様の傾向にあった。これこそが、升味氏のいう中央的要素の拡大といえよう。

では、これら「中央型」の増加が党の組織に如何なる影響を与えたのであろうか。次に、府県単位でこの両タイプの関係を簡単に考えてみよう。筆者達が調査した中に秋田県選出の改進党系政党所属議員の町田忠治という代議士がいる(10)。彼は、秋田県出身ながら大阪、東京の財界で活躍し、山口銀行や三菱財閥など中央財界との関係が深かった。彼は東京に在住し党務に携わって、後には民政党総裁になるのであるが、その一方で秋田県選出改進党系政党代議士とともに、秋田県での産業発展にも尽力しており、その役割は秋田での会社設立の際に中央財閥から資金を引き出すことであった。また、福岡県選出の政友会代議士野田卯太郎も東京に在住することが多く、やはり幹事長など党務に励むとともに、地元福岡を中心に様々な地域の陳情を政府や三井財閥等に取り次いでいた(11)。このように「中央型」代議士は、東京で党務に携わったり議会で重要な活動をしたりする一方で、地元あるいは他地方からの陳情の窓口となり、中央と地方の橋渡し役となっていた。逆に言えば、東京に在住しなければ党の中で出世できなかった。つまり、若手議員が党の中で昇進しようとすれば、どうしても東京に家をもち党本部に詰めて党務の雑用をこなすなど、顔を売らなければならなかった。また、東京で実業に従事している人間であれば、党以外の官僚や政治家をしばしば訪問し顔を売ることができる。

しかし、彼らが中央で活動するには選挙において安定的に当選しなくてはならない。にも関わらず、彼らが地元に居る時間は限定されていた。したがって、彼らの選挙地盤の面倒を見る人間が必要である。そこで活躍するのが「地元型」議員である。彼らの多くは逆に東京には議会でしか行かないことが多いが、地元の政界には通じ地元の利益に強い関心を持っていた。また府県会議員経験者が多いのもこのタイプである。そして、地元に強い影響力を持つ彼らが「中央型」議員の地盤の確保に努めていた。もっとも、単に彼ら「地元型」だけが選挙戦を戦った訳ではなく、「中央型」候補者が提供する実際的な利益や様々な意味でのカリスマ性を利用したが、この点に関しては次項で触れる。

以上のように、確かに「中央型」議員の増加は「地方」にとって「中央」がさらに重要となってきた証拠である。それに従って、「中央」「地方」の接点が一層拡大し議員レベルで分業体制が進行したと考えられる。また、この体制は大選挙区制度が最も適合的であった。実際に、こののち小選挙区、中選挙区制度が採用されていくが、このような分業体制は余り見られなくなる。しかし、このことは決して「中央」による「地方」の圧倒というようなものではなかった。そもそも、この時期でもあるいは現在においても「地方」政界は「地元型」代議士や府県会議員を中心に一つの世界を形成して、「中央型」代議士や官僚、軍人等で形成される「中央」政界とは一線を画しており、両者はいわば「二重構造」である。それが前述したように、分業体制によって両者が一段と緊密化したのであって、対抗的に捉える必要はないであろう。質的に異なる中央政界と地方政界を分業体制の下、太いパイプで結び付けたことに、この時期の政党の重要な機能が存在したのである。明治小選挙区時代には確かに府県会議員経験者が多く、それ故に「地方」が「中央」に影響を及ぼすことは困難であったが、この時期にはむしろ「地方」の主張が「中央」に反映されやすくなったとさえいえよう。

3　地域と政党

一般的に、以上のような「中央型」の増加は、政党が地域から分離し、党の「地方名望家」を中心とした組織的な基盤を徐々に後退させていくイメージを与えるが、果たしてそうであろうか。この点に付いて考えてみたい。

最初に、「中央型」議員そのものについて、もう少し整理してみたい。第一に、彼らに共通するイメージは概ね中央における「成功者」イメージである。官僚にしろ、或いは実業家にしろ、彼らは郷里を離れて上京し、地元からはほとんど何の支援もなく活動し、その地位を得た者たちが多かった。しかし、だからといって地元の人間が彼らに興味を持っていなかった訳ではなく、むしろ現在においてもそうであるが、県人会などを通して有力な応援団となることも多い。県民にとって彼らは党派を越えた共通の目標であり、さらにいえば地元の人々はそのような「成功者」を通して「中央」を理解することが多く、「成功者」＝「中央」でさえあったと考えられる。そして、彼ら「成功者」を大いに利用しようとしていた。

第二のイメージは、未だ目標とすべき「成功者」という訳にはいかないが、将来において大きく成功するかもしれない少壮代議士たちに対してであるが、地元の人間にとっては自分達の発展と彼らの発展を重ね合わすという形で応援していたと考えられる。彼らの中には、海外留学をして新知識を持っている人物が多く、その知識を活かして中央で活動していた。つまり、彼らは地域から一歩一歩昇り詰めていたのでは得られなかったであろう新知識を武器に、一種のカリスマ性を帯びて郷里から打って出たのである。「わが邦の英雄崇拝主義が、かなり国民性の深い底のほうまで、根をさして」おり、しかもその「英雄」は「もう少し毛色の変わった馬に乗って、雲の彼方より出現してこなければならなかった」(12)とは柳田国男の表現であるが、彼らは一時郷里を離れ郷里では得られない海外知識という「毛色の変わった馬」に跨って、「雲の彼方」である東京や海外から再び郷里に出現したのである。「新英雄主義」を主張した吉野作造が「選挙とは将来に期待せらるべき自己の発達せる姿態を他の〔つまり候補者の〕人格の中に求むることである」[13]と述べたように、彼ら「英雄」たちは郷里の人間に活力を与えたことであろう。

このように、「中央型」議員でも実際にはけっして地域と乖離した存在ではなく、むしろ中央と地域を結ぶ重要な環であった。問題は、なぜこの時期に彼らが増加したかである。この点に関していえば、地域の方から彼らの出現が期待されたからであると考えている。周知のように、日本で近代化が進行するとともに、名望家を核とする地域共同体は徐々に変質する。核であるべき地方名望家は不在地主化して徐々に地域から離れ、その結果地域共同体の結束力は次第に減少していく。彼ら「中央型」議員は「地方名望家」に替わる新たな核として、地域共同体から期待されたのである。一般に、前述のような「成功者」「英雄」の出現が期待されるのは、その組織に崩壊の危機が予感された時であろう。そのために、地域の側からみても地域共同体を維持し、さらには前述のような形で活性化したいならば、このような人物の出現が必要であり、彼らは必死になってそのような人物を物色すべく東京などに足を運んだ。とすれば、一般的にいわれるように、地域共同体の秩序低下、地方名望家秩序の機能低下（すなわち「中央型」議員の増加）、そして政党組織の危機を一体として考えるよりも、地域共同体秩序の維持のために彼らが出現したと考えるべきであり、同時に政党は第Ⅰ部第二章でみたように、この時期に発展の契機を摑んだということになろう。

最後に、政党における具体的な選挙の過程をみていくが、詳しくは第Ⅱ部第三章をご覧いただきたい。簡単にいえば、協定選挙区制度に則り、候補者と県支部の話し合いが付けば、県支部から党本部に公認の要請が出され、党本部はそれに沿って順次公認候補者を確定していく。この後、さらに各地盤での状況によって票の貸借等が行われる。このように、公認候補の調整、決定は非常に時間の掛かるものであるにも拘わらず、逆に「候補者の現るゝは、選挙の前、やゝ一二ヶ月位ゐのことで、その以前、以後には、候補者なるものは全く見えない。即ち、候補者といふは選挙の頃に限られた一時的な存在で、不断に常住して居る者ではない」[14]といわれるように、一般有権者の前に現れる時間は少ない。もっとも、一区一人の地方都市部や、小政党の場合は候補者候補が一人である場合が多いため、早くから候補を決定し選挙戦序盤をリードするのが普通であった。

第二段階として、公認後のその短い間で候補者たちはどのような活動をしていたのであろうか。この点について、大分県選出の代議士木下謙次郎は次のように回想している。(15) 前述のように、彼自身は東京に住所を持つ「中央型」の代議士であった。

当時は理想選挙即ち買収なしに投票をまとめることが喧く唱えられてゐたので、私も或時の選挙に甲郡を理想選挙でやり、乙郡を買収でやつて見たことがあります。理想選挙の郡の方は演舌やお辞儀や戸別訪問にて奔命に倒れる程で、彼是れ雑費も余計にかゝるが肝腎の得票の予想が正確に立ち難く事務的に見て頗る馬鹿気てゐるが、一方買収の方は各郡各村の係りの党員に責任を持たせ、候補者は自働車（当時は二人曳人力車）か何にかで要所々々に挨拶でもして歩けば、それで仕事は運んで行き得票の予想も立ち番狂はせなどもなく、労少く安上りで便利であるから自然買収の方に傾き易い。〔中略〕さらば法律の眼をどうするかと云へば、それは別段六ヶ敷い程のことでない。十分に用心して万全の策を取るには選挙中には金を渡さず、選挙がすんで法律の眼を離れた後に金を責任者に渡せば各選挙人に行き渡る仕組みにすればよいのである。尤も之れは信用ある候補でなくては出来ないことであるが、信用ある候補者には信用ある選挙区が出来るもので、之れを地盤と云ふのである。この意味から云へば買収費と云ふよりは選挙地盤の培養肥料と云つた方が適切である。〔中略〕さらば一票当りの買収費二円とか三円とかどうしてきめるかと云ふに、それは妙なもので選挙に臨んで一票当りの公定相場が自然に候補者と責任者（運動員）との間にきまつて来る。そこには不文の標準があつて、反対党候補の勢力とかこちらの候補者の信用などが参酌せられ、多くの場合政府党の時には安く、反対党の時は高く解散後の選挙では安く解散なしに四年の任期を経ての選挙には高く、得票二万とすれば一票当り二円として四万円を宛て、事務所員や雑費に二万円を使ふものとすれば、荒見当一選挙に六万円はかゝる訳になる。

つまり、「買収」という行為を通して比較的強固な地盤が形成され、一般有権者に対しては「労少く安上り」で短期間の選挙活動が可能であった。ところで、この「買収」という行為であるが、前述のように各地域では先に擁立する候補を確定し、その上でその候補からの買収を受けることになる。つまり、買収自体も地域ぐるみで行われることが多かった。当時の選挙戦を伝える新聞には、しばしば夜に運動員が町や部落の入り口に立って敵の候補の運動員が侵入してくるのを見張る、というような記事が掲載されているが、これは買収が行われるのがもっぱら夜であったからである。しかも、複数の候補の買収金を天秤にかけて投票する候補を決定するのではなく、先に候補を決めてから買収金を受け取るのであった。

とすれば、買収とは以前に祭礼等に政治家が寄付金を出していたのと同じように、地域全体に対する候補者の自らへの投票に対する謝礼という、いわば「推薦御礼」的な性格となり（勿論敵対勢力から寝返らすために買収することもあったが、このように自らの陣営の結束のために使うことの方が多かったようである）、さらにいえば買収という行為そして選挙そのものが「祭り」と同じように、地域共同体の維持機能を担っていた。このことを有権者の側からみれば、彼らが誰を推薦するかの重要な要素の一つに、前述のようにその候補が果たして当選できるかどうかということがあった。つまり、単に金を貰えばそれでよいというのではなく、その候補が当選しその後も地域発展のために尽力できるかどうか、という意識も持っていたのである。(16)

以上のように、総選挙においては地域住民が一致して投票でき、かつ当選可能な候補を選択し、その候補が「推薦御礼」として「買収」という形で金を出し、それをまた地域住民は選挙をあたかも「祭り」と同じように利用して、地域共同体の維持に利用していた。従来、ともすれば選挙に関しては「利益誘導」とか、「官憲の弾圧」などいわば外からの動機付けが強調されてきたが、それではなぜあのように地域において選挙が盛り上がったのかという点は説明しきれない。もっとも「買収」に関しては、時代が下がるに従って地域共同体の結束が薄らいでいく近代日本社会では、候補者が自分の基盤をそのような地域共同体に置く限り、薄らいでいく共同体の結束のためにより多くの金が必要となり、必然的に買収金が多くなることが予想される。大正・昭和初期にかけて「金権選挙」がさかんに批判されるようになった背景には、このような理由も存在していたと思われる。

二　山県有朋と三党鼎立論の実相

1　三党鼎立の可能性

一九一七年（大正六）二月、山県有朋は年来の主張である三党鼎立を寺内正毅内閣で実現するために活動していた。次の文章はその際に、実業家であり茶人であった高橋義雄に宛てて、その第三党候補者として立候補するよう促したものであり、従来の研究でもしばしば引用されてきた有名なものである(17)。

予は議院に於て三党鼎立を以て中庸大過なきを期するの一計なるを信ず。而して其第三党にして苟しくも公平中正真箇有識憂国の志士を以て組織せられたらんか、其国家に貢献して立憲政治の妙諦を極めしむる所以のもの一に茲に聚中すと云はんとす。今憲政、政友の二派其勢力稍伯仲せんとす。茲に中正有識の一団を得て両党の間に介在し、甲に偏せず乙に偏せず、其一をして暴勢を逞くせしめざると共に、其他をして私曲に屈せしめず、勢力に阿附して利慾を釣らんとするもの、野心を抑へ、党派に遍倚して政権に近づかんとするもの、慾望を制し、政治に奔走して以て糊口の道をなすが如き尋常党人者流の班を超脱して毅然として立ち、薦然として進み向ふ所唯々憂国の誠に在り、一意国家を以て念となし之を中枢として進退するの外復た利害栄辱の其心を紊すなきの士を獲て常に議院の機軸を握らしめば、至公至正跛倚する所なき真箇憲政の要諦に達するを得ん。[18]

すなわち、二つの大政党の間に第三党を創設し、キャスティングボートを握って二大政党を操縦し政局の主導権を握ろうというのが三党鼎立論であり、実際に同内閣の下で三党鼎立状況が現出した。ところで、じつはこのような発想は政党嫌いで有名な山県に固有なものでもなかった。

国家の政党は二つ若くは二つ半を超ゆべからず。これに超ゆる時は弊害必ず生ずべしとは余輩の前号に述べたる所なるが、余輩の希望する所は二党にあらずして二党半なり。〔略〕若し政党なる者決して我儘なること無く決して増長せざる者ならしめば、半党派なる者の必要亦決して之無るべく、斯かるハシタの政党は反つて蛇足なるべしと雖も、勢力ある一党派が往々多数圧制を行ふことあるが故に之れを矯るが為に半党派の必要生ずるなり。この半党派なる者は両党派の局外に立ちて其挙動を監視すべき者なり。其挙動を監視して正理の存する一方に其党の全力を以て賛成しこれをして勝を占めしむべき者なり。（「二党半論」）

これは、大隈重信腹心でこの翌年には改進党議員となる高田早苗が主筆を務める『読売新聞』一八八九年（明治二二）一一月一三日号の社説であり、高田自身の文章である可能性が高い。[19]高田といえば当時において最も早く西洋政治学を修得した人物の一人であり、そんな進歩的知識人の中にも健全な立憲政治の運営のためには第三党が必要であることを認めていた者がいたことの意味は大きい。勿論、この場合の第三党は藩閥勢力と結びついたものではなく、あくまでも民党的立場に立つものであろうが、第三党の存在理由自体はそれなりに幅広い立場から認められていたのである。

したがって、問題は存在の理論的可否よりも、むしろ少数の議員によって衆議院の主導権を得ようという都合の良すぎる行動が、実際にどのような形でなされ得るのかということであろう。例えば、三党鼎立が実現するための外在的な条件としては、そもそも二大政党がともに過半数に届かずかつ相対立していることが必要である。また内在的条件としては、一定の主義主張に乏しく組織力もない第三党が、とにかく少数ながらも代議士を当選させ、かつ党として最低限の団結を維持する必要がある。この両条件が充たされれば、とりあえず三党鼎立は可能となり、戦前でもこのような状況はしばしばみられたところであるが、その際の第三党の実態はどのようなものであったのだろうか。

そこで、本節では山県に連なる吏党系の第三党について、内在的条件に的を絞ってその実態を考察してみたい。特に、三党鼎立状況が実現した大正前期を中心にみることにする。まずは、その吏党系第三党の系譜を列挙する。

中央交渉部　一八九二年二月第二回総選挙直後の四月二七日に大成会を吸収して末松謙澄・元田肇・大岡育造ら八四名が結成

大　成　会　一八九〇年七月第一回総選挙直後の八月二一日に杉浦重剛・元田肇・津田真道ら六三名が結成

国民協会　中央交渉部および無所属を吸収し、西郷従道・品川弥二郎らの指導で佐々友房ら六七名が一八九二年六月二二日に結成

帝　国　党　国民協会を解散し一八名で一八九九年七月五日結成

大同倶楽部　帝国党及び実業家中心の甲辰倶楽部が合同し、八六名で一九〇五年一二月二三日結成

中央倶楽部　大同倶楽部及び戊申倶楽部の一部が合同し、五三名で一九一〇年三月二日結成

大浦系与党　一九一五年三月第一二回総選挙で当選し、大隈伯後援会推薦代議士たちと合同し、五八名で四月一四日に無所属団を結成、さらに一一月二七日に公友倶楽部と改称（ここではこの公友倶楽部のうち大

隈伯後援会推薦代議士を除き、大浦兼武・下岡忠治に連なる代議士たちを対象とする）

新　政　会　一九一七年四月第一三回総選挙直後の六月一五日に四二名で維新会を結成し、さらに無所属の一部も合流して一九一七年一〇月一五日に五四名で新政会を結成、のち金杉英五郎・若尾璋八ら二九名は分離して一九一八年二月一五日に清和倶楽部を結成

庚申倶楽部　一九二〇年五月第一四回総選挙後の六月二三日に二五名で結成

などである。本節2「第三党代議士の実像」では、これら第三党で当選した代議士の経歴を統計的に分析することによって、どのような人物が第三党を構成したのかをみていく。3「日露戦後の第三党」では、これまで明治二〇年代の吏党についてはかなりの研究が蓄積されてきたが、[20]それがほとんど無い日露戦後から大正前期の吏党系第三党の動向を取り上げる。この時期に関しては原敬率いる政友会が、あるいは政友会に対抗して桂太郎・加藤高明らがいかに政党の基盤を確立し政党政治を実現したかということに研究の焦点が絞られ、三党鼎立状況が実現しているにも拘わらず、第三党は研究上では軽視されてきた。これらも含めた上で、最後に近代日本において第三党がどのような意味を持ったのかを考えてみたい。

その前に、前述の外在的条件について簡単に確認しておきたい。まず過半数政党の不在についてであるが、一九〇二年八月施行の第七回総選挙で政友会がわずかに過半数を超えたのが日本における過半数政党の嚆矢であったが、翌年三月の第八回総選挙では過半数に達することができなかったため、その期間はわずかであった。しかし、日露戦後の一九〇八年五月の第一〇回総選挙で政友会は再び過半数に達し、以後一九一四年までそれを維持した。一九一六年には一時的に憲政会が過半数となったが、翌年の第一三回総選挙で少数党に転落、一九二〇年五月第一四回総選挙で政友会が圧倒的勝利により過半数を得た。

また、自由党系政党と改進党系政党の関係でいえば、前節でみたように、両党の一方が増加し他方が減少するという傾向がはっきりと現れるのは一九一五年三月の第一二回総選挙からであり、それまでは両党の増加と減少はパラレルになる場合が多かった。このことは少なくとも議席数の上からは、明治期までは両党が選挙で鋭く対立する必要がなかったことを意味している。そして、議会の場においても、明治期では両党が提携する潜在的可能性は常に存在し、したがって山県閥としては両党を同時に敵に廻すことが多く、そのため民党が優勢な衆議院と山県閥が優勢な貴族院の対抗が、この時期の議会での基本的枠組みであった。

しかし大正期に入ると、一方の政党の増加は他方の減少となり、この意味で三党鼎立実現にとっては有利な状況が生まれた。と同時に、山県閥の貴族院支配も徐々に緩んでいく。山県閥内の不調和、貴族院研究会内での少壮派議員の台頭などが原因であったが、いずれにしても山県からすれば衆議院操縦、すなわち三党鼎立の実現の必要に迫られたのであった。以上を総合すれば、三党鼎立論が機能しやすくかつ必要とされたのは、大正前半期、具体的には第二次大隈重信・寺内正毅内閣期であったのである。

2　第三党代議士の実像

山県は具体的にどのような人物を第三党の担い手として期待していたのであろうか。前掲の高橋義雄への意見書や発言の中から関連部分を拾い上げてみる。

今度の総選挙後政友会と憲政会と議員の総数が略ぼ対立するものと見れば、爰に実業家の一団体を組織し恒心ありて金銭の為に其意見を左右せられざる紳士的議員が邪を避け正に就き中立の位置に立て政界に重きをなすの工夫を講ぜざる可からず。〔略〕恒心憂国の士は必ずしも其多きを求むべからず、故に姑く二大党間に介立して其暴横を制し得るの勢を以て足れりとし、敢然起つて之が翕合に任ずるの士を得んと欲す。苟す〔も〕真誠憂国の士たらんか、其職業の農たり工たり将た商たる奚ぞ問はん、一定の恒産を擁し生活安固にして誘惑に乗ぜらるゝ因由なきもの我七千万同胞中少くとも幾百万の多きあるべし。

すなわち、農業・工業・商業各分野で「金銭の為に其意見を左右せられざる紳士」の実業家であることが重要であり、『孟子』に由来する「恒産無き者は恒心無し」（一定の資産や安定した職業を持たない者には、ぐらつかない正しい心が無い）という言葉がその説明に利用されている。なお、この時期に山県は実業家の安川敬一郎にも立候補を促しており、第Ⅱ部第六章も参考にされたい。

これに近い発想は、すでに明治二〇年代から藩閥政治家の間で有力な方法として考えられていた。次の文章は、井上馨が一八八八年に書いた、これも有名な自治党構想に関するものである。

即ち一方に於ては成る丈け薩長情実の弊を除き〔略〕一方に於ては成る丈け中等以上財産家を結合して其団結を鞏固にせざれば、終に急激派の為めに蹂躙せらるるの虞なしとせず。故に中等以上財産家を結合して町村に在ては町村自治の制を承当せしめ、以て独立自治の制を固くせしめ、中央に集ては一体の保守党となり、以て将来政治上の狂瀾を支ふるの砥柱とならしむることを要す(21)。

山県も明治二〇年代には内務大臣として地方制度確立に尽力したが、その際に地方自治団体には等級選挙制度を採用した。周知のように、この制度は「金持ちで且つ閑人」が公民の義務（公務）として名誉職的（無給で）に議員活動を行うというイギリスの伝統的な思想に基づいており、地方名望家層を重視するものであった。この点で井上と山県は共通していた。この発想の特徴をもう少し詳しくみてみよう。

そもそも、この発想は身分制下の封建制時代に醸成されたものであった。したがって、その第一の特徴は、階級的に国民を「恒産」ある者と「恒産」なき者とに分離し、なおかつ常にごく少数である前者を重視したことにある。このことは、民主主義・平等観念の普及に伴って徐々に時代錯誤的なものとしてマイナスイメージで捉えられていくことになる。また、流動性が激しくなる近代社会では「恒産」ある者の性格も変化していく。したがって、三党鼎立論者にとってはこの社会変化に対応する必要があった。

第二は、政治（国家）と経済（民間活動）を分離していることである。この点は、政友会の地方利益誘導による党勢拡大という方法が、国家の政治的外交的軍事的発展と、個人ないし地域の経済的発展とを結びつけたものであったことを想起すれば、その差違は明瞭であろう。

そして第三に、その上で政治を経済の上位に置いた。すなわち、あくまで中立性、公平性を原理とする国家の中で議員が「公務」として活動する以上、「私欲」や個別利益を追求してはならなかった。この点では議員も国家官僚も同様な立場であり、その間に対立はないはずであった。もちろん、山県においても国家の経済的発展は重要であったが、個人が自由に発展しようとすれば「金銭の為に」国家が左右されてしまい、その結果は国家にとってより大きなマイナスとなると考えたのである。ただし、集まってきた議員たちの方では「私欲」の抑制の代償として、国家からさまざまな形での公共的ではあるが個別的支援を期待していたことは言うまでもないであろう。

さて、では具体的にどのような人物が吏党系第三党に集まったのか。まず、各総選挙ごとの吏党系第三党の議席数および議席獲得率を示せば表Ⅰ-3-4の通りである(22)。

そして、以上の党派に所属した合計三三七名の代議士を対象に、地域別に分類したのが表Ⅰ-3-5・Ⅰ-3-6であり、また職業別に分類したのが表Ⅰ-3-7である。以下、これを参考にしていただきたい。

まず全般的な傾向であるが、議席獲得率をみれば明らかな通り、第一・二回を除けばおおむね五〜一五%で安定し

表I–3–4　吏党系第三党の議席数・議席獲得率

回　数	政　党	議席数	議席獲得率
第1回	大成会	75	25%
第2回	中央交渉部	90	30
第3回	国民協会	26	9
第4回	〃	32	11
第5回	〃	26	9
第6回	〃	18	6
第7回	帝国党	17	5
第8回	〃	17	5
第9回	〃	19	5
第10回	大同倶楽部	29	8
第11回	中央倶楽部	34	9
第12回	大浦系与党	27	7
第13回	新政会	54	14
第14回	庚申倶楽部	25	5

て推移している。院内における政治的影響力は前述のような外在的条件に規定されるので一概には言えないが、まずこのように吏党が社会において常に一定の支持を得ていたことを確認しておきたい。

次に時期別にみていこう。戦前期の代議士の統計的分析という点では先行業績として升味準之輔『日本政党史論』があり、まずその成果を確認しておきたい。民党も含めた代議士全体の一般的傾向として、小選挙区制時代（一八九〇～一八九八年）では一貫して府県会・市会議員経験者が多いこと、職業的には当初は役人が多かったが徐々に減少し実業家が増加すること、しかも地方議員を経験しない実業家が増加すること、吏党では大地主が比較的多いこと、次の大選挙区時代（一九〇二～一九一七年）では府県会議員経験者が減少すること、実業家が増大しまた弁護士・ジャーナリスト・教員など都市的職業も増加すること、そして戦前期全体を通して「中央的要素」が「地方的要素」を凌駕していくこと、などである[23]。

そこで、本稿でも同じような分類を試みた。それが表I―3―7であるが、ただし本稿の場合、実業家という区別だけでは不分明なので（代議士の場合、ほとんどが実業家でもあった）、それをさらに細かく分類し（地元以外の府県や全国的に活動している「広域実業家」、都市に基盤を持つ「都市実業家」、植民地や外国で活躍する「海外実業家」）、またその活動が一府県内に限定されている者（「地元型」、すなわち升味氏でいえば「地方的要素」）とそうでない者（「その他」、「中央的要素」）を区別した上で、吏党代議士のみを取り上げた。

時期的には、第一・二回総選挙期、日清戦争～日露戦争期、日露戦後～大正期、で大きな差がみられるので、この

表 I-3-5　吏党系第三党府県別代議士数

東　北 35(5.0)	北海道 3	青　森 1	岩　手 6	秋　田 4	宮　城 6	山　形 6	福　島 9	
関東山梨 30(3.8)	茨　城 1	栃　木 1	群　馬 8	千　葉 2	埼　玉 4	東　京 8	神奈川 2	山　梨 4
信越北陸 13(2.6)	新　潟 0	長　野 7	富　山 1	石　川 2	福　井 3			
東　海 45(11.3)	静　岡 5	愛　知 14	岐　阜 19	三　重 7				
関　西 46(7.6)	滋　賀 5	京　都 9	大　阪 21	奈　良 0	和歌山 1	兵　庫 10		
中　国 69(13.8)	岡　山 10	広　島 18	山　口 22	鳥　取 7	島　根 12			
四　国 10(2.5)	香　川 5	徳　島 3	愛　媛 2	高　知 0				
九　州 88(11.0)	福　岡 16	大　分 9	佐　賀 5	長　崎 10	熊　本 33	宮　崎 4	鹿児島 10	沖　縄 1

注：(　) 内は 1 府県当たりの平均人数

表 I-3-6　吏党議員の多い上位三府県とその人数

選挙回数	1　回		2　回		3　回		4　回		5　回		6　回		7　回	
府　県	愛知	8	広島	9	熊本	7	熊本	7	山口	7	山口	7	熊本	5
	福岡	7	福岡	8	大分	4	福岡	5	熊本	7	熊本	5	島根	4
	岐阜	5	大阪	7	鹿児島	3	大分	4	岐阜	3	大分	2	秋田	2
			熊本	7					大分	3			岐阜	2
3 府県合計		20		24		14		16		17		14		11
3 府県/全国		27%		27%		54%		50%		65%		78%		65%

選挙回数	8　回		9　回		10　回		11　回		12　回		13　回		14　回	
府　県	熊本	4	熊本	6	熊本	6	熊本	6	兵庫	3	山口	5	大阪	5
	岐阜	3	岐阜	3	北海道	2	京都	3	福岡	3	大阪	4	愛知	3
	島根	3	島根	3	福島	2	大阪	3	宮崎	3	群馬	3	北海道	2
					東京	2	島根	3			神奈川	3	滋賀	2
					岐阜	2	広島	3			広島	3	兵庫	2
					鳥取	2							山口	2
					島根	2								
3 府県合計		10		12		10		12		9		12		10
3 府県/全国		59%		63%		34%		35%		33%		22%		40%

表I-3-7　吏党系第三党代議士数・職業別

		合計	地方議員	官吏・軍人	法曹関係者	教育関係者	新聞・雑誌	医師	広域実業家	都市実業家	海外実業家
第1回総選挙	地元型	51	36	19	3	8	2	0	0	4	0
大成会	その他	24	8	15	4	4	2	0	5	0	1
第2回総選挙	地元型	50	31	19	2	5	4	0	0	2	0
中央交渉部	その他	40	14	27	6	3	4	0	14	0	1
第3回総選挙	地元型	16	9	3	1	4	0	0	0	2	0
国民協会	その他	10	5	6	1	3	2	0	1	0	1
第4回総選挙	地元型	20	11	7	1	4	0	0	0	1	0
国民協会	その他	12	4	9	0	1	1	0	2	0	0
第5回総選挙	地元型	19	13	4	1	2	1	0	0	0	0
国民協会	その他	7	2	2	1	2	2	0	2	0	1
第6回総選挙	地元型	11	7	2	1	0	0	0	0	0	0
国民協会	その他	7	3	1	1	2	2	0	2	0	2
第7回総選挙	地元型	12	9	1	2	0	2	0	0	2	0
帝国党	その他	5	3	0	0	2	3	0	1	1	1
第8回総選挙	地元型	12	11	2	1	2	0	0	0	1	0
帝国党	その他	5	3	0	0	3	2	0	2	0	1
第9回総選挙	地元型	15	12	1	4	1	1	0	0	1	0
帝国党	その他	4	2	0	0	2	2	0	2	0	1
第10回総選挙	地元型	16	12	2	4	1	4	0	0	2	0
大同倶楽部	その他	13	5	4	0	1	6	0	4	2	2
第11回総選挙	地元型	19	14	2	5	2	3	0	0	3	0
中央倶楽部	その他	15	6	4	0	4	5	0	6	2	4
第12回総選挙	地元型	11	9	1	1	1	1	0	0	3	0
大浦系与党	その他	16	3	5	2	1	0	0	4	0	4
第13回総選挙	地元型	22	18	0	2	2	0	4	0	7	0
新政会	その他	32	6	8	4	3	6	2	9	1	9
第14回総選挙	地元型	9	8	1	0	0	0	0	0	4	0
庚申倶楽部	その他	16	6	6	3	2	1	2	5	1	3

（注）：職業は衆議院参議院編『議会制度七十年史11　衆議院議員名鑑』（大蔵省印刷局，1962年）を基本に，各種人名録を参考にしながら推定．重複を含む．

三つに区分して考察していく。

・第一・二回総選挙期

初期議会での特徴を挙げれば、地域的には表I―3―5にあるように所属議員が全国に跨っていたことである。特に、静岡以西の西日本に多く、中でも東海・中国・九州に顕著であることが分かる。さらに県単位でみれば、一〇名以上の府県は愛知・岐阜・大阪・兵庫・岡山・広島・山口・島根・福岡・長崎・熊本・鹿児島各県というラインが際立っていることも印象的である。これらの地域は、当時の日本において経済的な面でおそらく先進的であり、いわゆる「民度」が高い方であることが注目される。

このことは代議士の学歴にもいえそうである。例えば、第一回総選挙の大成会の場合、東京大学（大学南校を含む）出身者が三人、慶応義塾出身者五人、海外留学生一人と、いまだ高等教育機関が成立して日も浅いこの時期にしては多い。職業的にみると、吏党の場合は一般的傾向とはまったく異なり、中央高級官僚経験者・全国的実業家などを相当数含んでおり、「中央的要素」が非常に強いといえる。また弁護士・教員等モラル面を重視する職業人も多い。冒頭部分で引用した高田早苗によると思われる文章もそうであるが、二大政党がモラル面においてかなりの程度にまで到達しない限り、このような方向からの批判は常に存在するであろうし、それは同時に第三党の存在理由ともなっていたと考えられる。当時において、吏党はモラル面で民党系ジャーナリズムから罵声を浴びせられていたが、このような基準からみれば客観的には必ずしも妥当なものではなかったのである。

これと関連して、ここで彼らの党籍移動にも触れておく。彼らのなかで、一貫して第三党に所属した者は少ない。もちろん、これは他党にもいえることであるが、吏党代議士の場合は特に激しいようである。そこで、前述の吏党所属経験のある三三七名について以下の分類を試みた。第一のタイプは当選一回のみの吏党当選者で一五七名（四七

%）、第二は二回以上当選しかつ常に吏党系第三党に所属した者五一名（一五%）、第三は党籍の移動はあるが、吏党以外では中間的な党派または無所属であった者五五名（一六%）、第四は二大政党や純民党から吏党に鞍替えした者一八名（五%）、第五は逆に吏党から二大政党・純民党に鞍替えした者四六名（一四%）、第六は民党・吏党の間を二回以上鞍替えした者一〇名（三%）、となる。

このうち、例えば大岡育造・元田肇が政友会へ、安達謙蔵が同志会へというように、院内における自らの政治力拡大のためにも不安定な立場の第三党から、強い組織力を持つ二大政党に鞍替えする第五のタイプが多いことは予想通りであるが、その逆である第四のタイプもそれなりに存在したことは興味深い。また第六タイプも、最終的に再び二大政党に戻ったとはいえ、一度は二大政党に嫌気がさして吏党に鞍替えしたケース（柴四朗など）もある。この中には藩閥権力への接近による私的利益獲得を目的に吏党に入った者もいたであろうが、弁護士経験者（谷沢竜蔵、阪本弥一郎、富島暢夫、津末良介、小河源一等）が多いことからも推測されるように、むしろ政治的高潔性故に民党を脱した場合もあったようである。

一例を紹介したい。吉野泰三は吏党所属として当選したことがなかったのでこの分類には含まれないが、神奈川県（のち東京府）三鷹村の富裕な医師の家に生まれ、当初は熱心な自由党系県会議員として活動したが、過激で華やかな政治運動よりも、地方自治、住民の福利を目的とする実業発展をめざすようになった。そして、一八八九年には「自由党脱退決心書」と題する文章で「味方の壮士日々に怠慉に流れ、或は女道に溺れ、或は困友相嫉視し腐敗言ふべからず。第一には頑愚に於て平生の教育不充分なるに原因すると雖も、其情を察するに前途に企望を満たすの目的薄きによるならん。歎息すべし」[24]とそのモラルの低さを慨嘆し、一八九二年に吏党の国民協会が創設されるとすぐに入党している。これは明治中期の例であるが、大正期にもこの第四タイプは存在する。その鞍替えの際の理由の多くは、政友会の地方利益誘導が「党利党略」を優先させ公正さを欠いているというものであった。

話は戻るが、以上からこの時期の吏党は、決して近代化の比較的遅れた地域、あるいは保守的な地域から選出された地方名望家によって構成されていたのではなく、一般的傾向とは逆に「中央的要素」が「地方的要素」を圧倒していたことが分かる。そしておそらく、代議士個人個人を見ても民党議員を圧倒していたであろう。しかし、このことは逆に、地方名望家を取り込もうという本来の目的が達成できず、いわば将軍ばかりで兵卒のいない軍隊のようになっていたのである。

・日清戦争〜日露戦争期

日清戦争〜日露戦争期では、ここでも一般的傾向とは反対に「地方的要素」が強くなっていく。まず「地元型」についてみれば、升味氏によれば府県会議員経験者が吏党は二大政党と比較すればかなり少ないが、これを「地元型」に限ればこの時期では一貫して多い。しかも、「地元型」が「その他」を常に大きく上回っていることからすれば、府県会議員経験者の「地元型」が党の主体であったといえよう。また職業的には、相変わらず教育・法曹・マスコミ関係者の比率が高いが、彼らは吉田松陰らの勤王思想を普及しようとする地域の思想的指導者であった者が多いように思われる。さらに特徴的なことは、地域的に少数の県に限定されてしまったことである。

表Ⅰ―3―6は各選挙ごとに吏党議員数が多い上位三府県を拾い出したものである。このうち第三〜九回では、佐々友房・安達謙蔵等の強い指導力によって熊本国権党勢力が全県的な体制を構築した熊本県がほとんどトップであり、岐阜・島根などとともに上位三県で全体の半分以上を占めている。特に、熊本県では吏党が協定選挙区制度によって代議士を量産していた。

以上からこの時期では、確かに党の体質としては当初の期待通りに地方名望家を中心とした政党に変化したが、それに成功した地域は限定されており、議員政党化をめざし地方名望家の組織化を強めていた民党との競争に結局は負けてしまい、他方で将軍のような「その他」型の大物たちは、その大物振りが十分に発揮できない兵卒的な議員活動に飽きたらず定着しなかったようである。この結果、しだいに党勢不振に陥り、先細り的な勤王党という様相を呈していった。

・日露戦後～大正期

しかし、日露戦後に吏党はまた変身する。その直接の契機は一九〇五年一二月二三日に帝国党が甲辰倶楽部と合同して大同倶楽部が誕生し、さらに一九一〇年三月二日戊申倶楽部の一部が大同倶楽部に合同し中央倶楽部が成立したことであった。これら政党は、合同によって議席を一時的に大きく増加させるが、次の総選挙でまた大きく議席を減らすということを繰り返し、とにかくその過程で党の体質は大きく変化していく。

その特徴の第一は、都市独立選挙区での当選者数が第七回三名、第八回二名、第九回三名であったのが、第一〇回八名、第一一回一〇名、第一二回九名、第一三回一九名と多くなったことである。その多くは都市部実業家であった。第二には「地元型」と「その他」で分けた場合、第一～九回は「地元型」六四%、「その他」三六%であったのが、第一〇～一四回では「地元型」四六%、「その他」五四%と逆転していることである。この「その他」の増加は、おそらく二大政党のそれを大きく上回るものと思われる。第三に、「地元型」では相変わらず府県会議員経験者が多く、第四に、官吏経験者は減少しているが、中央での活動経験のある者が他党と比べて多いことである。そして、何よりも第五に「広域実業家」・「都市実業家」・「海外実業家」が急増している。つまり、より都市的の、より中央的の、より国際的の「大物」実業家議員が増加したということになる。

三谷太一郎氏は「原〔敬〕がこれ〔大選挙区制度〕を支持したのも、伊藤〔博文〕と同じく、大選挙区制によって、

「全国大の名望家」の党内リーダーシップが強化され、それによって「政党改良」が促進されることを期待したからにほかならなかった」[25]と述べ、その「全国大の名望家」とは具体的に「知事級の退職官吏」であるとしているが、同時に大物財界人も含まれていた[26]。つまり、この「全国大の名望家」には、本稿で言うところの「広域実業家」「海外実業家」を含めることも可能であろう。これは、納税資格をクリアした有権者が増加したことにも表れていたが、対外関係の安定と資本主義の発展を背景に、日露戦後には国家的最重要課題として国際的経済競争という課題が浮上したことによると思われる。しかし、この時期の政友会は大物実業家の取り込みに成功しなかった。そのような政友会の希望はむしろ吏党が実現しつつあり、それによって吏党は代議士数を増加させていたことになる。

前述したように、吏党はいまだ壮士中心の自由民権運動華やかなりし頃、民党に先んじて地方名望家を獲得しようとし、日露戦後では二大政党に先んじて「全国大」実業家を取り込みつつあった。興味深いことに、発想においては封建的な色彩が濃い三党鼎立論であるが、現実には流動化する近代社会を先取りすることに自らの存在を維持していたのである。

3　日露戦後の第三党

すでに見たように、大正前期は冒頭に掲げた山県の主張である三党鼎立論の外在的条件が整った時期であった。しかし、そこに集まった代議士たちに「私欲」を禁じ国家への忠誠のみを強要するだけで、党（倶楽部）としての機能を維持することができたのであろうか。そこで、ここでは第三党の党としての態様について検証する。

第三党にとって大きな転機となったのは、一九一一年一月二九日に行われたいわゆる「情意投合」宣言であったが、まずその前史からみていこう。周知のように、日露戦後のいわゆる桂園時代は桂太郎と、西園寺公望・原敬・松田正久らの政友会幹部の合意によって政局は運営された。そして、第三党は表面的には桂や大浦兼武らの指示に基づき、桂内閣には勿論のこと西園寺内閣にも協力的であり、政局に大きな影響を及ぼすことはなかった。こんな第三党であったが、その評価は立場によって大きく異なるものであった。桂にとっては、大同倶楽部・中央倶楽部は確かに大きな意味を持たなかった。彼らも政友会との妥協には常に不満を持っていたが、かといって自ら積極的に動こうともしなかった。

ただ、この時期に争点化した問題の一つとして郡制廃止問題があった。一九〇六年末からの第三九議会に政友会は郡制廃止案を提出した。これに対し、大同倶楽部は当初それを支持する党議決定を行ったが、一九〇七年二月二五日に突然大浦から電報を受け取り、急遽代議士会を開催して反対の党議決定を行った。そして、これに憤慨した者は党議除外を要求し、さらに一〇名ほどは「政権争奪の陰謀を企て名を郡制廃止法案に反対するに仮り、昨年の党議を覆して以て二三子の私を済さんとす、此の如くんば党派も議会も二三子の私心を達する爪牙に過ぎざらん」[27]との理由で脱会してしまった。

以上から、まず基本的には予算案のような重要問題か、または重要争点化した問題でない限り、決定は倶楽部自身さらには代議士個人に任されていた。倶楽部の党議は強い拘束力を持たず、実際にずいぶんと除外を認めていた。そもそも、桂に近い代議士は何も大同倶楽部所属の代議士だけではなく、二大政党以外の会派はほとんど桂と関係を持っていたので、桂は大同倶楽部に強い拘束力、結束力を期待する必要がなかった。ただし、郡制問題のように重大問題の場合は組織を犠牲にしてでも譲らなかった。つまり桂は、普段は必要ないが、いざという時の安全弁として期待していたようである。もっとも、直接倶楽部と接する大浦の態度には多少桂とは異なるものがあった。この郡制廃止問題を契機に大浦は倶楽部と表立って接触するようになったという[28]。そして、次にみるように、倶楽部所属議員とともに自主的、積極的に政治活動を試みようとしたが、結局は政友会に遠慮する桂の指示で抑制されてしまった。

次に、第三党代議士の側からみてみよう。その中心は佐々友房(一九〇六年九月死去)・安達謙蔵らであったが、彼らこそ大浦を通して桂からの指示で倶楽部を指導していた。しかし、もちろん単なる代理人でもなかった。彼らが敵と見做していたのは政友会の原敬と国民党の犬養毅であった。前述のように、原が推進する政友会と官僚勢力との合意による政局運営は、第三党を単なる政友会の補助的存在としてしまい、第三党の存在価値を薄めることになるし、国民党非改革派のリーダー犬養の二大政党提携による官僚勢力の打倒という志向も、彼らが最も嫌うものであった。そして、佐々らは原・犬養に対抗するため、全国遊説、積極的入会勧誘、政社化、党首(大浦が候補に擬せられた)推戴等によって組織の拡大強化を試みた。例えば、『読売新聞』一九〇七年四月一七日号の記事には次のようにある。

大同倶楽部の領袖連は近来頻りに其所謂活躍なるものを試んと鳩首凝議しつゝあるもの丶如く、之が為めに黒幕派内に種々の議論あり、大浦男の如き多少陣頭に出でん意気なきにあらざるも、桂伯は例の慎重の態度を持して此際に於ける表面的運動の却て自己の勢力を殺ぐの嫌ひあるを思ひ努めて之を抑制しつゝあり

組織拡大に反対なのは桂ばかりではなく、それを「二三子の私心」と捉える他の倶楽部員も同じであった。通常、第三党に集まってくる一般の実業家代議士には、確かに山県の期待通り、

一、党議拘束を嫌う(政治的意見の自由な表明)

二、「政権争奪」的行動を嫌う(権力欲という「私心」の排除)

三、反政府的行動を嫌う(政府への非協力はすなわち仲間割れであり、国家全体の利益を損なう)

という傾向が強かった。このうち「三」についていえば、周知のように甲辰倶楽部や戊申倶楽部から吏党に合流した人物の中には純民党的な者もおり、必ずしも政府支持者ばかりではなかった。しかし、「一」および「二」、そして次

にみる実業重視という共通性は、その差異よりも彼らには大きな意味を持っていたようで、だからこそ合流したのであろう。この点から、結局この時期は組織の拡大強化に手を着けることができなかったのである。

大同倶楽部・中央倶楽部の政策的主張についてであるが、当然のことながら以前より佐々が主張してきた国権拡張、実業振興が中心であった。そして、この観点から佐々は対外硬運動にも熱心であった。ところで、具体的な実行策はさておき、この両スローガンだけをみれば、じつは日露戦後の国際的経済競争の時代でも、否この時代にこそより相応しいものであった。したがって、それを時代遅れとすることはできないであろう。しかし、この時期の第三党の具体的主張をみるとその多くは地方の地主的利害に基づいており[29]、新たな展望は持っていないようである。

以上のように、いわば袋小路に入っていた第三党であるが、さらに決定的な衝撃を与えたのが「情意投合」宣言であった。「抑も政友会は元と自由民権を標榜し二大政党、責任内閣を主張したるものなり、我々は従来国家主義及び社会政策を以て其の主張とし殊に外交の発展を以て終生の策と為せり、惟ふに二大政党が果して憲政有終の美を済すべきものなるや否は頗る疑問とする処にして、寧ろ三派鼎立を以て適当なるものたりと信ず[30]」という倶楽部側からの発言でも分かる通り、彼らにとって「情意投合」とは決して政友会の官僚勢力への従順ではなく、官僚勢力の政友会への依存、そして吏党の切り捨てを意味した。こうして切り捨てられ自由となった結果、「天下同志の士と協議して大政党を組織し、以て憲政の済美に努力せんことを期するは本倶楽部多年の冀望なり[31]」と安達謙蔵らは二大政党化を意味する桂新党に喜び勇んで参加することができたのである。

一九一四年四月成立の第二次大隈重信内閣では、農商務相・内相を務めた大浦兼武が、山県有朋の指示もあり再び吏党第三党の創設に取りかかり二七名の当選者を得た。中央倶楽部までの主力であった熊本県代議士は同志会に移り、当選者たちの中心は大浦が生産調査会、地方改良運動、関税定率会議等農商務相として関わった際に関係したおもに西日本に在住する実業家であった[32]。そして、唯一従来から吏党であった肥田景之と大浦に近い内務官僚下岡忠治が、大浦の指示を受けて指導する体制であった。こののち彼らは、大隈伯後援会推薦候補者とともに無所属団、次いで公友倶楽部を結成したが、このグループは「同団は今春申合せたるが如く一人一党主義にして各自の意見を尊重して抑圧を加へ」ないという方針の下で「絶対中立の招牌の下に多数を拾集し内閣の運命に関する大問題に於ては僅かに一致を見来れり[33]」と言われるように、尾崎行雄の中正会を含めた与党（同志会、中正会、公友倶楽部）代議士数がはるかに過半数を上回っていたため、強い拘束力を必要としなかった。同志会総裁加藤高明にしても、彼らを同志会に吸収しようとする一部の動きに対し、大浦や山県に遠慮して反対したほどであった。つまり、安定した政局運営をするためには合同はむしろマイナスであり、「情意投合」宣言以前の桂同様、組織の拡大強化をめざすことはなかった。しかし、従来とは違う新たな傾向も生じていた。

すでにみたように、広域・海外実業家が吏党に増加していたのであるが、例えば『読売新聞』一九一六年三月三日号の記事には次のようにある。

中野武営、浜岡光哲氏等の商業会議所関係者は多年の懸案たる衆議院商工党組織に就き最近内々協議中なるが、新に各派を通じて商工代議士を結束せしむることは困難なる事情あれば、当分実業家議員を最も多く抱擁する公友倶楽部を中心として各派の実業家代議士と聯絡を取り、内外呼応して実業家相互の利益を増進せしむる方針を執ること丶なり、去廿七日の公友倶楽部実業家招待会に於て渋沢男は其旨を諮る筈なりしも、当日同男は病気の為め欠席したるを以て、浜岡光哲氏代つて大体の希望を陳述する所あり

重要なことは、第一に、ここでいう「実業家議員」とは広域・海外実業家を意味していること、第二に、彼らが主体的に結束しようとし始めたこと、そして第三に、彼らを最も多く収容していたのが公友倶楽部であったことである。

前述したように、従来の実業家議員は山県と同じく政治と経済を分離し、経済を政治に従属させることに異議はなかったのであるが、力を蓄えてきた彼らは徐々に自らの力を自覚するようになってきた。それはさらには「実業派たる金子〔元三郎〕、河崎〔助太郎〕、田中〔省三〕、丸山〔芳介〕外十余名の人々は高木正年氏に依嘱して本春来財政経済方面に亘る政務調査をなしつゝあるが、別に倶楽部として政務調査会を設置し来十四日幹事会を開き各部の主査を選定する筈」（『読売新聞』一九一六年五月八日号）と報道されたように、同倶楽部実業家議員と同倶楽部の他の議員が政策的に結びつく方向に向かった。そして大隈内閣が総辞職を決意した際、後継として加藤高明内閣を実現するために与党三党を合同し絶対過半数政党を実現しようとする動きがあったのであるが、それに対する公友倶楽部内の状況は次のようであったという。

過日来の与党合同問題に於ても合同には直に賛成する者少かりしも、政党思想は一般に瀰漫せるもの丶如く、現に先月精養軒会合の席上に於ても古屋慶隆氏より公然政党組織説を提起せる程なり、是等議員は直に公友倶楽部の組織を一変し、之を基礎として更に他党よりも同志を糾合し権威ある第三党を樹立せんとする者あり、又実業議員中には全院内の実業議員を糾合して実業党を組織せんとする者あり(34)

結局、公友倶楽部大隈伯後援会系が積極的に同志会との合同を進め一九一六年一〇月一〇日憲政会に合流したが、彼ら吏党系代議士は参加せず、また自ら「商工党」を組織することもなかった。しかし、従来の倶楽部組織を改めて政党組織とし、積極的な政治活動を展開しようと主張する者が多数おり、もはや政策を軸に集団として政治行動を行うことを旨とする政党的組織形態そのものを否定する者は少なくなっていたのである。

このような実業家議員の政党への態度の変化は、寺内内閣期の新政会についても同様であった。新政会は寺内正毅首相、後藤新平内相、田健治郎逓相などの閣僚が個人的人脈を総動員して樹立したものであったが、なかでも本節冒頭で紹介した山県による益田孝を通しての勧誘は大きな意味を持っていた。益田自らが立候補することはなかったが、この結果、多数の大物財界人が立候補することになった。

そんな彼らの内部対立は興味深い問題を含んでいた。新政会の前身維新会は一九一七年六月一五日、「吾人は政府及既成政党に対し厳正公平の見地に立ち誠意其所信を貫徹せんとす」と宣言し、「本会は衆議院内交渉団体として一致の行動をとるも団体の決議を以て会員の政治意見を拘束せず」との規約の下で四二名の代議士により結成された。しかし、彼らが政府寄りであることは明らかであり、一部の無所属代議士はあくまで「中立団体」であるべきことを主張して参加しなかった。もっとも、議場では結果においてはともに政府支持であったため、結局一〇月一五日に合流し五四名で新政会が結成されたのである。

ただし、維新会と新政会では組織的に異なる点もあった。新政会も宣言では「政府及既成政党に対し厳正公平の態度を採り、偏に国家本位に立脚し各々信ずる処に従つて国策の樹立に貢献」と個人の意思を重視していたが、規約では「重大なる会務及議会開会中の常務は議員総会に附議す」(第三条)と重大問題では党議に付すことが決められ、また組織の部分でも党首こそ置かないものの議員総会、評議員会、政務調査会、院内幹事など他の政党に近いものになっていた。そして実際に、政務調査の上で通常議会召集前には「財政経済に関する決議」が行われ、予算案に対しかなり広範囲でその態度が表明されている。

その決議の中には通行税廃止もあった。通行税は犬養毅率いる国民党の年来の主張であり、その顔を立てて内閣も予算案に盛り込んだのであるが、積極主義を標榜する原敬率いる政友会は反対であった。そこで、原は内閣に対し、内閣から新政会に指示して政友会とともに廃止に反対するよう依頼し、内閣側も承諾してその旨を新政会に通告した(35)。しかし、新政会は先の決議を党議拘束とし、あくまでも廃止に固執したため、結局廃止されることになった。つまり、政党的行動をとったのである。

またこの時期、政策的に内閣と対立することが多かった金杉英五郎ら新政会代議士二九名は、脱会して一九一八年二月一五日に清和倶楽部を結成した。この結果、残留した新政会側の方が院内交渉団体資格である二五名の維持に支障をきたすことになり、存続の危機に陥った。

この分裂の理由について、新聞記事は次のように伝えている。

会中の所謂素人政治家と黒人政治家と称せらるゝものゝ間に常に軋轢絶えず、事毎に金杉氏等の一部と純御用派と目せらるゝ一部と衝突し来り、殊に増廃減税委員会に於ける金杉氏の言動は偶此間の消息を語る者あり、幹部派に左右せらるゝを好まざるの士は最近に於ける幹部派の露骨なる御用振り発揮に慊焉たるものあり(36)

当時の用語でいえば、幹部派（秋田清が中心）は「黒人《くろうと》政治家（職業政治家）」「少壮」「政府御用」であり、金杉らは「実業家」「素人」「紳士」「中立」であった。そして、最終的には前述したように、金杉側が優位に立ったのであるが、それについても新聞は次のように伝えている。

旧新政会が新政、清和の両派に分れるには随分と揉めたものであつた、政府側では何方にしても御用の提灯を持つ事に変りはあるまいと高を括つて之を承認したのであつたが、清和倶楽部にして見ると事実事毎に其筋の承認を仰がねばならぬにして見ても、表面世間に向つては絶対御用の域を脱して厳正中立の地位を確保するを得たと声明が出来た、〔略〕

之に引きかへ新政会に居残つた連中が、其向のお情けで漸やく交渉団体数を維持して行くと云ふ状態では、殊に昨日迄議院の一角に素人議員を思ふ存分に切り廻して行けた事を思ふと、児玉〔秀雄〕翰長や田、後藤両相等に縋りて、天下り的に撚を戻さうと焦慮したのも満更無理でない、〔略〕

松本〔剛吉〕秘書官専ら此間にあつて奔走し、三日に至て田逓相から清和倶楽部の幹部に合同を勧説したが、見切りをつけた幹部は、ケンもホロロの挨拶をしたには、田逓相近来にない器量を下げた(37)

この「世間に向つては絶対御用の域を脱して厳正中立の地位を確保」することが重要になったこと、内閣に対して従順でなくなったこと、「黒人政治家」に対しても自立的になったことを考慮すれば、確かに彼ら実業家議員は政党的拘束には抵抗があるものの、積極的、主体的に政治に関わろうとし始めたことは明らかであろう。ここに至っては、もはや吏党系第三党は存続が困難になったのである。

おわりに

以上、本章ではおもに明治後期から大正期の大選挙区時代における政党の在り方と代議士の性格をみてきたが、いわゆる大選挙区で実施された郡部と、独立選挙区とされた都市部では、全く質の異なる選挙が行われていたことが分かろう。

まず、郡部であるが、その特徴の第一は、二大政党が「地域」と「中央」を結び付ける集団であったということである。これは現在においてもあてはまるが、「地域」と「中央」はそれぞれ固有の論理を持っており、「二重構造」といえよう。それを政党という組織が、「地元型」と「中央型」という形で機能を分化して結び付けていた。このことは、候補者選定や選挙戦略においても同様であった。さらに、各府県から選出された「中央型」議員たちは党の幹部を構成した。このように、この時期の政党は集団としての特徴を十分に発揮していたのである。第二は、依然として彼らは地域共同体の秩序に基礎を置いていたことである。確かに、日露戦後期から、それまで有効に機能していた地方名望家秩序は徐々に機能低下していくようであるが、決してそれによって政党自身が危機に陥った訳ではなく、むしろ直接に地域共同体と向き合うことによって、既成政党の獲得議席数でも分かるように、発展の契機を摑んだのであった。他方、それまで団結の核であった地方名望家が後退したことによって結合が緩む地域共同体にとっても、政党との関係を深めることは自らを維持するために必要であった。周知のように、日本の政党を英米と比較した場合、しばしばその組織の脆弱性が指摘されるが、地縁性の強さでそれを補完していたのである。

この点を大選挙区以外の時代と簡単に比較してみよう。明治前期は、地方名望家たちが政党という集団的な形ではなく、個人として前議員、新人候補が入り乱れて激しい選挙戦を戦っていた。それは、第二次大戦直後の状況と似ている。そして、その過程で連続当選を果たすことで、しだいに党幹部が形成されていった。しかし、党自体は未だ「地域」と「中央」を十分に結び付けるほどの存在にはなっていなかったため、「二重構造」の間には組織的なパイプが存在せず、しばしば対抗関係を示した。しかし他方で、ここでは触れなかったが、郡単位で地域の「地方的団結」が進み、より広い地域（単純化していえば村から郡へ）でも団結が可能となり、地域共同体もより大きな単位で連動するようになってますます大きな政治的影響力を持つようになったと考えられる。その最終的な形態が一八九八年の自由党系政党と改進党系政党が合同した憲政党であったのである。そして、憲政党には表Ⅰ−3−3の第七回当選者の分布で示したように、各府県からの代表者である「中央型」議員が含まれ、彼らが党の中心部分を構成した。

他方、大選挙区以降の大正後期から昭和戦前期は、無産勢力など新たに第三の勢力が地域に出現した時代であった。これによって、それまでの地域共同体は大きく動揺する。これに対処するための方法は、やはり従来の方法の延長であった。すなわち、地域の結束を引き締め地域住民の合意が得られるような候補者を選定することであった。中でもこの時期はイデオロギー的側面が重要となり、したがってより理論的な「英雄」型代議士が大量に進出した。彼らは、自分の選挙区内でそのカリスマ性を発揮し、選挙戦はより先鋭的な対抗意識を有権者に与えたため、候補者同士の関係もより対抗的になり、中選挙区制度の導入とも連動して、集団としての政党という機能は低下し、個人後援会が発達していくのであった。

一方、伝統的共同性を持つ農村と異なり、独立選挙区が多い都市部では、二大政党の影は薄かった。帝国議会が開設された直後では、政党の存在そのものを否定的に捉える山県有朋ら官僚勢力は、第三党の育成はおろか政党に関わることもなるべく避け、ただ政治の重大局面において自分たちに従うことを要求するばかりであった。しかし、二大政党の競争状態が起こり始めた明治末、大正初期では、たとえ前時代的な思想に基づく吏党であっても、政治に積極的に関与し始める。それは、社会の変動によって勃興した勢力を利用することで政局を動かす可能性が増したからであった。

しかし、やはり最終的に山県が第三党に深く関わることはなかった。つまり、一度は取り込んだ広域・海外の実業家である大物財界人を、単に権力に従順な紳士的存在として統制し続けようとしたのである。他方で、どんな形であれ政治の舞台に引き出された彼らは、そこで自らの力を自覚し、政党的拘束こそ嫌うが、積極的、主体的に政治に関わるようになる。そして、大正後期、昭和初期になると、さらに進んで自ら大政党に飛び込み派閥を作って領袖となり、逆に政党的拘束を積極的に利用して自らの政治的主張を実現しようと試みる者も登場した。久原房之助、中島知久平らである。ここでは、山県が望んだような政治の経済に対する優越性は、むしろ逆転していた。また、そんな彼らにリードされる既成政党への挑戦者として、武藤山治の実業同志会や鶴見祐輔の明政会など、やはり新たな力を先取りしようとする第三党も登場してくる(38)。このように、三党鼎立論は民主化の進展に伴って、あるいは納税資格の低下に伴って消滅していくのではなく、社会が流動する限り、つねに可能性を秘めているのかもしれない。

注

（1）升味準之輔『日本政党史論　第一～七巻』（東京大学出版会、一九六五～一九八〇年）。
（2）三谷太一郎『日本政党政治の形成』（東京大学出版会、一九六七年）。
（3）松本洋幸『近代水道の政治史』（吉田書店、二〇二〇年）。
（4）吉野鉄拳禅『党人と官僚』（大日本雄弁会、一九一五年）、二一二～二一三頁。
（5）村瀬信一「『成田直衛日記』にみる明治期の総選挙」（『皇学館論叢』二三―六、一九九〇年）。
（6）村松岐夫・伊藤光利『地方議員の研究』（日本経済新聞社、一九八六年）、二九頁。
（7）鳥海靖「初期議会における自由党の構造と機能」（『歴史学研究』二五五、一九六一年）。
（8）立候補届出制でないので、本来ならば公認候補はいないのであるが、政党が候補者に選挙区を割り当てるようになったため、事実上は公認候補となっていった。さらに、第一二回総選挙からはそのような公認候補に対し、党本部から選挙資金が提供されるようになった。
（9）国立国会図書館所蔵。なお、第七回（一九〇二年八月）当選者に関しては一九〇三年四月版、第一三回（一九一七年四月）当選者に関しては一九一八年九月版を利用。但し、両者とも二〇名程度は不詳であった。
（10）町田忠治伝記研究会編『町田忠治』（桜田会、一九九六年）。
（11）季武嘉也『大正期の政治構造』（吉川弘文館、一九九八年）、第一部第一章第一節参照。
（12）柳田国男『明治大正史 世相篇』下巻（講談社学術文庫、講談社、一九七六年）、一八八～一九〇頁。英雄は全く郷里と無関係な人物である場合もあったであろうが、一方で郷里出身者を誇りとする風土も強かったようである。
（13）吉野作造『斯く信じ斯く語る』（文化生活研究会、一九二四年）。
（14）田川大吉郎『政党及び政党史』（政治教育協会、一九二九年）、七八頁。
（15）国立国会図書館憲政資料室所蔵「憲政史編纂会収集文書」中の「木下謙次郎談話」。この談話がいつの時代の選挙か不明であるが、文脈からして大選挙区時代であると思われる。なお、文中「選挙がすんで法律の眼を離れた」という言葉があるが、当時の衆議院議員選挙法では、選挙違反の時効は六か月なので、それ以後という意味である。
（16）選挙違反については、季武嘉也『選挙違反の歴史』（吉川弘文館、二〇〇七年）参照。

(17) 例えば、岡義武『山県有朋』（岩波新書、岩波書店、一九五八年）、一五七〜一五八頁、参照。

(18) 高橋義雄『山公遺烈』（慶文堂書店、一九二五年）所収の一九一七年二月一七日付高橋義雄宛山県有朋意見書、一三六〜一四一頁。なお、山県による立候補働きかけ工作には三井財閥顧問で財界指導者益田孝が関与しており、高橋義雄（三井財閥）、安川敬一郎（有力地方財閥）などに声を掛けていた。

(19) 早稲田大学大学史資料センター編刊『高田早苗の総合的研究』（二〇〇二年）の「高田早苗著作目録」参照。

(20) 例えば高久嶺之介「明治憲法体制成立期の吏党」（『社会科学』〈同志社大学人文科学研究所〉六―三、一九七六年）、佐々木隆『藩閥政府と立憲政治』（吉川弘文館、一九九二年）を初めとする氏の一連の研究、村瀬信一「「吏党」大成会の動向」（『日本歴史』四五四、一九八六年）を初めとする氏の一連の研究、などがある。なお、科学研究費成果報告書『近代日本における「第三党」の研究』（基盤研究C⑵、研究代表者前山亮吉、一九九九〜二〇〇〇年度）は第三党について体系的にサーベイしており、独創的で有益である。

(21) 伊藤博文関係文書研究会編『伊藤博文関係文書　第一巻』（塙書房、一九七三年）。坂野潤治『明治憲法体制の確立』（東京大学出版会、一九七一年）、前掲注(20)佐々木隆『藩閥政府と立憲政治』参照。

(22) この数字は、衆議院・参議院編刊『議会制度百年史　院内会派編　衆議院の部』（一九九〇年）に拠り、総選挙後最初の議会における党籍にしたがった。ただし、第一二回総選挙後の大浦系与党については、前掲注(11)季武嘉也『大正期の政治構造』、第二部第二章及び第五章に拠った。また、新政会の場合は成立時点の参加者数とした。

(23) 前掲注(1)升味準之輔『日本政党史論』第二巻（一九六六年）、第五章第一節、同第四巻（一九六八年）、第一二章第一節。

(24) 「吉野泰三文書」（吉野泰平氏所蔵）中の「自由党脱退決心書」。なお、吉野に関してはM・ウィリアム・スティール「地方政治の発展」（『年報・近代日本研究14　明治維新の革新と連続』山川出版社、一九九二年）、梅田定宏『三多摩民権運動の舞台裏』（同文館出版、一九九三年）、小宮一夫「国民協会時代の吉野泰三」（三鷹市教育委員会編刊『多摩の民権と吉野泰三』一九九九年）など優れた業績がある。

(25) 前掲注(2)三谷太一郎『日本政党政治の形成』、一八六〜七頁。

(26) 前掲注(23)升味準之輔『日本政党史論』第四巻、二六四〜二六六頁。

(27) 脇栄太郎等四名の「脱会理由」（『読売新聞』一九〇七年三月三日号）。

(28) 大浦氏記念事業会編刊『大浦兼武伝』(一九二一年)では、大浦が表面に立って吏党を指導し始めたのは一九一一年九月頃からとしているが、新聞報道などをみるとこの一九〇七年頃からであった。
(29) 例えば一九一〇年の関税定率法改正案審議の際、穀類の輸入関税について都市選出議員の多い又新会などは無税を主張しているが、中央倶楽部は政友会とともに政府原案よりももっと引き上げるべきだという主張をしていた。この他、上山満之進によれば、大浦農商務大臣時代に国有林の民間への返還を要求する陳情が多くあったが、結局実現することは少なかったという(橋本五雄『金竹余影』〈冨山房、一九四二年〉、八〇頁)。明治維新の際の強引な国有林編入に対し各地でその返還運動が起こったが、政府側の窓口になっていたのは品川弥二郎であった。
(30) 桂と政友会の「情意投合」宣言を受けての柴四朗の桂太郎に対する発言(『読売新聞』一九一一年一月三〇日号)。
(31) 一九一三年二月五日の中央倶楽部の解散宣言(『読売新聞』一九一三年二月六日号)。
(32) 国民協会指導者であった品川弥二郎は、実業面でも全国的に活動し多くの実業家に人脈を持っていた。大浦兼武もこの品川人脈を継承していた可能性も考えられる。また、品川が中心となって創設された産業組合の人脈を受け継いだのが平田東助であった。なお、品川人脈については、池田さなえ氏が「明治期日本における政治家ネットワーク形成」(『日本研究』六六、二〇二三年)など精力的に解明している。
(33) 『読売新聞』一九一五年一一月一九日号および一〇月二七日号。
(34) 同前、一九一六年九月五日号。
(35) 前掲注(11)季武嘉也『大正期の政治構造』、第二部第五章参照。
(36) 『読売新聞』一九一八年二月一五日号。
(37) 同前、一九一八年九月五日号。
(38) 前掲注(20)『近代日本における「第三党」の研究』所収の前山亮吉「「昭和会」の研究」(『静岡県立大学国際関係学部紀要』一二、二〇〇〇年)、「第三党・明政会の政治技術」(『静岡県立大学国際関係学双書一八　テクストとしての日本』一二、二〇〇一年)参照。

第Ⅱ部　戦前選挙の実態

第一章　一八九〇年代の地域社会の混乱とその収束

はじめに

日本における近代国家建設の出発点は、いうまでもなく一八六八年の明治維新であるが、その日本で憲法が制定されたのはそれから二一年後の一八八九年であり、翌年から憲法に従って国会（帝国議会）が設置された。ただし、この大日本帝国憲法は、議会に対し予算や法令など立法の協賛権こそ与えたが、それが効力を持つには主権・立法権を持つ天皇や、天皇の国事行為を補助するとされた内閣の同意が必要であったため、明治時代（一八六八〜一九一二年）ではほとんどの時期において、天皇の信任を得た元老と、その影響下にある藩閥・官僚政治家など非選出部分が事実上有利な立場にあった。他方、地方議会は国会よりも一一年早く一八七九年には正式に設置された。すなわち、前年制定の三新法（郡区町村編制法・府県会規則・地方税規則）によって府県会の設置が明文化され、多くの制約こそあったものの、官選知事が提案する予算案に対し、選挙によって選出された民選の府県会議員が異議を唱えることが可能になったのである。さらに、一八八八年には市制町村制が制定され、翌年からは多くの府県で、やはり選挙によって選出された町村会議員による町村会が発足した。

では、この国家建設期における地方議会はどのような状況であったのかといえば、府県会では自由民権運動を背景に、予算やポスト問題を巡り県知事や議員が入り乱れて混乱が続き、町村会でも同様であったが、日清戦争（一八九四〜一八九五年）が終わった頃から府県会も町村会も混乱は鎮静化し、地方議会そして地方社会はいわゆる地方名望家秩序の下で安定していく、という展開を辿った。この点は、本書第Ⅰ部第二章第一節「戦前期の総選挙と地域社会」でみたように、各郡での衆議院議員選挙における投票が一名の候補者に集中していく過程と対応していると思われる。とすれば、出発点の明治維新から三〇年ほど掛かって、それまで封建制度下にあった日本の地方社会は、議会・選挙制度の下で新たな安定を取り戻したといえよう。そこで、本章では、地方議会の設置からその混乱が収束する一九〇〇年頃までの実相をみていきたい。

また、本章では、町村レベルでは宮崎県を対象として取り上げる。なぜ宮崎県かといえば、同県の県庁文書の残存状況が非常によく、史料的におそらく日本で最も充実している都道府県の一つであるからである。明治期の宮崎県は、特に大きな特徴を持った県ではなく、「どこにでもありそうな」農村社会と考えてよいであろう。現在のところ、府県会に比べて町村会に関する研究は非常に少ない。また、本稿でこれから明らかにしていくが、府県会と町村会では様相が大きく異なり、特に町村会では住民の現実生活に密着した争点によって対立が繰り広げられた。もちろん、宮崎県の例を日本全体そのものとして取り扱うことは許されないが、重要な一例であることも確かであろう。ただ一つ、この時期の宮崎県の他府県と異なる点は、改進党系政党の存在が見られないことである。自由民権運動の影響を受け自由党系政党は宮崎県に流れ込んできたが、大隈重信を中心とする人的ネットワークという性格が強い改進党系は、そのネットワークを宮崎県に及ぼすことができなかったのである。

一　府県会の設置とその混乱

一八六九年（明治二）二月、成立直後の明治政府は各府県に対して「府県施政順序」を発し将来の方針を示した。その中には「議事の法を立る事　従前の規則を改正し、又は新に法制を造作する等総て衆議を采択し、公正の論に帰着すべし。宜しく衆庶の情に悖戻せず、民心をして安堵せしむるを要す」という文言が挿入されており、地方議会の設置が予告された。いうまでもなく、明治新政府は帝国主義的な国際社会を生き抜くために、天皇を中心とした集権的体制を創出すると同時に、国民の協力を得、そして国民を動員するためにも一定の民主化を試みようとした。

この方針を受けて、一八七五年には全国の知事が集って地方官会議が開催され、府県会の在り方が議論された。それ以降、一部の県ではそれぞれの形式で実際に府県会を設置したが、それを全国的に定めたのが前述の一八七八年の三新法であった。そのうちの府県会規則によれば、満二〇歳以上の男子、選挙区内に本籍があること、地租五円以上を納める者が有権者となり、満二五歳以上の男子、府県内に本籍があること、満三年以上居住し、その府県内で地租一〇円以上を納める者が被選挙権者となった。そして、府県会では地方税に関する徴収と歳出（予算）が審議されることになったが、一方で議案はすべて知事側が提出すること、府県会の議決に対し知事が認可すべきでないと考えた場合は内務卿に報告しその指揮を受けること、も定められた。では、その実態はどのようなものであったのだろうか。

この時期の府県会や政党に関する歴史学的研究は、非常に多くの成果を挙げている。第二次世界大戦が終了して自由を得た日本の歴史学界は、研究対象として日本における自由の起源である自由民権運動に飛びついた。さらに、唯物史観が広まると、自由民権運動は革命運動の出発点としても注目され、その成功と限界が賑やかに論じられた。しかし、一九五五年以降になり学問として深化してくると、その実態の輪郭がしだいに明らかになっていく。それをごく簡単に要約すれば、以下のようになろう。板垣退助ら士族が提出した民撰議院設立建白書から始まった同運動は、その後豪農たちに強い影響を及ぼし、その豪農らは各地で地方政社を結成した、その結社は様々な形であったが、府県会が設置されると彼らは地方政社を背景に府県会議員として活動するばかりでなく、東京に集結して国会の開設を要求するようになり、さらには全国的政党の結成も目論むようになった、こうした運動の圧力によって、藩閥政府も一八八一年の明治一四年政変によって国会の一〇年後開設を約束せざるを得なくなり、民権派はそれを視野に自由党や改進党を結成した、その後、政府の弾圧や松方デフレによる不況によって運動は一時鎮静化したが、帝国議会開設が現実のものとして視野に入るようになった一八八七年になると、再び大同団結運動という形で民権派の運動は活発になった、ということになる。

以上の成果を踏まえ、本稿の課題に即して当時の状況を確認しておく。まず、有権者、被選挙権者の資格から考えてみよう。升味準之輔氏の推計によれば、一八八〇～一八八八年の間では、府県会議員数約二〇〇〇名、被選挙権者数約八〇～八八万名、有権者数約一五〇～一八〇万名で、被選挙権者は当時の全人口に対し約二%、有権者は約四～五%に当たるという(1)。これを江戸時代の村と比較した場合、江戸時代の村は概ね四〇〇人程度で構成されていた(2)といわれるので、被選挙権者の二%で計算すると、一村には八名ほどが存在したことになる。ここで重要なことは、納税を資格要件の中心としたことである。地租という、現在でいえば不動産など固定資産税を基準としたことは、土地所有者を主要な有権者としたことを意味した。じつは、他にも資格要件としていくつかの案が存在していたが、地租を軸に据えることにした理由は、「自由主義、破壊主義(3)」者たちを選挙から排除することにあった。すなわち、当時の日本で「自由主義、破壊主義」者には、教養はあるが、財産の無い士族が多いと考えられていた。そこで、比較的純朴だが財産のある地主・上級農民層を有権者の中核に据えようとしたのである。こうして、農村部の伝統的な役人・指導者層、これが地方名望家となるのであるが、彼らが有権者となった。

こうした形で設置された府県会であるが、その府県会の様相については、やはり升味氏が当時の内務官僚である大森鍾一の「地方制度沿革」(4)に基づいて、次のように整理している。すなわち、①一八七九～一八八一年の最初期の府県会は「はなはだ幼稚な時代で、会議も一般に平穏であって、すべて原案を黙従するありさま」であったが、②一八八〇年頃から一八八五年に至る時期は「壮年活気の時代ともいうべく、諸般のことすべて政府に反抗するをもって能事となし、つねに攻撃の挙動にでて、往々紛擾をかもした」のであった。しかし、③一八八四年以降は「議員もおおむね会議の性質に通じ、議事に慣れたので、協同して事を得るのでなければ、一般の利益を増進することのできないことを悟り、もっぱら当局翼賛の地位に立たんことを努める」ようになり、事態は収束したという(5)。しかし、もう少し詳しくみてみよう。

①の時期は、確かに地方名望家にとってみれば、町村内の自治には慣れていても近代行政や議会制度には未経験なので、手探り状態であったと思われる。そればかりでなく、「議員候補としてみずから名乗りをあげるものは案外すくなく、たとい候補に擬せられても、その多くはひたすら当選しないようにと郷党知己を集めて酒肴を供し、当選を固辞した(6)」というように、そもそも希望者が少なかった。

それが一変し、知事と府県会の対立が激化するのが②の時期であった。まず、知事についていえば、明治政府によって任命される官選の彼らは、政府の方針の徹底に努めた。その方向の一つは、府県会議員の批判を抑え込んで府県会を無事に運営することであり、もう一つは近代的な政策を実行しようと積極的な予算を組むことであった。このうち、特に問題となったのは後者で、知事の提案がいくら立派であっても、府県会議員は「民力休養」を主張して強く反発したのである。しかし、より多くの原因は府県会議員の側にあった。この時期の彼らは、あの民権派の福沢諭吉すらも「目下の処置に至ては智者も困却する所[7]」と匙を投げたように、府県会での議論が多事に亘り収拾のつかない状態となっていた。「〔知事提案に対し〕是非得失を論せす、妄に其費額を節減」「軽躁過激」「紛議錯雑幾度ひか会期を伸長して尚ほ閉会に至らす[8]」、あるいは知事の公選やその認可権の範囲の変更を建議したり、国税、兵役、外交などにまで議論が及んだという。つまり、議論が感情的、過激、放漫になり、また本来地方自治を論ずる場であるにもかかわらず国政まで論じられた。

この背景には、前述したように自由民権運動の盛り上がりがあった。特に、この時期の特徴は全国組織を結成しようとする動きであった。日本最初の政党は、一八七四年の板垣退助らによる愛国公党とされている。同党は愛国社へと組織を拡大し、西南戦争による一時的な沈滞を経て、一八七八年頃からは国会開設をスローガンに再び活発な運動を繰り広げ、さらには全国的な新政党の結成をめざすようになった。一方、沼間守一を中心とする嚶鳴社グループ（のちの改進党の中心的団体の一つ）も全国的なセンターの一つになりつつあった。愛国社も嚶鳴社も各地の府県会議員をターゲットに組織化を進めた[9]。このように、士族から始まった自由民権運動は、この頃から豪農（地方名望家）の府県会議員が中核となり、前述のように、国会開設を要求して東京に結集し、実際に国会開設を勝ち取ったのである。このような熱気があったからこそ、各地の府県会での議論も感情的となり、過激になったのであった。

③の時期であるが、前述の史料では府県会は「もっぱら当局翼賛の地位」に立とうとしていたとあるが、現実は少し異なるようである。確かに、感情的言動は影を潜めたが、その一方で党派争いが多発したことが指摘されている[10]。ただし、ここでいう党派とはこの時期解党ないし解党状態にあった自由党や改進党ではなく、各地の地方政社であった。もっとも、その地方政社も旧自由党・改進党幹部と連絡を保っている場合が多かった。その地方政社の間の争点

となったのは予算とポスト（議長・副議長・常置委員）であったという。このうち予算を巡る対立とは、予算を拡大して積極的近代化政策を推進するのか、それとも減税（民力休養）をめざすのか、あるいは地域的利害に基づく対立、簡単にいえば、治水と道路建設のどちらを優先するか、道路を通すとすればどこに通すかなど、具体的にどの地域にどのような形で重点的に予算を配分するのかといった争いであった。また、このような党派間の対立は、府県会議員の中に知事派と反知事派という区別も生んだ。すなわち、「もっぱら当局翼賛の地位」に立つような多数の知事派の形成に成功した府県も数多く生まれたのである。このように、自由党系、改進党系、吏党系が入り乱れた状態であったが、それでも一定の地域的傾向があったという。利光鶴松によれば、(11)

・九州地方「自由主義を奉ずるものと改進党は嘗て軋轢の弊害あることなく、〔略〕保守党と反目」

・兵庫・新潟・富山「曽て自由主義と保守党との軋轢なく、其軋轢は常に自由主義を奉ずる者と改進党との間に行はれたり」

という傾向があったという。

このような状態で、一八九〇年の帝国議会開設を迎えることとなった。最後に、府県会と帝国議会との関係について述べる。まず、新たに国会議員として選出された者の多くは府県会議員出身者であった。そして、彼らは政府の積極的近代化政策を支持する吏党陣営と、それに反対し民力休養、政党内閣制を主張する自由党・改進党の両党が形成する民党陣営とに分かれ激しく対立した。つまり、それまでの府県会における知事派と反知事派の対立は、そのまま藩閥政府・吏党と民党との対立に持ち越されたのであるが、藩閥政府としては多数派の民党を「もっぱら当局翼賛の地位」に立たせることに失敗し、初期議会期は議会解散を繰り返すしかなかった。しかし、他方で自由党・改進党も合同することはなく、衆議院内の主導権争いに没頭することが多かったのである。

二　町村制施行までの町村の実態

以上は、地方政社や府県会議員という地方エリートレベルの動向であるが、次に一般住民レベルである町村会の動向に移ろう。少し遡るが、日本の村は江戸時代の一七世紀中ごろに成立したとされる。江戸幕府が検地制度を採用したため、これはあくまでも原則であるが、農民は検地帳に記載された田畑を子々孫々まで耕すことになり、村は同じ規模、同じ構成メンバーによって永続することが予定された。そして、村は前述のように村方三役〈名主〈庄屋〉・組頭・百姓代〉を中心に約四〇〇人、約一〇〇戸の村民が自治的に運営したこともあって、彼らの凝集力は非常に強かった。明治時代初頭の一八七四年の調査では、このような村が全国に七万八二八〇ヵ所存在していた。では、その村が四民平等となった明治維新以降になるとどうなったかといえば、結果的にはその外形、規模や階層構造には大きく変化はなかった。もちろん、こののち、日本全体では人口が増加し新たな産業が勃興してくるが、村落に限定してみれば、農家戸数、農業就業者人口、耕地面積など数字的な面での急激な増減はなかったといわれる。

次に制度面であるが、これは短期間で大きな変更が繰り返された。まず、戸籍事務のために制定された戸籍法（一八七一年制定）によって区が設けられ、その区が町村に相当する行政区となった。しかし、近世村とこの区では区域が異なり住民にとって大いに不便であったため、一八七八年の郡区町村編制法で旧来の町村の区域に戻し、民選の戸長（ただし、民選をした上で知事が任命）を設けた。また同時に、町村会の設置も認められ、実際に開設する町村が出現すると、政府は一八八〇年に一〇ヵ条からなる区町村会法を公布してその大綱を定めた。しかし、一八八四年になると戸長は知事任命の官選となり、かつ平均五町村、五〇〇戸をめどに一名の戸長を置き、そこに連合町村会を設けることになった。

　では、村落内部の社会状況はどうかといえば、ここでも大きな変化が見られた。維新直後では、新制度への移行に反対する一揆が目立ったが、それが落ち着くと自由民権運動の影響がしだいに顕著になった。前述の一八八四年の戸長の官選化は、自由民権運動の影響を受けた人物が戸長になることを予防する意味もあったといわれている[12]。色川大吉氏は自発的、主体的に学習し生活や社会の変革に取り組む民衆の姿勢（文化革命）を示したが[13]、地域差は大きいものの、確かに民衆レベルまで運動の影響は広まった。

　また、村落指導者の立場が強化されたことも変化の一つであった。一八八一年に松方正義が大蔵卿に就任し、いわゆる松方デフレと呼ばれる財政政策が採られた。これによって、特に下層の農民は土地を手放して小作農化し、それに反比例して村落指導者や有力商工業者が土地を集積し経営規模を拡大した。このように、村落指導者たちは政治的には自由民権運動の担い手となり、行政的には戸長としてその末端を担い、経済的にはその力を強め、さらに一八八六年からいわゆる企業勃興期に突入すると、彼らは農業以外の産業にも進出して、資本家への道を歩み始める者も増加した。もちろん没落する者もいたが、前節でみたような府県会議員クラスの地方エリートも（そして国会議員も）[14]、この層から輩出されることが多かった。こうして、江戸時代の頃から農民の信望を得ていた彼らは、明治時代においても社会の中核を形成し、国家と国民を結ぶ重要な環となったのである。このような体制は、一般に地方名望家秩序と呼ばれている。

　こうした中で、一八八八年にこの後の地方制度の根幹となる市制町村制（以下、市制の部分には触れないので町村制として論を進める）が公布され、翌年から順次実施されていく。「地方共同の利益を発達せしめ、衆庶臣民の幸福を増進することを欲し、隣保団結の旧慣を存重して益之を拡張」することを目的とした同法の特徴を列挙すれば、

・独立の法人格として、公共事務・委任事務を処理する。条例・規則の制定権を持つ
・満二五歳以上の戸主である男子で、二年以上その町村に住み、地租または直接国税年二円以上を納める者を公民とし、その公民に町村会の選挙権を与える
・町村長は町村会で選挙され、原則として名誉職（無給）とする
・内務省・県知事・郡長など上位官庁の監督を受ける

であった。一般に、この町村制については自治権こそ与えられたが、その運営は名望家に限定され、国家の監督権が強かったと評されている。しかし、これは事実とはかなり異なっていると言わざるを得ない。

三　町村制施行後の宮崎県町村の状況

以下、町村制施行後の町村会の実態については宮崎県を実例としてみていく。同県の場合、それまでの住民の不満は一揆や官有林野払戻し運動、分県運動（一八七六〜一八八三年鹿児島県に併合されていた）など権力に対する抗議として発現していたが、町村行政の在り方そのものには特に大きな混乱はなかった。しかし、施行後は全く別の形をとって現れる。簡単にいえば、「自治」「選挙」「訴願」という新しい形式をとる村内対立が数多く登場したのである。

まず、村内対立について説明しよう。町村制を施行する際、内務省は三〇〇〜五〇〇戸を標準として町村を合併するよう指示した。近世村には比較的規模の小さなものが多く、当時では約七割が一〇〇戸以下であったといわれる。しかし、これでは「近代国家建設のため必要とされるさまざまの事務が、市町村の機能として期待され、市町村は、その事務処理に要する財源を負担しなければならな」いにもかかわらず、「このような弱小町村をもって直ちに市制

町村制を施行することは「炭火を擁して涼風を求むる」に等しかった」ためである。「近代国家建設のため必要とされるさまざまの事務」とは、小学校経営、公共土木事業、産業振興および国家委任事務などであるが、ここで特に問題となったのは、どの村とどの村を合併させるかであった。近世村は規模こそ小さかったが、固定されたメンバーが長期間に亘って共同生活をしてきたので、それぞれ固有の歴史、文化を持ち、凝集力が強かった。したがって、それらを合併させた場合には当然亀裂が予想されたので、内務省としても「勉めて民情の帰する所を察」して実施するよう指示した(15)。こうして全国で町村合併が行われ、七万余あった近世町村（合併後は大字）は、一万五八二〇の近代町村（平均戸数四九〇戸）に生まれ変わった。

宮崎県では、三九三町村が一〇〇町村に減少した。しかし、県が「民情の帰する所を察」して各村に合併案を提示したところ、この時点で約四分の一の町村から不満が噴出した。理由は、旧藩の違いに由来する「民情」の相違、地勢、経済的利害関係などであったが、結局、県は原案のほとんどを押し通すことに成功した(16)。ただし、この時点での抵抗はまだ序曲にすぎなかった。

町村制が施行されて二年がたった時、宮崎県知事は各郡長に町村の実態と将来の方針について諮問した。これに対する郡長の回答の中には次のようなものがあった。すなわち、町村公共の事務は町村自らこれを処理する（町村制第二条、ただし前述のように上位官庁の監督を受ける）という自治本来の方針から、郡としては「勉めて干渉の政策」はとらなかったが、町村長の多くは「法律命令の如何を顧み」ず事務を処理しようとしたり、また町村長が町村会に「抑制」されてしまって事務が渋滞したりするなど、自治の目的が達せられていない、この原因は「自治なる語を誤解」して町村は自由に事務を処理できると勘違いし、郡や県の干渉を嫌うためである、と(17)。「自治」という言葉は明治政府自ら強調したものであるが、自由民権運動を経験した人々にはその言葉が誘発剤となり、自治を自由と強く結びつけて理解したものと思われる。

この傾向は、選挙においていっそう露骨に現れた。この点は、有馬学氏の研究や『宮崎県史　史料編　近・現代五』（宮崎県、一九九七年）に詳細に記されている。それらによれば、町村制施行から一八九六年までの八年間に五九の住民間紛争があったという。そして、その特徴は、①時期的には一八九一〜一八九三年頃に多発している、②多くの場合、一村内の二派の対抗という形態をとる、③対立は大字単位など村内の地域間対立である場合が目立つ、④対立の原因は様々であるが、それが表面化する時は選挙制度の解釈を巡る訴願[18]に発展することも多かった、⑤対立は実在の政党間の対立というよりも、民党対吏党というイメージ上の政党間の対立の形をとる場合もあった、などであった。まず、①であるが、これは前述したように、中央政界における藩閥政府と自由党・改進党など民党の対立が頂点に達していた時期と重なる。なかでも、一八九二年の第二回衆議院議員総選挙で品川弥二郎内務大臣が民党に弾圧を加えたとされる選挙干渉事件は、地方社会にも深い亀裂を生んだ。つまり、地域の対立は中央政界の対立と連動したのである。

では、④の対立の原因は何かといえば、道路や役場位置を巡る争い、村長・村吏の不正経理や怠慢の指摘、分村の希望、税金を巡る争い、そして純粋な党派間争いなどであり、その対立が町村会議員選挙の無効を訴える訴願という形をとることが多かった。このような事態について、県当局は次のように捉えていた。

町村の自治をして完全の域に達せしめんには専ら各自共同和合、能く一定の業務に従ふに在り。然るに今日の状勢を察するに、議員選挙の競争を以て延て郷党の私交に及ほし、動もすれは共同和合の誼を壊らんとするあり[19]

つまり、町村に持ち込まれた選挙という制度が、私交すなわち人脈・派閥間の対立を正当化したことで、従来は陰に隠れ表面化しなかった派閥争いが正々堂々と行えるようになり、それが町村の共同性を破壊しているというのである。

一つだけ具体例を挙げておきたい。[20]一八九二年五月に村会議員選挙が実施されたその村では、選挙前に村内各大字の代表者が集まり、前回の選挙と同様に、まず大字ごとに有権者たちによる私選会を開催し、そこで多数の支持を得た者だけを候補者とする、また選ばれた候補者は自分の大字以外では選挙活動をしない、との誓約を交わした。これは、各大字からなるべく平等に議員を選出しようとするためであり、村の「共同和合」を維持するための工夫であった。ところが、ある大字で私選会では少数となったにもかかわらず選挙活動を行う者が現れ、しかもその人物は別の大字でも饗応を行うなどして当選してしまった。このような「不徳義」な議員には村の立法権を委ねることはできない、として選挙無効の訴願が提出されたのである。ここで重要なことは、饗応という選挙違反を咎めることよりも、村全体の誓約を破った点に重きが置かれていることである。この訴願は村会によって却下されたが、当時はこのようなことでも訴えられた。

以上は宮崎県の例であるが、この時期の全国的な状況について、町村会議員選挙や役場位置の争いなどによって「刑事訴訟等まで及び、郡として五、六、若くは七、八の裁判事件の起って居らぬ郡はなかった」[21]という証言もあり、このような傾向は宮崎県に限ったものではなかったと考えられる。ただし同県では、一八八三年まで鹿児島県に併合されていたこともあって、中央政党の影響力が直接及ぶのが比較的遅く、[22]しかもそれがほぼ自由党に独占されて、改進党系勢力が見当たらないという特徴が挙げられる。このことを前提として、⑤すなわち村内の対立と政党の関係に移ろう。

前述のように、村内対立は二派の対抗という形をとることが多かったが、これを政党の視点から史料に即して、

ア、二派とも政党とは関係がない

イ、民党と吏党が対立し、その対立が村内地域間対立と連動している

ウ、やはり民党と吏党が対立しているが、地域間対立ではない

という三類型に分類してみた。これを数的にみれば、全約六〇件の内、ア型が約五〇件、イ・ウ型はそれぞれ五件ずつであった。しかし、この数以上に政党は地域社会の末端にまで浸透していたと思われる。それは、後述するとして、まずア型であるが、これは大字対大字という単純な場合が最も多いが、新派対旧派、改革派対非改革派、大組対小組、村長対村議など様々な表現で語られていた。ただし、残念ながらこれ以上分析することはできない。

イ型については、一つの例を挙げておこう。その村には二つの大字があり、各大字が以前から所有していた共有地[23]を新たな村の基本財産として提供させたが、そのうち、一つの大字がそれを大字に戻し、かつ民情が合わないので分村したいと訴えた。この対立は一八九二年の衆議院議員総選挙の際の民党対吏党の対立と結びつき対立は増幅された。興味深いのは解決の仕方で、県が仲裁に入り、共有地は再び大字の共有地に戻すとともに、分村を訴えた大字からの村会議員の枠を分村派（吏党）六名、非分村派三名（自由党系）とし、さらにもう一つの大字の議員を非分村派三名として調和を図るよう提案すると、両派ともこれを「公平至大なる御仲裁[24]」として受け入れたのであった。

ウ型では、人脈上の対立や、地主対小作と関連したケースが存在する。このうち後者の場合は、郡長の報告によれば、対立に関し「別に起因とする処なきも、過般衆議院議員総選挙幷に県会議員半数改選の際、民吏両党競争、遂に民党の勝利に帰せしを、吏党に於て遺憾の余、竟に分村論を発起せしもの丶如く[25]」とあるように、一八九二年衆議院議員総選挙による民党対吏党の対立が村内両派の対立を呼び覚まし、民党派の地主が反民党派の小作人の小作地を取り上げ、それに対し吏党派地主も同様の措置をとったことから発生した。つまり、党派対立と階級対立が連動していたのである。

最後に、「民党」という意味について考えてみよう。前述したように宮崎県の場合はほとんどが自由党なので、民党はすなわち自由党である。しかし、史料上では自由党〔派〕という表現よりも「民党」という表現が多用されている。では、その違いはどこにあるかといえば、規約を持ち組織を持つ実在の政党と、曖昧で緩い人的結合体であるイメージとしての民党の差異と考えられる。実際に一八九〇年代の宮崎県では、地域名の下に「民党倶楽部」という名称を付けた団体が各地で生まれたが、その特徴は、有馬学氏によれば「第一に、それが緩やかな組織であったこと、第二に、郡や村レベルの民党倶楽部が選挙においてきわめて有効に機能したこと、第三に、その活動を通じてもともと概念装置であった「民党」なる呼称が実体の表象として機能しはじめたこと」(26)であった。こうして、宮崎県では自由党ではなく、民党として政党は社会の中に浸透したのである。おそらく、曖昧であるからこそ、浸透しやすかったものと思われる。そして、それを促進、増幅したのが選挙であった。

四　混乱の収束過程

最後に、府県・町村に跨る混乱が収束していく過程をみていきたい。まず、中央政界について確認しておきたい。この点は、第Ⅰ部第二章第一節「戦前期の総選挙と地域社会」で触れたので、要点のみを記すが、いわゆるデュヴェルジェの法則とは異なり、一候補者独占型がしだいに増加し、最終的には隈板内閣下の第六回総選挙で、自由党・改進党系の民党が大合同した憲政党の候補者が、六三％の選挙区で独占的に票を獲得した。このように、国家レベルでも混乱は収束に向かっていた。

このことから当然、地方レベルも同じであったことは想像に難くないであろう。県レベルでいえば、宮崎県では各地の民党倶楽部が集合する形で日州民党なる政社が結成され、それはのちに立憲政友会につながっていく。他府県でも県単位でほとんどの勢力を網羅した政治団体が樹立され、さらにそれを梃子にして憲政党に合流するケースも見受けられる[(27)]。では、町村ではどうか。ここでいえることは、前述のような対立は、宮崎県でいえば一八九三年頃を境にしだいに減少しており、やはり全国でも同じような傾向であったと思われる。

さて、混乱収束の理由であるが、宮崎県を例に三つの仮説を提示しておきたい。第一は、日清戦争の勃発である。近代国家として初めて経験する戦争は、国民に大きな衝撃、危機感を与えた。中央では、あれほど藩閥政府と敵対していた民党も、とりあえず全会一致で政府提出の軍事予算を可決した。また宮崎県でも、例えば千田貞暁知事は、

物産ノ興起、人智ノ進歩尚一層ノ発達ヲ企図スルハ今日ノ急要ナリトス。征清ノ軍ハ連戦連勝克ク之カ目的ヲ達シ、帝国ノ光輝ヲ宇内ニ赫燿スルト同時ニ、之ニ対スル責務ノ至重ナルモノアルニ於テヲヤ。此時ニ際シ人々元気ヲ振起シ産業ヲ励ミ国家富強ノ根蔕ヲ培養シ、平時ニ戦時ニ世界ノ諸強国ニ凌駕スルノ覚悟ナカルヘカラス。故ニ今後地方施設ノ道ヲ講究シ県内一途事ニ此ニ従フハ現時ノ要務ナリ[(28)]

と、戦争を契機として「県内一途」となり「国家富強ノ根蔕ヲ培養」するよう求めた。黒船来航によって始まった近代日本は、対外競争に対し敏感であり、挙国一致が唱えられることが多く、特に日清戦争を通して初めて国民国家になったともいわれる。

第二は、特に地方レベルでは、ジェームズ・ブライスの「地方自治は民主主義の学校である」という有名な言葉もあるように、自治行政に習熟したことである。日本の場合、例えば、衆議院議員候補者を各郡で持ち回りとしたり、地方議員ではすでにみたように、あらかじめ地域別に候補者数と候補者を決めておくなどして、地域間のバランスを取ろうとする傾向が強かった。このことは、人事ばかりでなく、土木などその他の面でも同じであった。つまり、習

熟するに従って、相互にバランスを取ろうとする姿勢が強まったと思われる。もう一つだけ指摘しておきたいのは旧慣の利用である。町村制自体はドラスチックな制度変更であったが、実際の運用が始まると、しだいに伝統的な団体を利用するようになった。宮崎県の例でいえば、明治維新以降衰えていた五人組の復活である納税組合や、消防・勧業・衛生などで活躍する若者組のような制度が復活した。また町村間の関係においても、以前から結成されていた水利や土木に関する町村間連携が町村組合という形で復活した。この他、有給村長の活用、行政事務量の低減なども、地方行政の安定に寄与したようである。[29]

第三は、産業発展志向の強まりである。日清戦争以前より、自由党系の一部には積極主義を標榜して産業発展を強く希望し藩閥政府と妥協しようという意見が登場していた。[30] つまり、鉄道・道路・港湾など土木インフラ充実のためならば、民党的な民力休養論を放棄して藩閥政府提出の予算案を支持してもよいというものである。この変化の要因を、農村地域がほとんどを占める宮崎県でみてみよう。まず、指摘できることは、積極的な知事の存在である。先の千田知事もそうであるが、官が主導して勧業政策が推進された。次に指摘できることは、近代産業ではなく第一次産業を対象にしたものであったことである。この場合、内務省が提唱していた農会や産業組合を利用した農村の共同化の方向で推進される傾向が強かった。このことはさらに、地域の一体性を強調することにもつながった。[31]

県下今日ノ情況ニ於テ一社一組ノ資力ハ、未タ以テ大ニ為スアルニ足ラサルコト論ヲ待タスシテ明カナレハ、今日ニ希フトコロノ一大団体ハ惣合混成組織トシ、国家的政府監督ニ帰シ統一スルトコロアラシメ、其部長ハ恰モ軍隊ニ於ケル軍司令部長ノ位置ニ立テ、役員皆其ノ規程ニ依リテ運動シ、産業ハ国家的根本平時ノ軍隊ニシテ、吾人国民ノ起臥忘ルヘカラサル一大事件ナルノ観念ヲ起サシムル[32]

と、明治期の前田正名や昭和戦中期の国家総力戦を連想させる言説も登場した。日清戦後には府県単位で諸政党勢力が連合していくことを紹介したが、その背景にはこのような地域の組織的共同による産業発展志向があったと思われる。

おわりに

日本における国家建設期では、それまで分権的封建的であった社会から、世界的な帝国主義状況の中で生き残るべく、すべての地域が協力するような体制を築くことがめざされた。その最初の試みが、一八七九年以降設置された府県会であった。政府は十分な監督権限を担保しつつも、住民に自由と自治を提供したのである。しかし、府県会は自由民権運動の高まりによって対立の場となる場合が多かった。伝統的な地域リーダーである地方名望家たちは、自分が中心となって多くの地方政社を結成し、日本初の帝国議会議員という名誉を巡って激しく争った。

次に町村レベルをみれば、急激な制度変更に伴って明治維新以降様々な形の一揆がみられたことは周知の通りであるが、宮崎県の場合、一八八三年の鹿児島県からの分県以降は大きな抵抗運動はみられなかった。そんな中で、重要な転機になったのが市制町村制に伴って実施された町村合併であった。学校や役場の位置、町村税徴収の方法、その他現在では思いもつかないような争点が出現し、町村は蜂の巣をつつくような状態となった。

このような地域間対立も、日清戦争後になると急速に鎮静化した。その原因として考えられることは、日清戦争の勃発、自治行政の習熟、産業発展志向の高まりであったように思われる。

注

(1) 升味準之輔『日本政党史論』第二巻(東京大学出版会、一九六六年)、五九頁。また、坂根義久編『論集日本歴史 10 自由民

権』（有精堂出版、一九七三年）はこれに関する重要な論文を収録し、かつ的確な研究動向を記している。

（2）渡辺尚志『百姓の力』（柏書房、二〇〇八年）による。

（3）河村又介「明治時代に於ける選挙法の理論及び制度の発達（一）～（三）」（『国家学会雑誌』五六―一一・一二、五七―二）。

（4）「大森鍾一関係文書」（後藤・安田記念東京都市研究所市政専門図書館蔵）所収。亀卦川浩『明治地方自治制度の成立過程』（東京市政調査会、一九五五年）に収載。

（5）前掲注（1）升味準之輔『日本政党史論』第二巻、六七頁。

（6）前掲注（1）升味準之輔『日本政党史論』第二巻、五九頁。

（7）大霞会編『内務省史』第二巻（復刻版、原書房、一九八〇年）、四一三頁。

（8）前掲注（4）「大森鍾一関係文書」。

（9）嚶鳴社や改進党系の全国組織化については、伊藤隆「明治十年代前半に於ける府県会と立憲改進党」（『史学雑誌』七三―六、一九六四年）が詳しい。

（10）鳥海靖「帝国議会開設に至る「民党」の形成」（『歴史学研究報告』一〇〔『東京大学教養学部人文科学科紀要』二八〕、一九六三年）。

（11）利光鶴松『政党評判記』（明治文化研究会編『明治文化全集』第三巻、日本評論社、一九六七年）、三六一頁。なお、詳しくは、前掲注（1）升味準之輔『日本政党史論』第二巻参照。

（12）地方制度の確立については、御厨貴『明治国家形成と地方経営』（東京大学出版会、一九八〇年）参照。

（13）色川大吉『自由民権』（岩波新書、岩波書店、一九八一年）。

（14）坂根嘉弘『日本伝統社会と経済発展』（農山漁村文化協会、二〇一一年）参照。

（15）前掲注（7）『内務省史』第二巻、四二五～四二六頁。

（16）『宮崎県史　史料編　近・現代三』（宮崎県、一九九五年）、六七頁。

（17）『宮崎県史　史料編　近・現代四』（宮崎県、一九九六年）、一二五頁。なお、郡は県と町村の間にあり、県知事が任命する郡長は、県側に立って町村を監督することが最も重要な任務であった。

（18）ここでいう訴願とは、町村長、町村会あるいは個人が監督者である郡長や県知事に対し、町村の行政上の処分や違法性を訴えること。行政訴訟に発展することもあった。

(19) 前掲注(17)『宮崎県史　史料編　近・現代四』、一三五頁。

(20) 同前、四五六〜四六〇頁。

(21) 一九一九年二月二六日の帝国議会衆議院での大津淳一郎の発言（第Ⅰ部第一章注(26)）。

(22) 一八八九年に結成された日州同志会が宮崎県の政党の嚆矢とされている。

(23) 町村制では、大字に共有地を新町村に提供させ、それを新町村の財源とする予定であったが、多くの大字は提供せず、そのため新町村の財政的基盤は弱かった。

(24) 『宮崎県史　史料編　近・現代五』（宮崎県、一九九七年）、四一五頁。

(25) 同前、五五八頁。

(26) 有馬学「ムラの中の「民党」と「吏党」」（『年報・近代日本研究一九　地域史の可能性　地域・日本・世界』山川出版社、一九九七年）、二六二頁。

(27) 一八九八年の福岡県の筑前倶楽部がこれに該当するし、秋田県でも同様の現象がみられる。その他は今後の課題としたい。

(28) 前掲注(24)『宮崎県史　史料編　近・現代五』、八五五〜八五六頁。

(29) 町村制では村長は無給とされたが、村内に適任者がいない場合は他村から有給で事務に精通した人物を雇ってもよい、という規定があった。

(30) 坂野潤治『明治憲法体制の確立』（東京大学出版会、一九七一年）。

(31) 小農が多い日本では、後の農業協同組合のように、農村・農家の共同化によって農家経営を維持しようとする試みがなされ続けた。

(32) 前掲注(24)『宮崎県史　史料編　近・現代五』、一一一九〜一一二二頁。

第二章　大同団結運動から憲政党の結成へ

はじめに

第Ⅰ部第二章第一節「戦前期の総選挙と地域社会」および第Ⅱ部第一章でみたように、明治二〇年代（一八八七〜一八九六年）の地方状況は激しい地域間対立から「地方的団結」に向かった。そこで本章では、選挙とはいったん離れるが、この「地方的団結」が中央政界にどのような形で影響を与えたのかを見ていこうと思う。もちろん、地方と中央の関係は相互に影響し合うものであるが、ここでは一八八七年に起こった大同団結運動から、一八九八年に衆議院議員の八一％以上を占めた憲政党の結成とその分裂までの経緯を、この観点から考えてみたい。この八一％という数字は、一九四二年の候補者推薦制度によって推薦され当選した議員の割合とほぼ同じであり、おそらく投票の自由が保障された状況の中では、これ以上の数字を超えることは現実的に難しいように思われる。すなわち、それほど憲政党の結成は異常な事態であった。ここに至った過程を解明しようというのである。

また、この問題は、それまで政党という概念がなかった日本において、政党がどのように認識されたのか、さらに、それはいわゆる政党制（政党システム）の面からみれば、どのようなものであったのか、という点とも結びついていた。合わせて考察していきたい。

一　政党の誕生と政党制

具体的考察に入る前に、まず明治期の政党に関する考え方を紹介しておきたい。日本における政党の誕生については、山田央子氏の研究(1)が重要である。以下、本章と直接関係する部分のみを簡単に取り出そう。福沢諭吉がイギリスの議会政治をみて、何の事やら少しもわからず、と言ったことは有名であるが、日本では「党」といえば私利私欲を追求する「私党」イメージが強かった。そこに、自党の利害よりも国家の利害すなわち公益を優先させる「公党」観念が西洋から紹介され、例えば、日本で最初の政党といわれる愛国公党も公党を名乗った。その後、国会開設をめざす自由民権運動が高まると、全国から政治結社が集まって国会期成同盟を結成し、実際に国会開設を勝ち取ることに成功した。このように、国会開設という政治目標を共有していた彼らは、その勢いで一八八一年に自由党を結成した。一方、「立憲の政は政党の政なり。政党の争は主義の争なり。故に其主義国民過半数の保持する所と為れは其政党政柄を得へく、之に反すれは政柄を失ふへし(2)」と理解し、イギリス流の二大政党制に基づく議会政治をモデルにとった大隈重信は翌年に立憲改進党を組織した。ただし、「公党」「私党」という意識も根強く存在し、特に自由党は改進党を「偽党」と非難しその「撲滅」を叫んだ。この排他性は自らが唯一の政党であるという主張でもあった。また、自由党について山田央子氏は、当時イギリスでは名望家政党から組織政党（大衆政党）へ移行しつつあり、その中で政党は「有権者が平等に参加できる機会（パブリック・ミーティング）をベースに、それを下から上へ積み上げるピラミッド型の組織を創りあげようとしていた(3)」ので、この頃の日本の自由党も同じような「軍隊」的組織をめざしていたとしている。この志向は、第Ⅰ部第三章第一節「明治後期・大正期の「地域中央結合集団」としての政党」で指摘したように、立憲政友会に継承される。

以上の経緯を辿って、自由党・立憲政友会の自由党系政党と、立憲改進党・進歩党・憲政本党・立憲国民党・立憲同志会・憲政会・民政党の改進党系政党という、戦前日本を通じた二つの有力政党の流れが形成された。ここでは、この二党が一貫して多くの議席を占め続けたという事実を、**議院における二党制**としておく。

しかし、伊藤博文が中心となって制定された大日本帝国憲法は、天皇が元首として統治権を保持し、立法・行政・軍・司法の各機関が翼賛する体制を規定していた。そのため、議院以外にも有力な政治集団が存在し、むしろ人事権を持つ明治天皇の信頼を得た藩閥の方が当初は圧倒的な勢力を誇っていたが、この藩閥に対抗するため、明治期では衆議院で自由党系政党と改進党系政党が協調する場面が多かった。つまり、両党は一方で鋭く対立しながらも、議院外部では共同歩調をとることが可能であった。この場合、自由党系政党と改進党系政党を合わせて民党と呼び、一方、藩閥政府に近い政党を吏党と呼んだ。このように、民党という存在は実体ではなくあくまでもイメージ上のものであり、マスコミ上に数多く登場する社会的通念であった。しかし、じつは厳密な組織としての政党としてよりも、曖昧であり自由であるだけ一般社会には浸透しやすい面があったことは、第Ⅱ部第一章第三節「町村制施行後の宮崎県町村の状況」で引用した有馬学氏の指摘通りである(4)。このような民党・吏党を、ここでは**イメージ上の二党制**とする。

ところで、黒船来航に象徴されるように、帝国主義的国際関係の中でいかに独立を維持するかという国家的、国民的危機意識から始まった近代日本では実際に次々と国家的危機が生起し、そのたびに「挙国一致」が叫ばれた。この意識は、右に紹介した私益よりも国家的利益を優先し、かつ自らを排他的な唯一の「公党」と規定する政党組織と結びつきやすかった。つまり、国家的国民的危機に対しては国家、国民が一体となって立ち向かうべきである、という発想である。このことを指摘したのが宮地正人氏であった。氏は、日露戦後から第一次大戦期頃までを念頭に「国民主義的対外硬派」という概念を導入し、日本の国力の発展は国民を含めて「挙国一致」的に行うべきであり、具体的には政党内閣によって実現されるべきであるという主張がかなり広範に存在していたことを実証した。(5)この「国民主義的対外硬派」の場合、民党を中心とした挙国一致的な政党内閣を想定しており、一八九八年の憲政党、隈板内閣がいわばそのモデルであったと思われる。このように、この発想は日露戦後に限らず、後ほどみるように、大同団結運動から第一次世界大戦頃までみられるものであった。これを、ここでは**国民的一党制**としておく。

筆者は以前にさらに明治期の挙国一致論を分類し、このような「対外硬派的挙国一致」とは別に、もう一つの「指導者集団挙国一致」という概念を提唱した。(6)それは、大日本帝国憲法に規定されたすべての政治機関の指導者たちが、やはり国家的危機に対して協調すべきである、というものである。これを「対外硬派的挙国一致」と比較した場合、第一に、「対外硬派的挙国一致」が国民の輿論を下から上に積み上げようとするのに対し、ここでは最初に国家エリートによる協調が重視され、そののち上から下に向かっていくことになる。第二は、衆議院に限定した場合、政党が他の政治機関と協調することになり、いわば全政党が吏党的存在になるということでもある。つまり、衆議院で吏党の議席が増加すれば、国家的挙国一致が達成できる訳である。第Ⅰ部第三章第二節「山県有朋と三党鼎立論の実相」でみた吏党とは、このような存在であった。そこで、このような類型を**国家的一党制**とする。

以上が明治期に多くみられた政党理解であり、政党制に対する見方であった。以下、このことを念頭に大同団結運動から憲政党結成への過程をみていく。

二　大同団結運動

一八八七年（明治二〇）五月一五日、全国から二〇三名の自由民権家を集めて大阪で開催された全国有志懇親会の席上、主催者の星亨は「今日の時勢は、我々有志が我は自由党なり、我は改進党なり、我は独立党なり、我は保守党なり抔と主義上に些少の異同あるを以て相分立するを許さざるの場合なり。今日の時勢に処するには小異を捨て大同に就き、相互に包容して大に計画する所勿る可からず」(7)と述べ大同団結を要請した。この運動は、条約改正を巡る政府批判とも結びついて、いわゆる「三大事件建白運動」（言論集会の自由、地租軽減、条約改正）に発展し、世論を盛り上げることに成功した。しかし、これに危機感を抱いた藩閥政府は保安条例を制定し、四〇〇名以上の運動家を東京から追放したことによって事態は鎮静した。

こうして、一旦は収束したかにみえた大同団結運動であるが、じつは民権派以外でも同じような発想を持つ者が多かった。例えば、ナショナリズムの提唱者として知られる保守派の陸羯南もその一人であった。彼は、現在の政治家にとって必要なことはイデオロギーを巡って争うことではなく、「眼前に横はる所の実際の問題に就き、各々其意見議論を相投合するや否やを研究すること」であり、具体的には「憲法なり、外交政略の方針なり、財政の整理なり、兵馬及警察の組織なり、地方自治の問題なり、農工商の政策なり」がその実際の問題である、そして、もしこれらについて意見が大体において一致すれば、イデオロギーを超えて大同団結すべきであると述べている。(8)陸羯南が言うところの民権派と保守派が最も一致できる「実際の問題」として、この時期最もふさわしかったのが「外交政略の方針」、すなわち条約改正問題であった。両派は井上馨外相が外国人判事を登用しようとしたことを民族的危機と捉え強硬な反対運動を繰り広げた。

また、陸は一八八八年八月に次のようにも述べている。

従来の輿論なるものは、多くは社会の上層に浮べる流動の輿論にして、其深く下層に沈める人民の固形体の輿論に遠かりしと謂はざるべからず。蓋し此の社会の下層に沈める人民の輿論を発揮し、之れをして一国政治の原動力ならしむべきの機関は地方的団結にして、即ち地方的団結は各々其地方人民の意見を代表し、更らに他の地方の同志一味なる地方的団結と相連合し相団結して、遂に全国の大同団結となるを得ば、是れ即ち吾輩が所謂完全たる集合体を形成するの時期決して遠きに非ざるべし。完全たる集合体とは何ぞや、真正の政党是れなり(9)

陸が欧化主義に反対し、歴史的伝統の上に立つ国民の統一（「国民主義」）を提唱したことは有名であるが、ここにあるように、「社会の下層に沈める人民の輿論」を吸い上げて国民的な世論を形成するには、「地方的団結」を積み上げることによって組織された政党こそが相応しい、と「政党」主義者でもあった。ここに、前述の国民的一党制を確認することができよう。

また、民権派とは正反対の立場にあり、のちに吏党国民協会の指導者となる藩閥政治家の品川弥二郎も「宇内の大勢は、今や頻りに吾人を叱咤して、列国虎闘龍搏の競争場裏に駆逐し、復蝸角の小争を許さず。此の時に当り、猶区々の感情の為めに、互に相疎外して国家の当さに為すべきの事業も着手すること能はずして、荏苒歳月を空過せば、則ち終に此の大勢を奈何せんや」「一市一村の経済組織鞏固にして、而して後一国の経済も始めて鞏固なる訳合で、地方の生産力萎靡振はずんば、一国の経済は亦進歩する訳はありません(10)」と述べている。ここで品川が問題にしているのは国家的問題ではなく地域的な産業経済であるが、小異を捨てて地方から積み上げようという発想自体には相通ずるものがあった。

以上のように、大同団結運動の発想は底流としてその後も生き続けていくが、帝国議会開設当初は様々な理由で発現することはなかった。以下、その経緯をみていこう。

保安条例を発したものの、翌年成立した黒田清隆内閣では民党の中心人物である大隈重信、後藤象二郎を入閣させ彼らを運動から引き離した。民党側も組織化の方法をめぐって、大同団結運動に集結した緩やかな連合をそのまま政党組織にしようとする河野広中ら「政社論」派（大同倶楽部）と、イデオロギーに比重を置き「軍隊」的組織化に反発する大井憲太郎らの「非政社論」派（大同協和会）の二派が対立、一八八九年五月には分裂しこれをもって大同団結運動は幕を閉じた。

一八九〇年七月の第一回衆議院議員総選挙を控えて、候補者たちは当選するために再び団結する必要に迫られたが、なかなか調整することができず、結局各府県では大同倶楽部、大同協和会、愛国公党（板垣退助が高知県や関西地方の旧自由党系運動家を組織）、改進党、保守派が、各地でそれぞれ独自に提携関係を組みながら選挙戦に挑んだ。「地方的団結」とは程遠い状態だったのである。

第一回総選挙の結果は、このような状態であったため党派別の選挙結果は判然としないが、概ね自由党系が一三〇名、改進党が四〇名、保守派が七九名であった。こうしたなかで、むしろ中央政界の方がいち早く団結を取り戻しつつあった。簡単にいえば、近代化政策を力強く推進すべく様々な事業を予算に盛り込んでくるであろう藩閥政府に対抗するため、民党派はある程度団結する必要に迫られたのである。まず、自由党系とも改進党とも関係が良好であった九州地方の議員(11)が中心をなしていた九州同志会が民党の大合同を提案した。結局、これは改進党の反対で成功しなかったが、第一党になることには成功した。そして、一八九〇年一一月に帝国議会が始まり、超然主義に立つ藩閥政府が強硬な姿勢で積極的な予算案を提出すると、民力休養論を主張して自由党も改進党も一致し、過半数を超える民党陣営が形成された。

一方、保守派も七九名を集めて大成会を結成した。ここで、吏党についてもう少し説明を加えておきたい。民党派が条約改正問題で国権拡張を強く支持したように、保守派の多くも明治維新が達成した自由や民主化に反対ではなかった。保守派が民権派と違う第一の点は、第Ⅰ部第三章第二節2で紹介した吉野泰三の「壮士」に対する批判にみられる道徳や天皇制を重視する姿勢であり、これは吉田松陰思想の普及となって現れる。第二は、前述の品川弥二郎の言葉にもあったように、殖産興業により熱心であったことである。この点で彼らは、民力休養論の民党よりも藩閥政府の考えに近かった。藩閥政府側ではこのような吏党を利用して、例えば品川弥二郎のように、吏党を衆議院の中核に据え国家的一党制を実現しようとしたのであった。ただし、殖産興業の地方への普及には大変に熱心であった品川であるが、そもそも政党に批判的な彼が吏党の議席を増やすことに意欲を示したのは総選挙の一時だけであった。

こうして、中央政界は、民党対吏党というイメージ上の二党制となり、一八九四年の日清戦争勃発まで両陣営はお互いに妥協できない深刻な対立を繰り広げた。升味準之輔氏が述べるように、大同団結運動以前に府県会を舞台に対立していた知事と府県会議員の姿が、そのままこの時期の帝国議会に持ち込まれたのである(12)。

三　憲政党の結成

日清戦後になると「地方的団結」熱が高まり、国民的一党制あるいは国家的一党制成立の環境が整えられていく。最後に憲政党結成の場面をみてみよう。

前述のように、「地方的団結」を促した要因が殖産興業と日清戦争にあるとすれば、民党側も民力休養論から殖産興業重視へ転換することや、従来以上に対外硬に力点を置くこととなる。ただし、それまで民力休養論によって国民の支持を調達してきただけに、転換には周到な準備が必要であった。このようななか、一八九六年に成立した第二次松方正義内閣は地租の増徴を打ち出した。日清戦争に勝利した日本がさらに帝国として上をめざすべく、同内閣は軍備拡大（将来の日露戦争に備えて）、産業振興などの日清戦後経営を打ち出し、そのための財源として地租を二・五％から四％に増徴しようという大胆な案を議会に提出した。しかし、これには民党側が再び硬化し、藩閥政府と民党の関係は暗礁に乗り上げた。

ここで登場したのが平岡浩太郎であった。平岡を簡単に紹介すれば、一八五一年福岡藩士の子として生まれ、一八七七年の西南戦争で西郷軍側に立って参戦したが、敗れて投獄された。出獄後は自由民権運動、国会開設運動に取り組む一方で、一八八一年にアジア主義の団体として有名な玄洋社の初代社長に就任した。以後、福岡県の筑豊炭鉱の経営に携わって得た巨利を元手にして、中国や朝鮮を舞台に様々な経済的事業や日本での政治的工作に取り組んだ。そして、一八九四年の衆議院議員選挙で吏党国民協会から立候補して当選すると、以後は本格的に政治活動を開始した。そんな平岡が政治家として尽力した一つが製鉄所の八幡誘致であった。一八九六年に重工業発展の基盤となる製鉄所建設が決定され、翌年には福岡県北九州の八幡に建設することが明らかとなったが、彼はこの裏面で活動していたのである。

彼がもう一つ熱心に取り組んだのが地租増徴の実現であった。「平岡浩太郎伝」草稿[13]によれば、地租増徴を実現するためには松方正義と改進党系政党である進歩党の総裁大隈重信の提携が必要と考えた彼は、岩崎弥之助に両者の仲介を依頼し、それが成功して一八九六年に第二次松方内閣が成立したという。しかし、結局大隈は地租増徴に反対して外相を辞し内閣も瓦解した。そこで平岡は、次の第三次伊藤博文内閣の下でも地租増徴をめざしたが、やはり民党の反対が強く困難が予想されたため、彼はこの頃から政党を改造しなければ何事も進まないと考えるようになり、そのために国会開設運動の頃の仲間で当時は民党に所属していた議員たちと、民党両党を合併させた新党の結成を計画した。これは、一方で民党議員には地租増徴の承認を、他方では藩閥勢力に政党内閣の承認をそれぞれ約束させることで、両方を実現しようとするものであった(14)。通説的には、地租増徴に強く抵抗するために両党は合同したと言われるが、じつは合同を推進した人物の中には平岡のような者もいたのである。

この後の推移を簡単に記せば、一八九八年六月二二日、両党は地租増徴に承認を与えずに合同して憲政党を結成、これを見た第三次伊藤内閣は、六月二四日に総辞職して後継首相に大隈重信を推薦、六月三〇日第一次大隈内閣成立、八月一〇日総選挙で憲政党が圧勝、しかし、様々な対立を内包した大隈内閣は短期間で崩壊、ということになる。結果的にみれば、平岡の地租増徴工作は失敗し、次の第二次山県内閣まで実現を待たなければならなかったが、憲政党創立、政党内閣実現には成功し、憲政史上に大きな功績を残すことになった。

平岡はなぜ、民党の大連合による政党内閣実現と地租増徴に拘ったのであろうか。前者に関しては、平岡が積み上げ型政党の実現と政党内閣実現に強く執着していた点を指摘することができる。憲政党結成一年前の一八九七年六月、福岡県に筑前倶楽部なる団体が生まれた。この団体は「旧来の感情を融和し協同一致、与に倶に地方の利害を研究し、提携補翼以て殖産興業、教育の発達を図ら」なければならないとして、平岡らが中心となり福岡県の二大勢力である自由党系と玄洋社系が地方的団結したものであった(15)。そして、これを背景に翌年の総選挙では福岡県の選挙区のほとんどで憲政党が圧倒的得票数で勝利した。前述の九州同志会もそうであるが、福岡県は積み上げ型の組織化が成功した最も典型的な地域であり、平岡の行動はこの延長線上にあったといえよう。

後者に関していえば、前述の筑前倶楽部設立の目的が「今や我国の形勢急転、海陸軍の拡張、経済の膨脹より殖産興業、教育の発達に至る頗る其面目を革新」しなければならないなど重大な変革を迫られているが、「是迄の政党は唯だ藩閥政府を倒すを以て主要の目的と為したるも、今後は地方の利害に関し実際問題に就て保守と進歩の区別を生ずるに至るべし(16)」と述べているように、平岡は単に地租増徴のみならず、さらにその先の「進歩」的で積極的な政策の実行を見据えていた。具体的には積極的財政を基礎に八幡製鉄所建設を中核にすえた産業発展と、それを背景に日露戦争を視野に入れた軍備拡大、対外発展であり、陸羯南と同じく「実際問題」という言葉を使ってそれを説明した。ただし、もちろん憲政党に参加した者がみな平岡と同じような考えであった訳ではなく、実際に地租増徴は実現しなかった。しかし、参加した者たちの多くは、同床異夢ではあっても、平岡と同じように大同団結の上に何らかの政治課題の解決を夢見ていたと思われる。

以上のように、憲政党内閣は積み上げ型の国民的一党制という十年来の夢が実現した結果であり、これこそ国民国家といえよう。しかし、それが現実となった瞬間、あまりに多くの対立を含んでおり、著しく政権運営能力に欠けていることが明らかとなった。平岡自身も「保守と進歩の区別を生ずる」と述べているように、憲政党が分裂し「保守」と「進歩」を旗印にする二党制になることを予想していた。じつは、この時期、平岡が最も気にかけていたのは、伊藤博文・井上馨による新党結成であった(17)。周知のように、伊藤新党は二年後の立憲政友会として現実のものとなる。

おわりに

日本における国家建設期では、それまで分権的封建的であった社会から、世界的な帝国主義状況の中で生き残るべく、すべての地域が協力するような体制を築くことがめざされた。その方法として、大同団結運動以来、「地方的団結」を背景に国民的一党制に基づく政党の樹立が一つの目標とされた。もっとも、日清戦争以前では藩閥政府と民党の強い対立によって、イメージ上の二党制状態であったが、戦後に軍備拡大、戦後経営が現実的な課題として浮上すると、藩閥と民党の距離は急速に接近する。これにいち早く反応したのが、吏党議員平岡浩太郎であった。彼は、民党には地租増徴を認めさせ、藩閥には政党内閣を認めさせることで課題を解決しようとした。結果的に、第二次大隈内閣では地租増徴は実現しなかったが、国民的一党制の実現には成功したのである。

ただし、憲政党は多くの現実的対立を含んでおり、わずか四か月で瓦解した。平岡は、前述のように、分裂後は「保守」と「進歩」に分かれると予想していたが、おそらく、自らの側を「進歩」党に、伊藤博文・井上馨らの新党を「保守」党に擬していたものと思われる。結果的にみれば、生き残ったのは伊藤新党側であった。その立憲政友会は結党と同時に過半数を占めたが、創立趣意書には「余等同志は国家に対する政党の責任を重んじ、専ら公益を目的として行動」するのであり、「党派の私に殉ずる」のではなく「国運を進め文明を扶植」するために国民を指導し、みだりに政党内閣制を主張したりせず、地方公共施設の建設の際にも「公益」を最優先させなければならないとし、国家公党であることを謳った[18]。すなわち、創立期の政友会はまさしく国家的一党制を志向するものであった。もっとも、この路線を堅持しようとすれば、おそらくそれまでの吏党と同じく、しだいに議席数を減らしていったであろう。それを救ったのが原敬であった。こののち、政友会は原敬や幹部らの努力によって、第Ⅰ部第三章第一節でみたような「地域中央結合集団」化し、国民的一党制でも国家的一党制でもない、国民と国家を貫く新たな一党優位政党制に発展していく[20]。

注

(1) 山田央子『明治政党論史』(創文社、一九九九年)、同「明治前半期における政党の誕生」(季武嘉也・武田知己編『日本政党史』吉川弘文館、二〇一一年）。
（2）『岩倉公実記　下』（復刻版、原書房、一九六八年）、七一三頁。
（3）前掲注（1）山田央子「明治前半期における政党の誕生」、五〇頁。
（4）有馬学「ムラの中の「民党」と「吏党」」（『年報・近代日本研究一九　地域史の可能性　地域・日本・世界』山川出版社、一九九七年）。氏はまた、吏党との二項対立について「差異を単純化する装置であり、それ故に強力に作用」するが、民党内の対立では「差異を解消し、無意味化してしまう装置」（二六六頁）と述べている。
（5）宮地正人『日露戦後政治史の研究』（東京大学出版会、一九七三年）。
（6）季武嘉也『大正期の政治構造』（吉川弘文館、一九九八年）、序章第一節参照。
（7）『東京日日新聞』一八八七年五月一九日号。
（8）『陸羯南全集二』（みすず書房、二〇〇七年）、五五一頁
（9）前掲注（8）『陸羯南全集二』、四六五頁。
（10）村田峯次郎『品川子爵伝』（大日本図書株式会社、一九一〇年）、四一八頁、五二六頁。
（11）升味準之輔『日本政党史論』第二巻（東京大学出版会、一九六六年）、一四二頁。
（12）前掲注（12）『日本政党史論』第二巻、五頁。
（13）国立国会図書館憲政資料室所蔵「平岡浩太郎関係文書」所収。
（14）山下大輔「憲政党の党内対立について」（『法政史論』二九、二〇〇二年）。
（15）福岡市史編集委員会編集『新修福岡市史　資料編近現代二』（福岡市、二〇一五年）、五九二頁。
（16）前掲注（15）『新修福岡市史　資料編近現代二』、六〇八頁。
（17）前掲注（13）「平岡浩太郎関係文書」所収の一八九八年（明治三一）六月一一日付、古島一雄・的野半介宛平岡浩太郎書簡（写）（一二一―一二）には、次のようにある。なお、平岡は『九州日報』の社主、古島、的野はその社員であり、この書簡は社主が編集者に対して与えた指示である。
拝啓　昨日一書を呈し候末、昨夜金子に面し急に談合候処、内閣も到底政党内閣にあらざれは能はずとの考へより、伊、井は金子に内諭し、政府党を作るに付小生に引受け呉れよと三池の富安と共に頻りに相談致候得共、既に進歩自由両党は三日を出

てず解党し、而して大政党組織の約束は小生の尽力に依り成り居るに、今更左様の事は為し難く、加之伊の如き到底政府を作るの決心なき者、又小生の如き彼れの冷淡と（政党に）人を見るの無礼なるは到底良政党を作るに適せず、井上なれば首領となすに足らんも、彼は六十四才にして退隠の気頻りなり、斯る人達を当てにして小生か三十年国事に従事して未だ変節致たる事なきに、今や両政党は小生か説を入れ、将に大政党組織に着手するの今日、其良友を放棄し変節するが如きは能はざるなり、況んや伊東男かズルクて横着なるさへ、政党の事は伊藤に勧め得ざりしに、兄か如き正直一途の人にして此腐敗せる政府社界《（ママ）》に投ずれは、忽ち肝癪を起し破裂をするは一目瞭然なり、断然止めよと申置候も、貝島太助氏か如き、又野田、永江か如き熱心なる論者なれば、多分生とは分裂するも難測、併し此事は極く機密を要するに付、新聞には出さず、只御考案の為めに申上置候。先は右御掛合まで。早々不備

六月十一日　　平岡

古島様

的野様

（18）立憲政友会史編纂部編『立憲政友会史　第一巻』（立憲政友会史編纂部、一九二四年）、一〇～一二頁。

（19）政友会幹部の活動については、伏見岳人「初期立憲政友会の選挙戦術（一）～（四）」（『法学』七七―五、七八―二、七九―二、八〇―三、二〇一三～二〇一六年）参照。

（20）前掲注（6）『大正期の政治構造』、序章第一節において、筆者は国家と国民が地方名望家を介在して結合する体制を「介在型挙国一致」としたが、原が作り上げていった政友会はこの典型であった。

第三章　福岡県の第一三回総選挙

はじめに

ここでは、一九一七年（大正六）四月二〇日に実施された第一三回総選挙で、福岡県の選挙が如何なる具体的手続きによって進められたのかを、特に同県筑後地方の立憲政友会を中心として考察していく。本書第Ⅰ部第二章第二節「大選挙区制度下の総選挙と地域政治社会」、および第三章第一節「明治後期・大正期の「地域中央結合集団」としての政党」において、大選挙区時代の協定選挙区制度について触れたが、本章はその実例を示すものである。

第一三回総選挙は寺内正毅「超然」内閣の下で行われたため、厳密な意味での与党は政府系中立候補だけであった。もっとも、山県有朋の年来の主張である「三党鼎立論」が採用され、後藤新平内相、田健治郎逓相が指揮をして積極的な政府系候補の擁立が図られた。与党以外でいえば、まず政友会は独自の立場から候補者を擁立し選挙資金も内閣に依存することはなかった。政友会の原敬は、寺内内閣に事実上協力することで次の内閣の禅譲を期待していたのである。国民党は郡部では自党から単独で候補者を出していたが、独立選挙区である市部においては反憲政会で同じ立場にある内閣に協力していた。国民党は後藤新平を通して内閣に接近していたのである。逆に、大隈内閣与党であった憲政会は唯一の純粋野党として戦わなければならなかった。このような複雑な様相を呈した背景には、当時第一次

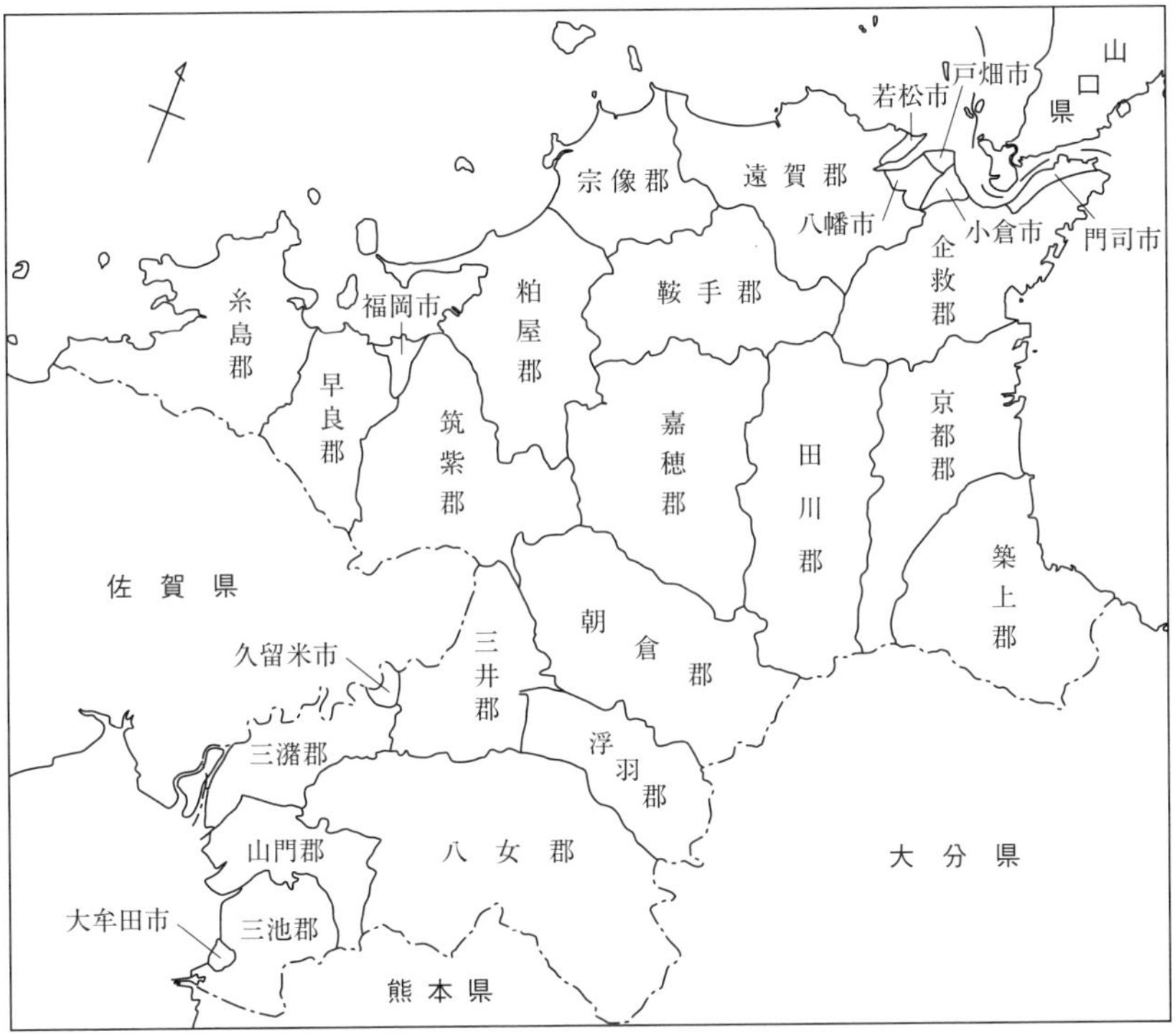

図Ⅱ-3-1　福岡県図（大正期）

（注）　市制施行　福岡・久留米＝1889年（明治22）
門司＝1899年（明治32）
小倉＝1900年（明治33）
若松＝1914年（大正 3 ）
八幡・大牟田＝1917年（大正 6 ）
戸畑＝1924年（大正13）

世界大戦の最中であったことも影響して「挙国一致」というスローガンが大きな価値を持っていたことが挙げられる。すなわち、国内的対立を導く党派的競争は嫌われ、「挙国一致」的政治体制の確立とそれに基づく国策遂行が重視されており、これに対しては野党である憲政会自身も正面から否定できないほどであった。そして、政友会、国民党はそれを理由に内閣との提携関係を正当化した。ただし、このことを地域という視点から見れば別の意味があった。つまり、このように混乱している状況は、既成体制に不満を持つ野心的地方政治家にとってはむしろ歓迎すべきことであった。その結果、様々な野心が表面化し、それが選挙で多くの問題点として現れた。以下、具体的にみていこう。

一　独立選挙区

まず、市部の独立選挙区の実態をみていこう（表Ⅱ-3-1）。

表Ⅱ-3-1　第13回総選挙（1917年）福岡県市部結果

市名	当選者			落選者		
	氏名	所属	得票	氏名	所属	得票
福岡市	松永安左エ門	中立	937	中野正剛	中立	352
				宮川一貫	中立	538
久留米市	大藪房次郎	中立	450	浅野陽吉	憲政会	395
門司市	毛利保太郎	政友会	578	石田平吉	憲政会	333
				中村為広	中立	167
小倉市	友枝梅次郎	政友会	416	鮎川盛貞	国民党	189
				飯森辰次郎	中立	88

出典：福岡日日新聞

1　福岡市

当初、安川敬一郎が博多協会等の支持で立候補するつもりでいたが、近親者の諫言によって断念したため、前議員で憲政会の奥村七郎（のち取りやめ）、中野正剛、宮川一貫（早稲田大学柔道教師）、松永安左エ門の四名が名乗りを挙げた。このうち、松永は安川支持グループが安川に替わる候補として勧誘したため立候補したものであった。そして、彼は「単に実業主義を標榜するの外別に何等特種の政見あるなく、随つて政党政派の色彩を有せず、普く有志の援助と一般市民の同情に俟つの外なき」(1)という形で選挙戦を進めた(2)。彼には福岡公友会、博多協会の他、中立団体、実業団体の名前で支持を表明するグループもあり(3)、おそらく実業家、有力商人を中心に着実にそのネットワークを活かしていたのであろう。松永自身は以上のように中立を標榜していたが、実際には後藤新平、田健治郎等寺内内閣閣僚との関係が深く、また政友会の支持も受けていたと思われる。

中野正剛の場合は、まず玄洋社の支持が重要であった。四月初めに彼はその支持を取り付けたらしく、頭山満、進藤喜平太、香江誠、寺尾亨、大野仁平の名前で推薦文が新聞に掲載されている。その上で彼は中央から犬養毅、三宅雪嶺等の名士も呼んでさかんに言論戦を挑んだ。その演説内容であるが、外交問題が主要テーマで大隈内閣の外交政策を攻撃するものであったが、一方でその矛先は寺内内閣にも向けられた。また、彼は福岡大成会という団体の支持を取り付け、福岡部を中心に勢力を伸ばしていたという。

宮川一貫は、中野に対抗すべく立候補したといわれる(4)。確かに国民外交同盟会、対支聯合会等の対外硬派が支持を表明しており、中野との競合が予想された。彼の応援演説をしたのは内田良平(黒竜会)、大江卓、末永節、末永一三(北日本汽船株式会社社長)等であり、ここにおいて対外硬派グループは二分され、その分中野は不利になったといえよう。また、宮川には修猷館卒業生団体や数人の県会議員がついていた。

結局、三者ともに政党色は出さず中立で立候補したが、最終的には実業団体の支持を得た松永が当選した。

2 門司市

門司市選挙区の特徴は、毎回の選挙で二人の候補が大接戦を演じていることである。そして、前回では憲政会の石田平吉が政友会の毛里保太郎を破って当選した。

さて、一九一七年三月三一日、門司市の一致会という実業家団体の有権者数十名が立候補者推薦会を開き、そこで政友会の毛里を推薦することを決定し、毛里もそれを受けて選挙事務所を設置して運動に入った。そして、四月一日に立候補の宣言書を発表したが、その主要なテーマは「民間事業の開発に留意し其の進展の機を失はしめざるに努力せん」(5)とあるように、実業の発展であった。また、四月一七日の演説会には松永を応援した竹越与三郎も「主義政見を同ふする親友」である毛里の応援演説をしている(6)。

続いて、中村為弘（中立）、石田（憲政会）も立候補を宣言した。以前に政友会から立候補した経験もある中村はそもそも一致会に属していたが、一致会が毛里を推薦したのに反発し立候補したという(7)。この他、征矢野半弥、神林虎雄も立候補を表明したが、この二人の名前はすぐに消滅した。

また、自念組の自念松五郎は同業組合会同を催し、その結果毛里を一致して推薦することに決し、二〇数名が運動員として登録し、自念自身も毛里の事務所に詰めきりになったという。石田に関しては判然としないが、結果的には毛里が当選した。

3　小倉市

前回は第二次大隈内閣内相の大浦兼武系の与党候補として当選し、その後憲政会には入党せず再び政府系中立として立候補した飯森辰次郎、前回も立候補し落選した政友会の友枝梅次郎が早くから選挙活動を始めた。政友会県支部の森田正路は、「友枝は立つならん。然るに小倉には九鉄官吏之有権者四十余人あり、是が飯森か政府党として出たるとし悉く彼に投票すれば中々困難なれは其為守永氏東上致居候(8)」と記している。即ち、その鉄道官吏が政府党の飯森に投票しないよう、守永平助小倉商工会長が東京の政友会本部に訴え、政友会本部からおそらく後藤内相辺に談判することになったのであろう。結果的に飯森の票数が八八票に留まっていることをみると、この談判は成功したものと思われる。

そんななかで真っ先に立候補を宣言したのは国民党公認で弁護士の鮎川盛貞であった。彼は三月五日、選挙事務所を設置し、一七日には政見発表会を開いている。続いて、飯森も一九日に選挙事務所を設置、小林丑三郎の応援を得て政見発表会を開いた。さらに、小倉市の政友会派協議会の決定にしたがって県支部も友枝公認を承認したことを受けて友枝も二一日より事務所を開き、ここに三者の争いとなったのであった。このうち、飯森は「将来小倉市の繁栄を図らんと欲せば御用党たらざるべからず(9)」との主張から戸別訪問を中心に行い、鮎川は犬養を呼んで言論戦を挑んだという。友枝の主張は、日本の産業の独立、日支親善等であった(10)。この三つ巴の争いはなかなか激しかったらしく、選挙戦終盤には「市内の隅々に至る迄三派の運動員約三百名入乱れて争奪戦を演出し、各町の入口又は重要の場所には運動員が潜伏し、懐中電灯を以て一々通行人の顔面を照し、若し敵の運動員と見る時は直ちに之に尾行して逆襲を試むる等物凄き光景を呈し、選挙取締警官約八〇余名をして翌日午前二時迄市内を徘徊せしめたり(11)」という状況であった。

しかし、これ以上のことは判然としない。小倉市はそもそも政友会が圧倒的に強く、それが内紛を起こして飯森が政友会から政府党に鞍替えしたのであった。そんな中で台頭してきたのが国民党で、一九一五年県会議員選挙では山本吉松が当選こそしなかったものの政友会候補に肉薄した。しかし、今回の選挙でもやはり最終的には政友会友枝の勝利であった。

4　久留米市

福岡県独立選挙区の中でも最も早くから、そして最も熾烈な争いが演じられたのが久留米市であった。猶興会、同志会系として以前から当選を重ねていた浅野陽吉は強く安定した地盤を持っており、今回も立候補した。浅野の支持母体は久留米実業団（実業協会）という団体であり、二月二〇日に八〇人ほどが出席した総会で浅野支持が決定された。そのほか、前回の選挙でも活動した潜龍倶楽部、宗教関係団体、学校同窓会等からも幅広く支持を得ていた。(12)

これに対して立候補したのが、前回と同じ大藪房次郎であった。彼はすでに二月一一日立候補を表明し、三月二日には宣言書を発表している。それによれば、「内は大正新政の初頭に際し外は世界大乱の時運に会す。苟も国政に参与するもの竭力尽心以て皇謨を恢弘し国運を振張せざる可らず、外交に経済に将た軍備に国民の全力を挙て之に従ひ始て完全なる戦果を収め、戦後の変局に処して違算なきを得べし」と「挙国一致」を主張し、したがって「国情を忘れて党情に従ひ世界の戦乱を後にして党争を事とす」ることを避けなければならないが、大隈内閣の与党であった憲政会は「外国の事例を援張して漫りに我が憲法を解釈せんとする」態度をとって政党政治を主張している、だが、それは口では憲政を叫びながら実際には「私曲を営み名を討閥に託し公々然として偏頗を行ふ所謂党同伐異」を行う「朋党比周」の集団に他ならないとし、さらにそれと地方自治の関係について次のようにも述べている。

地方自治は国家の基本にして、鞏固なる自治体ありて初て強康なる国家を維持すべし。然るに激烈なる中央党争の余弊は忽ち地方に波及し、自治の機能は漸次潰滅に帰せんとす。殊に我が久留米市は従来数度の選挙に於て多種の団体挙て政争の具に供せられ、甚しきは実業宗教の社会に至るまで其本職を棄て一種の選挙団体たるの観を呈せり(13)

このように、まとまった支持母体を持たない大藪は浅野の党派性そのものを非難したのであり、簡単にいえば、久留米市の主流派である久留米実業団を中心とした組織に反感を持つすべてのグループを糾合しようとしたのであった。これに反応したのが、前回選挙の際、大藪派の組織として成立した米陽青年会（米陽青年団）で、同会も「挙国一致」の必要性から中立を標榜する大藪を支持し後援会を組織して運動を開始した。さらに絣縞商、白米同業組合、酒類商組合、海産物組合、菓子商組合等が大藪支持を表明したという。[14]もちろん、両候補の間には「師団敷地寄附金問題、筑後軌道動力変更問題及び裁判所支部復活問題」という市の重要問題での対立もあったが、[15]興味深いことに、大藪には国民党犬養毅と政友会原敬の両方からの推薦状が届いた。大藪自身は当選後、政府系中立議員団の一員として活動しており、つまり、彼は政府、国民党、政友会から支持を受けていたのである。このように、久留米市の場合は、憲政会に対しその他の勢力の結合という対立になった。

以上が独立選挙区の状況であるが、あえてその共通する特徴を列挙すれば、次のようなものであろう。

(一) 一都市定員一名で行われる独立選挙区制度は、大選挙区制度とはいいながら実質的には小選挙区制度と同じであった。実際に、一九一九年の選挙法改正によって全国が小選挙区制度に改められるのであるが、その際もこれら独立選挙区はそのまま一小選挙区として変更されなかった。

(二) 市部の場合は政党組織に依存するというよりも、候補者の個人的競争という面が非常に強い。実際に政友会、憲政会ともにそれまでは都市部ではあまり当選者を出しておらず、候補者は中立を選択する場合が多かった。一般的に郡部と比較すれば、都市部では中央政党とは独立した団体が強い勢力を持っていることが多く、政党組織そのものは弱かった。そして、その独立した団体の支持を取り付けるか、またはそれと敵対するグループを総結集するかという形で選挙戦が進められることが多かった。そのため政党の間での提携もしばしば見受けられた。この点が、政党間の対抗を基礎とした郡部での選挙との最も顕著な相違である。

(三) このように、この時期の候補者にとっては政党色を出すことのメリットは少なく、逆にそれを出せば敵から恰好の攻撃目標となるため、デメリットの方が大きかった。それゆえ、市部選出代議士には既成政党色は薄く、「国民主義的対外硬派」のように急進的な主張をする者、その反対に政府系で「穏健」な実業発展を訴える者が同居する結果となった。第一三回総選挙でいえば、福岡市がそれぞれの典型であろう。

(四) しかし、実際に帝国議会の場では、急進派と穏健派の両者がそれほど敵対関係になかったことも興味深い。寺内内閣の場合でいえば、後藤新平、田健治郎を中心に政府系中立議員の擁立育成を計ったが、その意図は単純ではなかった。山県有朋の指示を受けた田逓相は「三党鼎立論」に基づいた純然たる政府党を作ろうとしていたが、後藤は犬養毅との提携関係を深め、既成政党と対立するような政党に発展させようとした。実際に純然たる政府系中立で満足している候補者は少なく、政治家として何らかの政治的野心を持っている以上、後藤、犬養等の主張は魅力的であったであろう。とすれば、それらの代議士が政府系であろうと非政府系であろうと、その主張は徐々に似通ってきた。つまり、既成政党対非既成政党という図式も、この選挙に登場したのである。

(五) 納税資格の関係で地方都市の有権者数は少なかった。すなわち、一部の富裕な有権者と納税資格を満たさない多数の都市民衆で地方都市は構成されていた。そこで、まずその限られた数の富裕な有権者が問題になるが、彼らの多くは前述のような実業を本位とした団体に参加していることが多く、したがって彼らには実業の面から訴えることが有効であった。また、同時にそれ故に多くの資金が必要であったらしい。市部での立候補者には、それまで他の地域で活躍し多くの選挙資金を蓄えて、突然その選挙区に現れる者が多かった。

(六)しかしだからといって、その富裕な有権者ばかりを運動の対象にしていればよいという訳でもなかった。この時期には多くの地方都市で新聞が発行されており、それを通して都市民衆は地方政治に敏感となり、そんな彼らの動きに富裕な有権者たちも影響を受けていた[16]。そのため、新聞を利用して大衆扇動を試みようとする候補者が多かった。そんな彼らのスローガンは概ね刺激的であった。それをいくつかに分類してみれば、次のようなものであった。

「理想選挙」　彼らはスローガンとして「理想選挙」を主張する場合が多い。これは地方共同体意識への訴えかけや買収行為中心の選挙戦とは異なり、言論中心の選挙戦を進めることを意味したもので、特に敵対候補が地元の大物有力者である場合にはこのスローガンがしばしば掲げられた。

国家的政策の提示　「国民主義的対外硬派」のように、既成政党を批判し外交政策面でより強い「国策」を強調するか、或いは政府系中立議員のように一部の利害を離れて中立性、公平性からの国家的利益を強調する候補者が多かった。

実業発展による地元利益の強調　その一方で、既成政党の政策の枠組みに入らない地元利益により密着した主張をする者も多かった。つまり政党などを媒介にしないで、国家と地域を直接に結び付けることを主張した。

(七)定員が一名であるため、選挙戦は概ね二人の候補者による一対一の非常に激しい一騎打ちになることが多かった。そのため、連続当選することは郡部以上に困難であった。

(八)また前述のように政党の公認、非公認があまり大きな意味を持たなかったので、候補者は郡部候補者よりも早い段階から名乗りを挙げ選挙運動に着手した。

二　大選挙区

次に、郡部の具体的な選挙活動を、筑後地方の政友会を例に時間を追って紹介していきたい。

1　候補者選定と協定選挙区

一九一七年三月五日福岡県政友会支部評議員会が開催され、そこで前代議士を再選すべきことがとりあえず決定された[17]。さらに、三月一五日福岡県政友会支部幹部評議員会が開かれ、候補者を八名とすることが決定された。この数字は福岡県政友会にとっては従来と比較すれば少し苦しい数字であり、結局最終的に八名の候補者名と協定選挙区割りが決定したのは、投票日約二週間前の四月五日であった。

福岡県政友会は従来からの票を勘案して、八名のうち筑後地方から三名を立てることも決めた。そして、それを受けた同地方の政友会では「筑後三人投票を平か[18]」にし、三名全員の当選を期することが目標となった。では前回の政友会の獲得票数はどうであったかといえば、表Ⅱ−3−2の通りである。

吉原正隆は三豬郡出身ということもあって三豬を独占し、さらに浮羽の政友会票も得て楽に当選した。樋口は八女出身で強い地盤を持ち、それに三井郡も割り当てられたが、三井は従来から政友会が弱いため多くの票は得られず結局落選した。また山門、三池は連合して富安保太郎（山門郡出身）を支持し、富安はさらに八女からも票を得て当選することができた。このようにこの時の選挙でもそうであったが、筑後地方の場合は山門・三池と八女・三井は概ねセットとなっていたが、その他は必ずしも決まっていた訳ではなかった。そして、この第一二回総選挙でも吉原が浮羽の票を割り当てられたので楽々当選したが、もし逆にその票を落選した樋口に廻していたならば、樋口が当選し逆に吉原は落選することになったように、候補者にとって協定区割りは当落を決める重要な問題であった。後述するように、第一三回でも浮羽を巡って党内での対立が発生したのであった。

また、第一三回の選挙でもう一つ大きな焦点となったのが野田卯太郎（三池郡出身）の処遇であった。前回選挙では立候補を辞退した野田であったが、彼は寺内首相と強い結びつきを持っており、代議士となって中央政界で活躍しようと意気込んでいた。したがって、この選挙ではすでに東洋拓殖会社副総裁を辞し断然立候補することを決心しており、県支部としても実力者である彼の意向を無視できなかったが、地元の立候補予定者にとっては強敵が出現した訳である。そんな野田には二つの地域から出馬の要請があった。一つは、前回は永江純一（三池郡出身）の地盤であった筑前地方の粕屋、宗像、糸島、早良郡からであった。しかし、永江は前回当選したとはいえ、吉田磯吉のために随分苦戦をしなければならなかった。もう一つは「富安は両度迄今回は立たす、山門、三池を野田に提供する旨申来候」[19]とあるように、すでに三選を果たしている富安保太郎が引退し、野田を後継者としようとしていた筑後の山門、三池郡であった。山門、三池郡については、第七回総選挙で永江が三池を由布惟義（山門郡出身）に譲り、由布は第八・九回とも両郡を地盤にして当選し、その間永江は立候補しなかった。しかし、第一〇・一一回では今度は由布が譲歩せざるを得ない順序となり、永江が再び両郡を地盤にして立候補し当選することができた。そして、第一二回では山門郡出身の富安保太郎が立候補して永江は粕屋、宗像、糸島、早良の四郡に回り、この第一三回では富安の方から三池郡側に譲ることを申

表Ⅱ-3-2　第12回総選挙における福岡県立憲政友会所属候補者の筑後郡部得票数

	吉原正隆	富安保太郎	樋口典常
浮　羽	864	31	0
三　井	1	7	990
三　潴	2892	7	3
八　女	3	262	1292
山　門	8	1722	6
三　池	1	1147	1
総　計	3769	3176	2292
当　落	当選	当選	落選

＊最下位当選者得票数　2782

し出てきたのであった。ここで本来ならば、永江が候補者として浮上したはずであったが、当時彼は体調を崩していたので、このように野田に要請がきたのであった。しかし、野田にとっても即座にそれを承諾することはできなかった。その理由は、前述のように協定選挙区割りを巡って筑後から立候補予定の他候補との間で調整が難航しそうであったからである。立候補予定者は前回と同じく吉原と樋口であった。当選数二回の吉原は一般的に認められていた当選三回をめざして、前回と同じく三瀦と浮羽の票を要求した。樋口典常も第一一回こそ八女・三井のみならず浮羽・三瀦・山門から票を得て最高点で当選したが、第一二回では地盤である八女と三井が佐々木正蔵、大内暢三ら非政友系候補に侵食され、さらに他郡からの票もなく落選した。そして今回も苦戦が予想されていたため、彼も浮羽郡の票を狙っていた。

このような状況であったため、野田も当初はその選択を支部に任せ、東京で党本部と内閣の間で活動していたが、なかなか決着がつかず遂に三月一八日に帰県した。帰県後、彼は伊藤伝右衛門、麻生太吉、安川敬一郎らと接触している(20)。これは選挙資金の問題もあったろう。そして、立候補地も筑後地方に決定したが、依然として区割りは決まらなかった。

この後の状況を史料に即して詳しくみてみよう。「今回は候補十四人（藤原は千か一千五百）に付き、三千二百を予想せざる可からず候(21)」と、概ね三二〇〇票が当落ラインと予想したようであるが、三月下旬頃に決まった協定選挙区割りは次のようなものであった。

野田　山門、三池（前回の政友会票は二八六九票）

吉原　三瀦（同、二八九二票）

樋口　浮羽、三井、八女（同、三四一三票）

すなわち、浮羽は最も苦戦が予想された樋口に譲ることになったらしい[22]。ただし、これにはまず吉原が不満を表明した。彼の主張は、三豬郡は「総数三千八百、棄権を除き三千六百と見て佐々木に三百、大内に百にて喰留めざれば郡丈ケにては不可能に候」と三二〇〇票位はとれるかもしれないが、それでは当選が危ないというもので、この主張が認められて吉原は「百票位はいざといふ場合は浮羽より取る事丈けは言質を得候[23]」と、票の貸借の内約を取ることに成功した。

さらに、前記の案に浮羽郡政友会も不満を持っていた。彼らは当初、前回支持した吉原を推薦したが、吉原は「三豬郡に於て優勝に当選の見込ある」ので謝絶したため、次に野田卯太郎に交渉したが、これも「或事情の為」断られた。これらの謝絶はいま述べたように、三者の間で浮羽を樋口に割り当てることが決まっていたためであった。しかし、それでも納得しなかった浮羽郡ではさらに野田に交渉したところ、四月二日になって野田が承知したため、政友会としては協定選挙区割りを変更せざるを得なくなった。その結果「浮羽か樋口を採らさるため野田に附け、樋口の足らさる所は五百位山門より、小生〔吉原〕の足らさる所は百五十浮羽より与ふる」という形で三者は合意した。これにしたがって計算すれば、野田三二〇九票（浮羽、山門、三池の前回政友会票は三八五九票、但し山門の五〇〇は樋口へ、浮羽の一五〇は吉原に譲る）、吉原三〇四二票（前回の三豬からの票数に浮羽の一五〇票を足す）、樋口三〇四四票（前回の三井、八女の政友会票は二五四四票、それに山門の五〇〇を足す）となり、三者はほぼ三〇〇〇〜三二〇〇票の間で「平か」になるはずであった。

野田は四月一日から再び急用で東上しまた七日に帰県したのであるが、その間の四月四日付の永江宛野田書簡に「今般候補相立候。実は前以て御相談可仕候処、種々之事情有之候に付中心停止に決定、県下一般之按排等致候上、唯三池、山門之候補は成行に任せ、急き東上総選挙事務に鞅掌中、小生に決定と有之、今日之場合彼是申居候而は却而紛擾決定遷延余日も無之候へは電信以て承諾致候間、不悪右御了承被下度」[24]と、この間の事情を伝えている。地理的にいえば、浮羽郡は筑後南部の山門、三池郡とは離れており、むしろ三井、八女郡と隣接しているのであるが、以上のような理由により浮羽は飛び地的に野田の地盤となった。

2　推薦の手続き

以上のように、候補者の間の話し合いは合意に達したのであるが、次の段階はそれに沿って有権者からの推薦を受けることであった。三潴郡の場合は次のようなものであった。

三潴にては〔三月〕二十九日午前十時より郡会議事堂に於て郡内各町村より五名以上の代表者を出し衆議員〔院〕議員候補者予選会を開けり、出席者百二十余名にて津城謙輔氏を座長に推し協議の結果、兎に角一町村より二名宛の詮衡委員を選び詮衡することとなり、詮衡委員は別室に於て協議し前代議士吉原正隆氏推薦に決し本会に移り之を諮りしに、満場異議無く吉原前代議士を推すことと決定、三時閉会せり[25]

三潴郡の場合、前回では吉原が二八九二票、その他が八六五票、そして第一三回でも吉原三〇六五票、その他五二五票とほとんど全郡的に吉原が票を得ており、この予選会も事実上は党派に関係なく郡を挙げての予選会であったことが窺われる。

山門、三池郡の場合は次の通りである。

種々交渉の結果、往きに本部幹事長たりし野田卯太郎氏を推薦すべく、昨〔四日〕有志の協議会に於て愈決定したるを以て、直ちに其旨発表し夫々運動開始の手筈を定めたり[26]

このようにして各郡政友会有志の予選会、協議会を経て候補者を決定、それを受けて県政友会支部が党本部に公認申請をしてすぐにそれが認められ、体制が整ったのは投票日一六日前の四月四日であった。

3 政見発表

推薦獲得後すぐに行うのが政見発表である。吉原は四月二日に新聞紙二頁大の宣言書を各有権者に配布した。その内容は、「国策の統一と挙国一致、極東政策と日支親善、国防の充実と財政の調和、戦後の商工政策、農村の救済と地方自治の改善、政界の安定と国民の自覚」であったという。[27]これを基礎に演説活動が行われるのであるが、おそらく吉原の演説内容は特に農業政策に力点があったものと思われる。[28]彼は京都帝国大学で植民政策を専攻し朝鮮への関心が強かったが、地元の大地主として農業を営んでいた。

樋口は「我敬愛せる選挙有権者諸君へ直訴す」という小冊子を配布した。内容は「外交、財政、軍備、選挙権の拡張、市町村自治体の健全なる発達、小学校費の国庫補助」であり、さらに「政党内閣の下に国政の運用を円滑にするは予の希望する所なれども、是非共欧米の政党内閣主義を模倣せんとする一派とは我国体の上より考へ大に意見を異にする」[29]とも主張していたという。一般的に、党公認候補の政見は概ね党本部作成の「議会報告書」を利用する。おそらく彼らの場合も同じであったろうが、それに独自の主張を盛り込んでいた。

野田の場合は、どのような政見を発表したのか分からない。しかし、その後の演説会では次のようなことを言っていた。

今や世界は混乱の状態に在り、吾国亦交戦国に参加して聯合国に対し有力なる後方任務に就けり。勝敗孰れに岐るゝか兎に角危機は眼前に展開しつゝあり、即ち皇国の隆替消長の岐路は懸かりて戦後経営即ち経済按排の如何に繫がると思ふ。独逸皇帝は戦時に際し有ゆる工業上の発明をなし戦後商戦の準備を国民に強ひつゝありと伝ふ。

列国が皆疲弊せる財力恢復に全力を傾注す可きは論を俟たず。然かも其目的地たるや半開の老大国支那に着目せるは勿論なり。故に日本が欧洲戦争中支那を善導し誘掖して所謂日支親善の実を挙げ支那に物資の原料を仰ぎ以て支那に物資を輸出し列国悃敗の秋に際し優越なる地歩を占むるは国家百年の長計なりと信ず。政党は理論に非ず実行なり事実なり。故に日本が隆替消長の岐る、危機に遭遇して徒らに党争して鬩堵の愚を学び悔を千載に貽す如き事あらんか国運進展の障碍は永遠に除去せられざる可し。故に挙国一致官民協力以て国権の伸張を計り東洋盟主の実を挙げざる可らず(30)

この「挙国一致」による「戦後経営」論は、政友会総裁原敬等が主張していたことであり、中央政界での主流的なものであった。野田は党幹部らしく、このような国家的視野から選挙民に訴えていたのである。

以上、彼らはそれぞれの特徴を持っていたが、同時に共通性も持っていた。特に、この時の選挙で強調されたのは憲政会に対する非難である。彼らは、憲政会が欧米の憲法解釈をそのまま持ち込んだ形での政党政治をめざそうとしている点に対して強く反発している。その根拠は二つある。一つは、そもそもそれが日本の「国体」に合致しないこと、二つには、戦争遂行或いは戦後経営のために現在の日本は「挙国一致」を必要としており、それに反し憲政会は政党という一部の者の利害を優先し、国家的利益を軽視していること、である。そして、彼らは「政治は実行なり、机上の空論にあらず(31)」と形式よりも現実を重視すること、および各政治勢力の協力により連合することを主張した。

このように、「挙国一致」か、政党政治かが重要な争点であったが、選挙戦に即してみれば、第一党である憲政会に対する、その他の勢力の連合を意味していた。そして、結果的にみれば、この戦略は全国規模で成功し、憲政会の当選者は激減して政友会が第一党になったのであった。この他に、国民党こそ議席数はあまり伸びなかったが、久留米市の大藪のような政府系中立議員は相当数当選した（政友会一六五、憲政会一二一、国民党三五、その他六〇）。政府、政友会、国民党三者の連携に関しては、升味準之輔氏の著作に詳しいので参照にされたいが、[32]こうして憲政会を打倒し、原敬も「憲政会を打破せんと欲したる目的は達したるなり」[33]と手放しで喜んだ。

ところで、一定の敵（ここでは憲政会）を想定し、その反対勢力を総結集しようという方法自体は選挙戦の常例であるが、その提携関係の枠組みに関しては歴史的な変遷がある。特に、この時の選挙と前回の第一二回総選挙には共通の特徴があった。まず指摘できることは、第一一回選挙までは自由党、改進党以来の二大民党勢力は、どちらかが議席を伸ばせばもう一方も伸ばすという関係であった。つまり、民党勢力対非民党勢力という対抗図式が大きな意味を持っていた。それに対し、第一一回以降はどちらかが伸びればもう一方は減少するという、二大政党同士の綱引き関係に変化した。その頂点が昭和初期の政党内閣時代であるが、その時代はこの時期ともまた異なる点がある。それは、第一二回総選挙では大隈内閣が政友会の「党弊打破」を主張し、第一三回総選挙では政友会が憲政会の欧米流の政党政治を非難したように、ともに政党あるいは政党政治を否定するようなことを指摘しあっていることである。つまり、両党は政党が政党らしくあることを犠牲にしながら相互に激しい対立を繰り広げていた。このような雰囲気の中で第三党が勢力を増大させていたことは第Ⅰ部第三章第二節「山県有朋と三党鼎立論の実相」でみた通りである。

この結果、第一二回総選挙の場合は政友会の「党弊」に反対する中立団体として公友倶楽部が誕生し、第一三回の場合は新政会が生まれた。山県有朋等官僚勢力はこのような現象を「三党鼎立論」の立場から歓迎した。しかし、長期的にみれば、このような代議士はこれ以降減少し、特に、これまで第三党に多かった実業系の人物は憲政会、政友会に活躍の場を求めるようになり、昭和初期には政党内閣時代を迎えるのである。

4　選挙事務所

まず、吉原正隆の場合は四月五日に三潴郡大川町（出生地）に本部選挙事務所を置き、城島町、大善寺村、木佐木村の三か所に支部を設けた。すなわち、三潴郡を構成している現在の大川市、城島町、三潴町（大善寺村）、大木町（木佐木村）に、それぞれ一か所ずつ本部ないし支部が置かれたことになる。そして、各町村にも事務所が置かれた(34)。（補注）

野田は山門郡の柳川町および瀬高町に四月七日本部事務所を設置、また三池郡では大牟田市築町に本部を設置した。浮羽郡では田主丸を中心にした郡西部が政友会の地盤であったので、田主丸町に郡西部の本部事務所、それ以外は西部六村の有力者宅を借りた事務所を置き、その他郡中央部の吉井町にも設置した(35)。樋口は八女郡福島町の旅館と三井郡北野町の個人宅に本部事務所を置いた。また八女郡ではその他に黒木町、福島町、羽犬塚町、水田村、中広川村、長峰村、豊岡村に選挙事務所を置いた(36)。ただし、佐々木正蔵（憲政会、三井郡出身）の勢力の強い三井郡には前記の他に選挙事務所を置いた形跡は無い。終盤になって、八女郡と隣接している三井郡南部から樋口派が侵入したとの報道があり(37)、実際に七六七票を三井郡から獲得しているので、確かに南部から侵入したのであろう。

以上のように、一郡に一ないし二か所の拠点となる本部選挙事務所を置き、その下に郡内の主だった数か所の町村に支部事務所を置き、さらに各町村の個人宅を借用した末端の事務所を置くことが一般的であったようである。また、野田は非政友会系が強い浮羽郡東部に選挙事務所を置いた形跡は無い。したがって、どこに選挙事務所を置くかは実際の票の獲得地域と密接に結びついていたと考えられる。

ちなみに、佐々木正蔵（憲政会）、大内暢三（国民党）についても見ておこう。佐々木は、三月二八日に地元三井郡の久留米市に選挙本部事務所を構えた。憲政会は筑後全体を佐々木に割当てており、八女郡では福島町と豊岡村に事務所が置かれた。但し、八女郡と三井郡では郡単位での対抗意識が強かったらしく、その福島町では福島町立憲青年党というグループが輸入候補排斥期成同盟会を組織し、佐々木排斥運動を行ったという。そんな中で三井郡に近接した三広川の機業者が佐々木の支持グループであった。しかし、その機業者と農民の間で対立が起こっており、それ故に八女郡の佐々木支持層は余り広がらなかったようである。(38) 浮羽郡では田主丸町、吉井町に事務所が置かれた。吉井町では野田、大内と佐々木の三つ巴的様相となったが、政友会の強い郡西部には佐々木が侵入する見込みは薄いだろうというのが政友会系新聞である『福岡日日新聞』の見方であった。この他に、佐々木が事務所を開いた形跡は無いようである。実際の獲得票をみると、佐々木の場合は地元三井郡での票が圧倒的に多く、それに隣接する八女、浮羽、三潴三郡から三〇〇票ほどの票を得ているが、山門、三池ではほとんど無い。これはおそらく、久留米市を中心とする織物業者の縁故を利用した三井郡および隣接郡に支持層が限定されていた結果であろう。

大内も佐々木と同じく国民党から筑後地方全体を割当てられたが、彼の出身は樋口と同じく八女郡であり、ともに第一〇回総選挙から立候補している。それ以来、八女郡の票はほとんどこの両者によって占められており、最初は樋口が優勢であったが、この第一三回では逆に大内が優位を占めた。この一つの要因は、四月一四日に国民党指導者犬養毅が八女郡福島町を訪れ演説会を開いたことであろう。大内は福島町、黒木町、豊岡村に事務所を設置した。黒木町では立憲八女国民会という組織が大内の支持を表明していた。(39) この他、浮羽郡では吉井町、竹野村、山門郡では柳川町に事務所を置いた。他には事務所を開いていないようであるが、彼の場合は三池郡、三潴郡でも演説会を開いており、言論戦を中心に行おうとしていたものと思われる。彼は早稲田大学に学んだのち、コロンビア大学に留学し、早稲田大学講師を勤めたり東亜同文会、東亜同文書院で活動しており、このような言論戦を挑もうとしたと思われる。

5　演説活動

一例として『福岡日日新聞』と「野田卯太郎日記」から、野田卯太郎の演説活動を追ってみよう。

四月九日　山門郡大和村塩塚の寺および西在郷の松藤方で演説会、山門郡柳川町止宿
四月一〇日　柳川発、三池郡三川町有明座および大牟田市大正座（聴衆千二百余名）で演説会、大牟田止宿
四月一一日　大牟田発、山門郡山川村青年会場および瀬高町（聴衆六百余名）で演説会、瀬高止宿
四月一二日　瀬高町発、浮羽郡田主丸町広運館（聴衆五百、吉原正隆も演説、これは野田から一五〇票ほど吉原に譲ることになっていたからであろう）および朝倉郡甘木で演説会、甘木の貝島家止宿
四月一三日　甘木出発、浮羽郡吉井町末広座（聴衆五百、吉原も演説）で演説会、柳川止宿
四月一四日　山門郡東宮永村および両開村真教寺で演説会、沖端村光国寺（聴衆六百）で演説会、柳川止宿
四月一五日　柳川発、三池郡二川村渡瀬説教場（聴衆八百名）、上内村春光寺、三池町寿光寺で演説会、大牟田止宿
四月一六日　大牟田発、山門郡三橋村字久末崇念寺および同字垂見雲行寺、柳河町川口座（聴衆千五百）で演説会、柳川止宿
四月一七日　柳川発、山門郡東山村個人宅（聴衆四百名）、同村字本吉および瀬高町字出の上、下長田で演説会、瀬高止宿
四月一八日　瀬高発、遠賀郡折尾、鞍手郡小竹で演説会、福岡市へ行く

以上のように、山門郡柳川―三池郡大牟田―山門郡瀬高―浮羽郡田主丸―浮羽郡吉井―柳川―大牟田―柳川―瀬

高—福岡と一〇日の間に、選挙事務所のある柳川、瀬高、大牟田の三か所を中心に二回巡回していることが分かる。そして、富安保太郎、坂梨哲（前県会議員）、江崎志津次郎、権藤震二、藤島豊太郎がずっと随行し、またそれぞれの土地では地元有力者である元代議士や県会議員等も加わって演説会を行っていた。前述のように、代議士にしても県会議員にしても立候補は各郡や地域の持ち回りである場合が多く、元や前の議員も再び自分の順番が回ってくる可能性があった。それ故に、彼らも互助的に応援活動を行っていたのであろう。

このように、野田の場合はまず主要な拠点に選挙事務所を開設し、そこを巡回しながら地域票を固め、他候補の侵入を防ぐという方法であった。つまり、派手なパフォーマンスによって浮動票を集めるというのではなく、地元住民と何回か接触しながら地域単位で票を固めていき、それを積み重ねていこうとするものであった。逆に言えば、のちに分かるように、野田ほどの名士にしても選挙運動をしていない地域からの得票は全く期待できなかったのである。それだけ、選挙運動と票と地域は密接に結びついていた。

吉原の場合は、四月一日宗像郡、二日小倉市、三日朝倉郡で応援演説をしているが、そののちは地元三潴郡にほぼ限定して活動し、敵党の侵入を防ごうとしていた。樋口は東京からの応援弁士とともに自動車で地元八女郡をまわる戦術をとっていた。

6 最終調整

さて、こうした選挙戦も最終段階に突入した。そして、投票日前日の四月一九日に、吉原正隆は永江純一に次のような興味深い書簡を送っている。

〔野田卯太郎とは票の貸借の協定が成立していたが、野田は〕山門郡の形勢非なりとかにて此先約を無視し八女にも三瀦にも少しも投票を分与せず二回迄交渉を試みしも其効なく、協定区は茲に全く破れ互に自由行動を採るの止むを得ざるに至り候。板井氏の御尽力も遂に其効を奏せず、而も昨日に至て始めて其宣告をうけたるため、匆々運動に夫々着手せしめ候間、左程の手違は有之間敷候。尤も郡内は佐々木の切込激しく、国民がガ□□□を利用して極力援助するため中々苦戦に御座候。全郡の有志結束して防禦に努力し居るため見苦しき失敗はなかる可きも、実数三千六百の内先づ二千九百位は取留め得る者と信じ候。他郡より百五十か二百は収入ある可く三千百位は挙げ得る見込に候。七番目位にて当選には間違なき筈に候。

我党にて山口、樋口の中一人落選、樋口最危険、大内は当選、佐々木、川波当選、我党はよく出来て七名、悪ければ六名に下るやも難計候。今になりて考れば不向の八女に樋口を立て不評判の山門に野田を廻したるが策戦計画の欠点に候。殊に山門の足許が荒されて（野田ならば分裂するは始めより分明なるに）困難なりといつて確実なる三池、浮羽を手離せず先約を無視するに至ては言語道断の処置に候。有志の意見は兎も角もと致し野田君が親分顔をして三郡に跨り七千の大票を手にしながら自己の安全を計るため約束を無視するはけしからぬ行動と信じ候[40]

つまり、野田から山門郡の五〇〇票を樋口へ、浮羽郡の一五〇票を吉原へ譲るという先約を野田が破棄し、一票も渡さないと投票日直前の一八日に言い出したため、「自由行動」となったのであった。しかし、野田もこれらの吉原等の非難に譲歩したのか、四月一九日には「富安、森田等相談ノ上、投票譲渡分配ノ為メ渡瀬へ帰[41]」っている。

以上のことを実際の投票数と比較してみると、野田の獲得票はほとんど浮羽、三池、山門三郡に限定されており、他の筑後の郡を侵食することはなかった。但し吉原がいうように、そもそも野田の基礎票が多めであり、それ故に五位で当選することができた。吉原は当然三瀦が中心であったが、二九〇〇という彼の予想を若干上回って三〇六五票獲得した（この票数は吉原が三月末の時点で予想していた票数と一致する）。その他の筑後の郡では、三豬に隣接する山門郡から一二〇票程獲得している。そして、彼が述べている通り、三豬以外の筑後の郡全体から一五〇票ほどを獲得した。これは当初彼が譲渡されるはずであった一五〇票を、協定によってではなく「自由行動」という彼自身の力によって得た部分があったためである。そして、彼も三豬の投票が予想以上であったが故に、七位ではなく六位で当選を果たした。樋口は吉原の書簡通りに、山門の五〇〇が期待できなければ当然苦戦が予想された。結果的には、彼は八女、三井郡以外では三池郡から九三票獲得しているのが目につく。これはおそらく四月一九日に野田が三池郡渡瀬に行き交渉した結果であろう。つまり、野田は五〇〇票ほどではないが、若干譲歩して一〇〇票ほどを譲渡したものと推測される。しかし、それでも樋口は落選した。

ところで、当初の協定が確実に守られていたならばどうであっただろうか。筑後各郡の政友会獲得票数を単純に総計し、さらに協定通りの貸借によって配分すれば、三者の票数は、野田、一八九二票（実際の票数、一三七五）、吉原、三二三六票（同、三二三二）、樋口、二五八二票（同、二一三八）となる。これにしたがえば、当落そのものは変わらないものの、その票差は随分縮まることになる。そして、これに危機感を持ったからこそ、野田は協定破棄を主張したのであろう。しかし、それは「野田君が親分顔をして三郡に跨り七千の大票を手にしながら自己の安全を計るため約束を無視するはけしからぬ行動と信じ候」という吉原の不満を生むのであった。ただし、前回もそうであったが、それによって彼らの結束が崩れることはなかった。

三　他地方と他政党

以上、史料が最も豊富な筑後地方の政友会の動向をみてきたが、以下ではその他の地方や政党について、その特色にのみ触れておく。

1　政友会の筑前・豊前での協定選挙区の割当

まず政友会であるが、筑前・豊前の協定選挙区の割り当ての一覧を掲げておく（表Ⅱ−3−3）。

筑前地方では、粕屋・宗像・糸島・早良の四郡、および朝倉・筑紫の二郡は常に一つの協定選挙区を形成している。そして、鞍手・遠賀は筑後の浮羽または豊前の嘉穂とセットになり一選挙区を形成していた。

筑紫・朝倉

ここでは、三月一九日に両郡合同の候補者詮衡委員会が開催され、満場一致で前代議士の山内範造の推薦を決定した。両郡ではそれまで朝倉郡の多田作兵衛が連続当選していたが、そののち、庄野金十郎（筑紫郡出身）、加藤新次郎（朝倉郡）、山内が一回交代で立候補していた。

粕屋・宗像・糸島・早良

この四郡は、他の郡と異なり圧倒的に多数の政友会基礎票がある訳ではなく、常に他政党の候補者と混戦であった。特に、前回では永江純一を立てて当選させたが、永江の病状が進行しており立候補は困難であった。そこで、まず粕屋郡では、小林作五郎が候補に挙がり、三月二三日の粕屋郡政友会は小林作五郎を推薦することに決定し他郡と交渉

表Ⅱ-3-3　立憲政友会の筑前・豊前協定選挙区の割当

		粕屋	宗像	糸島	早良	鞍手	遠賀	浮羽	朝倉	筑紫	企救	京都	築上	嘉穂	田川
第7回	藤　金作	○	○	○	○										
	野田卯太郎					○	○	(○)							
	多田作兵衛								○	○					
	征矢野半弥										○	○	○		
	中野徳次郎													○	○
第8回	藤　金作	○	○	○	○										
	野田卯太郎					○	○	(○)							
	多田作兵衛								○	○					
	征矢野半弥										○	○	○		
	伊藤伝右衛門													○	○
第9回	藤　金作	○	○	○	○										
	野田卯太郎					○	○	(○)							
	多田作兵衛								○	○					
	征矢野半弥										○	○	○		
	伊藤伝右衛門													○	○
第10回	古野孫太郎	○	○	○	○										
	野田卯太郎					○	○	(○)							
	庄野金十郎								○	○					
	蔵内次郎作										○	○	○		
	富安保太郎													○	○
第11回	森田正路	○	○	○	○										
	野田卯太郎					○	○	(○)							
	加藤新次郎								○	○					
	蔵内次郎作											○	○		△
	富安保太郎										○			○	△
第12回	永江純一	○	○	○	○										
	堀三太郎					○	○							○	
	山内範造								○	○					
	蔵内次郎作											△	○		○
	安部熊之輔										○	△			

△＝郡の半分

したが、小林自身は「幸に森田正路君立候補に御決定相成候はゞ我地方に於ては之に反対を唱ゆるもの皆無と存じ極力先年の失敗恢復に勉め必勝疑なかるべく確信罷在候」[42]として、森田を推薦し自らは辞退した。これに対し糸島郡の状況は、一九一七年三月一九日付永江純一宛戸川直書簡によれば、次のようなものであった。

曩キノ支部評議員会ハ総テ前代議士再撰スヘク議了セルモ、不幸ニモ尊台刻今御情況ニテハ再ヒ尊台ヲ煩スノ不能ナルヲ鑑ミ一同断念セル吾四郡協定区ハ独リ前代議士ナキニ均シキ次第、同志ノ勢望凋落シテ立候補難ニ御座候。

殊ニ四郡内高名ヲ撰挙セル糸島郡同志ノ七百票ハ該郡産米検査実行ニ反対セル農民ノ反動ハ農民団ノ結合ト化シ、同郡ノ政状ハ爾来政友非政友共ニ脱会シ所謂糸島一致ノ下ニ両派提携、農民団ニ対スルモ不得止、県会議員壱名ノ撰挙争ヒ遂ニ農民団ニ占領セラレタル郡状ハ今回又々郡一致ヲ唱ヘ立候補ヲ試ミ非政友ナル小島尚吾氏ヲ擁立スヘク、政友派ハ一名モ出福支部会ニ列セズ、真ニ吾同志ノ凋落極ニ達シ、粕、宗、早三郡同志ノ得票ニテハ立候補難ハ□ノ免レザル所、抑モ今回政変例ノ超然内閣不信任案ニ付テハ苦キ立場ニアリテ立党主義ヲ忘却シ立論鮮明ヲ欠キ幹部野心ノ為メニ立党ノ意義ヲ忘レ、立憲ノ正道ヲ迷ヒタルノ感有之遺憾不尠候。

錦地御両郡立候補ニ付テハ富安氏勇退セラレ野田氏御出馬アル如ク解セラレ、果テ然ルヤ否、同氏ハ吾党ノ先輩、而モ政友内閣ニ依リ要職ヲ転ゼラレ内閣ノ瓦解吾党悲惨ノ情況ニ陥ルモ、尚且ツ同志ニ拘セズ朝鮮ノ要職ニ在リテ漸ク前ノ内閣ノ末路退職セラレ、更ニ又超然内閣ノ権門ニ出入頻繁ナルコトハ各新聞紙ノ伝ル所ニシテ御高説拝聴仕度候。[43]

すなわち、一九一五年三月の前回第一二回総選挙での糸島郡は、農民団の支持を受けた吉田磯吉、同志会の河波荒次郎、政友会の永江が三つ巴となって票を分けあったが、その後農民団の結合がさらに進み、同年一〇月の県会議員選挙では、政友会と同志会が連合して応援した候補者が、農民団の支持する候補に敗北を喫するという事態が発生した。そして、今回も農民団が母体である糸島郡公民会は、政友会でも憲政会でもない小島尚吾（国民党）を一致して支持することを三月一三日にすでに決めていたので、政友会陣営には非常な危機感が起こり、そのために野田のような大物輸入候補を策していたものと思われる（実際に糸島郡での小島の票は二五八七票中一九五二票と他を圧倒しており、政友会候補であった森田正路はわずか七七票であった）。

これ以上の経緯は判然としないが、結局野田は三月下旬の時点で筑後から立候補することになり、森田が立つことになったらしい。四月二日の粕屋郡政友会は各町村から二、三名が出席して同志協議会を開催して森田擁立を決定し、森田もそれを受けて四月三日から同郡で選挙運動を開始した。同郡における陣容は、国崎重多を委員長、藤野権太郎を副委員長にし、小林作五郎、神武啓蔵、田代百太郎、飯尾助十を特別委員とし、各町村に一名宛の委員を設けるというものであり、さらに藤金作が吉塚駅前の協定三郡選挙事務所に詰めて連絡の任務につくことになったという(44)。ここでいう三郡には糸島郡が入っていない。つまり、森田は初めから糸島郡での得票を放棄しており、実際にほとんど同郡では活動していなかった。

森田の選挙運動で特徴的なことは、その演説内容にあった。森田派の演説会では、「政友会が曩に議会に提出したる朝鮮米関税案に対し、憲政派の反対したる事実、並に政友会の主張提案に係る教育費国庫支弁の必要を力説(45)」するような演説が行われ、聴衆の喝采を浴びたという。これは明らかに農民団を意識したものであろう。これが成功したのか、森田は三郡の得票によって当選することができた。

鞍手・遠賀

前回では鞍手郡の堀三太郎が鞍手・遠賀・嘉穂を地盤に出馬し当選したが、今回も当初は鞍手・遠賀郡の政友会員、そして福岡県支部員も含めて出馬を要請した。しかし、堀の辞意は固く三月三〇日の時点で断念せざるを得なかった。そこで、四月一日、鞍手郡および遠賀郡・八幡市・若松市の政友会はそれぞれ会合し、共に山口恒太郎の推薦を決定し、麻生太吉、貝島嘉蔵、中野徳次郎、伊藤伝右衛門、堀三太郎等の名前で推薦状を発表した。従来は鞍手・遠賀二郡にもう一つどこかの郡を付け加えて一協定選挙区にしていたが、今回はこの二郡だけであった。そのため当選はしたものの最下位であった。

山口（福岡日日新聞主筆であり、おもに福岡市で活動）の選挙戦の特徴は、この地域の有力者に強く依存していたことである。麻生、貝島を初め、大岡育造が応援演説をしていた。大岡は特に若松市、八幡市で活動しているが、これは彼が山口県選出代議士であり、おそらくこの地域に大きな影響力を持っていたことによろう。

豊前地方の政友会

ここでは、筑前の嘉穂も含めた協定選挙区割りについて若干の考察を加える。豊前においては、第一〇回までは企救・京都・築上の三郡が一選挙区、そして田川と嘉穂が一緒になって一選挙区を形成していたが、第一一回から流動的になり、第一二回では豊前四郡で蔵内次郎作（田川郡）、安部熊之輔（企救郡）両者が自由競争に近い状態となり、その結果、京都郡が分裂した。第一三回の場合は、次の通りで

三瀦	八女	山門	三池	企救	田川	京都	築上	計
	1		1	921	26	30		3758
123	1579	548	151	8	9	12	1	3415
6	2			52	1088	771	1430	3414
	1							3378
2	1	1270	1222		4			3375
3065	3	120	9					3233
	2					1		3061
347	332	34	17	20	12			3018
		1	24	1		2	82	2913
		24	13	5	2	26	161	2759
	5					7		2472
19	1309	28	93					2238
1			9	560	164	922	431	2191
27		24	106	158	318	182	215	2190
	26		1	9	40	4	5	2051

表Ⅱ-3-4　第13回総選挙福岡県郡部結果

当落	候補者名	所属	粕屋	宗像	早良	糸島	朝倉	筑紫	遠賀	鞍手	嘉穂	浮羽	三井
当選	赤間嘉之吉	政友会	83	64	9	4	39	39	247	300	1989	5	
	大内暢三	国民党	1	57	2	2	17	13	199	164	354	139	36
	蔵内次郎作	政友会	6				15	5	20	4	2	7	6
	山内範造	政友会	11	1	37		1938	1373	15				2
	野田卯太郎	政友会	1					6	6	3		860	
	吉原正隆	政友会		1					2			31	2
	河波荒次郎	憲政会	912	3	232	17	591	1218	10	14	30	9	22
	佐々木正蔵	憲政会	19	127			50	15	119	88	2	351	1485
	森田正路	政友会	1178	960	553	77	26	6		3	26		
	山口恒太郎	政友会	43	21	28	32	6	85	1216	1007	32	49	9
落選	小島尚吾	国民党	77	114	34	1952	4	18	201	44	15		
	樋口典常	政友会					2	7	4			9	767
	藤原正文	中　立	1	3			2	2	40	18	29	1	17
	大原義剛	憲政会	142	221	324	8	1	62	156	41	188	6	
	的野半介	憲政会	19	241	9	495	5	17	732	263	173	5	7

（注）1　福岡日日新聞による．合計が一致しないものもそのまま記載した．
2　太枠の中は政友会系候補者の協定選挙区の得票数．
3　遠賀郡には若松市・八幡市の，三池郡には大牟田市の得票数を含む．

あった。

嘉穂郡　県支部の意向を尊重して前議員堀三太郎を支持
京都郡　今回は蔵内を一致して推薦
田川郡　蔵内を一致して推薦
企救郡　嘉穂と協定して一選挙区を形成し、安部か、嘉穂の赤間嘉之吉を推薦
築上郡　不明

つまり、前回では豊前の二候補が競合したことを反省して、企救郡では嘉穂との連合を提案したのであった。そして、企救郡の安部も立候補するつもりであったらしいが、結局今回は嘉穂の赤間嘉之吉に譲ったらしい。

2　非政友会系政党

最後に政友会以外の政党について簡単に触れておく。

憲政会は各郡での基礎票が少ないため、政友会よ

りも協定選挙区を広くとっていた。第一三回では筑前二、筑後一、豊前一という協定をまず決定している。従来からの憲政会系の状況は、筑後一、豊前一は守られているが、筑前に関しては、第一〇回・一一回では候補者一、第七・九回では二、第八・一二回では四名が立候補していた。このように、候補者数決定の段階ですでに党の統制が失われていたケースもあった。しかし、第一三回は一応統制が保たれ、二名に決定した。

しかし、その後の地盤協定の点でも、政友会に比してそれが守られることは少なかった。そもそも、筑後一、豊前一の候補者もいまだそれだけでは当選が困難であったため、しばしば筑前に割り込もうとした。ここで興味深い例は、都市化が激しい遠賀郡の八幡市である。遠賀郡を地盤にしているのは政友会では山口恒太郎、憲政会では的野半介であったが、八幡市では佐々木正蔵、大原義剛（筑紫郡出身）も運動を行っていた。前述のように、佐々木は本来は離れた筑後地方が地盤であった。大原は豊前であるが、以前は筑前を地盤にしていたこともあり、今回でも実際には豊前より筑前からの票の方が多かった。

おわりに

以上、福岡県第一三回総選挙の様相を詳細に検討してきたが、郡部の大選挙区についていえば、まず候補者選定という点から整理してみると、①福岡県政友会の場合は地域割りが徹底しており、またそれを支えるだけの政友会基礎票が存在していたため、候補者の多くの関心は如何に多くの協定選挙区を得るかにあった、②複数の郡が組み合わされて協定選挙区が形成されるが、概ね三回位を目途として異なる郡出身の候補者に交替することが通例となっていた、③にも関わらず野田や永江のような有力者は候補者難に陥っている別の協定選挙区を探し、輸入候補となって四回以上の連続当選をすることが可能であった、などである。ここにおいて、福岡県政友会代議士の構成も明らかであろう。野田等のように、党幹部として郡の間の持ち回りに拘束されずに輸入候補として連続当選を果たす者と、持ち回りによって三回ほど出馬し、そのあとは他郡の候補に譲る者に二分できる。

また協定選挙区という点から見れば、基本的な原則として、①古代以来の国・郡が選挙の単位として利用されており、実際に党の組織も県―郡―町村という形で機能していたこと、②しかしそれでは票数のアンバランスが生じるので貸借によって平均化が図られたこと、③これらの決定には郡の意向を汲みながら県支部が主導して取り決め、それを郡が追認する形になるのであるが、浮羽郡のようにその決定に承服できない場合もあり、変更されることもあった、の三点が確認できる。

最後に、これらのことを当時の政党地方組織と関連させて簡単にまとめてみたい。福岡県の場合、票の読みは驚くほど正しい場合が多い。さらに、郡単位での票の割り振りはほぼ完璧に行われていた。また、票の譲渡すらも行われており、実際にそれも可能であった。このことは、彼らが地域単位で票を確実に摑んでいたことを意味していると思われ、選挙運動もそれに沿って行われていた。言い換えれば、当時の政党組織はこのような地域の共同性に強く依存していたのである。有馬学氏は、このような協定選挙区的方法が特に鹿児島県、福岡県で貫徹されていたことを述べているが[46]、おそらくどの府県でも、強弱はあっても、似たような方法を採用していたと思われる。また、票の貸借に関していえば、例えばもし最初から全くの自由行動で選挙を行えば、野田のような党の有力者で全県的な名士は楽々当選し、そうでないものはもっと少数に甘んじなければならなかったであろう。つまり、党有力者はそうでない者に対して恩を売っている訳であり、このことは党有力者の統制力が強まることを意味した。また、それらを管理する県支部の影響力も強まったであろう。もちろん、最後の段階では「自由行動」となったりするが、それによって党の統制力が完全に失われることはなかったのである。

以上のように、この時期の日本の選挙、特に郡部のそれでは地域共同体を基本単位とした投票という傾向が強い。それが大選挙区という制度の下で行われる場合は、票の配分のため地域共同体の組織的連携が求められ、それを媒介するのが政党であった。そして、それによって政党地方組織は充実するのであった。つまり、ここでは実態としての地域の共同性と、中央での政党化あるいは政党組織の充実という、本来は別のものが融合し補完しあっていた。ただし、そんな状況にも確実に変化が現れてきた。都市部では、大衆化に伴っていわゆる言論戦が流行し選挙結果にも大きな影響力を持つようになってきた。農村部でも、糸島郡の農民団のように、階級意識に基づく新たな社会団体が生まれ、名望家中心の地域の共同性をしだいに脅かすようになった。これらは、第一次世界大戦を挟んで急速に広がっていく。

注

（1）『福岡日日新聞』一九一七年三月二七日号。
（2）実際に彼が政見を発表したのは四月一六日の演説会であったが、『福岡日日新聞』一九一七年四月一八日号によれば、この演説会では竹越与三郎、青木徹二、清水平治の応援演説があり、聴衆三千五百、途中で乱闘騒ぎもあった。その中で松永は福岡地方の発展を中心に演説を行ったという。
（3）『福岡日日新聞』一九一七年四月一日号。
（4）『福岡日日新聞』一九一七年三月二三日号。
（5）『福岡日日新聞』一九一七年四月二日号。
（6）『福岡日日新聞』一九一七年四月一九日号。
（7）『福岡日日新聞』一九一七年四月一七日号。
（8）一九一五年二月七日付永江純一宛森田正路書簡。この書簡が含まれる「永江文書」は現在、九州歴史資料館に所蔵されている。

(9)『福岡日日新聞』一九一七年二月六日号。
(10)『福岡日日新聞』一九一七年四月四日号。
(11)『福岡日日新聞』一九一七年四月二〇日号。
(12)『福岡日日新聞』一九一七年二月二二日、三月三日、三月二三日号。
(13)『福岡日日新聞』一九一七年三月三日号。
(14)『福岡日日新聞』一九一七年三月六日、三月二三日号。
(15)『福岡日日新聞』一九一七年四月三日号。
(16)重松正史『大正デモクラシーの研究』(清文堂出版、二〇〇二年)は、選挙権を持たない都市民衆がどのように都市政治に影響を与えたのかを、興味深く紹介している。
(17)『福岡日日新聞』一九一七年三月一一日号。
(18)前掲注(8)「永江文書」、一九一七年三月三一日付永江純一宛吉原正隆書簡。
(19)前掲注(8)「永江文書」、一九一七年二月七日付永江純一宛森田正路書簡。
(20)「野田卯太郎日記」一九一七年三月条による。「野田卯太郎日記」は現在、九州歴史資料館に「野田大塊文書」として所蔵されている。また、国立国会図書館憲政資料室において「野田卯太郎関係文書」として日記のみがマイクロフィルムで公開されている。
(21)前掲注(8)「永江文書」、一九一七年三月三一日付永江純一宛吉原正隆書簡。
(22)前掲注(8)「永江文書」、一九一七年四月一九日付永江純一宛吉原正隆書簡。
(23)前掲注(8)「永江文書」、一九一七年三月三一日付永江純一宛吉原正隆書簡。
(24)前掲注(8)「永江文書」、一九一七年四月五日付永江純一宛野田卯太郎書簡。
(25)『福岡日日新聞』一九一七年三月三〇日号。
(26)『福岡日日新聞』一九一七年四月五日号。
(27)『福岡日日新聞』一九一七年四月三日号。
(28)『福岡日日新聞』一九一七年四月一四日号。
(29)『福岡日日新聞』一九一七年四月四日号。

(30)『福岡日日新聞』一九一七年四月一二日号。
(31)『福岡日日新聞』一九一七年四月一四日号、吉原正隆の演説。
(32)升味準之輔『日本政党史論』第三巻（東京大学出版会、一九六七年）、二八八―三〇一頁。
(33)『原敬日記　第4巻』（復刻、福村出版、一九八一年）一九一七年四月二二日条。
(34)『福岡日日新聞』一九一七年四月六日号。
(35)『福岡日日新聞』一九一七年四月一三日号。
(36)『福岡日日新聞』一九一七年四月一一・一七日号。
(37)『福岡日日新聞』一九一七年四月一九日号。
(38)『福岡日日新聞』一九一七年四月一八日号。
(39)『福岡日日新聞』一九一七年三月一日号。
(40)前掲注(8)「永江文書」、一九一七年四月一九日付永江純一宛吉原正隆書簡。
(41)前掲注(20)「野田卯太郎日記」一九一七年四月一九日条。
(42)前掲注(8)「永江文書」、一九一七年三月三日付永江純一宛小林作五郎書簡。
(43)前掲注(8)「永江文書」、一九一七年三月一九日付永江純一宛戸川直書簡。
(44)『福岡日日新聞』一九一七年四月五日号。また、早良郡でも同様に西新町に選挙事務所を一か所設置し、各町村に事務所支部を置いた。宗像郡の場合は、四月一日宗像大正会という組織が発会式を揚げ、その席上で森田推薦を決定した。
(45)『福岡日日新聞』一九一七年四月一〇・一五日号。
(46)西日本文化協会編『福岡県史　近代研究編各論（二）』（福岡県、一九九六年）所収の有馬学・季武嘉也共著「戦前におけるいわゆる大選挙区制と政党支部」。なお、この論文は、前半（五五七―四八頁）は有馬学氏、後半（五六〇―五七三頁、および六〇〇―六三一頁）は季武嘉也が執筆した。

（補注）本章初出の一九九六年現在。

第四章　大正期の宮崎県政

――「児玉伊織日記」を題材に――

はじめに

幸か不幸か本県には、政党の色彩全く不鮮明なるより、選挙戦の演り方も、他県のそれとは大いに趣を殊にし、候補擁立の如きも人物の如何は暫らく措き、十四、五年前の慣行を襲踏し、一種特別の手段を構ずるを常とせるが、此の情態を政争激甚なる他府県人の眼より見ば、定めて異様の感に打たるゝなるべし。

この文章は一九一五年九月四日の『宮崎毎日新聞』に掲載された社説の一部である。確かに、明治後期から大正期の宮崎県政には「定めて異様の感」があるように思われる。もちろん、それぞれの地域には各々の特徴があり各々が「異様」なのであるが、「政党の色彩全く不鮮明」という点は、宮崎県のこの時期の非常に大きな特徴を成していたといえよう(1)。

周知のように、第二次世界大戦後の新憲法の下では議院内閣制度が定められ、それに伴って政党政治が行われるようになり、現在では常識となっている。したがって、そのような状況の中で生活している我々にとって政党の存在は、いわば空気のようなものといえよう。また選挙においては、現在では少なくとも国政、県政レベルでは政党名を前面に押し出して戦うのが通常である。それに対し、明治後期から大正期の宮崎県では、政党名を前面に出して争うということは実際にほとんど無かった。

ここで宮崎県の政党の歴史をごく簡単に振り返ってみれば、「明治二十年（一八八七）に宮崎の川越進や延岡の原田実らが日州同志会を結成し、これに対抗して宮崎の岩切門二や延岡の小林乾一郎らが日州大同倶楽部を結成してから活発となった。〔略〕日州大同倶楽部は、明治二十六年に来県した河野広中らが東京との連携を強調したため、日州民党倶楽部と改称し、これ以後日州民党倶楽部が民党派、日州同志会が吏党派とみられるようになった(2)」とあるように、明治二十年代ではいわゆる民党対吏党という対抗図式が見られた。

しかし、一八九五年の福岡県選出自由党代議士多田作兵衛が来県したのを契機に自由党が結成され、そこに両派の人間が参加したため「全県一党の王国が出現」し、それはさらに一八九七年六月一〇日「党派のいかんを問わず、直接相提携して県民の福利増進を期する」ことを目的とした日州倶楽部に受け継がれたため、「従来各党派に分れて反目していた同憂の士が一党に相会し〔略〕県下各地よりこれに会するもの百余名に及び、各郡に支部が設けられ、ここに本県の党争は、全くその根を絶ち、選挙に際しても同倶楽部が団結して動き、その大勢を動かしていた(3)」という状態に至った。そして紆余曲折を経ながらも、最終的には彼らのほとんどが、一九〇〇年伊藤博文を中心にして創立された立憲政友会に入党したため、ここに政友会による「一県一党」体制が確立し、これが大正末期まで継続することになった。

このようにして見てくると、宮崎県の政党は平和を好み、整然と活動していたような印象を受けるが、当時においても多くの府県で様々な争点による政党間の対抗が現れたことを考えると、種々の疑問が浮かび上がってくる。第一は、その構造の問題である。つまり、どのような構造によって「一県一党」体制が可能であったのか、ということである。いくら「一県一党」だといっても、そこには何らかの対立が存在したはずである。選挙というものは、対立を増幅する場でもある。問題は、それがどのような形で調整され政党間対立に至らなかったのかということであろう。ここまで含めて考察することによって、「一県一党」体制の実態を明らかにすることができるであろう。第二に、およそ人間社会に対立が存在しないことは無いという前提に立てば、どのような対立が存在していたのか、ということである。確かに、「一県一党」なので政党間対立は無かったとしても、もしかしたら別の形の対立が存在していたのではないかということは大いに考えられる。本章はこのような観点から、とりあえず明治後期、大正期の宮崎県会議員選挙を対象として、考察を加えていこうとするものである。

また昭和初期には、隣県鹿児島選出の床次竹二郎が結成した政友本党に多くの宮崎県政友会員が流れ込み、その結果政友本党（同党は一九二七年六月に憲政会と合同し民政党となる）による「一県一党」体制ができたが、一九二七年（昭和二）九月の県会議員選挙では反対党政友会の内閣の下で、古宇田晶知事の強引な作戦で政友会系勢力が圧勝して「一県一党」体制は崩壊したが、そのために古宇田知事への多くの非難が生じ、以後県政は政友会、民政党の激しい対立の時期を迎えることとなった。

以上のような歴史の中で、明治三十年代までの時期と昭和初期の時期に関しては、比較的よく知られている。しかし、その間の時期の研究はあまり無い。本章は、その空白を埋める意味でもなにがしかの貢献ができればと思っている。

次に、具体的分析方法について述べておく。本章は児玉伊織という宮崎県会議員を中心に記述していく。その理由は、彼が長年に亘って書き残した日記が宮崎県立図書館に所蔵されており、それを閲覧することができたからである。そこでまず、彼の経歴を簡単に紹介しておこう。(4) 一八六七年九月五日、宮崎郡住吉村島之内字宮本の神職の家に生ま

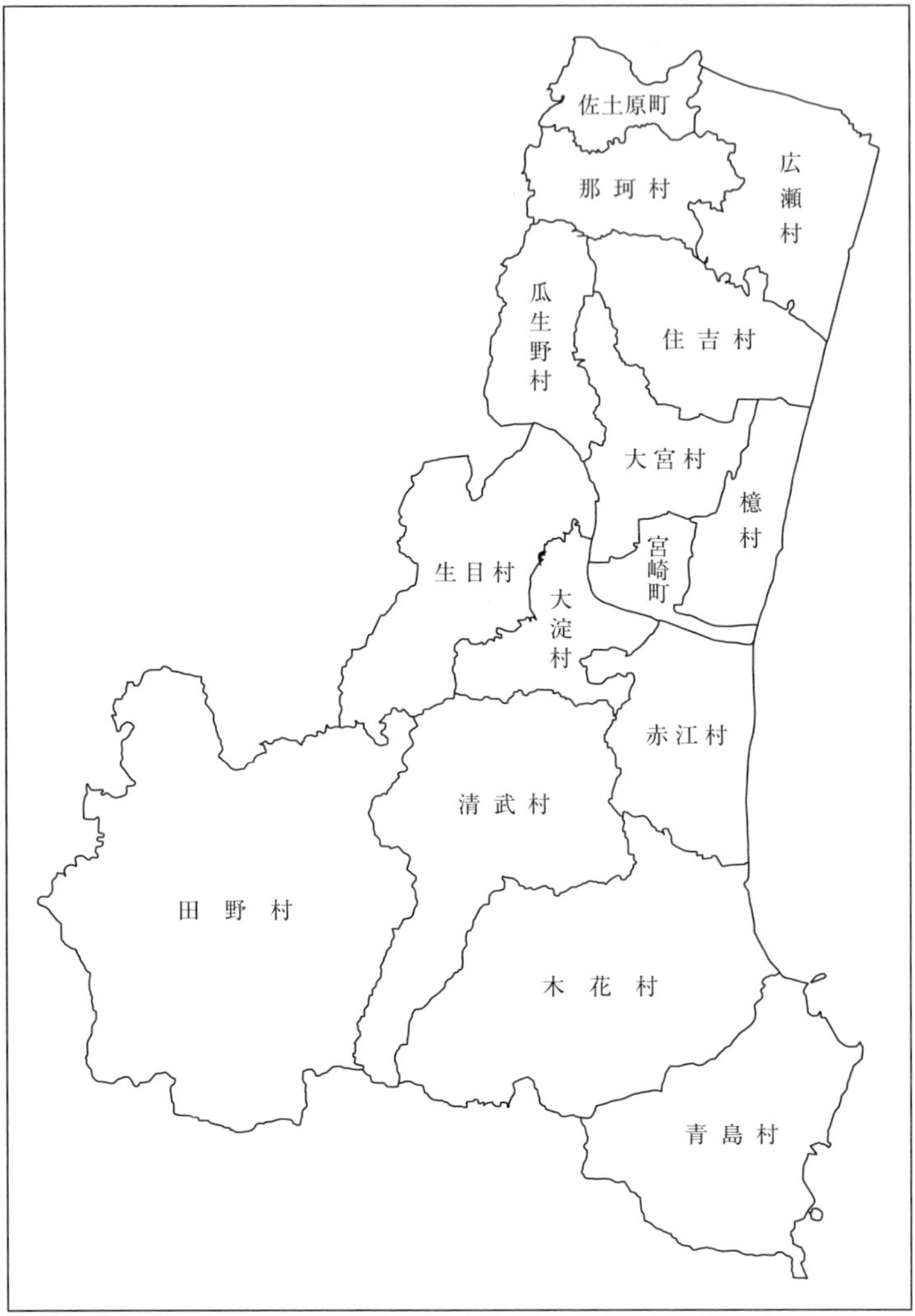

図Ⅱ-4-1　宮崎郡図（大正期）

（注）1912 年（大正元）現在．以降，1926 年（同 15）までに下記の変遷がある．

1917 年（大正 6）大淀村→大淀町

1924 年（大正 13）宮崎町・大淀町・大宮村→宮崎市

1926 年（大正 15）赤江村→赤江町

れた伊織は、島之内小学校に学んだ後、宮崎町に移住、宮崎郡書記、宮崎県属を経て、一八九九年宮崎町長に就任、さらに県農会書記長、県産牛馬組合副会長等を歴任し、一九〇七年には宮崎競馬倶楽部を創設した。この経歴から分かるように、役人でもあった彼は「自治行政に精通」しており、また、畜産、競馬を主要な仕事としていた。そして、一九一一年県会議員選挙に初立候補初当選、以降四年に一度の県会議員選挙に一九二七年まで連続当選する。その間、副議長（一九二〇年三月―一一月）、議長（一九二七年一〇月―一九三一年九月）に就任している。

彼の議員ぶりについては「県会の議案に対して他の多くの議員は、議論を闘はして、其の予算を削減したり或は又増額したりすることもあるが、口に之れを唱ふるものはあつても、其の締め括りの出来るものは殆ど見当らぬ。即ち数字に更正をして完全に予算を編制し得るものは恐らく氏〔児玉〕の外にあるまい」といわれるように、実務的能力が高く評価されており、また県会での議論においても矢野力治とともになかなか雄弁で闘争的であったようである。所属政党に関しては、一貫して政友会であった。ただし、彼に特徴的なことは、一九二四年に政友本党が政友会から分裂した際に、前述のように多くの政友会員はそちらに移動したのであるが、彼と松葉秀太郎、原田房吉の三人は政友会に残り、苦しい時代の政友会を支えたことであった。そして、一九三一年九月の県会議員選挙には立候補せずに引退、一九三六年九月二三日没した。

一　「有志者」と「予選会」

まず、この時期の県会議員選挙の概要について述べておこう。一八九九年（明治三二）の改正府県制施行によって県会議員選挙は、任期四年、定員三〇名、郡を一選挙区とする直接選挙となった。納税および年齢資格は徐々に引き

表Ⅱ-4-1　宮崎郡における県会議員選挙の結果

当選者 氏名	当選者 出身	当選者 得票	落選者 氏名	落選者 出身	落選者 得票
1911年9月（定員4）					
児玉伊織	住吉村	950	高橋貞治	檍村	620
長友安昌	田野村	935	谷口善吉	清武村	612
和田嘉次郎	佐土原町	699			
黒木久七	青島村	670			
1915年9月（定員4）					
児玉伊織	住吉村	957	長友安昌	田野村	711
清水理四郎	大淀村	800	黒木重家	清武村	563
高橋貞治	檍村	781			
久保田初見	大宮村	740			
1919年9月（定員5）					
清水理四郎	大淀村	830	久保田初見	大宮村	535
児玉伊織	住吉村	826			
児玉実武	広瀬村	671			
山川勝之助	木花村	659			
長友安昌	田野村	626			
1923年9月（定員5）					
児玉伊織	住吉村	1518	池田廉平	生目村	762
長友安昌	田野村	1455	伊集院虎之助	広瀬村	527
清水理四郎	大淀村	1361			
宮川満徳	清武村	1293			
弓削清蔵	広瀬村	1185			
1927年9月（定員3）　＊宮崎市は独立した選挙区となる					
児玉伊織	政友会 住吉村	2094	津田　茂	民政党 田野村	1847
宮川満徳	中立 清武村	2045			
鎌田軍次	中立 赤江村	1913			

下げられ、昭和期には普通選挙となった。次に、児玉が属する宮崎郡の各県会議員選挙の結果を掲げておく（表Ⅱ-4-1）。

ちなみに、一九二三年の選挙までは、党の公認という制度は無く、候補者はすべて政友会員であった。したがって、候補者が党公認を打ちだすのは一九二七年選挙からである。

さて、ここでは児玉がどのような形で候補者となり、どのような選挙運動をおこなったのかを見てみよう。

1　一九一一年九月選挙

一九一一年八月一九日、宮崎郡北部の佐土原町、広瀬村、住吉村、那珂村の四町村の有志三〇余名が予選会を開催した。そのうち、広瀬村、那珂村は自村から候補者を出すことを遠慮し、佐土原町は和田嘉次郎、住吉村は児玉伊織を四町村の代表として各々推薦したが、「四ヶ村に二名の候補者を選定するは不利なるを喝破し意見百出」したため、両町村から五名ずつの委員を出して交渉したが、妥協に至らなかったという。(5)さらに、八月二五日に第二回の予選会が開催され、その模様は次のようなものであったという。

両村《ママ》〔住吉、佐土原〕にては到底妥協の途なき由を述ぶるや、数時間各自の意見は続出し、各村共に四ヶ町村の団結には頗る重きを置くの折柄とて、不幸にして自由競争の免れざる場合は三百年来の平和を破ることとなり遺憾千万なり、とて両立は又何れも不利なれば旁々妙案のなきより協議会に移り、此間広瀬、那珂の両村有志は譲歩調停に務め、結局各候補間に於て一応妥協を試みることとなり、是又不幸破裂の場合は四ヶ町村の選挙数二名の候補者を出すは敢て難きに非らざれば、四ヶ町村共に更に大に奮発して両名を援助し、四ヶ町村の平和は永遠に継続するの誓約を為して宴会を催し、四ヶ町村万歳を唱へて散会(6)

そして、最終的には北部四町村の票を「四分六分」(7)（児玉四、和田六）に分配することになり、更にそれでは児玉に不利なので、『宮崎毎日新聞』（九月一九日）によれば、四町村は「委員を立て宮崎町に交渉し、児玉氏に投票する様交渉し来り、一昨日当町の有志者も集会協議する処ありしが、当町にては既に高橋氏に投ずるに決定せるものなれば、一括して投ずる能はざるも、出来得る丈け応援する事となれり」という運びになった。この結果、幸運にも両者は当選することができた。

ところで、史料中に「三百年来の平和」とあるように、この四町村は旧佐土原藩領であり、おそらくそれ故に結束は強く、選挙においても一つの単位として機能していたのであろう。しかし、有権者数からいってもこの四町村から二名の候補を当選させることは不可能であったため、四町村は他町村から票を得ることで両候補ともに当選させ、かつ四町村の団結を維持しようとしたのであった。そして、幸いにも児玉が元宮崎町長であり、宮崎町と深い縁故があったため、おそらく宮崎町から多くの票を得ることができたのである。しかし、逆に宮崎町で早くから運動していた高橋貞治がその影響で落選した。

2　一九一五年九月選挙

一九一五年八月一〇日の「児玉伊織日記」には、「本日四ヶ村五名つゝの委員会を社務所に開く模様を聞く。後児玉実武、中武勝治、上山純徳の三氏見へ、児玉より前議員は河川工事問題を不問に付したる理由の下に排斥する旨を聞く」という記述があるように、相変わらず北部四町村の結束は固かったが、一部特に広瀬村から河川工事問題を蔑ろにした前議員の児玉伊織、和田嘉次郎を排斥しようという動きがあった。河川工事問題とは、大淵川の浚渫工事のことで、河口に面している広瀬村では「一時は船舶の出入に多大の便利を感ぜしも、近年放棄の結果土砂再び堆積して帆船の出入にも困難を感ずるに至り、其他護岸工事等吃緊事件の顧みられざるもの多きは遺憾に堪へず(8)」という不満があった。

しかし、後に児玉伊織が広瀬村に赴いてその工事推進を約束したため両者は合意に達し、『日州新聞』（八月二三日）によれば、広瀬村は八月一九日には「今回迄は他村へ譲る事とし多くの議論もなく、最も穏当なる決議を為し」、さらに八月二一日は四町村の村長ら五、六名ずつが出席して有志会を開き、四町村で一名の候補を出すこと、そして実際には児玉を推すことを決定した。以後、児玉伊織は非常に楽な形で選挙戦をすすめ、今回は最高点で当選することができた。

3　一九一九年九月選挙

一九一九年七月二三日の『日州新聞』には、次のような記事が見える。すなわち、七月一日宮崎郡下の町村長たちが会合し「先例に依り郡内一致して夫々候補者を決定しその当選を期する事とせん」という意見が生じ、それを受けてさらに二六日には「前例通り各町村より候補者詮衡委員として夫々村内有志五名を選び、而して諸般の運動方法等凝議」されるはずである、と。(9)そして、さらに八月三日には、県立図書館で「郡内有権者総代会」が開かれ、「川南二人、中央部一人、川北二人」という配分で候補者を擁立することが決定されたという。(10)つまり、中央部の宮崎町を中心とした地域から一人、それ以外に郡北部（前出の佐土原町、広瀬村、住吉村、那珂村に、檍村、瓜生野村も含まれるようである）と郡南部から各々二人ずつ計五名と、定員通りに候補者を立てようとしたのであった。

これに対し、中央部、北部の計三人は前議員の児玉伊織、久保田初見と、前回までは他村に譲っていた広瀬村から児玉実武、および宮崎町が強く推していた原田房吉の四人が候補に上り、なかなか妥協が成立しなかった。「児玉伊織日記」によれば、彼ら四人および地元選出の衆議院議員長峰与一がしばしば会合しており、おそらくその結果、やっと九月一二日に至り、

北部各町村長及び各候補者、長峰代議士等午前九時より宮崎町役場に集会、候補一名を断念せしめ郡一致実現に就て協議し、結局原田房吉氏をして今回は思ひ止まらしむることゝなり同氏の承諾を求めたるに、同氏は最初宮崎町より推薦されし際は立候補を躊躇したるも、現在に於ては飽くまでも出馬せん覚悟にて運動中なれば、断念

を勧告さるゝは甚だ迷惑なりと極力之を拒絶したるも、遂に各町村長の切なる要望を諒とし郡一致の為めならば犠牲とならんと快諾し、此処に北部側の協議成り金丸大宮村長一同を代表して原田氏に感謝の意を表し(11)という形で決まり、児玉らはやっと選挙運動を開始した。その後の状況を「児玉伊織日記」から拾い出して見よう。

九月八日

正午過より四ヶ町村公職会を開き、結局県会議員選挙は住吉に那珂村の内、年居以西を加へ、九百に五百と云ふ概票にて治まることゝなる。其間交渉に意外の手間を要したり。協議円満に了り酒宴となり、酌婦迄も連れ来ると云ふ始末。七時過に退出。終列車にて帰宮、長峰邸へ立寄り久保田君と十一時過帰る。

九月一二日

宮内君方へ久保田君に会し、山口雄蔵氏来りて山川氏へ交渉方に関し協議して帰る。本夜錦石堂へ依頼状印刷方を托し置く。知己の諸氏より運動着手の遅後なることを催さるゝあり。

九月一七日

檍方面への文信書類を拵ゆ。中村君は高岡方面の状況変化に付帰郷したる由を云へり。本夜宅には長峰代議士及弓削村長来る。田村氏も来りて要談、十一時過より又々長峰邸に呼ばれ、同邸には宮内、中原虎治、久保田三氏ありて檍村の分配に付要談数刻、終に午前に及べり。

九月二二日

〔瓜生野〕村役場に野中、河野と外山が三人日高村長へ交渉中なり。候補者弐名に協定すへきことを約して去る。

〔略〕久保田選挙事務所に入る。久保田君と会し串間氏に面晤、清水、長友、各事務所出入頻繁なり。大塚を経て帰る。旭館事務所に入る。久保田君来る筈なりしに長峰代議士宅へ往談、瓜生野分配八ヶ間敷漸くに収まる。

以上のように、長峰も含め候補者三人の間で、北部諸町村の票配分が大きな問題となっていたことが分かる。実はそれには理由があった。川北・中央部は当然ながら、川南部も協定通りに二人のみを擁立しようとしたが、清水理四郎、山川勝之助、長友安昌の三人の間で調停が進まず、結局三者ともに立候補したので、定員五名に六名が立候補するという事態になったのである。そのため、選挙最終盤では各候補者が入り乱れての争いとなり、結局久保田が落選することとなった。

4　一九二三年九月選挙

この選挙でも、やはり郡全体での候補調整が行われていた。八月一一日、若松悌二郎宮崎町長の発起で各町村長等有志七〇名が集合し予選会を開催した。

荒川岩吉、久保田初見両氏より郡内定員五名の選出議員は郡内を川北、川南、中部の三部に分ち南北より各二名、中部より一名を推すべく動議提出あり、之れに依りて各町村の利害が決定さるゝ重大な問題であるから、各町村に於て慎重協議の必要ありて一時間休会、午後二時再会、久保田初見氏、杉本宗七氏等は宮崎郡有権者総数一万九十九名に対し北部五千百二十二名、南部四千九百七十五名なれば、此会合に於いて各町村妥協して三部に分ちて理想選挙を標榜して立つの得策なるを力説、満場一致同説に賛成した。然るに川南部に於て既に有権者の結果、候補者の決定せる村も有り現在五名の候補者現れて互いに譲らざる観があるので、之等は協調を図り平和を期するの要あれば、各町村二名の調停委員を選出する事となり〔略〕愈よ川南部、川北部に分れ種々協議すれど決定せず(12)

これを受けて北部の佐土原、広瀬、住吉、那珂の四町村は八月二〇日に公職会(13)を開き、本来は佐土原町から候補を出す順序であったが適当な候補者が見つからず、結局再び広瀬村から出すことが決まった[14]。そして、他のもう一人は前回と同じく中央部の一人を含めて決めることになったが、当初は原田房吉が宮崎町を中心に、そして児玉伊織が住吉村を中心に出馬する予定であったが、原田は今回は最初から辞退したため、代わりに若松悌二郎が擬され、児玉が住吉村、宮崎町、若松が瓜生野、穆、大宮各村を地盤に立候補することになった[15]。しかし、おそらく前回においても川北部の三人の候補の内、久保田初見が落選したように、若松には自信が無かったようで、結局、川北部は二人に絞ることになった。

もし、この通りになっていたら問題無く二人は当選していたのであるが、広瀬村の候補を誰にするかで大きな問題が生じた。つまり、弓削清蔵と伊集院虎之助が候補に上がり、ともに後援者が非常に熱心であったため両者ともに引くに引けなくなった。九月七日の「児玉伊織日記」には次のようにある。

〔四町村〕公職会は四時過開会、初伊集院虎之助をとのことなりしも、各町村より詮衡とも云ふべき委員斎藤直志君を犒ふことゝし、結局広瀬を除く外三村七名にて投票の末、弓削君当選し散会。

三ヶ町村七名即廿一名投票の結果、一三弓削清蔵、五児玉実武、三伊集院虎之助。

つまり、広瀬以外の町村の人間が投票して広瀬村の候補者を決めたのであった。しかし、結局それでも伊集院は立候補を取りやめず、選挙の結果、伊集院は広瀬村内では弓削を若干上回ったものの、全体では大きく引き離されて落選した。じつはこの広瀬村の対立には次のような事情があった。

封建制度の昔に帰り、村南部即ち士族党は伊集院氏を擁して伝来の宝刀を提、水呑百姓の弓削何物ぞ寄れや只だ一撃と腕を撫し、北部即ち農民党は弓削氏を推し立て、貧乏士族何物ぞと竹槍提て、斎藤、児玉〔実〕両老巧者を陣頭に立て南部の根拠を突く、決して他候補の侵入を許さぬものがある[16]

ところで、この選挙ではもう一つ重要なことがあった。それは政友会宮崎県支部が初めて党の公認候補を決めようとしたことであった。八月六日、政友会県支部常任幹事会が開催され、「各郡支部に於て八月二五日迄に県議候補者を決定して宮崎幹部に通知する事」[17]が決定された。しかし、その八月二五日迄にどの郡からも公認決定の連絡が無かったようで、九月一七日の常任幹事会では「公認候補選定に就て協議に入つたが、各自の意見続出して一致する処を見なかつたが、結局は大勢の意見として、余す所日僅かにして公認の発表を成すは種々利害の伴ふ重大なるものあれば、西臼杵郡を除く外は現在通り自由運動に任す事」[18]に決したという。

確かに、前回選挙から宮崎郡の県会選挙に関して、長峰与一代議士が関与する度合が強くなっていた。それは党による公認候補の選定という、いわば党というものの影響力が徐々に増大してきたことを意味しよう。しかし、結局それが見送りになったように、未だ各地域の意向がより重要であった。

5　一九二七年九月選挙

この時の選挙は、前回と次の二点で大きく異っていた。第一には、普通選挙が実施されたことで、これによって有権者数が前回と比較して二倍、前々回と比較して四倍となったこと、第二に、宮崎町、大宮村、大淀町（一九一七年町になる）が合併して宮崎市となり新たに独立の選挙区となったため、宮崎郡の定数は三名に減少したことであった。それでも北部四町村から候補者を出そうという動きは変わらなかった。但し、選挙区改正によって、たとえ従来のように檍村、瓜生野村など川北すべてを含めても候補を二人出すことは不可能であり、誰に絞るかが重要問題となった。『宮崎新聞』九月八日号によれば、九月五日、北部四か町村は六名ずつの委員が集会して候補者推薦協議会を開催したが、「那珂村を除く三ヶ町村は各町村とも候補者ある模様にて不調に終り、来る八日佐土原町にて再び協議会を開催することに決したので、自然自由競争になりはせぬかと一般より見られて居る」という状態であり、最終的には住吉村の児玉伊織と、佐土原町の高橋辰吉に絞られた。特に高橋には、一九一一年選挙に和田嘉次郎が立候補して以来、佐土原町から県会議員を出していないこともあって、同町を中心に支持者が多かったようである。

そして、一三日にも四町村から各々六名前後の委員が出席し、候補者を出さない広瀬、那珂両村が調整役の中心となって選定作業を進めたが、ここでも決着がつかなかった[19]。そして、投票日一〇日前の九月一五日の最終四町村有権者会の模様は次のようなものであった。

郡北の広瀬、住吉、佐土原の四ヶ町村からも、亦一名の候補者を詮衡して一致擁立するの申合せに基き、夫々人物の物色を開始した結果、佐土原町から高橋辰吉氏を全町一致で押立て、住吉村から現県会議員児玉伊織氏を押、両々相譲らず之が協定の為めに屢々会合が催された。然るに最初のほどは何としても佐土原が大きな町であり有権者も多く、殊に高橋氏は新進有為の材として衆望を集めて居るので、那珂及広瀬等相当援助者があり、形勢甚だ有利で展開して、今将に郡北は高橋氏の占有するものと見られて居たに拘らず、最後に住吉で開かれた各町村委員会から遽かに児玉氏の勢力を聊か挽回して、遂に高橋氏の勇退となり、児玉氏の独舞台となつた。併しソウなる迄には委員間でも屢々火の出るやうな議論が闘され、殊にその会議場の周囲は物々しく正私服の警察官で包囲され、極めて真剣で悲愴な光景を呈した程である[20]

なぜ、形勢が児玉有利に逆転したのかよく分からないが、彼が今回を最後に引退することを示唆したためではなかったかと推測される。

しかし、ここでまた問題が生じた。それは田野村長津田茂が民政党公認候補という看板を提げて北部地域に切り込んできたからである。同時に九月中旬、民政党代議士寺田市正、前田兼宝（ともに鹿児島県選出）が来県し、北部四町村でも演説会を行ってそれを援護した。特に、候補問題で不満を持った佐土原町等では予想以上の盛況であったらしい。この点については後述するが、自分自身の演説会でも、児玉は野次に随分悩まされたようである。

そして実際に北部四町村の開票の結果をみれば、確かに佐土原町、広瀬村では投票数の三〇％近い票が津田に流れた。しかし、その他では児玉が堅実に得票を重ね、最終的には児玉は最高点で当選し津田は落選した(21)。

さて、以上のように児玉伊織を中心に選挙活動をみてきたが、ここで明らかなことは、この時期の選挙は各村の地域的団結を基礎に選挙戦が行われていたことである。選挙では、階級、階層、その他後述するように血縁等様々な「縁故」が対立の要素となり、団結の要素となる。もちろん、そう単純なものではないが、少なくともこの時期では、他のどの要素よりも地域的団結が最も基本的な要素であった。それを根幹として様々な要因が付加されていたといえよう。しかも、北部四町村では「三百年来の平和」、つまり佐土原藩領であったという歴史的要素が大きな影響を及ぼしていた。また、四町村というのも翻って考えてみれば、明治二十年代の町村合併によって成立した近代町村であり、その近代町村が統合の有効な単位として機能していたことも明らかである。すなわち、単なる近世的要素だけではなく、それと近代的要素が融合して、町村そしてもう少し広い範囲での地域的団結も可能であった。その上で、各町村の代表者が「有志者」として集会し、「予選会」を行うという形で候補者を選出していたのである。

ところで、その「予選会」について少し考えてみよう。

吾人は本県の議員選挙状態に就て、非議すべきもの一、二にして足らずと雖も、就中最も無意味に感ずるは、従来各郡各町村に行はるゝ所謂予選会と称するもの是れなり。抑々予選会なるものは、政党政派の分立するありて、其の党派より候補を擁立し、敵党に対し輸贏を試みむとするに臨み、党派代表的の人物を公認し、攻守歩調を一にして敵党に当るの意に出でゝこそ、始めて予選会の必要あるべく、吾人は斯の如き節制ある政党政派の出現を

希望せずんばあらず(22)

ここで述べられている通り、多くの他府県では「予選会」は党派別に開催され、満場一致をもって公認候補を推薦するのであるが、宮崎県の特徴はその「予選会」が、純然とした地域全体の代表によって開かれていたことである。すなわち、他府県と比較して、宮崎県では町村内、及び近隣町村同士の結合が非常に強いということがいえよう。そして、選挙においては一九二三年の県会議員選挙がそうであったように、党として誰を公認するかという問題よりも、町村間の調整がより重要であったのであり、「一県一党」体制とは、政友会の活発な政党活動の結果というよりも、町村内および町村間関係の安定を目的としたことによる結果であった。

もっとも、このことを逆に政党からみれば、決して悪いことでもなかった。なぜなら、もし政党というものが、一人でも多くの議員を獲得して権力に近づこうとするものであるならば、政友会は労せずしてそれを達成しているからである。したがって、目的が達せられている以上、政友会は何も活発に選挙活動を行う必要はなく、むしろ有害でさえあったろう。この意味で、政友会と地域社会は非常に友好な関係にあった。ただし、そうであるがために、政党独自の組織は非常に未発達であったということにもなる。

二　「理想選挙」と「自由選挙」

前節では、児玉の地盤である宮崎郡北部四町村の実態を見てきたが、同地域は比較的団結が強く安定していた。しかし、宮崎郡全体を見渡すと、決してそのような地域ばかりではなく、様々な対立が継起していた。ここでは、主としてそれらを取り上げ、当時の理想と現実について見ていきたい。

一九二七年九月の県会議員選挙では、有名な古宇田晶知事の選挙違反問題が発生した。その概要は次のようなものであった。

児湯郡では、初め定員四名に対し立候補者は、政友会系の四人のみで無投票選挙に終わらせようとしたが、届出期日の最終日に突然民政党から松尾宇一が立候補したので混戦となり、これに対して古宇田知事が松尾に断念するようにすすめたことから、古宇田知事を中心とする選挙違反事件が摘発され、さらに西臼杵郡においても、政友会の二人の候補者を無投票当選させ〔る〕ため、中立の立場で立候補しようとした佐藤秀男を買収して、断念させたことが明らかとなり(23)

筆者がここで注目していることは、買収の有無そのものではなく、買収しようとした側が意図したこと、つまり「無投票選挙」にしようという意識である。考えてみれば、前述したように、一九一九年九月の選挙で宮崎郡北部の各町村で定員を勘案して立候補者数を制限しようとしたが、一名多かったので「候補一名を断念せしめ郡一致実現に就て協議し、結局原田房吉氏をして今回は思ひ止まらしむること、なり同氏の承諾を求めたるに〔略〕、遂に各町村長の切なる要望を諒とし郡一致の為めならば犠牲とならんと快諾し、此処に北部側の協議成り金丸大宮村長一同を代表して原田氏に感謝の意を表し(24)」たと伝えられたように、「無投票選挙」はむしろ美談でさえあった。また、「由来県下に於て、比較的政治的思想の発達せりとの称ある、三諸県郡選挙に於ては、選出すべき議員定数と同数の候補者を擁立し、無競争にて当選すべき楽運を得たり(25)」と新聞に述べられているように、「無投票選挙」は「政治的思想の発達」した所で行われるものであるという認識もあったようである。つまり、前節で述べたように、町村内或いは郡内での安定を第一義とするならば、「無投票選挙」は一種の「理想選挙」であった。

普通「理想選挙」といえば、このような地域的な「情実」を排し、文書、演説等で自分の政権を発表し、そして買収も行わない選挙を指すことが一般的であったが、このように、それと対極的な意味での「理想選挙」というイメージも存在した。これは何も宮崎県に限ったことではなく、多くの他府県の新聞記事でも似たような記述をしばしば見かける。とすれば、宮崎県のこのような意味での「理想選挙」志向は、当時の日本の地域政治社会の一つの断面を極端な形で表現していると考えられる。

このもう一つの意味の「理想選挙」では、地域内に不要な対立が生ぜず町村自治に悪影響を及ぼさない、町村内の階級・階層等様々な対抗を未然に防ぐ、激しい選挙戦のために必要以上の金がばらまかれることを防ぐ、等の利点がしばしば主張された。しかし同時に、このような状態に強い不満をもっていた非政友会系の『宮崎毎日新聞』（一九一五年九月二三日）は、社説で次のように主張している。

〔このような無競争選挙が〕地方政客の冷淡心より出でたるものとせむか是れ政界の意気銷沈したる也。

吾人は曽て唱道したる如く、今を距る十余年前の本県政界は、其の主義政策の如何は暫らく論ぜず、隣県に遜色なき迄の活気ありき。或る点に於ては一頭地を抽んでたるの観を呈したりき。斯くの如きは畢竟するに、県下政界の巨頭目が率先陣頭に立ちて、奮闘努力の効果たるに外ならず。然るに如上本県政界の頭目は、或いは老衰の人となり、或ひは貨殖の人と化し、政治的活動を閑却して郷里に退隠し、所謂「白眼看他世上人」的の人と化し畢りしより、本県政界の形勢は知らず識らずの間に陵遅して、他県に迄も見放なさるゝ状態となりたり。

ところで、このような「理想選挙」が実現されるためには、第一に、各町村間が輪番で候補者を出すことが必要となる。もちろん、町村の大小や、順番があたっている町村にたまたま衆目の一致するような有力者がいない場合には順番が崩れるが、それはあくまでも臨機応変の処置であって、候補を出せない町村は次回に廻してもらうか、或いは別の形での代償を得ることが期待できた。第二に、町村内団結、あるいは町村内自治を相互に承認し、侵略を避けることが条件となる。

では、現実は一体どのようであったのか、次にこのことについてみてみよう。前述のように、郡全体で候補者を定員の数までに調節しようという意識は、常に働いていた。そして、有権者数を考え併せて、概ね次のような地域割りが標準であった。

北部　佐土原町、広瀬村、住吉村、那珂村
中部　宮崎町、檍村、大宮村、瓜生野村
南部　大淀村、赤江村、木花村、青島村
西部　清武村、田野村、生目村

表Ⅱ-4-2で分かる通り、一九二三年九月選挙時点での有権者数をみれば、ほぼ各地域とも二五〇〇名前後で接近していることが分かろう。そして、定員四名の一九一一年、一九一五年選挙では、各地域から一名ずつ、そして定員五名の一九一九年、一九二三年選挙では、各地域一名ずつと北部、中部併せてもう一人の計五名が一応の目安であったようである（ただし、北部と中部の合計と、南部、西部の合計はあまり変わらない）。しかし、この目安が守られ「無投票選挙」となったことは、この時期には一度も無かったのも事実である。この要因をこの時期の宮崎郡に即して具体的にみれば、二つあったようである。一つは、清武村・田野村が常に自村から候補者を出そうとしていたことであり、二つには、北・中部で児玉伊織自身が連続当選しようとしたことである。

まず、清武村、田野村について。宮崎郡の大淀川以南の地域、すなわち前掲の地域割りでいえば、南部と西部にあたるが、この地域の生目村、大淀村は元延岡藩領であったが、そのほかの五か村は元飫肥藩領であった。そして、それらは清武に設置された飫肥藩清武郷地頭所によって支配されていた。つまり、江戸時代では清武は宮崎郡川南部の

表Ⅱ-4-2　大正期宮崎郡町村一覧

	世帯数	人　口	県会議員選挙有権者数	江戸時代領地
北部			2423	
広瀬村	1621	6916	893	佐土原藩
佐土原町	1001	4434	421	〃
那珂村	705	3217	470	〃
住吉村	885	4408	639	〃
中部			2694	
瓜生野村	601	2620	364	延岡藩
檍村	781	3676	419	天領・一部佐土原藩
大宮村	1199	6017	707	延岡藩
宮崎町	4282	21116	1204	
西部			2410	
生目村	1262	5790	746	延岡藩
清武村	1485	7549	853	飫肥清武郷
田野村	1597	7263	811	〃
南部			2567	
大淀村	1661	7302	655	延岡藩
赤江村	1646	8066	848	飫肥清武郷
木花村	1050	4708	583	〃
青島村	1087	4867	481	〃

（注）1　角川日本地名大辞典 45 宮崎県（角川書店，1986 年）による
　　　2　世帯数・人口＝1920 年
　　　　県会議員選挙有権者数＝1923 年

中心であった。したがって、そのような「清武中心」的意識が依然として残っていたのであろう、清武は常に選挙においても積極的であった。また同時に、その分、内部の争いも強かったようである。新聞報道等によれば、清武は和田重明を中心とするグループと、その反対のグループに分かれることが多かった。それに対し、田野村は清武へのライバル的意識が強く、村内はその意識によって長友安昌を中心に団結していた。そこで、簡単に両者を中心にして、川南部の動向を振り返ってみよう。

まず一九一一年選挙であるが、八月一七日の『宮崎毎日新聞』には、次のような趣旨の記事が掲載されている。すなわち、田野村の前村長長友安昌は、挙村一致で長友を県議に推すのを条件に村長を譲った経緯があるので立候補するが、「地価修正委員選挙の際、同村は生目、清武と三村聯合し一致の歩調を取りしが、その聯合にして今猶ほ持続され居るやは頗る疑はしく」、田野から二村に交渉しても清武には和田重明を推そうという有志者が多い、また同村村長谷口善吉も野心があり、谷口は前期の選挙で和田に譲り次回は自分にとなっていたが、不愉快なので仲田房吉を推したため村民の怒りを買った、従って、清武のまとまりは困難であり、さらに田野も出せば両村の聯合は無理だろ

う、というものであった。ここで分かる通り、本来、清武、田野、生目三村は西部という地域で聯合しなければならない立場にあったが、清武には自村から候補者を出す意志が強く、しかも村長谷口善吉と和田重明という二人の立候補予定者が存在していたのである。こののち和田は立候補を辞退したが、谷口は依然として立候補しようとしていたので、九月八日の同紙記事には、

田野村は挙村一致を以て長友安昌氏を推し、且つ地価修正委員選挙の際、清武村と提携して同村に譲りたれば、県会議員は田野村に譲る約にあるにも拘はらず、谷口善吉氏を推して前約を破棄するに至りたれば、田野村は大に其不徳を憤り過日集会を催し七ヶ条の決議をなし、爾後〔清武〕田野村との交渉を断つことを決したる由

と、決定的対立に至っている。こののち、和田重明は同じ清武村にもかかわらず反谷口陣営に加わったらしく、長友を支持している(26)。さらに、長友、谷口はともに、元飫肥藩領の南部地域（南部四か村はすでに青島村の黒木久七を支持することを決めていた）に、縁故を求めて侵入していったが、結果的には田野、生目、そして和田重明等の清武村一部を地盤とする長友と、南部四村を地盤とする黒木は当選したが、谷口は落選した。

次の一九一五年選挙も、状況は同じであった。やはり、清武は自村から黒木重家を候補者に出すことに固執し、他の川南各村に交渉した。そして、八月三〇日に川南七か村において有志聯合会が約一〇〇名の出席を得て開催され、その模様は次のようなものであった。

宮崎郡四名の定員に対し四名の候補者を公認し、其以外の候補者は極力之を阻止するの方針を採る事、及び各村より選挙人二名宛を選出し事務所の斡旋に勉むる事等を協議し、江南七ヶ村に二名の候補者を公認する事となりたるが、之より先き清武村は既に一村に同村黒木重家氏を推薦する事となり氏の承諾を受け、田野村は従来の関係上清武、生目の二ヶ村と一致して今年は生目村より選出す可しと云ひ、生目村は右三村の一致するに於ては候

補者は選出す可しと云ひ、彼我の意見一致せず、議論漸く沸騰せんとする模様なりしが、遂に田野、生目、清武の三ヶ村にて協議を開き双方何れかに一致せん事の相談を為し、午後七時を過ぐるも纏まらず、七ヶ村聯合は美事に破壊されんとする折柄、此形勢を看取せる各村にては苦心惨憺田野、清武間に折合を調和せん事に勉めたる結果、茲に兎に角各村より詮考委員二名宛を選出して、公認候補者を決定する事に纏まりたるも、此時再び議論は二派に別れ、区域を定めて選挙する説と、七ヶ村全体より選挙する説と出で生目村池田氏と和田氏との間に激烈なる意見の衝突を見るに至り、協議会は再び暗澹たるものとなりしが、結局双方の意見を折合はせ一先づ公認候補の選挙を行ひしに、清水理四郎氏十二票、長友安昌氏九票、黒木重家氏三票にて結局清水、長友の両氏を公認する事となり、来る五日再集会を為す事となりて午後九時散会(27)

これによって、西部は田野村の長友安昌、南部は大淀村の清水理四郎と公認候補は決定した。そして、南部諸村は清武・黒木候補に出馬を辞退するよう迫ったのであるが、清武側は全く妥協すること無く、川南の六か村に向かって「宣戦布告」する形となった。

この結果、田野村は、「清武村とは利害の一致せざる関係上、今日にては生目と結び全然反目の態度を維持し居れり。此反目は一村を一致せしむる上に於て唯一の武器となり、田野村の団結は之に依つて愈々強固なるものあり」というように、対清武感情によって村内一致を強め、生目村との関係を深めたのである。

一方、清武村は「古き飫肥藩なる関係に於て大淀、赤江、木花に浅からざる縁故を有す」ことを武器に、南部地域への侵入を図った。特に、「両村の事情及び地形的関係(28)」から清武村に接近していたといわれた木花村は、単独で清武・黒木候補支持を打ちだした。しかし、今回も清武の有力者の一人和田重明は同村候補黒木に対して、冷やかな態度をとったらしく、この結果、川南はほとんど「自由競争」的状態であった。

このような状態の中で、川南部に勢力を伸ばそうとしたのが、高橋貞治（檍村）、久保田初見（大宮村）の両中部候補であった。本来、中部から二人の当選者を出すことは不可能であったが、川南部の混乱をみて高橋は「近時著しく檍村と接近し、将来は相提携して両村の円満を図る可しとさへ伝へら（29）」れる赤江村へ、そして久保田は生目村に各々侵入した。

以上のように、川南部は清武、田野という西部の対立が主因となって協定が崩れ、さらにその間隙をぬって中部候補までが入り込み、大混戦となったのであった。その結果は、清武、田野ともに敗れるという最悪の事態となった。

一九一九年および一九二三年の選挙は前述のように定員が五名となり、協定で川北部二名、中部一名、川南部二名が目安とされたが、まず一九一九年選挙では、清武が前回までの失敗に鑑みてか、今回は候補者を出さなかった。そして、一部は大淀町の清水理四郎を、一部は田野村の長友安昌を支持したようである。さらに、南部はもう一人山川勝之助が赤江、木花、青島三村を地盤として立候補した。

これについて、『日州新聞』九月一四日号は、川南部では長友安昌（田野村）、清水理四郎、山川勝之助の三名が立候補することになり、そのため川南部は候補が一名過剰となったので、十日に「北部側より其の協定を要求し、南部側にては今一応会合協議の上何とか調停すべしと答へ、当日は散会」し、翌日川南部だけの協議会が開催されたが、「三村〔赤江、木花、青島〕は徹頭徹尾山川氏を擁立すべきを声明し、田野村亦長友氏を推し、大淀町、清武村一部有志は清水氏の当選を期すべきを宣明し、遂に該協定は結局不調に終り、自然の成り行きに任じ自由競争となすの外施すべき策なきに至り、十二日午後宮崎町上野町有置館における勤倹貯蓄講演聴講のため出宮せし序を以て、南部側代表者より北部側代表者加藤七五郎氏に回答」したという。もっとも、今回の川南部は結束が強かったらしく、そのために前回とは反対に中央部への侵入をさかんに行ったらしい。

開票が行われていた九月二六日の「児玉伊織日記」には、「大奔走宮崎町の分に於て、自分の百三十二票は案外の成績なりし。山川も亦百余票を収めたり。午後よりは旭館に入る。太田達三君は赤江の三百、山川説を主張せり。生目村に久保田君の得票少なき意外とす」と、川南部の各村の結束が強く、かつ中央部への侵入が目立つことが記されている。そして、最終的には南部三名、北部二名という結果となった。

一九二三年選挙でも、川北部二名、中部一名、川南部二名という協定は変わらなかった。しかし、西部候補はさらに積極的な動きを示した。まず、前回立候補を見送った清武村は、今度は谷口善吉、和田重明が共同歩調をとり、全村一致で宮川満徳を推すことを決定した。また、宮川はこの選挙において、自らを「プロレタリアン」の代表という位置付けをしていたという(30)。さらに、いままで有力候補がいなかったため田野村に協力してきた生目村でも、池田廉平が立候補を表明し田野村に交渉した。しかし、田野村の状況は「生目村よりは従来田野村と提携し来りたる事とて、村有志会に於て池田氏推薦の議を決定すると共に、田野村に相当援助を求むる旨公式に通牒し、之が為め田野村に於いては、昨報の如く昨二十七日有志会を開き之が対策協議の結果、全村一致にて飽迄長友氏を推し、生目村の交渉には応ぜざる事を決議(31)」したという。この結果、西部の三村から一人ずつの候補者が立候補することになった。

この他、南部からも清水理四郎、北・中部からも児玉伊織、弓削清蔵、伊集院虎之助が立候補し、計七名で五つの椅子を争うこととなった。しかし、前回に引き続いて川南部候補者の勢いは凄かったらしい。次の記事は、その模様を伝えている。

始め郡内有権者が宮崎町役場に集合し、坦々として流るゝ大淀川の緩流を境に江南、江北に区分し江北より三名、江南より二名、といふ曲りなりにも理想選挙を標榜して、互いに此橋渡るべからずと橘橋に銘打つた迄はよかつたが、江北部が候補者難に陥つてゐる中に時機は好し、時は今なりと南部の候補者は源平戦の宇治川の佐々木、

表Ⅱ-4-3　1923年9月宮崎郡県会議員選挙結果

	有権者数	児玉伊織	長友安昌	清水理四郎	宮川満徳	弓削清蔵	池田廉平	伊集院虎之助
広瀬村	893	1	2	0	0	357	0	385
佐土原町	421	0	0	2	0	321	0	43
那珂村	470	2	3	0	1	314	0	56
住吉村	639	540	0	0	0	0	0	6
瓜生野村	364	126	13	12	33	40	50	0
檍　村	419	131	96	26	52	2	5	1
大宮村	707	208	62	35	31	97	30	26
宮崎町	1204	467	130	175	33	27	15	8
生目村	746	1	23	2	10	18	569	0
清武村	853	3	33	6	742	0	6	0
田野村	811	4	712	0	4	0	0	0
大淀村	655	3	40	422	30	0	53	0
赤江村	848	22	143	283	161	8	13	2
木花村	583	1	88	219	165	0	3	0
青島村	481	9	110	179	31	1	18	0
合　計	10094	1518	1455	1361	1293	1185	762	527

典拠：『日州新聞』1923年9月28日号

梶原の先陣を争ひしそれの如く、大淀、赤江から立つた清水氏を始め、清武の宮川氏、田野の長友氏と相次で而も旗鼓堂々と橋橋の境界線を突破して、生目の池田氏迄が殿りを承はつて、勢ひ凄しく切り込んで来た。北部の策戦は既に六分の敗戦である。急遽児玉氏を宮崎町より、弓削氏を佐土原、広瀬より矢裏に立たせ、伊集院氏は広瀬より立つて、辛くも大勢を挽回し余力を江南部に向けてゐる(32)

川南候補者はこの選挙では内部の対立をバネに、積極的に川北部に侵入したのであった。そして、今回も南部三名、北・中部二名の当選という結果となった。

一九二七年選挙では、宮崎市が独立し定員が三名となったため、従来の地域割りは次のように変更されている。

北部　佐土原町、広瀬村、住吉村、那珂村
東部　檍村、赤江町（一九二六年町になる）、木花村、青島村
西部　清武村、田野村、生目村、瓜生野村

そして、これらの地域から一人ずつ候補を出すことがほぼ了解事項であったらしい。すなわち、宮崎市を取り囲むような形で地域設定がなされたのであった。そして今回、この協定を破ったの

表Ⅱ-4-4　1927年9月宮崎郡県会議員選挙結果

	有権者数	児玉伊織	宮川満徳	鎌田軍次	津田　茂
広瀬村	1525	544	8	6	175
佐土原町	1030	346	6	1	194
那珂村	746	360	6	0	5
住吉村	1048	723	0	3	12
瓜生野村	588	51	274	7	10
檍　村	743	55	46	145	36
生目村	1342	2	303	2	91
清武村	1617	1	1129	13	69
田野村	1462	0	12	0	1040
赤江村	1799	9	55	991	36
木花村	1001	1	141	343	112
青島村	1044	2	65	403	79
合　計	13945	2094	2045	1914	1859

典拠：『宮崎新聞』1927年9月28日号

が田野村であった。田野村の属する西部地域は協議会を開き、清武村の宮川満徳を推薦することを決定していた。しかし、田野村には「宮川氏が民政党であれば、い、がソウでないならば協定は困難である」[33]と条件をつけた。その理由の幾分は候補者公認に対する不満であろう。そして、田野村村長津田茂を民政党候補として公認してもらい、全村一致で津田を支持した。その選挙戦の模様については、「政党的抗争気分を濃厚に打出して来たのは宮崎郡である。同郡宮川氏の政党的去就が不明であるといふ理由から、田野全村一致の下に民政党候補として擁立された津田氏が、郡の南北を問はず、東西を問はず、民政党員の俄の結束とその援護気勢が日に、、強烈となり、此の勢力に乗じて郡北児玉氏（政友）の地盤にも進出」[34]したのであった。この結果からみれば、川北、川南という地域割りそのものの有効性が非常に薄らいでいたことが窺える。

以上のように、清武村の政治的意欲、そして田野村の清武村への対抗意識は前述の「理想選挙」の遂行という意味で、大いに攪乱要因になっていた。それは例えば、一九一五年選挙では不利に作用して共倒れという結果を示したが、長期的にみれば、両村の外への膨張を引き出し、その結果、西部と南部の境界、川南部と中央部の境界、さらには川南部と川北部の境界を、徐々にではあるが曖昧にしていった。

さて、「理想選挙」を崩すもう一つの要因は、児玉伊織の存在であった。前述のように、本来「理想選挙」を実現しようとすれば、各地域が輪番で候補者を出すことが必要である。そして、前節でも見たように、北部四町村では常にそれが意識され、候補者決定に大きな影響を与えていたし、そのほかの地域でも同様であった。しかし児玉の場合、恵まれていたことは中部地域の中心である宮崎町がいつも候補者難に陥っており、そのために宮崎町在住の児玉が宮崎町の推薦候補となったり、あるいはたとえ推薦候補になれなくても、かなりの得票が見込めたので、北部の票と合わせて連続当選を果たすことができたのであった。もっとも、もし完全に町村での輪番制度が実行されたとすれば、児玉のように連続当選をする議員は存在しなくなってしまい、議会運営経験に乏しい議員ばかりとなるであろう。となると、議会はいわば素人の集団となってしまい、県政の発展には必ずしも好結果をもたらす訳ではない。したがって、衆議院レベルでも議会開設以来、前議員を再選させることが党本部側の一貫した主張であった。そして、それに成功し連続当選した議員が徐々に党や議会での要職に就くようになる。おそらく、児玉が県会副議長、議長という職に就くことができたのも、以上のように連続当選していることが一つの要因となっていたのである。

また一般的に、宮崎町のような多くの有権者を抱える中心地は、政治的には活性化している場合が多く、むしろ候補者過多となる傾向が強い。実際に宮崎町内でも「宮崎町と県との関係は交通機関の設備等と相俟ち益々深厚となれば、町より一人の議員を選出するは頗る必要[35]」という意見が強かった。しかし、この時期の宮崎町は結局いつも候補者を出せず、逆にそのほかの地域の候補者が一斉になだれ込み票を奪い合う場所となっており、実際に宮崎町の票は他地域の候補にかなり分散した。

では、なぜ他府県の県庁所在地と異なり、そうなったのであろうか。おそらく、宮崎町が県の中心としていまだそれほど機能していなかったためであろう。他府県の場合、多くは近世以来の城下町がそのまま県庁所在地となっており、政治・経済・社会等様々な分野で古くから県の中心をなしてきた。それに対し、宮崎町の場合、人口などは順調に発展していたが、いまだ名実ともに県の中心とはなっていなかったのではないであろうか。したがって、県内の他町村に対する影響力は弱く、単なる一町村というような認識が強かったのかもしれない。そして、増加著しい有権者たちも、まだ町としての共同体的意識が薄く、そのため、宮崎町を地盤として立候補してもそこからまとまった票の獲得を見込むことができず、逆に他町村の候補者は以前と同じ町村に居住しながらも、新たに宮崎町に移住した人々の票を求めて宮崎町に殺到したのであろう。

以上のように、郡内一般には定員と同じ数の候補者を出馬させるという「理想選挙」を目標にすることでは、ほぼ一致していた。しかし、いつもそれは裏切られ、実際には「自由競争」となった。では、一体どんな形で自分の地盤以外の場所に侵入するのであろうか。それはいわゆる「縁故」であった。縁故で最も一般的なのはおそらく血縁であろう。この他に、新聞等で報道された縁故には「米穀商組合」、「船主同盟」、「木材業同業組合」、「畜産組合」、「農会」等の同業組合関係、また児玉伊織の場合は「清武醸造株式会社」、「蚕業会社」、「公債会社」等の民間会社役員同士としての縁故、あるいは信仰など宗教的関係等がみられる。つまり、多くは地元の有力企業家同士の関係であることは間違いない。彼らは「由来郡村に於る有志家と称するものは公私の方面に多大の勢力を有し、甚しきに至りては、町村の自治機関をも左右すること、猶ほ彼の三、四元老が天下の大政を動かすが如く、有志家の一顰一笑は、町村の興廃消長にも関する底の権勢ありと云ふも、県下郡村の内情を知るものは、其の過言にあらざるを諒するならむ」(36)というような存在であった。

候補者は、縁故を頼って他地域のこのような「有志家」に連絡をつけ、その「有志家」は自らが影響を持つ範囲の人間の投票を左右するのであった。では、どのようにして連絡を付けるかというと、当然のことながら、本人あるいは運動員が直接戸別訪問して働きかけることが多いが、当時ではしばしば村の入り口で地元が公認する候補者の運動員が夜を徹して見張りを行い、その侵入を防ぐことがあった。例えば、一九一九年九月二四日の「児玉伊織日記」には、「未明に門脇喜平次来りて、新名爪に於ける侵入軍の俘虜ありし由に云へり」という記述があるが、これなどその例であろう。このような場合には、郵便による依頼状などが頼りだったようで、同日記にはやはり多くの依頼状を各地域の「有志家」に郵送している記述がみられる。

この他に、自分の方から候補者に票を売り込む「有志家」もいた。

こんな戦術もあった。盟約書のような連判状をつくり、賛成しそうな選挙人の記名捺印をとりつける方法、つまり署名運動だ。捺印したからといって、法律上の効力はないが、実印をおせば、いきおい「ウソ」いつわりがないというのが一般の気風であった。支持者の数をつかみ、選挙人の決心を固めるうえにも、これは得策なので、かなり流行したらしい。またこの記名調印したものを、ブローカーが売込みにきたものである(37)。

では、目標とするところの「理想選挙」と、実態としての「自由競争」は実際にどの程度、実行されていたのだろうか。表Ⅱ―4―3・4を見ていただきたい。これは、宮崎郡の一九二三年および一九二七年の県会議員選挙得票結果を、町村別に示したものである(残念ながらこれ以前の選挙については、制度上知ることができない)。ここから、いくつかのことが指摘できよう。

第一に、候補者の出身町村では、やはりその候補者が圧倒的に強いことである。一九二七年の清水理四郎の場合を除けば、ほとんど九〇%以上が地元候補者の得票になっている。第二に、地元ではないが自分の地盤に割り当てられた町村では、これもやはりその候補者が最大の票を得ていることがほとんどであったようである。一九二三年選挙の南部三村(赤江、木花、青島)の場合は、川南部から長友、清水、宮川、池田と四人が乱立したために大混戦となっているが、その他ではそのようなことはない。第三に、ある候補者の地盤であるにもかかわらず他の候補者が票を獲得している場合であるが、それがおそらく「縁故」による、「自由競争」の結果であろう。これをみると、少なくて数票、多くても数十票のようである。おそらく、これが一人ないし数人の「有志家」の影響範囲であったのだろう。第四に、一九二七年選挙で民政党公認を前面に出し他の三候補と戦った津田茂の場合であるが、これは確かにそれまでの候補の得票傾向とは異なる。各町村からかなりの票を得ているし、特にそれまで全く縁故の無かった北部の佐土原町、広瀬村での得票が目立つ。この要因は、前述のように、北部での候補者選考において、住吉の児玉伊織が佐土原町の高橋辰吉を強引に押し退けて立候補したことによるしこりが影響しているのであろうが、逆にみれば、そのような状況にさえなれば、敵政党の反主流派を自分の陣営に取り込めることが可能になったことを意味していよう。やはり、党派対立の影響が徐々に出始めていたのである。

とすれば、候補者は当初の予定とは異なり最終的には「自由競争」という形となったが、地盤割りという拘束はやはりかなりの程度強く、たとえ「有志家」である縁故者を頼ってそれを破っても、一人二人ではせいぜい数十票程度であったといわざるを得ない。したがって、確かに選挙戦は児玉のような政治的野心家、そして清武、田野のような地域的利害等の攪乱要因によって「自由競争」という傾向を示したが、最終の結果においては、かなりの程度「理想選挙」志向が貫徹していたといわざるをえない。もっとも、徐々にではあるが、地盤の壁は薄らいでいき、それが党派対立と結合した一九二七年ではかなりの程度の影響をもち始めたのである。

最後に、なぜ宮崎県ではこのような「理想選挙」がめざされ、そして「一県一党」体制が志向されたのか、あらためて考えてみたい。

そもそも近代宮崎県は近世の諸藩の領地を寄せ集めたものであり、したがって歴史的遺産はほとんど無く、県は一から創り出さなければならないものであり、かつ地理的な点からも多くの不利を背負っていた。この意味で、宮崎県の場合は、県としての骨格が未成熟であり、県としての結合は弱い方であったといえよう。そして、その結果として近代宮崎県では、地域振興がなかなか進まず当時の人間は自らを「後進」的地位にあると考えていたようである。とすれば、このような「一県一党」志向は、県としての結合力を創り出すためであったと考えられよう。

例えば、地域発展の具体的方法として、この時期には交通機関の発達が共通目標としてあった。

本県ニ於テ最モ開発ヲ促カス基礎トモナリ又最モ急務ヲ感シテ居ル事柄（ハ何）テアルカト申シマスレハ、私ハ交通機関ノ整備ト云フコトカ今日ノ急務テアルト信シタノテゴサイマス…第一ニ通路テアリマス、第二ハ河川テアリマス、第三ハ鉄道テアリマス…第三ノ鉄道ニ付キマシテハ本県民ノ熱望致シテ居ル所(38)

と述べたのは明治末、大正初期に知事として在任し、のちに朝鮮総督府政務総監、横浜市長などを歴任する内務官僚の有吉忠一であるが、交通機関を充実させ、他府県との交流を通じて宮崎県の経済、文化面の振興を図ることがどうしても必要であるという認識は、多くの県民の共通意識であったと思われる。つまり、この時期の宮崎県には、確固たる共通の目標が存在していた。特に、史料中にもあるように、鉄道すなわち日豊線の開通は大きな目標であり、地域振興そして県の一体性を保証するシンボルであった。これが「挙県一致」意識を高めたのであろう。有吉知事も、宮崎県を一つの有機的な団体として捉え、県とは県内百町村を構成単位とする家族の如き協調によって発展すべきであると訴えた。このような意識が「一県一党」体制を補強したことは間違いないであろう。そして、これを克服するための地方的団結が、その他の政治的価値よりも重視されたのである。

もちろん、このことだけが「一県一党」を存続させた理由ではないだろう。特に、西南雄藩として維新の主役となり、中央政府に多くの人間を送り込んでいた隣県鹿児島の影響を見逃すこともできない。鹿児島県の場合は、おそらく宮崎県と異なり、県としての結合が歴史的遺産として伝えられ、その結果として政友会による「一県一党」体制が確立されていた。それが宮崎県政界のモデルになっていたことは想像に難くない。

もっとも、一致しているだけでは何の役にも立たないのであり、一致して何かに働きかけなければならないのであるが、その対象が政友会であったということであろう。中央での政友会はこの時期ほとんど与党の立場であり政府へ働きかける上で非常に有利であったこと、そして、やはりモデルとする鹿児島県で政友会が強かったことがその要因と考えられる。

おわりに

明治維新となり近代社会に突入して以来、宮崎県も否応無く近代化の中に投げ込まれた。そして、そこでは常に地域振興という点で他府県との比較が行われ、競争が意識されなければならなかった。このような状態の中で、宮崎県がめざした道は、地域振興を行うとともに、そもそも宮崎県という単位の基礎を確立することにあった。そして具体的には、県の南北を縦貫する日豊線を中心とする交通機関の充実と、それを県を挙げて実現するための政治体制作り、すなわち「一県一党」志向であった。他府県の場合も、概ね明治三十年位には各府県の目標が明確になり、基本的な合意もできるが、同時にその上で党派的な関係も生まれた。そうはならなかったところに宮崎県の特徴があった。

本章は、宮崎県のそのような体制作りが実際にどのような形でどこまで機能していたのか、ということを県会議員選挙の実相から考察してきた。そこから分かったことは、第一に、その志向が地域を単位として、かなり強い拘束力を持っていたということである。選挙となれば、多くの野心家が登場し、また様々な地域利害が噴出するので、実際には「理想選挙」とはならず、「自由競争」の様相を呈するのであるが、最終的にはほぼ「理想選挙」に近い結果となる場合が多かった。このことは、宮崎県の地域的共同意識が強く、かつ「一県一党」志向が強い影響を与えていたことに由来していた。勿論、選挙では「縁故」をはじめ、経済的階級、社会的階層、そのほか様々な要因が関係する。しかし、従来の研究では、ここで明らかにしたように、地域間の関係という側面があまり重視されてこなかったようである。宮崎県の場合は少し極端な例かもしれないが、他府県でも選挙の際の根幹部分はやはり地域割りが一般的であり、その上で諸要素が加味されていたように思われる。とすれば、他の要素と並んでこのような地域的諸関係もさらに広く研究する必要があろう。

第二に、ここから選出される議員たちはみな政友会所属なのであるから、当然のことながら彼らは政友会の下部組織であり、各町村有志会は政友会の支持集団となり、したがって政党が権力をめざす以上はこの状態は政友会にとって理想的状態なのであるが、同時にそうであるが故に純粋な形での党固有の組織は、あまり強くなかったということである。このことは、おそらく戦前期の宮崎県には常に言えることであり、そのために昭和期に入ると、中央の政治状況から強い影響を受けて、政友会、民政党と激しい振幅を示すのであった。つまり、宮崎県は中央の政治状況に強い影響を受けるが、それは中央の政党組織と強い系列関係にあったからではなく、むしろ自由であったことによる。換言すれば、宮崎県の政党は、中央の政党に対して、従属関係には無かったが、但し依存する度合いは大変に強かったのである。

以上のように、本章では「児玉伊織日記」を中心に、大正期の県会議員選挙を通して、いわば県政の基礎部分に考察を加えてきたが、当然のことながらこれは本章の題名である「大正期の宮崎県政」の極く一部分でしかなく、いわば序説に過ぎない。そこで最後に、残された課題に言及して締めくくりたい。

第一の課題は、県会内での政策論である。いくら、「一県一党」といっても、そこには何らかの政策的対立があったはずである。実際に、一九二四年に床次竹二郎が政友会から脱党して政友本党を結成してからは、宮崎県は政党各派に分裂していき、「一県一党」体制は完全に崩壊するが、大正期でもすでに政策面においてその兆候は見られた。この意味で最初に大きな一石を投じたのが有吉知事であった。彼が行った県営の開田、発電事業は、宮崎県独自の力でも地域振興が可能であるということを証明した。若山甲蔵の『宮崎県政評論』もこのような立場から、政党を通して中央や鹿児島県から県外勢力が宮崎県に侵入し、宮崎県を「属国」化しようとする動きに強く反対していた。これに対し、大正期には実際に近県から様々なものが宮崎県に入り込んできた。県内電力を福岡県に送電することに反対する県外送電問題や、政友本党による「一県一党」論などがそうである。そして、どこの勢力に依存するかを巡って、「一県一党」志向は徐々にその求心力を失っていくようである。

ここで興味深いのは、歴史的地理的関係である。政友会分裂・政友本党結成後、比較的に政友本党に近いといわれたのは諸県地方であった。そして、それに対抗して政友会に残ったのが、児玉伊織、松葉秀太郎、原田房吉であるが、かれらは宮崎郡、児湯郡という県中央部の人間で、福岡県と関係を持っていたようである(39)。それ以外の日南、および東、西臼杵地方では比較的憲政会が強かった。

このように、政策対立を基調とした政党間対立が始まったのは、一九二〇年の原敬内閣下での衆議院議員総選挙からであったと言われる。そして、これを助長したのが一九二三年の日豊線の全通であったろう。前述のように、日豊線は県の一体化のためのシンボルであり、それを目標に政治的に団結していたが、その達成は同時に目標の喪失を意味した。そしてまた、その日豊線に乗って鹿児島県や大分県から党派色をもった新聞が県内にさかんに運ばれるようになった。つまり、本来は県の一体化のための日豊線建設であったが、それが実現した途端に、一体化はシンボルを失い、かつ隣県からの侵入を容易にしたという二重の意味で、皮肉な結果となったのである。以上、素描にとどまるが、これらの錯雑とした事情を、県会議事録等を中心に県会内の内部対立と絡め政策論的に論じる必要があろう。

第二の課題は、県会そのものの構成および位置付けである。現在と戦前では県会の地位は大きく異なる。その第一は、参事会制度であった。県会議員の中からさらに数人の参事会員が選出され、彼らはいわば幹事役として県会に大きな影響力を持つのであるが、その構成メンバーの選出、そして役割を明確にする必要がある。第二に、県会と知事の関係である。周知のように、戦前では知事は官選で、基本的には内務省の一存で決定した。したがって、乗り込んでくる知事は県会の論理とは全く異なる論理を導入することもあり、そこにはしばしば摩擦が生じる場合もあれば、有吉知事のように有力な指導者として県に新たな可能性を与える場合もあった。また彼らは、場合によっては妥協もしあわねばならない関係にもあった。このような違った論理のぶつかり合い、そしてその解決が、実際には県政を動かす最も大きな原動力となる。したがって、この関係を個別的にではなく、より構造的に考察する必要があろう。

第三に、衆議院議員と県会議員の関係である。両者は、影響を与えたり与えられたりという関係であり、その結果、系列化していくことが一般的であろう。しかし、児玉の場合、日記によれば、各総選挙ごとに応援する候補者が違っていた。この理由は、現段階では未だよく分からないが、両者の関係を考える上で興味深いテーマであろう。

注

（1）このように「政党の色彩全く不鮮明」という県は必ずしも宮崎県ばかりではなく、少数ではあるが幾つかの他県でもみられる。つまり、一般的ではないが、しかし当時の日本政治社会の一側面を構成していたのであり、大いに研究に値するものと考えている。

（2）別府俊紘・末永和孝・杉尾良也『宮崎県の百年』（山川出版社、一九九二年）、七六頁。

（3）宮崎県編『宮崎県政八十年史』上（宮崎県、一九六七年）、二四四～五頁。

（4）住吉郷土誌編集委員会編『住吉郷土誌』（住吉地区振興会、一九九三年）、五〇三頁、宮崎県政外史編纂委員会編『宮崎県政外史』（宮崎県政外史刊行会、一九六七年）、一八六頁、『日州新聞』一九一九年九月九日号等参照。

（5）『宮崎毎日新聞』一九一一年八月二三日号。

(6)『宮崎毎日新聞』一九一一年八月二九日号。
(7)「児玉伊織日記」一九一一年九月一九日条。
(8)『宮崎毎日新聞』一九一五年九月八日号。
(9)このような郡全体での予選会が存在したか否かは、一九一一年及び一九一五年の県会議員選挙では確認できなかった。
(10)「児玉伊織日記」一九一九年八月三日条。
(11)『日州新聞』一九一九年九月一四日号。なお、当時の町村は、川北部が佐土原町、広瀬村、那珂村、住吉村、檍村、瓜生野村、大宮村、宮崎町の八町村、川南部が大淀町、赤江村、生目村、木花村、青島村、清武村、田野村の七町村で、中央部は明確に確定しているわけではないようで、選挙においては川北部の中に含められて考えられていたようである。
(12)『日州新聞』一九二三年八月一二日号。
(13)公職会とは、どの範囲を指すのかよく分からないが、町村役場、町村会議員等を構成メンバーとしているようである。
(14)「児玉伊織日記」一九二三年八月二〇日条、『日州新聞』一九二三年八月二九日号。但し、北部四町村の内、住吉村は児玉伊織に投票することになっていた。
(15)「児玉伊織日記」一九二三年九月八日条。なお、現職の町村長の場合、自分の町村の得票は加算されないことになっていた。したがって、若松も宮崎町長を辞任して立てば、宮崎町の得票を期待することができるのであるが、おそらく彼もそこまでの自信が無かったのであろう。
(16)『日州新聞』一九二三年九月二四日号。なお、広瀬村内の士族、平民の対立に関しては『宮崎県政評論』一九二七年五月一八日、同二〇日、同二四日各号に詳しく掲載されている。
(17)『日州新聞』一九二三年八月八日号。
(18)『日州新聞』一九二三年九月一八日号。
(19)『宮崎新聞』一九二七年九月一五日号。
(20)『宮崎新聞』一九二七年九月二一日号。
(21)この次の一九三一年九月の県会議員選挙では、北部四町村の聯合は崩壊した。すなわち、佐土原町の高橋辰吉と、広瀬村の伊集院虎之助が共に譲らず、那珂村と住吉村が調停に入ったが、失敗。そして、伊集院は政友会に、高橋は民政党にという党派対立を生じ、結局高橋が当選した。
(22)『宮崎毎日新聞』一九一五年九月四日号。
(23)前掲注(3)『宮崎県政八十年史』上、二七〇頁。
(24)前掲注(11)に同じ。
(25)『宮崎毎日新聞』一九一五年九月二三日号。
(26)『宮崎毎日新聞』一九一一年九月二三日号。
(27)『宮崎毎日新聞』一九一五年九月二日号。
(28)『宮崎毎日新聞』一九一五年九月三日号。
(29)『宮崎毎日新聞』一九一五年九月三日号。
(30)『宮崎県政評論』一九二三年一〇月一日号。
(31)『日州新聞』一九二三年八月二九日号。
(32)『日州新聞』一九二三年九月二四日号。
(33)『宮崎新聞』一九二七年九月二一日号。
(34)『宮崎新聞』一九二七年九月二六日号。
(35)『宮崎毎日新聞』一九一一年八月二七日号。
(36)『宮崎毎日新聞』一九一五年九月四日号。
(37)前掲注(4)『宮崎県政外史』、二七一頁。また、『宮崎県政評論』一九二三年七月一九日号にもこのような「有志家」が紹介されている。
(38)前掲注(2)『宮崎県の百年』、六頁。同書にはその意義も明快に述べられている。
(39)県外送電問題で、福岡県への県外送電に寛容であったのは『日州新聞』であったが、同紙には福岡日日新聞社(政友会系)から資金的援助があったと言われている。そのため、日州新聞社は政友会寄りであったようである。そして、「児玉伊織日記」には、政友会の選挙資金を熊本の松野鶴平(彼は福岡の野田卯太郎と近かった)から受け取っていたような記述がある(一九二八年二月一七日、一九三〇年二月一四日条)。

第五章　一ブロック紙の昭和戦前史
―『名古屋新聞』の場合―

はじめに

本章は、『名古屋新聞』（一九〇六年創刊、一九四二年『新愛知新聞』と合併して『中部日本新聞』となり、現在の『中日新聞』に至る）を題材に、いわゆるブロック紙の昭和戦前期の歴史について考察していく。本書は、政党と選挙に関するテーマを扱っており、その趣旨からは少し逸脱するが、政党の地方組織にとって新聞は非常に重要な意味を持つので、あえてここに収載することにした。

周知のように、昭和戦中期は総力戦遂行上、政府の側から報道機関に対して様々な形で統制が加えられた。言論の統制、新聞用紙の統制、新聞雑誌の統廃合などであるが、それらが新聞、および新聞社に与えた影響は非常に大きかった。この点については戦後多くの新聞人や研究者が証言しているところであり、またそれに抵抗した新聞人や、新聞社がしばしば顕彰されている。しかし、従来統制と抵抗にとらわれるあまり、新聞史の一部分しか検討されず、本格的な歴史研究が少ないように思われる。政府がそのような統制を加えようとしたこと自体から分かるように、実際に新聞はそれだけ強い影響力を持ち、国民の意識操作の方法も様々な形で持っていた。したがって、政府もそのような新聞社を敵にしては、総力戦遂行に大きな支障を来すことは十分承知しており、彼らに対して非常に慎重であり、また彼らから多くの支持を得ようと必死に努力した。つまり、政府から新聞社側に一方的に統制を押しつけ、新聞社が唯々諾々と受諾したとは考え難く、彼らも政府から独立した固有の論理、戦略を持っており、その彼らを総力戦に動員できたのは、政府側としても彼らが納得し積極的に協力するような論理を打ち出し、あるいは何らかの利益を与えたからと思われる。とすれば、まずその新聞社の側の論理、戦略が問題になろう。本章の意図は、『名古屋新聞』を中心にその手がかりを得ようということにある。

次に、『名古屋新聞』を取り上げる意義であるが、第一に、同新聞はもともと名古屋市を中心とした地域を販売範囲として出発した。しかも、創立者小山松寿自身が『大阪朝日』新聞の社員であった関係で、『大阪朝日』の「分家」的存在であったという。実際に創立時には『大阪朝日』の村山龍平より輪転機が寄贈されたといわれる(1)。このように、『名古屋新聞』が軌道に乗りその後の発展の基礎を築いた要因の一つには、『大阪朝日』の支持が存在していた。しかし、『名古屋新聞』がブロック紙に成長するとともに、『大阪朝日』をはじめとする全国紙は名古屋市への進出を企てて『名古屋新聞』と競合するようになり、その対立は徐々に先鋭化していく。このように、新聞界の内部にも協調、対立のダイナミズムが存在しており、新聞界は必ずしも一体ではなかった。このことは従来指摘されながらもあまり研究されてこなかったようである。この点、ブロック紙の『名古屋新聞』の場合は、全国紙と一県を範囲とする地方紙の中間に位置しており、その立場は両義的であった。したがって、中間的で微妙な立場のブロック紙を知ることは、新聞界全体の大まかな動向を知る上でも便利であろう。

第二に、『名古屋新聞』は周知のように、明治期から昭和初期の政党内閣期までは憲政会・民政党支持の「進歩的」イメージを売り物としていた。そして、その主張は大正期においては普通選挙論が中心であり、「全国に先駆けて」[2]口火を切っていた。しかし、昭和十年代に入ると、非常に国策に近い、否むしろ国策を先取りするような議論が多く登場する。後述するが、昭和十年代では全国新聞紙中、対外論における「最強硬」を自負していた。しかも、単に紙上において展開するだけではなく、普選論にしても国策論にしても、それを実現すべく積極的な運動を繰り広げた。おそらく、このような変化は多くの新聞でも同様であったと思われるが、『名古屋新聞』の場合はそれが端的に現れており、他新聞社の先駆的位置にあった。とすれば、表面的には一八〇度の転換に見えるマスコミ界のこの変化を解明する上で、同紙は恰好の題材になろう。またこのことは、新聞と政治の関係を知る上でも興味ある素材となるであろう。

以上のようなことを念頭に置きつつ記述を進めていくが、ここで、依拠した史料について説明しておきたい。本章の記述の多くは「小山松寿文書」[3]中の『名古屋新聞社報』（以下、『社報』と省略）によっている。これは一九二六年三月の第一号から一九四二年八月（但し一九三一年一〇月から一九三四年三月まで欠）の第一三八号まで月に一回定期的に発行されたもので、ここには新聞社幹部の発言や行動、新聞社関係の行事などが記載されており、明確ではないが、名古屋新聞社員および販売店等の関係者に配布されたものと思われる。したがって、比較的率直に名古屋新聞の方針、販売戦略が吐露されていると考えられる。

一　「天下三分論」と「言論の名古屋新聞」
――地方紙からブロック紙へ――

ここでは、まず昭和初期までの『名古屋新聞』の発展の経緯を概観してみる。

『名古屋新聞』の初代社長であり社主であった小山松寿に関しては、長女の小山千鶴子氏が書かれた『小山松寿伝』が最も詳しく彼の生涯を伝えているので、それを参考としていく。彼は一八七六年（明治九）長野県の小諸に生まれた。小山一族は小諸地域の相当な素封家で、厳しい家訓を作りそれを厳格に守って代々の繁栄を築いたが、同時に政治にも非常に熱心で、明治期では自由民権運動などに関与し、中江兆民のスポンサーであったという。また、のちには小山邦太郎、小山亮など多くの代議士を輩出している。したがって、彼もこのような雰囲気の中で政治家をめざしたらしい。しかし、彼の家そのものは父親が病弱であったこともあって、必ずしも裕福ではなかった。彼は一族の人間の世話になりながら、一八九二年東京専門学校（早稲田大学）に入学し、そこで非常に大隈重信の世話になり卒業した。こののち一時小諸に帰るが、結局そこで満足できず、中国で一旗あげようと厦門の日本領事館で働くことになったが、ちょうどそのときに義和団事件（一九〇〇年）が起こった。

小山は現地にいるということで『大阪朝日新聞』の通信員に採用され、これが縁で彼は一九〇二年正式に朝日新聞社に入社し、すぐに名古屋通信部に赴任した。ここで親しくなったのが同じく早稲田出身で当時名古屋商工会議所の書記で、のち名古屋財界の実力者となる上遠野富之助であった。こののち両者は、それぞれの立場で助け合いながら名古屋市でしだいに頭角を現していく。そして、小山はこの上遠野の金銭的援助で『中京新報』を買い取り、また前述のように『大阪朝日』の援助もあって、一九〇六年に『名古屋新聞』を創刊し社長に就任した。そして、一九〇七年に名古屋市会議員に当選したのを皮切りに、念願の政治家としての道も歩み始めることになる。この時期の都市部には新聞記者兼議員というタイプの人物が多かったが、彼も言論を武器に政治家として台頭していったのであった。このことは、言論を重視した『名古屋新聞』の性格を考える上で重要である。

そしてさらに、一九一五年には立憲同志会・大隈伯後援会の推薦で衆議院議員に当選した。これ以降は同志会総裁加藤高明が地元愛知県出身ということもあって加藤に接近し、同志会・憲政会・民政党の幹部派に近い存在として活躍することになる。したがって、彼は常に同党の中心部分周辺に位置していたといえよう。一九二五年八月農林政務次官に就任し、これを契機にそれまで続けてきた名古屋市議を辞任し、また名古屋新聞社長も辞任して名古屋新聞重役会会長となった。その後は一九三〇年衆議院副議長、一九三七年から一九四一年には衆議院議長を務め、戦後は公職追放となって一九五九年死去した。

彼以外の大隈系の政治家兼新聞人は、どちらかといえば官僚出身者の多い同党の幹部派には批判的であった。それに対し彼は、その幹部派とも近かっただけに党への忠誠度も強かったであろう。また彼自身はジャーナリストとしてよりも政治家の方を重視しており、したがって新聞経営もその一環であった。これらのことも『名古屋新聞』に反映されていた。

次に、『名古屋新聞』について簡単に紹介しておこう。小山が引き継いだ当時、つまり一九〇六年の『名古屋新聞』の発行部数は、公表されていないので明確ではないが、約一万部といわれる(4)。愛知県ではすでに大島宇吉の『新愛知』が大いに発行部数を伸ばしていた。大島は「新聞の選択は素より読者の自由意思に存するも、直接売捌きに従事する者の手腕に依つて新愛知を多く売らうと思へば必ず多く売れる、〔略〕世間には自己選択の判断力がなく、売捌人の勧誘に依つて購読紙を決める読者が相当にある、従つて優良販売店を味方に持つことが肝要である」という認識の下に「如何なる山間僻地にも、自ら出張して土地の状況を視察し、然る後販売店を設置して、漸次村から村へと販売網を拡張(5)」したという。また、桐生悠々の論説も好評を博していた。これに対し『名古屋新聞』は、一貫してこの『新愛知』に追いつき追い越せを合い言葉に、同社をライバルとして勢力拡大に務めた。簡単に発行部数についていえば、その後両社はともに発行部数を伸ばし、一九二七年一一月の時点では『新愛知』約一七万部、『名古屋新聞』約九万部、そして両社が合併し『中部日本新聞』となった一九四二年時点では『新愛知』約三五万部、『名古屋新聞』約二九万部であったという。(7) この数字によって、両社の発行部数の増加、特に『名古屋新聞』の急激な増加の様子が分かろう。

『新愛知』のような有力な新聞が存在する中で、新興勢力が台頭することは容易ではなかったと思われるが、ではそれに成功した『名古屋新聞』はどのような特色を持っていたのであろうか。

第一は、政治的党派性である。前述したように、社長小山が大隈系であり、一方『新愛知』の大島は政友会系の人物であった。したがって、憲政会が成立した一九一六年頃より同志会・憲政会・民政党の『名古屋新聞』、政友会の『新愛知』という色分けが明確であり、両者は国政・県政・市政でことごとく張り合うという様相を呈した。「両者は販売、編集だけでなく政治的、社会的な運動や催し事などを含めて激しいつばぜり合いを演ずる。読者も、この政党色に色分けされ、両紙は互いに相手の政党と新聞を攻撃し、読者を酔わせた(8)」と当時の模様が伝えられている。簡単にいえば、名古屋・.愛知県・隣接諸県を舞台にしてその主導権を争いつつ、相互に発行部数を伸ばしていたのであった。

このように、政友会系新聞と憲政会系新聞が対立しつつ互いに勢力を拡大していたのは、明治後期から昭和初期にかけて広く認められるところである。そこでは、両者がそれぞれ中央とのパイプを生かして情報の提供を受け、またその地域での様々な問題に関して華々しい論戦を繰り広げて読者の関心を惹き、政党勢力の発展とともに自らの勢力も拡大した。この要因は、ブロック紙・地方紙そのものが地方政界と非常に密着した関係にあったためと思われる。この時期は、中央政治での政党勢力の台頭と平行して地方政治も政党を核として活発化し、両者の間が太いパイプで結ばれるようになった。そして、政党と深い関係を持つ地方紙もそれを利用して中央との人的パイプ、あるいは後述するが政党色の濃い中央の通信社との情報のパイプを持つことによって、それ以外の新聞より優位に立てたものと推測される。

第二は、「進歩」的な言論および積極的な政治活動である。一九一八年の米騒動の最中に名古屋新聞社の幹部は普通選挙論を掲げ、実際に運動に着手することを決定したという(9)。そして、社長小山は憲政会に働きかける一方で、『名古屋新聞』は他の新聞社に呼びかけて運動を起こした。この頃から政党内閣期にかけての『名古屋新聞』に関しては、例えば伊藤之雄『大正デモクラシーと政党政治』（山川出版社、一九八七年）をみれば、民主政治・協調外交・緊縮財政など民政党の「進歩」的政策をよく表現していた新聞であったことが分かろう。

ただし、党議に先駆けて普選を主張したことで分かるように、『名古屋新聞』は憲政会の単なる機関紙でもなかった。つまり、販売網が非常に強固な「販売の新愛知」に対抗するため、人口が増加しまた政治参加層が増大する名古屋市を中心に、その「進歩」的イメージによって新興の読者層を捉え販売部数を伸ばそうとしていたのであり、それ故に憲政会・民政党の「進歩」的な主張を利用したり、あるいは先取りしていたのであろう。地方新聞社にとって政党との関係は、「義務」ではなく「権利」であったようである(10)。このように、『名古屋新聞』は小山の個人的な考えと、新聞社自身の販売戦略によって「言論の名古屋新聞」という方針を打ち出していた。

第三の特色は、「天下三分論」である。この意味は「〔交通の発達のために〕中京は東西のために征服される運命に陥るべし。かくの如きはひとり名古屋のために悲しむべきのみならず、国家全体としても憂えざるべからず、けだし一国々運の消長は、文化産業の中心の興亡に準ずべきこと、当然の道理なればなり(11)」というもので、東京を中心とする東日本、大阪を中心とする西日本の間で、名古屋を中心とする中央日本という地域圏を確立し、それが独自の産業・文化を持つことによって国家全体が発展するという主張であった。この言葉を作ったのは、小山と同郷で『名古屋新聞』の中心的人物であり多くの論説を書いた与良松三郎であった。この主張は二つの点で重要である。

第一は、東西日本に対し中央日本が独立することによって、大阪・東京特に大阪の全国紙が中央日本に進出することを阻止するとともに、『名古屋新聞』が中央日本地域に対しては一体感を主張し三重・岐阜・静岡の東海地方、石川・福井・富山の北陸地方、その他長野・山梨等の地域へ進出しようという意図があることである。特に、こののち全国紙の地方進出が激しくなるが、それに最も強い闘志を抱いたのがこの「天下三分論」を主張する『名古屋新聞』であった。

第二は、前述の引用で分かるように、この時期全国的に起こった都市間競争を強く意識しており、中央日本の中心としての地元名古屋市を大阪・東京と並ぶ大都市にしようという意図である。このことは『名古屋新聞』と『新愛知』の勢力範囲における相違にも現れている。『名古屋新聞』の場合は、まず名古屋市内を固めたことで名古屋市内の新聞販売総数の過半数を占めていたといわれ(12)、それを基礎に外延的に勢力を拡大していったのに対し、『新愛知』の場合は『名古屋新聞』に比較して「地方農村に固い地盤をも」っており、愛知県郡部および隣接諸県で発行部数を伸ばしていた(13)。このことは名古屋市会に強い勢力を持つ憲政会系、郡部を含む愛知県会に強い勢力を持つ政友会系という政党関係に対応している。少し時期は下がるが、一九三七年一〇月の名古屋市の市会議員選挙は民政党四一名、政友会一五名という結果になったのであるが、それについて次のような感想が述べられている。

民政党の得票数は合計六四九五九票、政友会は三一五七八票であつた、これを市内両紙の発行部数に照合してみるとすこぶる示唆に富むでをる、地域的にみても本紙の密度の高き方面はやはり民政党の票数が多かつた(『社報』一九三七年一一月)

とすれば、『名古屋新聞』の場合は名古屋市という都市の拡大、すなわち都市化とともに勢力範囲を拡大していこうとしていたと考えられる(14)。

以上のように、明治・大正期の『名古屋新聞』は地元名古屋市の発展、中央日本の発展、そして国家全体の発展と自らの発展を一体化し、また憲政会・民政党など中央政治勢力と相互に協力しながら、言論および政治運動を売り物にして順調に発展していった。

二　満州事変と『大阪朝日』の進出
――『名古屋新聞』の苦悩――

しかし、政党内閣末期になると『名古屋新聞』は二つの意味で危機を感じるようになった。以下、その点についてみていこう。

第一は、『名古屋新聞』自体に関する危機意識であった。それは前節でみた『名古屋新聞』の特徴の有効性への疑問でもあった。この点について一九三一年一月の『社報』で、小山に替わった与良社長は次のように述べている。

大戦の影響は精神的にはデモクラシイの旺盛、物質的には経済的企業の流行、従つて富の驚くべき増加で、これが時代精神であつたのです。〔略、従って名古屋新聞もこの精神にしたがって〕掲ぐべき理想として「天下三分論」を立て、政治的デモクラシイの普選運動と共に之を我社の旗印として真向に振りかざして所期の目的を貫徹し得たのであります。要するに、此の時代に於いては我社の旗印は、政治的には普選の獲得、地方的には天下三分論であつたが、この両者が今はすでに過去のものとなり我々は御同様に何か新しいものを求めなければなりません。〔略〕私はヤハリそれはデモクラシイであつて、それが社会の各級各層に徹底さるることであると信じます。

〔略〕窃かに外界の動きを察するに、デモクラシイの社会徹底は要するに社会連帯即ちソリダリチイの観念が力強き支配を初むるのではないかと思はれます。

「天下三分論」的な意味での名古屋市の順調な経済発展とデモクラシー思想の流行に支えられて『名古屋新聞』は発展してきたが、それは「過去のもの」となり、それに替わる新たな主張を模索しようと、「外界の動き」に注意を払ったということである。特に『名古屋新聞』の場合は言論を売り物にしてきただけに、その言論の不在が痛切に感じられたのであろう。

このうち、まず「天下三分論」に関していえば、大正・昭和初期の名古屋市は、東京、大阪などの他都市との競争を強く意識し、実際に人口が急増し都市化は大いに進展した。その中で、「保守的」といわれる名古屋人を活性化させようと「天下三分論」を提唱した『名古屋新聞』も歩調を同じくして販売部数を拡大した。しかし、周知のように、この時期の日本は深刻な不況が社会問題となっており、特に農村の疲弊が叫ばれていた。それは、単純な縦割的な地域間対抗ではなく、都市と農村の関係が問題となっていることを表していた。実際に、一九三一年に社長与良は中部日本農村助成聯盟理事長となり農村問題解決に意欲をみせている。したがって、その中で単に名古屋市のみの発展を主張することは困難であった。これが名古屋市の発展＝中央日本の発展＝日本の発展、を内容とする「天下三分論」の意味を減少させていたのである。しかも、このことは同時に全国紙に対する『名古屋新聞』という、縦割的な地域に根付いた新聞そのものの意味も減少させ、全国紙の名古屋進出に対する抵抗力を弱めていたと思われる。

もう一方の普選論は、すでに政党内閣が成立しまた普選も実施され、すでに意味を無くしていた。それに替わるものとして、与良は「デモクラシイの社会徹底」「社会連帯」（「ソリダリチイ」）を挙げているが、これらの主張はむしろ大正後期から各地に簇生した小地域の労働者・農民・青年を対象とする新聞の得意とするところであった。デモクラシー風潮に乗って誕生したこれらの新聞は、寄生地主化が進み地方名望家が後退していく中で、地域社会の次の中心になろうと志す若者によって発行されたものであった。もちろん、このこと自体も重要であるが、それはともかくとして、彼らはより地域に密着した形で発展し、そしてしばしば『名古屋新聞』のような新聞が依存する既成政党を批判する形で議論を展開していたのであり、『名古屋新聞』よりも明確に自己を主張することができた。さらに、強力な援助者であるはずの民政党も、その既成政党批判によって昔日の勢いを失っていた。つまり、地方紙にとって政党は言論・実践活動の指針という面でも、援助者という面でも魅力を喪失していたのであった。こうして、地方紙の既成政党離れが促進され、後述する両者の決別の準備ができたのである。

以上のように、この時期の『名古屋新聞』は、販売部数こそ順調に伸びていたが、従来持っていた自己の立脚点を失い、確固たる自己の存在意義を打ち出すことに苦しみ、しかも中央とのパイプも切れていた。こうして、『名古屋新聞』内に将来への不安が広がっていたのである。

『名古屋新聞』のもう一つの危機意識は、前述の全国紙の名古屋進出によるものであった。地域的意味での「天下三分論」こそ意味を失いつつあったが、ライバル新聞社に対する「天下三分論」意識は依然強く、全国紙に呑み込まれることは論外であった。ここで簡単に『大阪朝日』などの進出についてみてみよう。

以前からも『大阪朝日』、『大阪毎日』は、東海地方で本紙に地方版を追加して発行していたが、地元記事・販売網において地元紙に圧倒されていた。しかし、関東大震災以降の東京進出に勢いを得た『大阪朝日』『大阪毎日』は全国制覇に乗り出し、九州地方、朝鮮半島とともに東海地方にも集中的に力を入れ、一九二四年には地元印刷の『東海朝日』『中京毎日』の紙面を、大阪から送られてくる本紙に添えて発行した。これに対し、『名古屋新聞』『新愛知』の地元勢もこの頃から『朝日』と同じように夕刊を発行し、さらに値下げ合戦、福引き合戦を挑んだ。この結果は、取りあえず地元紙の勝ちとなり、一年後に『大阪朝日』は『東海朝日』を廃止して従来通りの地方版添付にもどった。(16) このの ちの『名古屋新聞』は、『社報』によれば、これまでの『新愛知』との華々しい販売合戦から、大阪紙の進出を強く意識し、その対抗策を『新愛知』と連合して講じる方向に転換した。

大阪紙の第二次攻勢は満州事変以降であった。通常、戦争状態になれば新聞の発行部数は急増するが、このときもそうであった。特に、この時期の戦争報道では速報力と写真報道が重視された。「かくて大阪系四紙の外各紙皆それぞれの方法にて写真号外を発行し大柄の写真号外は実に満洲事変の花形となつた。然してこれを発行せざる新聞は中央紙、地方紙の別なく読者を蚕食せられた」が、特に「多数の飛行機と写真電送機を所有する大阪系両社」は別格であったと、(17) 小野秀雄氏が指摘しているように、この状況は大資本の『大阪朝日』『大阪毎日』に有利に作用し、両社は勢力を伸ばしたのである。この点は当然『名古屋新聞』側も認識しており、一九三六年一二月『社報』で森一兵社長が「今や日本の新聞界は『朝日』の帝国主義的発展時代であつて、最近の同社の経営行動、特に販売戦線における遣り口は、損益を顧みるにいとまなく、力任せに無理押に押きつて行くといふの一手である」と、警戒を強めていた。

さらに、満州事変以降の軍の政治進出とともに強まった言論統制も、『名古屋新聞』には当初不利に作用したようである。それは、言論統制がしだいに厳しくなって記事・論説が徐々に画一化し、報道以外での面で特色を出すことが困難になったことによる。「現在東京大阪の新聞が我々の新聞よりいいということはありません。〔新聞の〕題字をとればどの新聞か判らないほど紙面上に現れているものは類似している」(『社報』一九三五年四月号、森一兵の発言)という状況であった。そして、この報道中心主義、記事・論説の画一化という事態は、前述のように言論で部数を伸ばしてきた『名古屋新聞』にとってはますます不利であったのである。

この結果、愛知県をはじめとして中部地方は『名古屋新聞』『新愛知』『大阪朝日』『大阪毎日』の四者が入り乱れての戦いとなった。その中で、一九三六年六月に名古屋新聞社幹部の交替があった。それまでは言論で名前を売っていた与良松三郎、小林橘川が中心となり会社を運営してきたが、この時にそれまで経理担当の森一兵が社長に、また東京支社長として営業成績を飛躍的に高め「販売の神さま」(18)といわれた大宮伍三郎(19)が専務理事に就任した。これは苦しい社の財政を立て直すためであったようである。四年後の一九四〇年一〇月、大宮は次のように回顧している。

森社長が就任当時重大なる声明があつた。その一つは社債償還、第二が株式の配当、第三は社員生活の安定であつた。当時社の財政状態は難局の一語に尽くされてゐた、社長と三幹部は連帯決死の責任と勇気を持つて事に当つた。すなわち計画経済を立て合理的経営に入つた結果、声明通り社債の一部償還、株式の配当、社員増俸等の実現を見た（『社報』）

ここで分かるように、彼らが引き継いだ当時の『名古屋新聞』の財政状況は、全国紙の進出によって厳しいものとなっていたのである。

次に、全国紙の進出と関連して、この時期『名古屋新聞』をはじめとするブロック紙、地方紙を悩ませた通信社の問題をみてみたい。

日本における通信社の歴史を本章に関係する限りで簡単に振り返れば(20)、明治中期までは政府系の東京通信社と大隈系の帝国通信社が激しい競争を繰り広げていた。また、明治後期より光永星郎の日本電報通信社が勢力を拡大してきたが、これはどちらかといえば政友会に近い通信社であった。そして、大正期には憲政会系の帝国通信社と政友会系の日本電報通信社が二大勢力となった。この中にあって、『名古屋新聞』は当然の如く帝国通信社から記事の提供を受け、『新愛知』は日本電報通信社から提供を受けていた。つまり、この時代は中央での政党、通信社の発達と、その政党、通信社と関係を持つ地方の政党、新聞の発展が同時に進行した蜜月時代であった。

しかし、一九二六年、政党から独立しながら企業化や事業拡大で成長してきた全国紙によって、別の形態の通信社すなわち日本新聞聯合社が発足した。結果的には、このような通信社を作り政党から完全に独立した全国紙によって、地方紙と政党の関係は断ち切られることとなる。日本新聞聯合社はロイターの外電供給を受けていた国際通信社と東方通信社が合流してできたものであるが、その特質は新聞組合主義（新聞社の連合の上に公益を優先させて運営する）と、「国家代表通信社」（国家を代表して対外宣伝をする通信社の意味で、大正初期のアメリカでの排日運動が契機となった。しかし当初はもっぱら外電の供給を受けるばかりであった）的役割にあった。そして、その運営は、『大阪朝日』『大阪毎日』『東京日日』『東京朝日』『報知』『国民』『時事新報』『中外商業新報』など、東京・大阪の「基本八社」によって担われた。

これによって、通信界は大きく変動した。例えば、当時の日本はロイターの外電に占める比率が高かったのであるが、それは国際通信社が受電し帝国通信社などが地方新聞などに流していた（一方の日本電報通信社はロイターのライバルUP通信から外電供給を受けていた）。これに対し日本新聞聯合社は、自らが直接地方新聞に配信するという方法に切り替えた。さらに、同社は外電ばかりではなく国内通信の配信も開始し活動領域を広げた。このため、帝国通信社は一九二九年に消滅することになった。この結果、『名古屋新聞』は日本電報通信社と提携することになり、一方の『新愛知』は対抗上「日本新聞聯合社」と提携することになったという(21)。

ここで明らかなことは、政友会系新聞対憲政会系新聞という図式から、全国紙対地方紙(22)という形に変化したことである。もちろん、『新愛知』がそうであるように、一部の地方新聞社は日本新聞聯合社と提携し、また日本新聞聯合社自身も一九三〇年に改組して地方新聞社の加盟を認め、実際に三十数社ほどの加盟をみたが、依然多くの新聞社は日本電報通信社と提携していた。とりわけ全国紙からの独立を強く意識していた『名古屋新聞』にとっては、日本新聞聯合社の傘下に入ることは、政友会系の日本電報通信社と提携するよりも受け入れ難いものであったのである。

さらに、一九三二年になると、今度は日本新聞聯合社と日本電報通信社の合併が問題となった。その契機は満州事変時における対外宣伝の失敗への反省からであった。同年九月、斎藤実内閣は情報委員会を設置し、そこが音頭をとって真の意味の「国家代表通信社」を設立すべく、両社に合併交渉をするよう働きかけた。これに対し、日本新聞聯合社は欣然協力する旨を回答したが、逆に猛然と反対運動を起こしたのが地方新聞、とりわけその代表的存在であるブロック紙であり、またそれと関係する既成政党代議士であった。一九三五年四月には合併反対決議文を政府に提出し、また五月には反対派の集会を開催している。この時点では、新通信社支持が一九社、反対が五一社であった。この点について、『電通通信史』(23)は次のように述べている。

すでに「電通」（日本電報通信社）と緊密な関係にあった福岡日日新聞の永江真郷を先頭に、北海タイムスの東武、名古屋新聞の小山松寿の各社長をはじめ地方有力紙代表が新通信社反対の声をあげ、その動きは昭和十年に入って、ますます激しくなった。「電通」を二百万円で新通信社に譲ることは、株主への出資返済には役立つが、「電通」の業績と信用は多数新聞社の支持によって築き上げられたもので、「電通」の解散は地方新聞社の存亡と直結すると主張し、政府と議会への抗議を強めた。通信社が一社になれば、地方新聞はその掲載ニュースに特色を失い、中央紙の進出で不利な立場に追い込まれる。「電通」が営利事業であるから、その運営で大量の広告が獲得できたが、公益法人の通信社では、長年の広告取引の基礎が崩れて地方新聞には大打撃であることを力説し続けた。

ここで注目すべきは、政府が介入し統制して通信機関を「公益法人」化することは大手新聞社に利するのみであり、資本主義的な「営利事業」として存続しまた存続していこうとする日本電報通信社や地方新聞社にとっては大打撃である、という地方新聞社側の論理である。この点についてはまた次節で触れる。

結局、この対立は政府が、両社の通信部を合併して新会社である同盟通信社に継承させ、両社の広告部は日本電報通信社の広告部に併合し、日本電報通信社は広告会社として存続する、という裁定案を両社に示して妥協を図り、一九三六年六月に晴れて同盟通信社が事業を開始した。そして、このことによって地方新聞と政党の関係は、最終的に断ち切られたのであった。

以上のように、一九三一年頃より一九三六年頃の『名古屋新聞』の外的危機は、満州事変を契機として全国紙の進出が急激となったことによって始まった。しかも、事変対策として打ち出された「国家代表通信社」案は全国紙に有利なものであり、『名古屋新聞』側では、政府の国策を背景とする全国紙が、地方紙およびそれと深い関係を持つ既成政党を圧迫している、というイメージで受けとめていたと思われる。そして、政府および全国紙の論理が貫徹し、『名古屋新聞』は実際に経営的危機に追い込まれた。この危機に際して『名古屋新聞』が取った方針は、やはり同社の発展期がそうであったように、「天下三分論」を背景に全国紙との対決的態度を堅持し、且つ言論を重視し、失われた中央とのパイプを再構築することであった。同社にとってこのことは、こののち強まる新聞統制、言論統制とは無関係に行わなければならないことであった。というよりも、統制を利用して『名古屋新聞』の方針を貫徹しようとしたのであった。次節では、この点を中心にみていく。

三　「指導主義」の『名古屋新聞』
――新たな発展そして合併――

一九三七年一一月号の『社報』には、次のような森社長の訓示が掲載された。

新聞戦線がどうなつていくか…放任された資本主義的、自由主義的経済では新聞事業が最後に残つたわけであるが、現在日本の国家情勢から考へて見て、現政府、軍部は今日やうやく新聞統制を考へてゐるやうである。将来新聞記者にも国家試験を課するといふ考へ方もある、官吏、教師、医師、弁護士等等、いやしくも国民を指導する立場にある者に国家が適任性の試験を要する以上はそれらの中で最も国民指導力の強い新聞人に国家試験を課せないま丶で放任する法はないと考へてゐるやうである、私は始終いつてゐるが今日の戦争は軍部と、新聞社でやつてゐるのである、いかに兵隊が強くとも、新聞に一行も戦争のことを書かなかつたら、支那であれだけの活躍はできないであらう、そのくらゐ威力があるから自然言論機関をも統制してくるであろう、〔略〕経営に対しても、例へば銀行は大蔵省、電気は逓信省、保険は商工省といふやうに、それ〳〵中央所管の官庁で監督権をもつて営業上に自由主義的な、資本主義的な弊害の多い不正競争をやらせないやうな管理を行ふ時代がくると考へられる、新聞が営利事業化して、その営利事業的経営を上手にいくものが無限大に発達していく時代において、前述の如き傾向はよくても悪くても避けるわけにはいかない、さればわが社の諸君も、社の実力を強固に、信用を絶大ならしめるために（一）機構を整備し（二）発行部数を多くし（三）従業員特に編輯部員諸君は識見人格を修養して、万一名古屋にも新聞が統一されるやうなあかつきには、名古屋新聞を中心にせねばならぬやうに、あらゆる困苦欠乏に堪え、日本国民が大国民になるために今戦ひつゝある如く、われら新聞戦線に健闘するの覚悟と用意あらんことを切望するものである

ここでは、第一に、新聞が国民指導的性格を強く帯びるに至った結果、従来のような「自由主義的」「資本主義的」な「弊害の多い不正競争」によって「無限大」に拡大していこうとする新聞、すなわち名古屋に進出しようとする全国紙に対し何らかの国家管理が必要である、と主張している。そして、第二に、その結果、新聞統合をある程度必然と認め、その上で何とかして統合の主導権を握ろうとしていることが分かる。『名古屋新聞』側のこの発言は、危機を脱出するために積極的な反撃に出る際の狼煙であった。以下、具体的にみていこう。

最初に全国紙および政府との関係からみていきたい。「天下三分論」を主張し、通信社問題でも全国紙に対抗しようとする地方新聞のリーダー的役割を果たした『名古屋新聞』は、この時期も紙の配給問題で同様の役を演じようとしていた。一九三七年、商工省はそれまで増量の一途を辿っていた新聞用紙に前年度の実績という枠をはめ、さらに一九三八年九月には用紙供給制限令の実施によって各新聞の用紙の削減に着手した。この事に関して、大宮伍三郎専務は次のように述べている。

旧式資本主義、悪自由主義の新聞経営は清算されんとしてゐる今日なほその旧廓に堕眠を貪ぼり、新しく明けんとする新聞界の健全なる発展に何等寄与をすることなき新聞社があります、森社長が有力新聞社と提携、国策の線にそふべく減頁運動を起したのは既に昨年であります、あたかも海軍条約と軌を同じくし、全国の有力社が一致結束して同時に自粛減頁を実践しなくては不可能な問題である、しかるに商工省より表れた、用紙節約令なるものは一割二分の一律制限であつた、これ全く現下新聞界の実情にそはざる愚案である、よつてこれが是正に向つて、さらに有力紙は強固な結束をもつて邁進しつゝ、つあります、わが社はとりあへず新愛知社と協定し、月曜、(24)

木曜に各四頁を節約し、増頁を廃して行くつもりです（『社報』一九三八年九月号）

と、むしろ新聞の減頁そのものは歓迎しているが、制限の仕方に強い不満を持っていた。では、この一割二分の一律制限は、実際にどのように『名古屋新聞』にとって不利であったのであろうか。「用紙節約は全国一斉にやるべきで、十六頁建の朝毎（朝日・毎日）が名古屋地方で一八頁を増頁発行しつゝある際、地元紙のみが十四頁建にすることは、断じて不利である」（『社報』一九三九年二月号）とあるように、大阪二大全国紙は『名古屋新聞』等との競争が激しい東海三県に限り一八頁建とし競争で優位に立とうとしていた（『社報』一九三九年八月号）。

これに対して、『名古屋新聞』はどのように対応しようとしていたのであろうか。一九三八年五月、森社長は「東京、大阪以外の新聞の結合二十日会席上、現在、新聞業にのみ経営統制ができていない、百貨店法、重要産業統制法等々にならひ、よろしく事業統制をやるべきだと主張したところ、大きな反響があり、当夜出席した中央要人も賛意を表してゐた、〔略〕事業統制について私はいろゝゝと考えている」（『社報』）と述べている。その要点の第一は「東京、大阪以外の新聞の結合」、つまり地方新聞の結束、第二は、いわば国策に協力する形で中央官庁に接近しその力を利用して全国紙に対抗すること、であった。(26)

この結果、『名古屋新聞』等の地方新聞側の意見が通ったようで、一九三九年六月、商工省は大阪、東京の全国紙五社に対しては一割五分、ブロック紙など有力八社に対しては一割三分、その他三五社には一割二分五厘という段階的制限を採用した。これに対し大宮専務は「制限率に段階制を設けることを主張した、過去一ヶ年間その実現のため努力して来た、残る一つの問題は、真に有効なパルプ資源の節約のために有力新聞の十四頁建実現である、これもほゞ実現された、正義の主張は百%に貫徹さるべきものである」（『社報』一九三九年八月号）と勝利宣言をした。さらに、一九四一年七月には、新聞新体制新組織として新聞聯盟が結成され、用紙配給を自治的に決定することになり原則を審議中にして近く決定するはずである、すなはち従来の〔昭和〕十二年度の実績主義の統制方法を訂正し、現在の実勢力を基準とした新しい配給方法の決定を見た、これはわれ〳〵年来の主張と長い努力の結実であり、新聞界の一進歩である、〔略〕また中央、地方が同等の立場において、不脅威不侵略の原則を樹立したことも聯盟の革新的進歩であり、全会一致の議決に対しては政府もその実行の責任を負ふものである（『社報』）

と、全新聞が政府の責任の下に「不脅威不侵略の原則」に行き着いたことを喜んでいる。こうして、それまで接近していた政府と全国紙の間に自らを割り込ませ、全国紙以上に政府に接近して政党に替わる中央とのパイプを構築することに成功したのであった。

と同時に、大正中期以降簇生していた小規模な新聞は、この用紙統制によって用紙の配給が受けられず、しだいに廃刊に追い込まれていった。『日本新聞百年史』によれば、「昭和十二年ごろ週刊以上の新聞、大小一千二百を数え、日刊新聞も百九十もあったものが、十六年には日刊百四社、十八年には、五十四社に整理された」という。しかも、その方法は「手荒」であり、さらに「大新聞や大雑誌」も、「このやり方に対し、政府に助勢しておった」といわれる(27)。

ブロック紙の場合、地方紙よりも全国紙に販売部数、会社規模が接近しているだけに、いまだ全国紙と競争する余地を残しており、一層強い競争心を抱いていたと考えられる。そして、そのブロック紙が地方紙に呼びかけ自らの陣営に引き込むことによって、数の上で優位に立つことに成功した。その際における彼らの論理は、前述の名古屋新聞幹部の発言で気づくように、ブロック紙・地方紙の立場と、日本という国家の立場を重ね合わせるものであった。すなわち、発展を企図しながらも「旧式資本主義、悪自由主義」である全国紙に圧迫されている地方新聞と、やはり膨張しようとしながらも英米「資本主義国家」に圧迫されている日本を同一の環境に置かれたものとして政府の国策を支持した。森一兵は社長就任演説で「水平運動」という言葉を使用しているが、(28)それは日本の国際的立場にも、『名古屋新聞』の立場にも当てはまった。とすれば、『名古屋新聞』が自らの論説を「対英最強硬」（『社報』一九三九年八月号）と誇らしげに自慢したことの背後には、単に時流に迎合しただけではなく、また単なる言論統制の結果だけでもなく、主体的積極的な意図があったものといえよう。

次に、この時期の『名古屋新聞』の言論についてみてみたい。一九三八年一月、森社長は念頭の挨拶で「新ジャーナリズム主義」を提唱した。それは「報道においても名古屋新聞の社是にもとづき、忌憚なき批判と指導と時代の進行にともなふ見通しをつけ」（『社報』）た記事を載せることであった。以後、『社報』には「指導主義」という言葉が頻出する。一九三八年一一月の『社報』には、次のような文章が掲載されている。

国家が困難な濁流に棹す時代の新聞は世界の大局を認識し国策の円滑な遂行のために、理論的指導と輿論の喚起とを使命とせねばなりません、確報、速報だけの古い単なる報道機関の使命は、すでに亡びた使命です、〔略〕新聞の価値は従来、速い、正しい、面白い、多い、などといふ尺度で計られてゐた、しかし、この尺度は昨日までの新聞、報道主義一点張りの新聞には適用したが、今日ではすでに役に立たない、新しい役に立つ新聞は新しい尺度を持つて、新しい価値を計らねばならぬ、新しい尺度は、新しい新聞使命すなはち輿論を国策支持の一点に集中すべき指導力の強さと、真剣さと、認識の確かさの三つである、〔略〕国策支持を怠るやうな自由主義的な時代後れの新聞は叩き潰さねばなりません

つまり、報道主義、速報主義さらには自由主義的新聞記事に対し、伝統的な「名古屋新聞の社是」に立脚した「指導主義」の優位性を主張している。そして、その「指導主義」に則り、同社は「名古屋新聞運動」と銘打ち、国策支持

のための様々な大衆運動を企画した。そこでの主張は「一、時局の重大性を認識して革新日本の展開に尽力する信念に立ち、二、皇道日本の尊貴なる原理に遵ひ、国民的全組織と新構造の体系を全体主義的に確立し、これを闡明するに務めたい。三、実際的には国民再組織の運動は、愛読者を組織することによつて集団的に進展せしめたい。そして個人および家庭の生活改造を、共同集団的方向にむけて整理したい」というものであった（『社報』一九三九年一月号）。この点は、一面で前引の与良の「社会連帯」論と共通する部分があろう。また一九三九年八月号の『社報』に掲載された福井支局長森島政市の「新しい型と古い型」は、次のように述べている。

我国の近代新聞は自由民権、即ち民主々義的思想とともに発達し、これが形態としての自由主義（資本主義）社会の必然として個人の利益のための自由競争意識が強くなつた。このため新聞自身も知らず識らずのうちに自らを、この必然の中に閉ぢ込められ公器から商品へと転じ、経営は著しく資本主義的経営と化し、記事は民主々義的に取材され報道第一主義となり、さらに記事はニュースと変わつた。〔略〕従来は曲りなりにも自由主義社会（資本主義）として時代が一応安定または固定してゐたため政治、経済、社会、文化のあらゆる問題、事象を天変地異の如く偶発的に捉へ個々バラ〳〵に報ずるか、又は論説するにしても極く表面的に個々の解決の鍵を与へんとする態度であつた。〔略〕従来はニュース源または取材方針が著しく固定化してゐたため勢ひ記事の表現方法に新しい技巧が必要とされ殊にセンセーショナリズムな表現方法が好まれて行はれた。

そして、このような状況を打破し「急速に動く時代」を根本的動的立体的に捉え、さらに時代に「先駆した角度から国家および国民をリードする」ために、取材源の「官公署中心を徹底的に打破し取材範囲をあらゆる方面に全面化しその中から計画的に必要なものを取材」すべきである、と彼は主張する。

以上のような「指導主義」は、従来普通選挙論をさかんに提唱し、民政党の立場に立ちつつ歯切れのよい言論を展開し、さらに街頭示威運動を実行してきた同社の方針とも近いものであり、確かに「名古屋新聞の社是」であった。すなわち、テーマこそ変わったが、以前に成功したように時代を先取りするような言論および実践活動を重視するという方法が復活したのであった。この点について小林橘川が「新聞が紙面の充実、活動の努力から、社会的な実際運動の面にふみ出すことが、新聞の使命から見て、果して正しいか否かには問題があるであろうが、私たちの名古屋新聞は、そうするより外に発展の道がなかった。東京や、大阪では、一紙をもって市民の輿論を率いることには無理があるであろうが、名古屋では、新聞が完全に市民を握ることが出来た。大正十年の市会選挙には、名古屋新聞社員の塚本三君を市会議員にスイセンして、全市の最高点で当選させた。後の名古屋市長である。爾来、三十余年に亘って、名古屋市は民政党が絶対多数を握って、市会を牛耳ったのは、塚本三君スイセンの市会センキョで、多数を制したからであった。地方政界にもつ、新聞紙の威力は恐るべきものがある(29)」と回想しているが、この時も同様に「外に発展の道がなかった」と彼らは考えていたものと思われる。

最後に、なぜ政府はこの時期全国紙よりもローカル紙・地方紙を重視したのか考えてみたい。

第一は、前述のように地方新聞側が国家と地方新聞の一体感を根拠に国家に積極的に接近し協力したからであろう。そして、第二は、政府が両者を天秤にかけた結果であろう。昭和十年代の新聞が言論・報道統制、用紙統制によって受難の時代を迎え、国家によって大きな転換を強いられたのはよく知られた事実であるが、同時にこの時期は従来の枠を越えた形で情報というものが非常に大きな価値を持ち、また多様化した時期でもあった。言論・報道統制という形で情報に方向性がつけられても、言論・報道の価値は返って増大し、また多くの試みがなされた。そして、新聞用紙そのものは統制によって減らされたが、その他の情報手段は逆に大いに活動の機会を得、そこでは従来の新聞社・通信社が活発に活動した。例えば『名古屋新聞』を例にとっても、各種の博覧会、映画、写真会、銃後活動、講演会、運動会など様々なことが企画され実行された。つまり、情報の媒体としての新聞社は、この時期発展の契機を摑む可能性を持ち、また社会的政治的位置も上昇したのであった。

一例であるが、貴族院の勅選議員を見た場合、新聞ジャーナリズム界から選ばれたのは、一九三〇年の本山彦一（三七年死去）、村山龍平（三八年死去）を嚆矢とするが、その後光永星郎（一九三三年～一九四五年二月死去）、下村宏（一九三七年～一九四六年）、岩永裕吉（一九三八年～一九三九年死去）、正力松太郎・橋本清之助（一九四四年～一九四六年）、古野伊之助（一九四五年～一九四五年一二月）と着実に補充されていた。(30) また、緒方竹虎・下村宏は国務大臣に就任している。このことは国家の側からも如何に新聞ジャーナリズムが有用視されていたかを意味する。このような中で政府が地方紙を重視したのは、前引の小林橘川の回想にあったように「東京や、大阪では、一紙をもって市民の輿論を率いることには無理」があるが、地方新聞は地方政界に「恐るべき」威力を持っていたからであろう。(31) これこそ地方新聞の特徴であった。のちに、政府の強力な指導によって新聞界は一県一紙体制となっていくが、そこにおける政府の意図は、まさしくこのように地方政界・社会に強い影響力を持つ地方新聞を保護し、国策支持の方向で利用しようとすることにあった。

この結果、「地方新聞中には資材難と広告収入の激減から廃刊一歩前のものも多かったのであるが、それが一県一紙の特権の下に、中央紙の販売侵略からも、守られることとなったのだから夢のような幸運」(32) であり、実際に部数も激増したという。そして、『名古屋新聞』も保護と引換に『新愛知』と合併せねばならなかったが、『中部日本新聞』、『中日新聞』として生まれ変わり全国紙へと成長していく。

おわりに

以上、名古屋新聞社の方針であった「天下三分論」、言論および実践活動の重視、そして中央とのパイプの三点を中心に検討してきたが、例えば同じブロック紙でも『新愛知』などは様々な面で『名古屋新聞』とは異なるし、また『福岡日日』[33]も昭和十年代の言論は『名古屋新聞』ほど政府支持ではなかった。さらに、政府や全国紙の側からの考察は行えなかった。したがって、未だ多くの課題を残しているが、取り敢えず以上の考察から『名古屋新聞』を中心としたこの時期の新聞界について簡単に時期ごとにまとめ、結語としたい。

第一の時期は、大正期までであるが、いわゆる全国紙が地方版を出すなどして順調に勢力を拡大したが、一方でブロック紙・地方紙も成長していた。彼らは、二大政党と関係を持つことによって中央とのパイプを構築し、そのラインに乗って様々な利益を受けていたといえよう。そして、それを基礎に華々しい言論戦、実践活動を繰り広げ、多くの読者を引きつけ部数を伸ばしていたのであった。しかし、このような彼らを、単純に政党の機関紙と見ることはできない。彼らは基本的に地方政界と密接な関係にあり、それをリードしていくために政党との結合を深めることが有利と判断していたのである。また、特にブロック紙については、この時期の特徴である大都市の発達と非常に密接な関係を持っていた。『名古屋新聞』は、急激に人口増加が進む大都市で、言論・実践活動を積極的に行い販路を拡張した。この地方紙と地方政界、地方社会の動態はさらに研究しなければならない。

第二の時期の特徴は、第一次世界大戦後から全国紙が拡大成長し大資本となって独立した存在となり、自己主張を始めたことであろう。その意味で画期的なことは、一九二六年の日本新聞聯合社の創立である。彼らは、この時期既成政党や地方紙に遠慮すること無く自由な活動が可能となり、そのために新聞界の従来のバランスが崩れた。また、この時に大きく成長した全国紙のリーダーが、朝日の下村宏、読売の正力松太郎という官僚出身者であったことも注目されよう。さらに満州事変の勃発で、彼らは報道合戦で優位に立ち、またそれを契機に始まった政府の「国家代表通信社」樹立工作も、自己に有利に展開した。

一方、ブロック紙・地方紙はそれ故に苦境に立たされた。彼らからすればこのような動きは、健全な資本主義的営利事業を圧迫する政府・全国紙の不自然な統制と映った。さらに、地方紙の特徴である言論・実践活動もデモクラシーに替わる新たな方向を見いだせず、また援助者である既成政党との関係もほとんど解消した。付言すれば、それまで新聞を中心に地方で築いてきた既成政党の存立基盤は、地方新聞という地方での核を失ったこの時点で急激に求心力を弱め、各代議士の孤立した地盤のみが残っていく。一方で、より地域に密着した小規模地方紙の出現は、地方社会と地方新聞の関係を脅かす可能性を持っていた。つまり、地方新聞はより大きなものとより小さなものからの挟撃を受けるような形であった。ここで興味深いのは、個人後援会である。既成政党としての組織力が弱まったことによって、議員候補者たちは逆にそれをバネに個人後援会組織を充実拡充させていく。その際に活用されたのが、候補者ごとに発行された小規模地方紙であった。

一九三七年に日中戦争が開始される頃からの第三期は「今や大阪両社の進出によりわれ等は自由に個性を発揮して自家の勢力を伸張するに奔放自在の天地が許されたわけであります」（『社報』一九三六年一〇月号）という森一兵の言葉に現れているように、全国紙が自由な活動を始めたために、ブロック紙・地方紙は追い込まれて失うべきものは失い、その結果皮肉にも統制が強まる中で、彼らは従来以上に自由となった時期であったといえよう。そのような状況の中で、彼らはそれまでの全国紙の行動を「自由主義、資本主義」として捉え、同じ強大な「自由主義、資本主義」

国家である英米に圧迫されていた日本という国家へのアイデンティティを強め、接近することを選択したのであった。特に、ブロック紙は地方紙糾合の核として大いに機能した。その際、彼らが特に強調したのは全国紙の報道主義に対する彼らの「指導主義」であった。そして、政府も国民輿論の形成の観点から彼らの存在を重視し、結局政府主導の下に「不脅威不侵略」を原則とする日本新聞聯盟（のち日本新聞会）が結成されたのであった。これによって、彼らは一県一紙体制へ移行しなければならなかったが、また他方で小規模地方紙を吸収することにも成功し、地方言論界の主役としての座を再び確固たるものにすることができたのであった。

注

（1）小山千鶴子『小山松寿伝』（小山龍三記念基金、一九八六年）、二一〇頁。
（2）同前、三二五頁。
（3）現在は、国会図書館憲政資料室所蔵「小山松寿関係文書」。『社報』を含め、同文書の一部は、山田公平編『名古屋新聞・小山松寿関係資料集』第一～七巻（龍渓書舎、一九九一～二〇一五年）として刊行されている。
（4）前掲注（1）『小山松寿伝』、二一八頁。
（5）野田兼一『大島宇吉翁伝』（新愛知新聞社、一九四二年）、三五五～三五六頁。
（6）『新聞雑誌社特秘調査』（大正出版、一九七九年）。
（7）前掲注（1）『小山松寿伝』、五一八頁。
（8）『朝日新聞名古屋本社五十年史』（朝日新聞名古屋本社、一九八五年）、一六七頁。
（9）前掲注（1）『小山松寿伝』、三二六頁。
（10）岡本光三編『日本新聞百年史』（日本新聞研究連盟、一九六一年）、三九〇頁（御手洗辰雄執筆分）。
（11）前掲注（1）『小山松寿伝』、二五五頁。
（12）日本新聞販売協会編『新聞販売百年史』（日本新聞販売協会、一九六九年）、三四三頁。
（13）日本新聞協会編『地方別日本新聞史』（日本新聞協会、一九五六年）、二六一頁。

(14) 須江康人『人間ヨラ』(名古屋新聞社、一九三九年)所収の与良松三郎「名古屋新聞改題三十周年」(一九三五年一一月三日、三一三〜三一七頁)によれば、「新聞紙の発達は、その都市の大小、実力を正直に反映」するが、名古屋新聞も日露戦後の「嘗てなき国家の興隆と、国民的興奮が燃え立つてゐた」時に創刊され、その後名古屋市の発展とともに拡大した、そしてその結果、名古屋市の一新聞から中部日本を代表する新聞になったという。さらに与良は、「本紙が二十余年来、一貫して主張し来つたところの『天下を三分してその一つを保つ』の使命と目的とは、文化的にも、経済的にも、わが名古屋を中心として漸く達成、実現するの域にまで到達した。これは名古屋市の発展であるとともに、また名古屋新聞の発展に伴ふ理想の実現であつたことに、ひそかなる満足を感ずる」と述べている。尚、与良は、一八七二年生まれ、長野師範学校卒業後、教員となり、のち教員としてシベリアに赴く。一九〇七年名古屋新聞に入社し主筆となる。一九二五年名古屋新聞社長、一九二九年退任、翌年再び社長就任、一九三四年退任。一九三八年死去。

(15) 例えば、愛知県では「明治四十二年に七十九種を数えるにすぎなかつたのが、大正十五年には三百五十四種にのぼり、そのうち有保証二百七十二種、無保証八十二種となつた」(前掲注(13)『地方別日本新聞史』、二六一頁)という。また、本書第Ⅱ部第七章でみるように、将来の代議士をめざす少壮活動家がそれぞれ自分の新聞を持ち、狭い地域ながらも既成政党を批判して積極的に活動する姿もよく見られた。

(16) 前掲注(8)『朝日新聞名古屋本社五十年史』第二章。

(17) 小野秀雄『日本新聞史』(良書普及会、一九四九年)、二三六〜二三七頁。

(18) 前掲注(1)『小山松寿伝』、四五四頁。

(19) 一八九七年広島県生まれ、名古屋新聞東京支局入社後、明治大学卒業。中部日本新聞創設と共に同社を離れ、戦後広島県より代議士に当選、民主党に所属。日本新聞販売協会会長などを歴任。一九五七年死去(『五十人の新聞人』〈電通、一九五五年〉、三三五頁)。

(20) 以下、通信社の問題に関しては特に注記しない限り、『通信社史』(通信社史刊行会、一九五八年)に拠る。

(21) 前掲注(1)『小山松寿伝』、五一一頁。

(22) 「日本の地方新聞は余りに独立性が強よ過る」(阿部暢太郎「地方新聞の聯盟」『日本新聞年鑑』〈新聞研究所発行〉一九二七年版所収)といわれていたが、昭和期に入り徐々に連合が形成されていた。一九三〇年の『北海タイムス』『河北新報』『新愛知』『福岡日日』による日本新聞聯盟、一九三三年の『名古屋新聞』『台湾日日』『小樽新聞』『京城日報』による土曜会、また『名古屋新聞』は加盟していないが、代表的地方新聞十七社をもって組織した地方新聞聯盟などが創立された（『日本新聞年鑑』一九四〇年版）。おそらく、全国紙の進出に対しブロック紙を中心に連合の動きがでてきたのであろう。

(23)『電通通信史』（電通通信史刊行会、一九七六年）、三四一〜三四二頁。

(24)これは、一九三七年七月一日より一九三八年三月三一日までの実績を基準として一三年九月より実施された。

(25)『名古屋新聞』は、一九三八年八月地方新聞三八社とともに新聞用紙対策聯盟を結成し、全国紙も地方紙も同じ制限率では不当であると、関係官庁に決議文を提出していた（『日本新聞年鑑』一九三九年版）。また、以前の通信社合併問題の時も、『名古屋新聞』『北海タイムス』を中心とする地方新聞社は一九三五年五月に十日会という組織を結成して反対運動をしていた（前掲注(20)『通信社史』、九九六頁）。ここでいう二十日会は、『日本新聞年鑑』では確認できなかったが、その中間的な組織であろう。

(26)『社報』によれば、地方新聞代表者は一九三七年一一月二四日には内閣閣僚と、また翌年一月二〇日には内閣情報部幹部と懇談の場を持っている。そして、例えば閣僚との懇談の席では、冒頭に森社長が「戦争の第一線に立つものは陸海軍と新聞であるとの信念をもつてわれわれはこの時局に処してゐる、しかもこの非常時局を乗切るには新聞の力が絶対に必要である、従て政府と我々との間には一層の理解を進める必要がある」と述べ、これに対し近衛首相も「従来地方新聞社との接触の少なかつたのは甚だ遺憾に思つてゐたが、今回各位が進んでこの機会を与へられたことを感謝」する、と答えている。このように、『名古屋新聞』は地方新聞の代表として積極的に政府に働きかけていた。

(27)前掲注(10)『日本新聞百年史』、三九九頁、四〇七頁（御手洗辰雄執筆分）。

(28)『社報』一九三六年一〇月号。

(29)前掲注(19)『五十人の新聞人』、一〇一頁。

(30)このうち、橋本清之助の場合は必ずしもジャーナリズム代表とはいい難いが、とにかく敗戦時には四人のジャーナリストが勅選されていた。また、このうち下村・岩永・正力は大正期に官僚から転身した人物であった。

(31)ちなみに、前述の小林の回想に登場した塚本三は、戦後初の名古屋市長に、また小林自身も塚本の後任の市長に当選している。

(32)前掲注(10)『日本新聞百年史』、四〇七頁。

(33)『福岡日日』に関しては、九州歴史資料館所蔵「永江文書」によって、さらに研究が進展するものと思われる。

第六章　「実際家」安川敬一郎の普選法案反対活動

はじめに

本章は、「安川家文書」を利用して、第一次世界大戦後における企業家安川敬一郎の政治活動、特に普通選挙法案反対運動を中心に論じようとするものである。

当時、安川系企業の所在地は福岡県という一地方に限定されていたが、「安川敬一郎日記」をみれば分かる通り、彼は多くの歳月を東京・大阪という大都市で費やし、全国的大物実業家・政治家・官僚と頻繁な交渉を持っていた(1)。また安川系企業の中核をなす石炭業・製鉄業は、日本国家の浮沈と直接的に深く関わっていた。したがって、彼を単なる地方企業家と見るべきではなく、「地方財閥」あるいは全国的企業家と捉えなければならない。さらに言えば、日露戦後・大正期においては、このような全国的企業家の政界登場が強く望まれていた。すなわち、軍事的な植民地獲得競争から金融・通商を中心とした経済競争に東アジア国際社会の重点が移行するに伴い、いわばその尖兵たるべき安川のような人物が政治に参画するのは当然であり必要であると考えられていたからである。この意味で、安川の政界進出は時代の要請でもあったといえよう。本章は、周囲からこのような大きな期待を受け、また自らもそれを意識していた全国的企業家の政治活動を探ろうというのである。

安川の場合、確かに一度は衆議院議員（一九一四年〈大正三〉一一～一二月）となったが、一九一五年三月の第一二回衆議院議員総選挙で落選して以降は、のちに政党総裁となる久原房之助・中島知久平・町田忠治や武藤山治のように衆議院に活躍の場を求めることはなく、貴族院議員となることを望んだ。最初は勅選議員の椅子を希望していたが果たせず、その替わりに一九二〇年一月一二日に男爵位が授けられることになった。そして、一九二四年六月七日、貴族院男爵議員の補欠選挙で当選、次の選挙があった一九二五年七月一〇日まで在職した。したがって、彼が議席を保持していたのは一年ほどの短期間であったが、この間の活動、特に第五〇議会（一九二四年一二月～一九二五年三月）における普通選挙法案反対運動には、非常に意欲的であった。後述するように、彼の普選反対論は以前からのものであり、彼の中では一貫していた。そして普選法（一九二五年改正衆議院議員選挙法）第一二条には、選挙人名簿に登録されるには一定の住居に一年以上住まなければならないと規定されたが、じつはそれを最も熱心に主張したのも安川であった。では、いったい安川はどのような理由から普選の何に反対したのであろうか。

本章は、第一に、安川という全国的企業家が政界の中でどのような位置にあったのかを示し、第二に、彼の著作や言動から普選反対の理由を探る。その際に注意すべきは、安川の名前で発表された論文の中には中野正剛がゴーストライターとして執筆しているものが多いことである。そこで、特にこの両者の関係について留意しながら考えていくことにする。そして、第三に、第五〇議会期の安川の活動を具体的に追跡し、普選法案成立の舞台裏を覗いてみたい。

一　全国的企業家の政界進出

一九一六年（大正五）一〇月九日に寺内正毅内閣が成立し、念願の「三党鼎立論」実現の好機と考えた元老山県有朋は積極的に活動を開始した。一九一七年二月一七日に山県が三井財閥総帥の益田孝を通して、やはり三井財閥系の実業家高橋義雄に書き送った意見書には、立憲政友会と憲政会の二つの大政党の間に第三党を創設し、キャスティングボートを握って両党を操縦し政局の主導権を握ろうとする、「三党鼎立論」の意図が直截に展開されている。(2)

その山県は、安川敬一郎にも同じく白羽の矢を立てた。同年二月一四日、安川は益田孝に伴われて山県有朋を小田原に訪問している。「安川敬一郎日記」によれば、山県は帝国議会開設以来の歴史を振り返りつつ第一次世界大戦後の問題にまで及んで滔々と語り、安川に是非衆議院議員選挙に立候補して、選挙後に結成が予定されている第三党に参加するよう求めた。安川と山県の政治的関係の深まりは、日記でみる限り一九一六年七月二二日に、やはり益田孝の仲介で両者が面会した時が始まりのようである。その際に山県は、安川の主張である製鉄事業推進、日中提携論に強い賛意を表したようで、これが白羽の矢が立った理由と思われる。これ以後、益田を含めた三者は接触する機会をしばしば持った。それまで、安川が政治的に依存していたのは井上馨であったが、井上は一九一五年九月一日に死去していた。おそらく、安川に限らずこの時期の全国的企業家たちは、自らの政治的支援者として山県に依存することが多くなり、それが山県の「三党鼎立論」と結びついたのであろう。

その全国的企業家であるが、これはいわゆる地方名望家のような地方限定的実業家ではなく、国際的にも活動する者を指す。日露戦争によって軍事的な面で国際的地位を確立した日本の次の課題は「商権」を巡る国際的な地位の確立であり、その担い手こそ全国的企業家であった。つまり、彼らは政治の舞台でも活躍が期待される花形的存在であった。当時、一般的に安川のような全国的企業家で議員にもなった者は、次のような共通した特徴を備えていたように思われる。(3)

一　党議拘束を嫌う（政治的意見の自由な表明）

二　政権争奪的行動を嫌う（権力欲という「私心」の排除）

三　反政府的行動を嫌う（政府への非協力すなわち仲間割れは国家全体の利益を損なう）

彼らの志向は、国際舞台での実業の展開であり、そのためには政争は有害で次元の低いものでしかなく、国家には一体となって自分たちの経済活動を支援してくれることを期待していた。つまり、この点で彼らのような政府に従順な存在は、結果的には藩閥勢力にとって大変に好都合であった。だからこそ山県有朋らは議会開設以来、彼らを吏党系第三党に吸収しようと国民協会等の団体を組織してきたのである。しかし、残念ながら議会開設当初はそもそものような全国的企業家はあまり存在せず、したがって、第三党もあまり発展しなかった。また、日露戦争直後の桂園時代も藩閥と政友会の提携が進んだ結果、第三党の存在価値は減少した。しかし、大正期に入り、全国的企業家数も増加し、かつ同志会・憲政会が結成されて二大政党間の対立が明確になってくるにつれ、第三党も発展の余地を持ち始めたのである。第二次大隈内閣期の公友倶楽部も、まさしくその第三党として機能した（第Ⅰ部第三章第二節「山県有朋と三党鼎立論の実相」参照）。

さて、話は前述の山県の説得に戻るが、これに対しその論理を「稍もすれば滅裂」と感じつつも、安川の感想は「目下の政局対外重大の関係を有する事日露戦役以上国家の興廃に関するを感じ、爰に挙国一致の難問題を解決せざる可らず、先づ其順序として絶対過半数を占めたる憲政会の減員を図り、政国両党の連袂を策し、加るに実業家等党派関係なき一団を以て兎も角現閣を擁護し、閣員亦各党をして挙国一致を招致するの言行伴はざる可らず」と、基本的には山県の「三党鼎立論」を支持するものであった。

一九二〇年五月一〇日に原敬内閣の下で第一四回総選挙が実施され、政友会が四六四議席中二七八議席と圧倒的過半数で勝利したが、その際の安川の日記には「〔政友会が〕願くば弐百弐拾台にして絶対多数党たらざるを望む。一党の絶対多数は天下に害毒を流すの虞れあるからである。今既に政友会の横暴は事実に於て顕れ居ればなり」（五月一二日条）と記されている。このことからも明らかなように、安川は「横暴」な大政党は国家にとって有害と考えており、確かに山県的な「三党鼎立論」に近かった。また犬養毅に対し、犬養が一九一四年一二月に大隈内閣を、そして一九一七年一月に寺内内閣をして議会解散に至らしめたことに強い不満を表している。(4)このように安川は基本的には、政党もすべからく政府に協力的であるべしと考えていた。

では、安川が山県ら官僚・軍人政治家に従順であったかというと、これも正しくはない。例えば彼は、次のようにも述べている。

政党に国家的経綸なく、単に党略を以て動いて居るにした所で、政府にも根本的方針なく、ありとするも之を国民に徹底せしめず、単に政権を維持する為に努力して居ると見える様では、政府も政党も五十歩百歩である。挙国一致といふ旗幟に服従しない政党が悪いか、此旗幟を翻して真に政党及び全国民の信用を得るやうに仕向けない政府が悪いか、これは一概に論断することは出来ないのである。政府は政府者の政府ではなく、陛下の政府、国民の政府である。国民を啓発し、指導し、統御して行かなければ、其天職は全うし難いのである。そこで国民を指導するとか統御するとかいふても、国民の間にも輿論があり主張があり、之を無視して政府者二三の意見で押し通さうとするのは不可能である。所謂官僚式の弊害は此辺に在るのである。指導するにも統御するにも、民意を尊重し国民を大切にするといふ根本的信念がなくてはならぬ。(5)

この「民意を尊重し国民を大切にする」という表現は、後述するように徐々に「国民生活」を政治の目的にするという表現に変わっていく。

次に、政党政治家と安川の関係をみてみよう。安川と原敬の関係は、山県よりはもう少し古い。その仲介者は福岡県選出政友会代議士野田卯太郎であった。一九一六年四月二六日原は安川が創立した明治専門学校で講演を行い安川邸に宿泊している。また、前述したように、安川は男爵を授けられるが、その斡旋、説得をしたのも原敬であった。もう少し詳しくみてみたい。

『原敬日記』一九一八年四月二二日条に「〔原敬から寺内正毅首相に〕貴族院議員候補者に付、安川敬一郎（是は地方にて希望）、犬塚勝太郎、高橋琢也を推挙せり、安川の事に付ては寺内は多少中立議員の世話を望む由にて、益田孝をして内談せしむる考ありと云へり」という記述があり、また『安川敬一郎日記』の一九一九年七月九日条には「午後五時下野田大塊〔卯太郎〕を訪ふ。貴院の件、原に図りしに他に考慮ありとの意を伝ふ」、さらに翌日条には安川が原へ直接「貴院要望の旨意を陳」べたという記述がある。これらから推測すると、安川は勅選議員となることを強く希望しており、福岡県政友会支部もそれを原敬総裁に要望し、当初は原もそれを寺内首相に取り次いだが、原内閣となってからは原には「他に考慮」があったため、結局見送られることになったようである。そして、この「他に考慮」こそ安川に男爵位を与えることであった。

『原敬日記』によれば、山川健次郎東京帝国大学総長や中橋徳五郎文相から原首相に対し、明治専門学校設立十年の功績によって爵位を授けるよう要望があり（一九一九年五月一八日条）、それを受け原はさらに鉱山業などの面でも安川が国家に貢献したことを理由に含めて宮内省と交渉を始め、元老たちの了解も得て一九二〇年一月一二日に御沙汰があったという。

しかし、安川自身は爵位を希望していなかった。「人には各抱持する所の思想あり、此思想を破壊し去らる、如きは断じて不可也。又余甘受し能はざる点な」（『安川敬一郎日記』一九一九年七月一〇日条）りと当初は固辞した。しかし、最終的には「既に宮内部及元老連総てが一の異論者なく此際峻拒せらる、に於ては事実困憊の事となる。実は前以て御知らせするべきでありしが、貴下の固辞せらるべきを思ひ今日に至れるなり」（同、一九二〇年一月一一日条）と原に説得された。原敬は、自らは爵位を峻拒し、また山県が授爵を利用して人心を収攬していると強く非難したが、じつは彼自身も山県と同じような人心掌握法を試みていたのである。

安川と国民党犬養毅の関係はさらに古い。また、古島一雄とも頻繁に連絡を取っていた。安川は東京へ上京するたびに交詢社に立ち寄り、益田孝・団琢磨・朝吹英二・高橋義雄ら三井系、あるいは荘田平五郎・仙石貢ら三菱系財界人と接触している。そして、この周辺に犬養・古島も存在しており、安川はしばしば資金援助をしていた。例えば、一九二〇年三月二〇日付和田維四郎宛安川敬一郎書簡には次のようにある。

昨日福岡より帰宅候所木堂翁より去る十四日付之来翰有之、今回の撰挙に関しては不充分ながら客臘売却したる邸宅代を以て之に引宛て、此処にて雲烟と化し去り本来空の覚悟は極めしも、小撰挙制の為め古島は頗る苦戦に陥り自分も非常に心配し居るも、小生に対しては毎度の事として申兼る次第ではあるが、少々援助して呉れぬかとの依頼なり。木堂翁の苦衷は想察するに余りあり。とはいへ右様に関しては去る一月上京中、卒度御耳を煩はし置候意思の発動は各政党員の論議する所兎角真面目ならず。即ち普撰問題の如き国民教育程度の進境を図るを度外に置き、権利平等の一扁に傾き候抔愚見の首肯し能はざる所に有之、実は小子一昨年事業界引退後は多少政界に意なきにもあらざりしも、近年の趨勢を熟察すれは到底我々如き□後れの老生として、革新も改良も企及し得べきものにあらすと心機更に一転茲に断念致候。されば翁の今に対しては頗る冷酷之感は有之候得共、御断り致の外無之候。但古島氏は最初故山際氏(6)よりの懇情に応じたのが例となり、他より見て殆ど義務に均しき観と変化し候成行にて無下に拒絶するにも忍び難く、今日之事とて何の端くれにもなり申間敷も五阡円にても無きには勝るとならば贈り可申、貴意を待ち東京支店にて便利相付候様可申遣候。(7)

このように安川と犬養・古島の関係は、安川が金銭的援助を与え、[8]代償として安川の意見に同調するよう求めるというものであったが、両者の政策的懸隔は大きかった。ただし、安川は代償として何らかの具体的な地方利益を求めるということはなかったようである。最後に加藤高明との関係であるが、彼とは深い関係があった形跡はなく、二十一ヵ条要求に代表される加藤外交を批判しているが、憲政会が主張する通貨収縮論には賛成であり、政治家加藤に対する批判も見られない。

以上のように、安川には資金を提供する代償として、国家的立場から各党首に向かって自らの主張を訴えることが多かった。逆に、政党の側からは資金提供とともに、別の意味の援助を求めて安川にアプローチすることがあった。特に興味深いのは、有馬学氏が指摘した点である。[9]すなわち、一九一五年の段階で内田良平が安川を中心として二大政党の間に中間団体を設立しようと目論んでいたという事実である。他にも一九二〇年一二月一〇日の「安川敬一郎日記」に、中野正剛が「政会〔界〕少しく動揺の兆あり。非政友合同問題の如き今回は或は小異を捨てゝ大同に就く機運ともならむ」と同じようなことを仄めかした記述がある。すなわち、山県有朋が吏党系の第三党の構成員として安川を勧誘したのに対し、内田・中野らは彼を利用して純民間の中間政党を樹立しようとしていたのであった。

改めて安川の政界における位置の特徴を列挙してみよう。第一は、資金力があったことである。政治集団をまとめるためには政治資金が必要なことは言うまでもないが、特に、第一次世界大戦中に安川が得た利益は莫大なものであった。第二には、国際経済に精通し識見、アイデアに富んでいるというメリットである。第三に、山県有朋から犬養毅まで政界有力者と幅広い交流をもっていたことである。そして、第四に、いずれの陣営からも政界再編の起爆剤として期待されていたことである。

では、安川自身はどのように考えていたのか。彼が政治工作に積極的に関わった例として、一九一八年九月の寺内内閣後継としての西園寺公望内閣樹立工作があった。以下、その経緯を簡単に見ておく。この頃、寺内正毅首相の病状は思わしくなく、米騒動もあって退陣は決定的となっていた。「安川敬一郎日記」から関連記事を拾ってみる。

九月　二日　野田卯太郎を訪ひ、内閣交迭（ママ）近にあらん、後継閣〔内〕の政友会たるは疑の余地なし、然れば此際今一回西園寺侯を擁するに非ずんば、強固なる内閣の組織困難なるべきを説く

九月　五日　犬養毅来訪、時事を談ず。彼も又西園寺内閣を主張する、我に同じ

九月　九日　寺内総理を官邸に訪ひ、不躾に内閣辞意の意をたしかめ、後継之西園寺侯ならざる可らざるを陳ぶ。同意なるもの、如し。余は原敬及山県公に直言せんの意を決す

九月一二日　原氏腰越別邸を訪ふ。余は真摯率直に説いて曰く、〔中略〕純理として貴下推薦之実現せんか、俗社会の陋態は独り或る潜勢力に止まらず貴族院及枢府又は海陸軍の如き下院多数の実力も之に加ふる能はざることなきが、是等は総て憲法によつて打破する事敢て難事にあらざるべきも、近き未来に生ずべき欧乱平和会は正に我邦の一大危機即ち皇国大発展の興廃にか、るべき関係なれば、此際内争を事として各国をして我が釁を窺知せしむることは国家百千年の損失ならん。故に今一回西園侯をして起たしめ、他之各部面をして隙に乗ぜしむるの余地なからしむるを得策とす。〔中略〕余が専門とする事業は今や専ら支那に注視しつ、あり。我が東洋の国勢を伸張し欧米に拮梗〔抗〕するの大計を立つる事は支那を開発し我が盟約之薬籠中に包容せざるべからず。決して一個敬一〔郎〕が彼国に対する便宜を得んが為めのみにあらず。〔原邸を辞し、益田孝邸を訪問、二人で隣の山県邸に行く。安川は山県に対し〕内閣継承問題の些も国論の紛糾を来すべき虞なきを慮らざる可らず、されば挙国一致内閣に如くはなし、〔中略〕此際は各党中比較的多数党なる政友会を率ひて西園寺侯を煩はざる（さ脱カ）

可らず、同侯が為国家憤起せらる丶とせば、純政友会を以て組織せらるべきか、将た異分子を参加せしめらる丶歟、唯侯の意に一任せざる可からず

九月一三日　〔山本達雄を訪問、山本曰く〕国家重大及公〔西園寺〕ならずんばとの局に際しては、亦必ずしも冷却したりとは信ぜず。唯、侯が起否は原氏方寸によつて決すべし、同氏にして侯を煩はすの外なきを誠意を以て説かば必ずしも拒絶せられざるべきも、原氏は自ら期する所あるを信じ至誠の勧説せざる可きを如何せん

九月一四日　野田卯太郎を訪ひ、〔略〕未来の大成を期するには余之意見に若くものなし、尚十分考慮せられん事を望む

おそらくこの西園寺内閣論は、山県・益田孝・安川の間で以前から検討されていたようである。そして、実際に九月二一日には山県の推薦で西園寺に大命が降下した。しかし、結局、西園寺は辞退し原に大命が下ったことは周知の如くである。

じつは、これが安川が政治工作に関わった唯一の例であった。このことは逆に言えば、彼自身は周囲の期待とは異なり、政界に風波を立てること自体を嫌い安定的な政治運営を望んでいたことを意味している。そして、この唯一の例外にしても、原敬政党内閣が他の政治機関を「憲法によつて打破する事」に反対し、「近き未来に生ずべき欧乱平和会は正に我邦の一大危機即ち皇国大発展の興廃にか丶るべき関係なれば、此際内争を事として各国をして我が釁を窺知せしむることは国家百千年の損失ならん」との意から、やはり挙国一致内閣による安定した政治運営をめざしたものであった。

以上から、安川は確かに政府に従順で政争を嫌うという従来の全国的企業家の特徴を継承していた。しかし、政策

的には「政府も政党も五十歩百歩である。挙国一致といふ旗幟に服従しない政党が悪いか、此旗幟を翻して真に政党及び全国民の信用を得るやうに仕向けない政府が悪いか」という表現のように、官僚政治家とも政党政治家とも異なる独自の主張を有しており、それを積極的に展開しようとする強い意志も持っていた。これこそが、これまでの全国的企業家議員と決定的に異なっている点であった。

二 労働問題と普選問題

ここでは、第一次世界大戦後の時期に彼が最も関心を払った問題、すなわち労働問題と普選問題をどのように論じていたのかを見ておく。

大戦中の急激な物価騰貴、ロシア革命、そして一九二〇（大正九）・二一年の労働争議の急増は、確かに日本でも共産主義革命を予感させ、多くの識者に労働・社会・福祉各方面での抜本的な改革の必要性を感じさせた。安川にしても傘下の企業で同盟罷業が起こり、この問題とは正面から向き合わねばならなかった。これに関しては佐藤正志氏の研究がある。(10) 以下、それを参考にして安川の主張を紹介しよう。

安川の発想の基本は、資本家側も労働者側もともに、権利と義務の観念を持たなければならないというものであった。まず労働者側について言えば「労働組合を組織することは、労働者が自由の個人と認めらる、以上当然の事である」と明快に労働組合設置を是認する一方で「労働者に組合を組織せしめ、此組合を形作る労働者人々の胸中に権利の観念に伴ふ義務の観念を抱かしめ」るようにすべきであると主張する。では、その義務とは何かと言えば、生産性の向上に寄与することであった。「国内に国民生活を確保するには、国外に経済発展の活路を見出して、国際競争に後れを取ら[11]」ないようにしなければならないが、そのためにも生産性向上は欠かせないものであったからである。この意味から八時間労働制限・女子就業制限も、日本の実情から見て単純に適用することには反対であった。

この主張の背景には、彼の厳しい労働者観があった。彼がこれまで接してきた炭坑労働者は「僅か一個年内に甲乙丙の炭坑を流れ歩く者が甚だ多い。殆んど半数の坑夫は浪々として定めなき移動者」であり、「事業経営者との了解も出来ず、又労働者の能率も発揮せられず、事業家は労働者に同情しようとしても其方法に困る」状態であったという。この観点から、事実上彼は労働組合設立には反対であった。「安川敬一郎日記」一九一九年九月五日条には、次のような興味深い記述がある。

渋沢〔栄一〕男を事務所に訪ふ。待つ事一時間五時前来らる。談労働問題に及び新聞に発表せらる男の意見に反対を縷述す。男はいふ、自分が労働問題に干与したるは大正三カ年にして、友愛会の顧問として鈴木文治にも聊か後援者となれり、今日協調会の設立に与りしも寧労働組合を公認し資労の間をして円滑ならしめむとの意に外ならず云々。余は之を駁して曰く、貴説は理想としては一言之に反する事なし、されども今日労務者側の知識の低級なる到底真正に権利義務を解し得る者殆どなし、為めに他動的煽動を受け狂人走れば不狂人も走るの類に過ぎず、其実歴は昨年米価騒擾に於ける挙動の滑稽なりしに徴して明なり、暫く教練と習慣とを改めしむるは資本家の力に倚るの外なし、今日のまゝにて組合公認とならば自覚なき労務者は利益分配の権利等の好餌を以て勧誘に具める組合に応ずる者を簇生すべし〔下略〕

労働者が「教練」を積み「習慣」を改めることが、何よりも先決だったのである。

そこで、資本家側も「資本を運用して得たる利益は悉皆事業家の所得となるから、之を浪費しやうが贅沢三昧に遣はうが、勝手次第である」という搾取的態度を捨て、労働者と平等の立場に立って「労資の協調」を図りつつも、実際上は資本家が労働者を「指導」「訓育」する必要＝義務があるという。それはまた「労働者間の文化運動に好意的援助を与える」というように生活全般に亘るものでもあった。具体的に労働者の「弊習」を矯めるため「労働者の自治に一任し難き点」を挙げれば、衛生上の設備（住宅の改良、食物衛生の管理、医療機関の充実）、教育・娯楽の設備（少年への義務教育、青年団活動、スポーツ等の健全娯楽奨励）、家計支出の低減（米廉売所の設置、日用必需品の廉価供給）、勤務規律の奨励、累進的給与制度の導入、貯蓄の奨励、共済組合の設立、保険制度の充実などである、と安川は主張する。

そして、実際に彼はこの方法を傘下の企業に実施し相応の成功を収めた。一九一九年一〇月設立の信和会がそれである。同会の目的は労資の意思疎通、福利増進であり、社長以下坑夫名簿に登録された全坑夫までを構成員とし、末端には職場における問題を解決する委員会が設置され、その中には坑夫百名に一名の割で坑夫自身の手で選出される坑夫委員も含まれた。また、日常生活全般の面倒を見る世話役も坑夫集団の指導者層の中から任命された。そして、「之をたとへて見れば丁度一家内の様なものであります。親子兄弟の縁に繋がるからには一家睦じく愉快に暮したいと思ふ」[12]と、家族主義イデオロギーによって全体を覆うのであった。

以上のように、安川の主張は労働組合の存在自体は認め、かつ炭坑夫たちに信和会委員の選出権を認めるなど、自ら「社会主義を了解した社会政策」と称したように「先駆的・開明的」であった一方、現実においては労働組合設立を阻止するために信和会を創設し、実情に合わない労働制限には反対するなど、資本家が主導する「労資協調」路線であったといえよう。

では、一体このような本音と建て前の相違は何に由来するのであろうか。ここでこれ以上深くは触れないが、中野正剛の存在が重要であると思われる。安川と中野は親しく、安川の名前で書かれた著述には中野が執筆したものが含まれていることはすでに明らかになっている。[13] 安川が労働問題について集中的に論文（「社会問題と税制問題生活問題卑見」一九一九年八月一五日述、「労働問題管見」一九一九年九月一日記）を書いていた一九一九年八・九月頃、中野はパリベルサイユ会議から帰国して改造同盟を結成（一九一九年八月一八日）し、さかんに普選論や労働組合公認論を主張していた。中野がこの労働問題に関する論文を執筆した形跡は見られないが、従来からの両者の関係から中野が安川に影響を与えていたであろうことは予想される。おそらく、安川は中野を通して社会主義理論や世界情勢を理解し、その上で自らの経験を重ね合わせて論文を執筆した（させた）ものと思われる。

次に、彼の普選反対論を見てみたい。結論から言えば、その立論の仕方や論拠などは労働問題の場合と酷似していた。まず、彼は、普選の制度そのものは「自分は立憲政治を布きながら普通選挙を否認するといふ理由は成り立たぬと思ふ。学者の立論する所、政治家の絶叫する所、一般国民が之に動かさるゝは当然であつて、如何なる為政家も遂に之に反対することは出来まい。〔中略〕普通選挙が議院政治の当然の帰結であることは、恰も王政維新の後に廃藩置県が伴つたやうなものである」と肯定する。特に、納税要件による差別は反対であった。しかし、ここでも有権者には権利に伴う義務が生じると論じる。

普通選挙を唱ふる人々の中には、唯一図に国内に於て階級間の反感を発揮し、現状打破を絶叫するばかりで如何なる根本政策を樹立し、以て海外列国に対応せんかに思ひ到らざる者が多いのは遺憾千万である。〔中略〕普通選挙を要求するなら、これによりて国民一般に権利を行使するに伴ふ責任あるを了解せしめ、内に整頓せられたる国民の力を協せて、外に国是を開拓するといふ主願でなくてはならぬ。〔中略〕国際競争は決して帝王の野心や、軍閥の功名心から生まれるものでない。国民相互の経済的競争の結果である[14]

しかし、今の状態は国民の教育程度、政治的自覚が低く義務感が薄いため、全面的な普選の実施は時期尚早であると安川は主張する。例えば、一九二五年三月六日彼が貴族院議員として本会議で唯一発言した場面から紹介しよう。国民の政治能力が上がったから普選案を提出したという政府の説明に対し、安川は「〔国民の政治能力が〕そこまでに進んだと云ふことの御声明には、余り誇大に過ぎては居ないかと云ふ感を懐くものであります。成程、私も実は下層界のことは数十年来、其社会には大いに親しんだのでありまする。今日に至るも大抵其情況は存じて居りまするが、〔中略〕私から申しまするとと少し誇張に過ぎて居ないかと思ふことを憚りなく申し上げまする」とし、その証拠として選挙場裡における買収の多さを指摘する。(15) 彼によれば、普選よりも「中学以上の教育を無産階級の子弟の上に施し易いやうな制度を立つること」(16) がより重要であった。

それでも政府が普選案を通過させたいというのであれば、次のような条件を付すべきであると安川は言う。第一は、義務教育修了者である。義務教育レベルが適当か否か、あるいは義務教育を修了した者が政治的自覚を持っているか否かという問題もあるが、取り敢えずこれ以外に方法は思いつかない、と彼は述べている。第二は、一定の住居に一年以上（政府案では六か月以上）居住する者という条件である。「一年以上二年以上、段々長く一所に住居すると云ふ者は、余程義務の観念も深し、又産業に於ても全力を尽すだけの一人前以上の働きにもなると云ふ者でありまするが、六箇月以内の移転移動、以上の移動と此一年以内の移動者には殆ど一人前の働きはつけて居ない」というのが論拠であった。前述の厳しい労働者観と同じである。

もっとも、安川が最も嫌ったのは有権者数が四倍になるという事実であった。簡単に言えば、ある程度の選挙権の拡張は致し方ないが、この種の法律は後になって逆戻りすることは不可能であり、もし大拡張して不測の事態が発生した場合は取り返しが付かなくなると考えていたのであった。

以上のように、労働組合や普選に関して、それを歴史の趨勢や国際的経済競争の上から必要であることは原則的に認めながら、実際問題としては時期尚早として否定し、それに替わる何らかの代案を用意して現実的な対応を図ろうという姿勢は、安川に特徴的なものであった。この背景には長年、炭坑労働者を相手に事業を行って培われてきた安川の厳しい労働者観が存在した。彼にとって、このような労働者たちを教育することが先決問題であったのである。

では、次に彼の教育論に目を転じよう。彼はまず、社会のあるべき姿についてこのように述べている。

前途に光明なき人々は決して努力しない。希望は人々をして活躍せしむる所以である。それには勤労し、而して其勤労を永続せしむれば、労働者も平労働者でなく、一歩進んだ地位を得られる。社会的名誉も保たれる。其子は資本家、紳縉等の子と同じ立場から出発して社会に自由競争が営まれるといふ丈けの保障を与ふることが最も肝要である(17)

初等・中等教育を充実させることによって、資本家と労働者階級の風通しをよくし「労働者の子は、資本家の子と同じく教育を受け、修養を積むの余地を与へられ、此等の少年は父兄の職業の如何に拘らず、自ら才能、力量によりて新しき職業を選択し、其職業によりて身を立つるの自由を確保」することができるようになる、と彼は主張する(18)。そして、普選を実施するに際しては教育内容にも踏み込み、「忠孝の大道は普通教育の精神を支配するものである」と「忠孝」「忠君愛国」を基礎にすべきことを主張する。その実現への道を、彼は次のように提案している。

徒らに忠君愛国を鼓吹しても、一向小学児童の頭を動かすことは出来ぬ。彼等の存在する環境は飛行機が飛び、潜航艇が活動する現代である。それに単に古い甲冑着けた時代の教育資料で忠君愛国を説いても、小学児童の感動しないのは当然である。〔中略〕老人が骨折つて唱へて見ても、少年の頭には少しも感じない。今日はどうしても飛行機や自動車と調和の取れる忠君愛国論で子弟を養成せねばならぬ。〔中略〕之を了解して此大勢に応酬すべく国民能力の総動員を主眼として始めて普選の意味が徹底する。単に小学児童のみでなく、一般社会が此等に関する普遍なる智識を備へ、普通選挙によりて国民の生活を内外に按配するといふことが世の風潮となるに及んで、普通選挙論は始めて妙味を発揮するのである。(19)

しかし、初等教育の充実は予算面で非常に困難な状況にあった。当時、初等教育政策を定め教育方針を決めるのは政府の役割であったが、その経費を支出するのは地方自治体であったため、財政状況の苦しい自治体から教員俸給国庫負担要求運動が全国的に展開されていた。しかし、政府としてもそれに応じるだけの余力はなかった。そこで、安川は次のような提案も行っている。「嘗て我国の海軍拡張が絶対に必要なりとせられた時、帝室は内帑を省かせられて製艦の費に当てさせられた。〔中略〕我国の上下は往年製艦費を募つた時の意気に帰りて、教育の作振を実行せねばならぬ」(20)と。

じつは、安川はこのような提案をすでに山県有朋に対して行っていた。「安川家文書」にある「大正九年　進言山県公に上る書」(整理番号G二―二)がそれである。この意見書は安川の意を受けて中野正剛が執筆したもので、一九二〇年九月二五日に安川が山県邸を訪問した際に渡したものと思われる。内容は、現在猖獗を極めている「危険思想」は外からの影響と言うよりも国内に問題があるからであり、解決策としては国民精神の中心たる「忠君愛国」思想を発揮することにある、ただし単なる国体論ではそれを防止することは不可能である、そこでこの際帝室財産(山林、株券)を宮中から離して特別会計とし、その益金を義務教育費補助に充てるべきである、そうすれば国民は皇室からの恩を直接に感じるであろうから、そこで学校で「忠君愛国」教育をすれば効果は高まるだろう、というものであった。この安川提案に対し、山県は「善意を以て余が説を聴取せられた」という(「安川敬一郎日記」九月二五日条)。

おそらく、これを実行するには強い抵抗が存在したであろうが、「社会主義の思想を社会政策の上に活用することが、理想家ならぬ実際家の今日行ふべき経綸である(21)」と考え、自らを「実際家」と規定する安川の真骨頂がここにある。すなわち、以上の安川の議論を振り返れば、当時にあっては「開明的」とは言えず、また普選に反対する論法も、例えば山室建徳「普通選挙法案は、衆議院でどのように論じられたのか[22]」が示したように、他の普選反対論者と比べ決して独自なものでもなかった。彼の本音も、政府提出の普選案によって有権者数が一挙に四倍になるという事実に対する危惧であり、それを緩和するために初等教育制度の充実や「忠君愛国」思想の普及を持ち出していた。この意味で、彼は「保守論[23]」者であったといえよう。

しかし、より重要なことは、安川が山県有朋から中野正剛まで幅広い人脈を持ち、かつ彼らの意見を結集する形でアイデアあふれるユニークな提案を行い、また自らの企業においてではあるが、その実践を試み相応の成功を収めた「実際家」であったということである。それ故に安川の言動は大きな重みを持ち、当時の政界を動かす一つの大きな起爆剤となっていたのであろう。

三　普選法案をめぐって

ここでは、安川の貴族院という場での活動を見る。残念ながら、一九二四年（大正一三）六月にどのような経緯で彼が貴族院男爵議員補欠選挙に当選し、公正会に入会したのかはよく分からない。「阪谷芳郎氏青山宅に来訪、貴族院男爵議員互選に勧誘せり。余は先頃来多少の考案あり。或は暫時同院に遊ぶの要あらんかと感ぜぬにあらざりし際なり」（「安川敬一郎日記」一九二四年四月一二日条）とあるように、阪谷の勧誘に因るらしい。阪谷は公正会のリーダー的存在であった。

また、「安川家文書」所収の安川敬一郎「貴院選挙に関し黒田男に伝ふべく源一郎に贈る書」（一九二四年七月二〇日、整理番号A八六―一―二六）は、この時期の貴族院を知る上でも興味深いので紹介しよう。これによれば、研究会所属貴族院議員伊集院兼知子爵が安川を訪ね、親和会への協力を要請したという。親和会とは、男爵議員団の中心をなす院内会派公正会（その選挙母体は男爵たちの社交倶楽部である協同会）を脱し、子爵議員団中心の会派である研究会（選挙母体は尚友会）と深い関係を持つ男爵議員たちが一九二二年四月五日に結成した会派である。これに対し、安川は公正会に入会したと答え、その経緯を次のように述べている。

同族の選挙には自主的何物もない。脳中空虚である。それに拘はらず何つも協同会の求に応じたのは同会を賛助するに非ずして、黒田〔長和・旧福岡藩主家分家〕男の懇請に応じたのである。同男の意思に従はねばならぬ係累は一つもあることなし。唯旧藩主に関聯せる続きからして彼男爵の顔立にするのみ。仮りに今後小生が自主的活動の必要ありと感ずる場合ありとせば、自由行動を取るのは無論である。独り同男のみならず、侯爵〔黒田長成・旧福岡藩主家〕の意思にも従はぬ場合もあらむ。是は云ふ迄もなく公事を以て私に殉ずることの出来ぬからである

さらに、彼は公正会の前途について、次のように考えていた。

協同会から分離の親和会には研究会、尚友会が後援するであらう。殊に研究会には大頭株も多く多少の活躍家も加はつて居るべし。公正会の苦戦は想像に難からず。新聞によれば山本達雄氏が中裁するとか。其旨意の物は知るを得ぬが、案外比例云々の文字が見ゆる。多分協同会と親和会とに頭数に案分して無競争選挙をすべしといふ穏和な提案なるべし。現今の所にては多分協同会に多頭であらう。今後移動をすれば男爵議員は終に協同会之独立とも成り得るであらうが、油断すると研尚又は政友会筋の間接応援、結果は反対に多頭を奪取せらるるの惧はないか、余は事情は知らぬが頗る怪しく思ふのである。

結局、次の貴族院有爵者互選選挙が実施された一九二五年七月一〇日の直後に、僅かに残った親和会議員が公正会に入会して対立は解消し、以後男爵間での対立は無くなったという。

こうして、貴族院議員となった安川が最初に迎えた議会は第四九特別議会（一九二四年六月二五日〜同七月一九日）であり、彼は小作調停法案特別委員になっているが、議事録で彼の発言を確認することはできなかった。しかし、次の第五〇通常議会（一九二四年一二月二四日〜一九二五年三月三一日）こそ、普選法案を巡って安川が最も活躍した議会となった。以下、彼の活動を日記等から跡づけよう。

安川の内閣に対する態度そのものは、決して敵対的なものではなかった。護憲三派加藤高明内閣（一九二四年六月一一日成立）が、行政財政整理の実行と「産業上」の観点から長期安定政権となることを期待し、憲政会・政友会の間を斡旋したように、むしろ、協力的でさえあった。[24] したがって、彼の普選反対論は決して単なる政治的な思惑から出たものではなかった。

彼の普選反対工作は、すでに同年一一月から始まっていた。一九二四年一一月二七日付阪谷芳郎宛安川敬一郎書簡[25]には次のようにある。

一夕或宴席の雑話の間に枢府の或人に就て卒早意向を敲きしに、多少の条件位はあるべき予想に反し、無造作に畢竟は通過するであらうと漏された。直に確信は置きませぬが、或は枢府全体の趨勢を洞察せられての事ではないか。曽ては憲政会には独立生計云々あり、他には戸主云々の論もありましたが、今日にては全く鳴を静めて居ります。実は独立の生計は無意味とは申せんが、其の境域は漠然として捕捉に難くはないか、又戸主云々は選挙拡張に対しては無意味で、納税率に制限を置くのと何等択ぶ所なしと存じます。小生は曽てより教育程度に制限を置のが最も適法であらうと存じて居ります。其教育とて政治思想発達期を待つの意味ではありませむ。単に最下層界の劣等部分を選除するの捷径との心得からであります。所謂最下層とは東京で申す立ちん坊の類で、該徒は概して一団を結び親方、小頭抔と号する者の下に統率せられて居るやうであるが、各地を通して決して少数ではあるまいと心得ます。此社会には不安危険の感が伴ふのてあります。

ここに登場する枢密院の「或人」とは、明治専門学校を通して関係のある山川健次郎か、同郷の金子堅太郎と思われる。このように、安川はすでに枢密院での否決が絶望的であることを知り、貴族院での工作に力を入れるようになった。

彼が議会召集を受けて上京したのは一二月一七日であったが、その前の一二月一二日に閣議で普選法案が決定され、同一六日に枢密院に諮詢されていた。一八日に安川は早速阪谷を訪問し否決するよう意見を述べたが、阪谷の反応は「愚見に同感なきにあらざるも、衆院の通過と枢府の可決せしとすれば貴院にて否決するは可ならずとは、枢府連も貴院連も下層界の反抗に畏怖せるの態なるを察知し得べし。余は貴院の新参者にして知人とては僅に指を屈するに過ぎず、阪谷にして奮起の意なき以上如何ともするを能はざるを遺憾とす」（「安川敬一郎日記」同日条）と、やはりここでも否決が無理であることを申し渡された。そこで、安川は小学校卒業修了の他に、一定の住居に六か月以上居住するという政府原案を一年以上と修正することで少しでも新有権者数を減らそうと考え、加藤首相・児玉秀雄（研究会所属）等を説いて廻った。このの後議会は年末休会に入り安川も一度帰郷したが、この間も彼は意見書を草し有力者たちに発送している(26)。

彼が再び上京したのは一九二五年一月二八日であった。この頃はいまだ枢密院にて審議中であったので、安川は山川健次郎や児玉秀雄の紹介で有松英義・平山成信・二上兵治等枢密院関係者を歴訪し政府案への妨害工作を行っている。その枢密院で多くの修正を受けやっと普選法案が衆議院に上程されたのは二月二一日であった。その後はその修正案通りに通そうとする憲政会と、原案に戻そうとする政友会の間で激しい応酬があり、結局、妥協案が衆議院を通過、貴族院に上程されたのは三月四日で、会期もあますところ僅かとなっていた。そして、三月六日に安川が貴族院本会議場で義務教育修了者、一定住所に一年以上居住という二つの条件を付けることを主張したのは前述の通りである。以後、同案は特別委員会の手に移り、安川が直接関係することはできなくなったが[27]、この委員会で安川案に沿って修正が行われた。

ところで、この時期の貴族院には、内閣を瓦解に追い込もうとする政友会小泉策太郎に呼応する政友会系勅選議員（研究会及び交友倶楽部に所属）の存在が知られている。彼らは、普選法案・貴族院改革・予算等の重要問題を捉えて、衆議院案に対する貴族院での大幅な修正、衆議院との両院協議会でも調整不調、政府・憲政会が妥協しても衆議院の政友会は妥協せず、と進めば三派の協調は崩れ内閣総辞職か、解散となるであろうと考えていた。結局、この工作は、元老西園寺公望の要請を受けた研究会の近衛文麿、水野直等によって阻止されたが[28]、じつは安川も最終的には政府との妥協を志向した。

一九二五年三月二〇日頃、研究会は、予算案（鉄道改良建築費、師範学校が論点となっていた）に関して政府と対決すべく貴族院各派に同調するよう申し込んだ。これに対し、公正会そして安川自身も政府案支持を回答した。また、普選法案について貴族院特別委員会は、衆議院案の「貧困の為公私の救恤を受くる者」を「生活の為公私の救助を受け又は扶助を受くる者」（この案であれば「独立の生計を営まざる者」に近くなり欠格者が増加するという[29]）に変更する、一定住居に一年以上居住する等、重要な修正を行おうとしていた。

こうした中、三月二三日に安川は仙石貢（憲政会）鉄道大臣に面会し、仙石から欠格者条項について「貴院にて再考の道なきや」と問われると、「余の貴院之集りなどを思へば修正に対しては愚意も本会議にて具陳せしこともあり、

〔中略〕普選修正案は貴院各派共通のこと、て全くの譲歩は困難ならむ、然し救恤云々の為め能力ある者をして欠格者とすることは各派共に好む所ではあるまい、寧ろ但し書類似の好文字を挿入し教育程度の標準として此限りにあらずとせば両全ではないか、内務省には熟練家もあるべければ貴衆両院交渉会の席にて懇談的に出なば円満なるの道あらむか」と提案している。(30)

そして、翌二四日には一旦予算案で政府と妥協したかに見えた研究会が、最終的に師範学校問題に注文を付けて修正可決したことに対し、安川は仙石に「〔研究会の〕背後の陰謀家に煽揚せられたるべし」と語り、「研究会の変化憎悪すべし」(「安川敬一郎日記」同日条)と記している。ただし、両院協議会で「貧困により生活の為公私の救助を受け又は扶助を受くる者」で折衷的に決着した三月二八日には、安川はすでに帰郷していた。聴力に不自由していた彼は、議会活動に限界を感じていたようである。

おわりに

全国的企業家であり政治家であった安川の特徴は、おおむね次のようになろう。

第一は、政界における幅広いつき合いである。山県有朋から犬養毅まで、あるいは頭山満から中野正剛まで、安川は深い関係を持っていた。その一つの理由は、安川に金銭面でのスポンサーを期待して各方面から接触してきたことであるが、彼自身もイデオロギー的に区別せず相対したことも重要である。この背景には、諸政治集団に跨る福岡県出身者たちの人的ネットワークが存在していた。

第二には、しかしそのような幅広いつき合いの中で、安川は特定の個人に偏するのではなく、中心点を探り出し自らアイデアを練って現実的に対応しようとした。つまり、彼の主張を、折衷的あるいは羊頭狗肉と評価するのではなく、第一級の知識人から世界的思想動向を学びつつ、第一線で活躍する企業家が実際上の経験から得た信念と結びつけて達した結論であった、と捉えるべきであろう。全国的企業家である彼は、各政治勢力の協調の上に立つ政権が経済的国際競争に資するため、安定的かつ積極的に国策を遂行することを期待したのであり、その政治活動に華々しさは無い。また、「忠君愛国」思想を強調し親米的姿勢を取ったのも[31]、当時の企業家の中にあっては特に目立った訳でもない。しかし、優れた「実際家」であった彼の言動は独自のものであり、現実の社会を動かす大きな原動力となっていた。ここに彼の最大の特徴があるように思われる。

注

（1）「安川家文書」は北九州市立いのちのたび博物館所蔵。同文書および「安川敬一郎日記」の概要は、「地方都市の都市化と工業化に関する政治史的・行財政史的研究」（二〇〇五～六年度科学研究費基盤研究（C）、代表者有馬学）研究成果報告書、二～四頁参照。「安川敬一郎日記」は、安川敬一郎著、北九州市立自然史・歴史博物館編『安川敬一郎日記』第一～四巻（北九州市立自然史・歴史博物館、二〇〇七～二〇一二年）として翻刻されている。

なお、大正中・後期の日記に頻出する重要人物を列挙すれば、以下の通りである。

財界人　益田孝　室田義文　団琢磨　朝吹英二　野崎広太　高橋義雄　森恪（三井系）　荘田平五郎　仙石貢（三菱系）　渋沢栄一　藤山雷太（東京商業会議所会頭）　平賀義美　河上謹一（住友系・満鉄）　和田維四郎（鉱物学者・貴院議員）　片岡直温（日本生命社長）　井上準之助（横浜正金・日銀頭取）　高木陸郎（盛宣懐顧問）

政治家　山県有朋　寺内正毅　三浦梧楼

官　僚　押川則吉（製鉄所長官）　児玉秀雄（寺内内閣書記官長）　富田勇太郎（大蔵省理財局）　目賀田種太郎（財政官僚・貴院議員）

政党人　犬養毅　古島一雄　中野正剛（国民党）　野田卯太郎　原敬　山本達雄　中橋徳五郎（政友会）　加藤高明（憲政会）

外交官　広田弘毅（通商局第一課長）　林権助（中国公使）　小幡酉吉（政務局長・中国公使）　芳沢謙吉（中国公使館・政務

局長）小村欣一（政務局）栗野慎一郎

その他　頭山満（玄洋社）緒方竹虎（大阪朝日新聞）金子堅太郎（枢密顧問官）山川健次郎（東京帝大総長）

（2）本書第Ⅰ部第三章第二節3「日露戦後の第三党」。

（3）同右。

（4）一九一四年一二月に安川と渋沢栄一は衆議院解散を避けるべく、原敬に大隈内閣との妥協を促している記事が『原敬日記』（復刻、全六巻、原奎一郎編、福村出版、一九八一年）一九一四年一二月条に見られる。そもそも「貴意及木堂氏の発表せる増師反対意見、生亦世界列強の均衡上二個や五個の小問題に齷齪すへきにあらす。国民皆兵主義を以て実力養成に勉むるの急務たるを見る。されとも理論必すしも勢を制する事能はす、之を制する又自ら時を択ふを要す。何をか時といひ勢といふか。増師は積年の問題にして屢国政を同ふせり。彼軍人側の肺腑を穿たは或は必要以外之小事も潜み居るへきにあらすと雖、到底之を制御し抑圧する事は幾内閣を更迭するも不可能ならん。単に理論に拠れは咄々怪事とも評すべしと雖、所謂勢の如何ともし難きものあればなり。故に此際は一歩を譲りて之を成立せしめこれと同時に全国皆兵主義を国是として実力養成を以政策の要務とすべきなり」（一九一四年一一月一七日付古島一雄宛安川敬一郎書簡、「古島一雄関係文書」〈国立国会図書館憲政資料室所蔵〉第一三巻一）とあるように、安川は犬養が二個師団増設に反対したことに不満を持っていた。

また一九一七年一月の解散についても『原敬日記』一九一七年三月六日条に、犬養が不信任案を提出したため安川と犬養が対立していることを和田維四郎が述べている部分がある。その理由として、安川は「余は其際にも成るべく議会の解散を避け、政府と各政党と、穏やかに開襟凝議して、此内外の急務に応ぜんことを希望して居た」（安川敬一郎「総選挙後の時局に対する私見」一九一七年五月一六日、九～一〇頁、「安川家文書」所収）と述べている。

（5）同前「総選挙後の時局に対する私見」、一〇～一一頁。

（6）山際永吾と思われる。鉱山技師であった山際は安川と仕事上で知り合いとなり、特に明治専門学校創立の際には山川健次郎と共に協力している。彼は常磐の入山採炭会社の経営に参画していた。

（7）「古島一雄関係文書」第三四巻二。

（8）安川敬一郎から犬養毅に与えたカネが、国民党に与えたものなのか、犬養個人に与えたものなのかが争点になって裁判となった例もある。一九二二年（大正一一）の珍品十三万円事件がそれである。

（9）有馬学「企業家と地方政治―安川敬一郎の場合―」（前掲注（1）科研報告書所収）、および有馬学編『近代日本の企業家と政治―安川敬一郎とその時代―』（吉川弘文館、二〇〇九年）第一部第三章。
（10）佐藤正志「安川敬一郎の経営理念―労資協調思想の一端―」（『九共経済論集』一七、一九九三年）、「安川・松本財閥における労資協調経営―明治鉱業信和会の成立と機能―」（『広島大学経済論叢』一七―一、一九九三年）。
（11）安川敬一郎「社会問題と税制問題生活問題卑見」一九一九年八月（「安川家文書」所収）、五頁。
（12）前掲注（10）佐藤正志「安川・松本財閥における労資協調経営」、五七頁。
（13）前掲注（9）有馬学「企業家と地方政治」。
（14）安川敬一郎「普通選挙と教育制度刷新の急務」一九二〇年一一月（「安川家文書」所収）、六～八頁。
（15）安川は次のようにも述べている。「選挙に最も貴ぶところのものは、自由意思による投票といふことである。然るに選挙権者自身に政治意識がなくては、投票は結局何者かの意思を承けてやるのであつて、自由意思による投票が有り得る訳がない。買収選挙の愚民政治は要するに此の間隙に乗じて起るのである」（安川敬一郎「普通選挙法案に対する卑見」一九二五年一月〈「安川家文書」所収〉三丁）。この時期に選挙買収事件が増加したことは確かである。この安川の質問に対し若槻礼次郎内相は、従来が制限選挙であったために買収が多かったのであり、普通選挙となればむしろ減少するであろうと答弁している。
（16）前掲注（14）安川敬一郎「普通選挙と教育制度刷新の急務」、一六頁。
（17）安川敬一郎「労働問題管見」一九一九年九月一日（「安川家文書」所収）、二八～二九頁。
（18）安川が自分の子供たちに対しても厳しい教育方針をとったことは前掲注（10）佐藤正志「安川・松本財閥における労資協調経営」でも触れられている。
（19）前掲注（14）安川敬一郎「普通選挙と教育制度刷新の急務」、一〇～一三頁。
（20）同前、一八頁。
（21）前掲注（11）安川敬一郎「社会問題と税制問題生活問題卑見」、一二頁。
（22）有馬学・三谷博編『近代日本の政治構造』（吉川弘文館、一九九三年）所収。
（23）前掲注（15）安川敬一郎「普通選挙法案に対する卑見」、七丁。
（24）「安川敬一郎日記」によれば、安川は護憲三派内閣が大臣の椅子を巡って分裂することを心配し、まず一九二四年六月五日に仙石貢（憲政会）を訪問し、政党が「各々自重隠忍交譲の衷情に出でなければ他に乗ぜらるゝの惧絶無とは云ひ難し、況や政友会総裁高橋氏は真面目にして冷熱度を失するなしとは云ひ得べきも、犬養氏の加藤に於ける多舌は時としては甚しき直角あり、加藤氏も亦清濁併呑の雅量には乏しき傾向なきにあらず、此間の調節は偏に君の参劃度を失せざらむことを乞ふのである、願くば二年三年の寿命を保ち得る内閣ならでは産業上心を安心するを得ず」と述べ、その足で野田卯太郎（政友会）を訪問し同様の注意を与え両党間を斡旋しようとした。さらに六月八日には仙石、続いて野田が安川邸を訪問した。その時の模様は「予期の会合にはあらず。仙石氏は昨日加藤子に面会、余が政友側野田氏との会談の好意謝せりと伝ふと同時に、革新倶楽部の一脚に就ては子にも多少杞憂を懐ける事とて来れるなり。涙談三四分にして野田氏と会談せしめ頗る長談、十一時に垂んとせり」というものであった。

(25) 国立国会図書館憲政資料室所蔵「阪谷芳郎関係文書」所収。

(26) それが前掲注(15)安川敬一郎「普通選挙法案に対する卑見」である。但し、この案中には選挙人資格として一、義務教育修了、二、直接国税三円以上、三、兵役義務終了のいずれかを満たす者とあり、一定住居一年以上居住という条件は「筋道の通暁し難き点」（一九二五年一月一九日付阪谷芳郎宛安川敬一郎書簡、「阪谷芳郎関係文書」〈前掲注(25)〉）があり撤回されているが、後述するようにこの条件は復活することになる。なお、この意見書の下書き執筆者は緒方竹虎と思われる（「安川敬一郎日記」一九二五年一月一六日条）。

(27) 安川は頭山満らの普選反対運動に資金を提供していたようである。これについては、「床次を私邸に訪ふ。普選に関し頭山等が普選反対運動会に就ての懇談を受く」（一九二五年二月一〇日）、「小幡虎太郎来談、普選防止問題に対する運動費に関す。蓋し頭山へ談合の結果ならむ。諾を与ふ」（二月一一日）、「午前九時頭山往訪、普選に関し注意する所あり。大木（遠吉・研究会）伯に直談及花井卓蔵の如きは内田良平位をして説かしめるの要あるべきを告ぐ」（三月九日）等の記事が「安川敬一郎日記」に見られる。

(28) 松尾尊兊『普通選挙制度成立史の研究』（岩波書店、一九八九年）Ⅲ「普通選挙法の成立過程」、四「普通選挙法の成立」参照。

(29) 同前書参照。なお、「恤」（あわれむ）では親が子供を養うことが入らず、公私の「施設」による救助を受ける者となるという（同書、三二二頁）。

(30) この案は、両院協議会で貴族院側から提案されている。同前書、三一五〜三一六頁。

(31) 前掲注(1)科研報告書収載の季武嘉也「寺内・原内閣期の安川敬一郎—史料紹介を中心に—」参照。

第七章　中田儀直にみる昭和戦前期秋田県の地方政治

はじめに

中田儀直《ぎちょく》は、一八八九年（明治二二）秋田県北秋田郡大館町に中田友之助の次男として生れた。中田家は元士族身分であったが、維新後に友之助が金融業を始め、それが成功して大館では有数な名家の一つとなった。儀直はそんな家庭の中で大館中学校（現・秋田県立大館鳳鳴高等学校）を優秀な成績で卒業し、地方では充分な教育を受けた町の若きエリートの道を歩み始めた。そして、青年儀直の持つ純粋さ、バイタリティ、向上心は、理論よりも行動が先行する性癖とともに、政友会系の町会議員、県会議員、衆議院議員となっても継承された。本章は、そのような地方政治家中田儀直の選挙活動を中心に、昭和戦前期の秋田県北秋田郡の政治状況を俯瞰しようとするものである。

まず、主人公中田儀直の簡単な経歴をみてみよう。

一九一〇年（明治四三）　一一月　一年志願兵終末試験合格、のち陸軍砲兵軍曹として除隊
一九一二年（明治四五）　三月　大館町役場書記
一九一三年（大正　二）　一月　陸軍砲兵少尉
　　　　　　　　　　　　二月　大館読書会創立に参加

一九一七年（大正　六）　六月　二八歳で町会議員に当選、以後四年ごとの町会議員選挙に連続して当選
一九一八年（大正　七）　一二月　従兄平塚来吉とともに、大館製作所（鉄道省の指定を受け主として鉄道の信号保安装置を製作）を創立
一九二〇年（大正　九）　三月　大館に秋田木堂会を創立
一九二六年（大正一五）　六月　北秋田郡聯合青年団長
一九二七年（昭和　二）　三月　帝国在郷軍人会大館分会長
　　　　　　　　　　　　九月　秋田県会議員に当選、以後政友会に所属し一九三一、一九三五年も当選
一九三一年（昭和　六）　三月　秋田県体育協会北秋田郡支部長
一九三二年（昭和　七）　四月　北秋田郡政友倶楽部を創立、副会長に就任
一九三五年（昭和一〇）　九月　北秋田郡政友会支部幹事長
　　　　　　　　　　　　一二月　秋田県政友会支部幹事長
一九三六年（昭和一一）　二月　総選挙に立候補し一票差で当選するが、のち当選無効
　　　　　　　　　　　　一二月　秋田県政友会支部長
一九三七年（昭和一二）　四月　総選挙で当選
　　　　　　　　　　　　同月　秋田県鉄工機械器具工業協同組合理事長
一九四一年（昭和一六）　一月　東亜聯盟促進議員聯盟の一員として中国を訪問
一九四二年（昭和一七）　二月　大館町長
　　　　　　　　　　　　四月　翼賛選挙で落選

九月　大政翼賛会秋田県事務局長
一九四六年（昭和二一）　一二月　公職追放、以後主として実業家の道を歩みながら、代議士石田博英を後援
一九五七年（昭和五〇）　六月　逝去

以上にみられるように、バイタリティ溢れる地方政治家の経歴は非常に多彩である。本章の主眼は、中田においてこれらの相互関係、特に政党と地方の諸団体の関係を通して昭和戦前期の地方政治の実態、そして政党の態様を探ろうとするものである。

一　中田儀直の行動半径

本節では、中田がどのような政治的社会的活動を行っていたのか、を探っていく。もちろん、彼は北秋田郡の政友会勢力の中心人物として行動していたが、単に政党人としてだけに終始したのではない。これからみるように、彼は様々な団体と関係していたのであり、そしてそれらは当然のことながら政党活動とも関連を持っていた。そこで、ここでは中田儀直という個人に焦点を当て、その全体像を明らかにしたい。

1　秋田木堂会

金儲けは我が目的に有らず。我が目的は如何にかして社会の功献を為さんにあり。〔略〕大館は未だ眠むれり、眠むれり。然して覚めずして、黄金万能の悪気を呼吸しつつあるなり。利己の毒液を飲用しつつあるなり。虚栄の為めに動くは多くして真に大館の為めとて動くはまれなり、否、有らざるなり。〔略〕革命は青年の務なり。

警鐘を撞くは青年の努なり。起たんいざ。(1)

これは、大館中学時代に中田が書いた文章の一部であるが、ここでも分かる通り中田は社会改革に燃え、「革命」を起こそうとするほどのエネルギーをもった人物であった。そんな彼が理想とした人物が木堂犬養毅であった。犬養は一八八三年『秋田日報』主筆として秋田に来て以来、県内に多くの支持者を獲得したが、その中の一人に中田の叔父で大館在住の平塚鉄治がいた。中田もこの叔父から感化を受けており、早くから犬養に強い尊敬の念を持っていた。そして、彼ら犬養を尊敬する人間たちによって一九二〇年三月二五日に結成されたのが、阿部亀五郎を中心とした秋田木堂会であり、中田も当然それに参加した。次の史料は、その時の趣意および会則である。

秋田木堂会趣意

之を仰げば弥々高きは吾が木堂先生の風格なる哉。先生政界に馳騁すること幾んど五十年。溷濁を極めし雰囲気中に在りて些かも点染を受けず、恰も一茎の荷花泥中を擢んで丶芳香を放つに似たり。山林泉石の間に悠遊して独りを潔うすること或は難からず。俗寰に在りて清節を完うするは難中の難たり。先生東西を曠うするの識見と憂国愛民の赤誠を有して高風清義国士の模範を以て推さる。先生の如きは真に千百年にして僅に一人を得たる偉人と謂ふべし。

時代を同うして親しく教を先生に俟つを得るもの何の光栄か之に若かん。即ち生等胥議り永く先生の徳風を慕ひ感化を仰がんとし、茲に秋田木堂会を組織す。志を同うするの士奮つて来り会せよ。

大正九年三月廿五日　　発起人

会規

一、本会を秋田木堂会と称す。

一、本会々員は政党政派の如何を問はず木堂先生の人格を景仰する同志を以て組織す。
一、本会は毎年一回総会を開く。
一、本会は当分本部を大館町に置く。
一、本会に幹事若干名を置く。
一、本会の維持費は会員の寄附に由る。(2)

残念ながら会員名簿が無いのでメンバーを確定することはできないが、この会について書かれた戦後の『北鹿新聞』の記事によれば、会員は次のようであったという。

田中磯松、金谷嘉一、野口久兵衛、石田吉松、阿部雄之助、阿部弥太郎、伊藤恒治、虻川竹治、加賀豊次郎、松原慎一郎、平泉栄吉、畠山又七郎、岩谷憲三、五十嵐貞一郎、武田蘊蔵、武内菊治、竹村憲吾、石井忠恕、田堰武四郎、野口忠八（良太郎）、田中喜久治、山内直治、伊藤弥一郎、中村嘉七、越前谷玄一、前小屋収二郎、石川長吉、富樫丈助、斎藤喜恵、中田儀直、鎌田四郎、小野長治、八代光一、柴田永蔵、伊藤孝次郎、丸谷万吉、斎藤重夫、鷲尾義直、上月吉次、阿部忠一郎、佐藤三郎(3)

同会は「政党政派の如何を問はず」とは言いながらも、その政治的傾向は犬養の中央での行動と連動していた。犬養が第二次護憲運動に立上がれば彼らもそれに呼応し、また犬養が政友会に入党すれば彼らも政友会に傾いていく。そして、中田も含めて会員たちは政治的にも強く団結しており、以後ずっと政治的団体として活動を継続した。

しかし、のちにみるように、これを単に政友会等政党の下部組織と断じてしまうことはできない。木堂会はあくまでも憂国の赤誠を持って国家や社会の改革に燃え、なおかつ人格高潔である犬養を見習おうとする青年たちの修養団体でもあった。第一次護憲運動以後の犬養は、特に青年層に向ってそのようなことを強く主張していた。そして、一九一三年四月一三日、京都において各地の人物たちが集って木堂会を結成した。(4) さらにその後、各地に地名を冠した木堂会が成立していったようで、秋田木堂会もその一つであった。つまり、犬養は国家、社会の改革をめざす若者たちの一つのシンボルであったのである。そして、犬養を理想とする若者たちが同志として政治的に結合し、昭和期では偶々犬養が政友会に入党していたが故に、彼らも政友会を支持した。しばしば指摘されているように、第一次世界大戦後は国家、社会の改造をめざす若者たちが一斉に社会に飛び出し、様々な形の主張を繰り広げていくが、木堂会もその一つに数えることができよう。

2 大館青年会

やがて小野長治に対抗する新たな外町の勢力が出現した。(5) 大館青年会を結成した金谷嘉一、野口久兵衛、田中磯松、虻川竹治といった大中〔大館中学校〕の卒業生が核になっていた。阿部亀五郎は小野と姻戚にあったが、大中一期生ということで青年会の旗頭、私〔中田儀直〕は役場の職員だから表面だって運動はできないが、青年会には入っていた。私が町会に出たのは、大正六年、平泉孝作と二人、青年会推薦で出て当選した。(6)

この史料は一九一七(大正六)年に中田が初めて町会議員に当選した時の模様である。大館中学校は一八九八年開校で、中田は第五期生、史料中に登場する人物たちもおおむね彼と同期か、少し上級生たちであった。この会の創立時期、および会員は明確に分らないが、断片的な史料から会員を列挙してみれば、次のようになる。

阿部亀五郎、金谷嘉一、野口久兵衛、田中磯松、虻川竹治、中田儀直、武内喜久三、石川長吉、鳴海兵次郎、山城雄之助、丸谷万之助、平泉栄吉、越前谷玄一、泉重一(7)

青年会は「心と活動の結社である。断じて同志を裏切らない」という誇り、信念を共有すると同時に、「その半面青年らしい客気もあった。毎年町民運動会を主催し、派手なプログラムで全町の人気をあおり、大きな名物化した〔略〕運動会の慰労会は時間無制限の飲み食い放題、芸酌婦総上げ法楽というすさまじさ、まさしく英雄色を好む豪傑酒をたしなむを地で行くの概があった」という。(8) ここには、おそらく現代の我々の同窓会における気安さ、利害関係を抜きにした「同じ釜の飯を食った」的結合と共通する部分が多々あるであろうが、単にそれだけではなく、将来の町のリーダーとなる立場にあったというエリートとしてのプライド、また、自分たちは近代的教育を受けたという古い世代への強烈な対抗意識、この二つがより彼らの団結意識を高めたものと思われる。そして、彼らの目標は、おそらく木堂会を結成したのと同じように、地域社会の改革、人格の修養であったろう。

木堂会が政治的傾向を帯びていったのと同様に、彼らもその傾向を帯び、前引史料のように、中田等を青年会推薦候補として立候補させたり、さらに一九二三年の県会議員選挙では阿部亀五郎を推薦して当選させている。もっとも、その傾向は会員がほとんど木堂会と重複していることでも分る通り、木堂会と共同歩調をとっていた。つまり、両者はその成り立ち、活動内容の点では異なるが、中田等が徐々に両会の幹部となっていくに従って人的構成が近似し、政治的傾向も同じくしたのであった。

ところで、一九三二年九月二三日の『北鹿新聞』に、泉重一大館町青年会長の談話として、次のような記事が掲載された。それは「大館町の中堅青年間に永い間の伝統を誇り一つの政治団体として重きをなしてゐた大館青年会は、一度その実態をさぐると曖昧模糊たるもので、団の行動を統制する確固たる会則といふものもなく、会員の顔触れが誰であるかも判然せず、会員名簿も無いといふ始末で、役員会や総会等の召集も上級幹部が自由裁量の下に適宜にやつてのけるといふ始末」であるので、自分の勇退を機に四十歳以上は勇退し、会則、会員名簿を作り「無批判的な伝統的政治活動を清算して方向一転し、自治体の改革指導機関」としたい、というものであった。そして、実際に翌一九三三年には「大館青年会では沈滞せる会内の空気を一新のため、来る二十二日新進気鋭の新会員を募集し、時代に即した新会則を設け役員の顔触れも一新して陣容を改め、伝統精神を尊重しつヽ会の拡大強化を図り更生を期することに十五日の幹部有志会で申合せした」という。(9) この後の経過は判明しないが、もしこれが実行されたとすれば当時中田も四四歳であったから、結成当時の会員はすべて脱会することになったはずである。

以上のように、古い世代に対抗し地域社会の改革をめざして結成された青年会のその後の活動は、中田らの幹部に支えられ大いに活性化し政治的傾向も帯びたが、その後の世代には彼らのような共通意識が希薄になって会員の補充が困難となり、結局幹部の交代、政治色の払拭という形となったものと推測される。これに替わって新たに北秋田郡の青年層を惹き付けるようになったのが、昭和初期に登場した社会主義の影響を受けた団体であった。大館町では小畑俊男の発行する『秋田日日新聞』、鷹巣町では九島与治郎の『北秋時事新聞』、扇田町では『北鹿朝日新聞』等が発行され、また北鹿青年聯盟、北鹿青年議会、中央部青年聯盟、中央部青年同志会、扇田町青年同志会等の団体が簇生した。ただし、これらも完全に純粋左翼組織の下に系列化されていた訳ではなかった。彼らも、あくまでその根底は大館町青年会と同じく地域社会の改革であり、その一つの方法として社会主義思想に魅力を感じていたのであって、他の方法を全く拒否してはいなかった。実際に彼らは選挙の際には、自分達の考えを代弁してくれる候補者として町田忠治（民政党）や中田儀直（政友会）等既成政党候補を支持した。(10)

また、例えば『北鹿朝日新聞』は本来沼田信一という町田忠治を支持する有力者が社長で、選挙においては完全に民政党の機関紙となるのであるが、中田に対しては彼の大館町青年会や青年団としての行動を評価していたようで、たとえ彼が政友会の党員であっても非常に好意的であった。同紙も青年層による地域社会の改革をめざしていたが故に、出資者である民政党幹部はもちろん応援するが、同時に民政党とは敵対関係にはあるが同様な目的を持った者、それが無産派であっても政友会派であっても、好意的な態度をとる可能性があったのである。このことから、『北鹿朝日新聞』も政治家中田儀直の支持基盤の一つと数えることができよう。

3　在郷軍人会・青年団

一九二七年に中田が県会議員に初当選した時のこととして、『中田儀直』伝は「翁の選挙ほど、直接的支出の少ない選挙はなかったのではないか。それは、翁には青年団及び在郷軍人会という強力な組織の味方があったからである」(11)と書かれている。中田は、大館の分会長にも就任しているように、熱心な在郷軍人会活動家であった。実際に彼の日記(12)を見ても、軍人会関連の記事は多い。本来、在郷軍人会は政治的団体ではなく、また会として政治活動を行うことは認められていなかった。したがって、公式に会として政治活動することは困難であったが、会員が個人として活動することは可能であり、またそれが幹部会員であれば、他の会員へ個人的に政治的な影響を与え、さらに選挙運動に動員することもあり得たであろう。実際に、大正期以降、在郷軍人会組織が徐々に充実するに従って、同会はますます政治色を帯びるようになり、特に在郷軍人会の生みの親である田中義一が政友会総裁となるに及んで、軍人会は政友会色を強めた。

このことは、中田をめぐる人脈関係においてもあてはまる。大館町会では、軍人会の同志である竹村菊雄、山城雄之助、金沢永次郎らが中田の親密な政治的同志であったし、また秋田県政友会についても、佐藤杢之助（政友会県議）が、「翁〔中田〕とは在郷軍人会で旧知の間柄であった。戦前の一時期、在郷軍人が地方政界の牛耳を執ったこともある。花輪の浅利佐助、毛馬内の米田万右衛門、阿仁荒瀬の佐藤時治、富根の山本時宜、工藤盤四郎の兄弟、秋田では小貫太郎、辻永佐藤治、辻兵太郎、由利の佐々木孝一郎、強首の小山田義孝、六郷の湯川岩之輔、横手の片野重脩、湯沢の古関友蔵、伊藤一太郎（仁右衛門）といった錚々たる人物が、みな一年志願を経験した退役将校だった。政党的には主として政友会に集まった(13)」と語っている。

また、青年団（前述の大館青年会とは異なる、いわゆる「官製」の青年団）にも中田は関与しており、やはり日記に関連記事が多い。これについては、一九二七年の中田の最初の県会議員選挙の際の、次の小畑勇二郎（戦後の秋田県知事）の証言を掲げておこう。

当時、早口〔北秋田郡内の村〕の青年団長は郵便局長の五十嵐貞一郎（郡連青副会長）で、翁〔中田〕の崇拝者だった。青年団があげて翁を支持、私は五十嵐の命令で郡連団長である中田の応援演説に歩いた。部落の主だった家を会場に人を集め、全く新人の翁を売り込むため、一緒に演説もした。そのころは早口の村で、百二十、三十票とれれば大成功といわれたが、翁はこの時早口で二百四を得票、他を圧した。戸別訪問も平気だったし、古い人たちは、一票に五十銭、一円と実弾も使った。それを防ぎ、それをくつがえして歩く人海戦術を青年団組織でやれたのが翁の勝因かもしれない(14)。

以上のように、在郷軍人会、青年団組織が中田の支持集団として機能したことは明らかであろう。

4 その他

以上の他にも、日記や新聞記事には中田が関係したいくつかの団体の名称が登場する。しかし、残念ながらその実態は分からなかった。以下、それらの概略である。

大中会………大館中学校の同窓会。先に紹介したように、大館中学校は当時ではこの地域の唯一の中学校であり、地域のリーダーの大半はこの卒業生であった。しかも、中田や彼の同志の木堂会、大館町青年会の有力会員の多くが同校の初期の卒業生であり、おそらくそれ故に同窓会幹部として大きな影響力を持っていたと思われる。そして、実際に新聞報道では、大中会を中田の支持勢力として取扱っている。

大館読書会…一九一三年二月創立で郡立図書館に図書を購入させる目的で創立され、中田も創立当時からの会員であった。同会は、また講演活動も行っており、田中穂積、安部磯雄、大山郁夫、浮田和民等を招致していたという。その会員は大館町の知識人、文化人を網羅していた。(15)(16) ただし、政治活動とはあまり関係が無いようである。

体育関係……中田自身、非常に体力に恵まれ、中学時代から水泳、テニスをしていた。さらに、青年団との関係で青年団運動会にも興味を持っており、それ故に県内に体育を通じての多くの知己がいたという。

横山会………一九二九年一一月三日に、「横山〔助成〕氏と小学校の同級或は親交」のある人たちが創立した会。(17) 横山は一八八四年大館町の格式ある武家の家に生まれ、父親は横山勇喜代議士。助成は秋田中学校に進み、内務省に入省、新官僚の一翼を担った有力官僚であった。そして、この時期には後に触れるが、横山を政友会候補として立候補させる動きが地元にあった。おそらく同会は地元政友会派の一派として機能したと思われる。中田自身が会員であったか否かは不明であるが、彼は横山とは幼年期からの知合いであり、横山擁立工作に深く関与していたので、おそらくこの会とも関係があったものと考えられる。なお、北秋田郡には民政党代議士町田忠治の後援組織である町田会があり、また隣の鹿角郡には台湾総督、司法大臣を勤めた有力官僚川村竹治の後援組織で政友会系の川村会なるものがあった。これらの実態は不明であるが、いわゆる個人後援会組織である可能性が高い。

5　中田の支持母体

以上が中田儀直の行動半径であり、選挙において彼の支持母体として機能していく。これらをまとめれば、次の二つに大別されよう。

第一は、在郷軍人会、青年団など中央の下部組織であるもの。近代日本では、おおむね明治中期頃に、国家―県―郡―町村という形での地方制度が整えられた。そしてそれ以降内務省や軍によって、ここで取上げた在郷軍人会や青年団等がこの行政区画に沿って誕生し発展していく。(18) これらは本来、政治とは無縁な、否むしろ地方行政から政治色、政党色を払拭することを期待されていた。一方、政党も、後にも触れるが、一九〇二年の大選挙区制度採用以降、これらと同じような形で組織を発達させていく。つまり、国家―県―郡―町村という縦糸を拠り所に、軍・官・党（民間）が地方に殺到していったのであった。

中央組織から地域への系列化は、本来その趣旨、目的は異なるはずであったが、これを地域の側からみれば、結局は血縁、学閥等で固められ限定された地域のリーダーの一群がその受け皿となるため、中央からの清流は浸透するにしたがってしばしば混然となり濁流と化す可能性がある。さらに、地域においても、例えば前引の小畑の談話のように、中田は既存勢力である「古い人たち」に対して、青年層の結集を働きかけたが、これら組織はその際の道具としても利用されていた。したがって、中田儀直のような地方政治家はこの意味では受身であるが、それら中央からの奔流の内、どれに重点を置くか、そしてどのように利用するかという点では、かなりの自由度があったと思われる。

第二は、秋田木堂会、大館町青年会、大中会等地域有志の自生的なもの。前述のように、これらは少しずつ周辺のメンバーを変えながらも、その中心にはいつも阿部亀五郎、金谷嘉一、田中磯松、虻川竹治、中田儀直等がいた。これを逆に見れば、一握りの人物たちが自分たちを中心に、自らの持つ資源を可能な限り利用して、いくつもの組織を作り上げている、ということであった。おそらく、地域社会の人的ネットワークはこのような形で形成されていったのであろう。また、彼らは青年層を中心とした地域社会の改革という明確な目的を持っていた。この点で彼らの敵は、大館町のいわば「体制派」の指導者であり、彼らと同様に人的ネットワークを張り巡らし、民政党代議士町田忠治を支持する県会議員沼田信一であった。沼田と町田忠治の関係は、第Ⅰ部第三章第一節「明治後期・大正期の「地域中央結合集団」としての政党」でみたような、中央・地方を結ぶネットワークの一例であり、明治期以来の地方名望家秩序を背景に持っていた。中田らが、地域の改革を旗印に政友会に流れ込んでいったもう一つの理由は、ここにあったように思われる。

前述のように、彼らの組織自体は、政党とは本来関係無いが、彼らの敵が民政党に関与していることと、彼らの意気を鼓舞してくれる犬養が政友会党員であったことが偶然に重なり合ったため、政友会色を帯びたのは自然であったろう。とすれば、地方政治は中田や沼田のような複数の核があり、それを中心に多くの非政党組織も含めた集団が形成され、それらが地域社会の在り方を巡る対立、あるいは彼ら自身の対抗関係の位置によって中央の政党と結合していったと考えられる。もっとも、そのような形成の仕方であるので、彼らの作った集団の周辺部分の人間たちには、中田が中心の集団にも、沼田が中心の集団にも重複して属することがあり、むしろそれが普通であった。

したがって、選挙の際などは、どちらにより凝集力があり、動員できるかが問題となる。また、核であり相互に対抗している人間同士も、しばしば一つの団体を作ったり、血縁関係を結んだりして結合していくこともある。彼らは、同時に地域社会を築いていかなければならない担い手という意識も共有しており、例えば「町ノ福利ヲ念」として「町政ノ運用常ニ公正、円滑」にしなければならず、そのために「中央政治ト地方政治トハ其環境全ク異ナリ、自治体ノ融合和平ハ政党ノ消長ニ依ツテ左右セラルベキノ理毫末モアル可カラズ」(19)というように、政党による対抗を終始警戒する態度をも持ち合わせていた。これを矛盾と解釈しては、彼らを誤解することになる。彼らにしてみれば、このような両面的態度を厳格に維持することによって、はじめて地域社会の発展があり得るのであった。もちろん、このことは地方政治の不安定さを意味する。しかし、この不安定さこそが逆に地域社会のダイナミックスの原動力となり、地域社会の発展につながるともいえるであろう。

二　総選挙と中田儀直

前節では、地方政治家中田の活動範囲をみてきたが、本節では、その彼が所属した各集団が、彼の属する立憲政友会とどのような関係にあったのか、をみていきたい。これを調べる方法としては幾つか考えられるが、ここでは総選挙における動員の実態から見ていく。選挙とは、最終的に自らの政治的立場を鮮明にしなければならない場であり、それが票数という形で数値化されるので、方法としては非常に有効であろう。ただし、中田個人にふれる前に、まず当時のこの地域の一般的な選挙の在り方を確認しておく。

1　政友会地方組織

まず、政友会の地域での活動をみてみよう。一般に、昭和戦前期の中選挙区制度時代では、各候補者は選挙区の中からいくつかの郡を地盤として割当てられる。第Ⅰ部第二章第一節、および第Ⅱ部第三章で述べた大選挙区制度下の「協定選挙区」と同じである。中田の住む大館町は北秋田郡に属するが、政友会も民政党も一九三二年まで同郡に党支部は存在しなかった。通常は、党の郡支部が一体となって機能するのであるが、おそらく北秋田郡は面積も広く有権者も多かったので、郡支部の設置が遅れたのであろう。その代わりに、郡内を四つの「部」に分割し、部単位で演説会等の選挙活動が整然と行われていた。四つの部とは、大館部（中心は大館町）、八郷部（扇田町）、中央部（鷹巣町）、阿仁部であり、それぞれ八つほどの村から構成されていた。このことは郡支部が創設されたのちも、実際の選挙戦では機能していた。

ここで興味深いのは、この部がじつは県会議員選挙の際にも大きな意味を持っていたことである。県会議員選挙は郡がそのまま一つの選挙区になるが、北秋田郡の場合、定数が四ないし五名であった。この中で県議候補者たちは、第一に部内をまとめようとした。投票結果をみていくと、各部には政友会系、民政党系、その他で三つほどの勢力が存在していたようであるが、それら部内の票を完全に一つにまとめれば、郡内の四分の一の地域の票を獲得できるわけであり、最も確実な方法であった。たとえ、完全にまとめ得なくても、ある程度まとめ得ればかなり有利であった。しかし、明治期と異なり、昭和期に入ると郡内の一体性は弱まっており[20]、おそらく郡ほどではないにしろ、部でも同じような傾向があったものと思われる。

そこで、第二に、もし部内の票をまとめられない時は、おなじく票がまとまっていない他の部と連合することによって当選を期そうとした。大館部は有権者数が圧倒的に多かったのでその必要はあまり無かったが、その他の部では当選者を出すためにその必要があった。この連合は当然のことながら取引であり、自分の部の立候補予定者の立候補を見送り他の部の候補者を応援した部は、次回では見返りに自分の部の候補を応援してもらうことが期待できた。そのために、ここでは候補者がしばしば入れ替わる。

したがって、部中心に総選挙が行われたということは、つまり、政党の基本的な単位が郡というよりも、県議候補たちの郡内の地盤であったということであろう。実際に総選挙の候補者が各部で遊説をする際に、それを取り仕切るのは彼ら県議候補者たちであった。このことは、衆議院議員選挙が郡単位での地盤協定の上で戦われていることを考えると、郡内の県議候補者たちを如何にまとめられるか、が総選挙候補者たちの第一の仕事であった。

総選挙候補者は、前節で見たように個人的あるいは公的な組織を通して町内、郡内、そして選挙区内に様々な人的ネットワークを張り、また政党組織を通して割当てられた地盤内の各県議候補者に働きかけ、彼らもまた自分自身の個人的、公的ネットワークを通じて自らの選挙地盤を中心に選挙民に投票を訴える。このことは、敵党候補も同様であった。したがって、これを選挙民側からみれば、特に農村部においては、両方の党からしかも複数のルートを通じて投票依頼があり、そのどちらがより強いかで投票することもあったろう。

2 選挙民への訴え方

次に、彼らはどのような形で選挙民に訴えたのであろうか。

ここで活躍するのが、新聞であった。当時の全国紙は、現在ほど全国紙化しておらず、地方ではやはり地方新聞が圧倒的な影響力を持っていた。ただし、地方紙といっても、県全体をカバーするような地方紙と、もっと小さい地域、せいぜい数郡を発行範囲とする発行部数千部以下の小規模地方紙とに分けられる。県全体をカバーする地方紙を見てみると、多くの県で民政党系と政友会系の二つの新聞が相互に競っていた。それらは自身の支持政党を明らかにし、政治面の取扱い方をみれば、党の機関紙的な意味合いが強い。では、秋田県の場合はといえば、ここでも二大政党に系列化された新聞があるが、発行部数では民政党系の『秋田魁新報』が、政友会系新聞である『秋田時事新聞』および『秋田日日新聞』（政友会総裁犬養に近く、一九三一年には両紙は合併し『秋田旭新聞』となる）を圧倒していた。そして、選挙での獲得票数もおおむね民政党の方が多かった。単純なことではあるが、発行部数と獲得票は正比例の関係にあったのである。このことも、秋田県に限ったことではない。発行部数が伸びれば党勢が伸張し、党勢が伸びれば新聞の発行部数も増加するという関係は、新聞の政治論説面をますます自党寄りのものにしたであろう。したがって、地方紙の政治論説、社説欄は中央の党の主張を敷衍し、堂々と国家規模での政策論（軍事、外交、財政、政治等の重要問題）を論じるものが多かった。

しかし、小規模地方紙の場合は様相が大きく異なってくる。第一次大戦以降、各地でこのような小規模地方紙が発行されるようになった。紙の価格低下、印刷技術の発達によってそれが可能となり、それは地域社会の文化向上、社会そのものの再編成を促す可能性を持っていた。小規模地方紙のめざすところは、地域社会の改革であった。

例えば、一九一八年一〇月八日に大館町で創刊された『北鹿新聞』は、第一次世界大戦後交戦国を中心として「終局と同時に、産業上の革命を促進し世界は是より商工業の一大戦場と化すべきは、最早や、当然の帰結にして何人も疑はざる所なりとす。然り而して是等商工業の発達に関しては政府の施設固より必要なりと雖も、亦国民一般が能く工業立国の基礎を研究して如何に商工業の発達が其の国運の隆盛に重大の関係あるを知悉せざれば、到底能く国家の発展に資する能はざるを看取すべきに非ずや(21)」と述べ、地域社会を如何に「工業立国」という方向に対応させるかを課題としていた。また、発行主体であるが、『北鹿新聞』の場合は町の主だった者（泉茂家、小野長治、沼田信一、阿部亀五郎、中田儀直等）が参加しており「取材の面でも、民政、政友とそれぞれに担当記者をおき、役員も両党から出すなどの配慮もしてきた(22)」といわれるように、政治的には中立であり、実際に紙面上でも党派性は見受けられなかった。

しかし、扇田町で発行された『北鹿朝日新聞』は社長が民政党の沼田信一であり、彼の個人的な新聞という性格が強い。したがって、同紙の紙面では、総選挙では町田忠治、県会議員選挙では虻川新明（八郷部の村長）という民政党系候補の機関紙となっていた。これは筆者の印象でしかないが、これら小規模地方紙では、『北鹿新聞』のような相乗り型よりも、後者のように個人に強く傾いたものが多かったように思われる。すなわち、地域で政治家をめざす人間たちが個人機関紙として発行していたのであろう。それら新聞は、その個人の立場によって当然政友会系、民政党系、無産党系、その他の政治的党派性を持つ。この意味では県レベルの地方紙と同じであるが、しかし県レベルでは「一党一紙」であるが、小規模地方紙では「一人一紙」である所に違いがあった。そして、さらに重要な相違は、選挙の際の選挙民への訴えかけの論理である。例えば、一九三一年九月の県会議員選挙の際、『北鹿朝日新聞』は八郷部出身の民政党候補者虻川新明を応援していたが、九月一九日号には次のような記事が掲載されている。

表面だけは「地盤協定」同志打ちはしないなど、頗る体裁を飾つてゐるが、紙一重の裏からのぞけば、同志もヘチマもあつたものではないとて盛んに割込み運動を起してゐる、一体これはどうしたことだ、政友会も政友会、民政党も民政党、紳士ヅラこそしておれ、これぢア全く田夫野人、泥棒以上の悪党振りだ、〔中略〕これぢア八郷部もウツカリしてゐれば反対派のために地盤攪乱される、そこで扇田町の青年同志会ではこれ等の割込み運動に深甚の注意を払え、何としても「われ等の虻川候補」を当選せしめなければならないとて厳重な警戒をしてゐる

これは、同じ民政党候補によって虻川の地盤の八郷部が侵略されていることを非難した記事であるが、このように、同紙は虻川が民政党候補だから投票して欲しいと言っているのではなく、「われ等」すなわち八郷部の代表としての虻川に投票して欲しいと訴えているのである。「八郷の人間は八郷へ」(23)が彼らのスローガンであった。また、一九三〇年の町田忠治の総選挙において、扇田から同派の選挙違反者が出たが、それは同派内に「裏切り者」がおり、その

人間が告発したために違反が明るみに出て摘発されたものであった。それについて、同紙は「町田派選挙違反摘発者に対する八郷町村民の憤激火の如く熱し今後の商取引は一切断ち切るは勿論、共同生活の破壊者として何等かの方法で致命的制裁を加ふべきであるとの與論おさえきれず(24)」と述べ、選挙と「共同生活」＝地域共同体の維持、を結び付けていた。

この点では『北鹿新聞』も同様であった。後に触れるが、一九三二年二月の総選挙で中田儀直は立候補を希望していたが、中立の同紙も「郷党人から超党派的に殊に地元大館からは山田伊太郎代議士以来三十有余年目で代議士を出せると云ふので張り裂けんばかりの人気で出馬を熱望され(25)」ていると伝え、事実上は地元出身代議士の誕生を強く訴えるような形で報道していた。

以上のように、総選挙でも県会議員選挙でも、これら小規模地方紙は、その地盤内に有力候補がいる場合は特にであるが、党派よりも「人物本位」を主張し、しかも地域の共同性に訴える傾向が強かった。もちろん、昭和期は明治時代と異なり、村落の共同性は薄らいでおり、実際に選挙でも地縁性以外の様々な要素が投票に影響を与えていた。したがって、このような形での訴えには限界があったはずである。しかし、同時にそれに代わるべき有効な方法もまだ弱かった。そして、これは、前節でみた中田の例のように、個人が張り巡らしたネットワークと重なり合う形で機能していたのであった。

とすれば、当時においては、県レベルの地方紙は政党色を優先し政策論を中心に据えるという、いわば「党本位」な活動を行い、他方で小規模地方紙では「人物本位」を主張し地域共同意識に訴えるという二つの論理で、選挙民に働きかけていたといえよう。話は少しずれるが、この二面性は選挙戦における遊説と買収の関係にもあてはまろう。遊説ではやはり正々堂々と敵党に対し政策論で攻撃しながら、他方で買収を通じて地域共同体意識に訴えていたのであった。

もっとも、「党本位」か「人物本位」かという二面性があるのは、必ずしもこの時代、この地域ばかりではない。問題はその両者の関係である。そこで最後に、中田儀直に即し実際の総選挙の場での状況をみてみよう。

3　総選挙の実際

第一六回総選挙（一九二八年二月　当選者、政友会池内広正・鈴木安孝、民政党町田忠治・田中隆三）

この選挙で中田儀直が考えていたのは、横山助成の政友会からの立候補であった。じつは、前回第一五回総選挙で横山は政友本党から立候補したが、当時中田等は犬養毅が先頭に立って起した第二次護憲運動に強く影響され、護憲三派推薦の民政党町田忠治を支持し、町田が当選して横山は落選した。つまり、中田個人は横山との個人的関係と、秋田木堂会、大館町青年会との狭間に立ったが、結局後者を重視したのであった。その後、中田は県会議員となり政友会に入党した。そしてこの第一六回では、政友会、秋田木堂会、大館町青年会、および個人的関係という中田の個人的ネットワークをすべて満たす人物として横山擁立に動いた。ところで、秋田県政友会支部は、与党でもあったので、一区（秋田県は中選挙区制度では二区に分けられ、秋田県北部の秋田市、北秋田郡、南秋田郡、山本郡、鹿角郡、河辺郡が一区であった）では少し強気に三名の擁立を決めた。そして、鈴木安孝（秋田市、県会議長、弁護士）と池内広正（山本郡、県会議員）の公認をまず決め、もう一人を誰にするかが問題となった。この状況について、新聞報道は次のように伝えている。

〔横山自身も立候補の意志はあるのだが〕横山氏の郷地たる北秋田郡においても政友派の幹部どころである成田重太郎県議は鈴木候補の為尽力を公言し、池内候補また扇田の麓〔節〕氏に頼んで侵入頗る急なるため、真に横山氏のために尽力するものは木堂会を中心としその他の政友派同志なるため、目下のところ横山氏には最も不利なる状勢に置かれて居り、且つ鈴木、池内両氏も表面は党の面目上三人説を主張するも、内心は横山氏の出馬をよろこばぬため、これが横山氏の蹶起を躊躇せしむるものがある(26)

実際に横山には立候補の意志があったようであるが、結局以上のような理由によって、中田等の再三の立候補要請にも拘らず立候補しなかった。すなわち、大館の木堂会ら政友会派は横山支持であったが、北秋田郡の他の部の県議たちが難色を示したため立候補できなかったのである。こののち、石川定辰（秋田市、秋田時事新聞社長、木堂会会員）がおそらく木堂会の後援によって立候補する意志を示したらしいが、鈴木安孝等の説得によって断念したため政友会の候補は二名となり、北秋田郡は協定選挙区の取り決めによって鈴木を支持することになり、木堂会も二月五日鈴木支持を決定した(27)。しかし、北秋田郡の政友会の混乱はなかなか収まらなかったようで、投票当日の二月二〇日付の民政党系新聞『秋田魁新報』には「北秋政友派全般の情勢を伺ふに群雄割拠の有様で殆んど連絡がついてをらず、殊に地盤割の協定成立したとは表面のことで鈴木対池内の葛藤は随所に起つてゐる、即ちその代表的なものを挙ぐれば、麓一派の扇田部政友倶楽部は池内との腐れ縁から鈴木氏擁護を潔しとせず、池内氏推薦を声明し公然池内氏のため運動を開始してゐる」と、伝えている。

では、実際の票数はどうであったのか。北秋田郡政友会票の鈴木と池内の配分を見てみると、そのほとんどが鈴木に投票されており、池内は僅かであったが、池内の大部分は、確かに新聞記事にあるように、麓節のいる扇田町に集中していた。この意味では、民政党系の新聞が伝えた報道は当たっていたが、実際にはそれほどの破綻もきたしていない。そして、候補を二名に絞ったことでともに当選することができた。ただし、北秋田郡全体での政友会票は与党であるにもかかわらず少ないようである。その原因は大票田の大館町で鈴木が獲得した票が少なかったことによる。

とすれば、秋田木堂会なども結局は鈴木支持を打ち出したが、横山擁立失敗の影響から組織が充分に機能しなかったのではないかと思われる。さらに、立候補しようとしたが、政友会支部幹部の反対でできなかった石川定辰は、選挙直後に一時的ではあるが、その不満から政友会を脱党している(28)。

第一七回総選挙（一九三〇年二月　当選者、民政党田中隆三・町田忠治・信太儀右衛門、政友会鈴木安孝）

この選挙においても中田は横山擁立に動いたが、結局、横山会、木堂会、北秋田郡政友会、さらには党中央が独自の動きを示し、中田および木堂会は孤立して、彼らの応援した石川定辰は全く及ばず落選した。まず、横山助成は扇田出身で東京の時事新報社取締役である明石徳一郎を政友会候補者として推薦した。その意図は、横山の本拠地大館と扇田のある八郷部を連合させることによって、北秋田郡の票をまとめようとしたことによる。特に、八郷部は民政党が強いので、それを崩す狙いがあった。この横山の動きは政友会中央本部の承認を得ており、さらに北秋田郡中央部の成田重太郎県議もこれを支持していた。これに対し、大館の反応は次のようなものであった。

地理的関係から相拮抗して来れる扇田出身の明石氏の立候補に対しては大館町としては頗る冷淡で、殊に中田〔儀直〕県議の如きは横山氏が立候補せざれば石川定辰氏を援助すると公言したといふので、北秋に於ける石川氏擁立の第一人者たる渡辺忠行は、中田県議は紳士として平素の声明の手前当然石川氏に来るものと信じてをる(29)

また、阿仁部の政友会派県議庄司易五郎も明石には反対であったという。結局、この明石擁立は「中央の天降り的決定にては必ず地盤幹部の大なる反感を招くことを恐れ(30)」たことから、取り止めとなった。このため、候補者問題は振り出しに戻ったが、一月二八日に漸く一区の政友会からは前職鈴木安孝と石川定辰が立つことが決まった。ここで、木堂会から候補者を出すことに成功したのである。しかし、両候補者の間で北秋田郡に関する地盤協定はできず、自由競争となったらしい。

この状況について、『秋田魁新報』二月一日号は「北秋に於ける政友派は石川定辰氏鈴木氏に一歩先んじての進出ぶりであつたが、旧政友系の成田重太郎県議はこれを喜ばず党内勢力維持の上から突如鈴木安孝氏を担ぎ来り、北秋に於ける鈴木、池内系統を打つて一丸として後援させる計画」に出たという。これにより、成田の地元である中央部を中心にして多くの北秋田郡政友会票は鈴木に流れることになった。この成田重太郎は記事中にも「党内勢力維持の上から」鈴木を支持したとあるように、北秋田郡内での中田儀直等木堂会に対し、強い対抗意識を持っていたと考えられる。両者は将来の衆議院議員候補者の座を巡って激しいつばぜり合いを演じていたのであろう。また、前引記事で石川定辰支持としてあった渡辺忠行も、石川陣営から離れていった。渡辺は大館部の長木村出身で政友会系人物であったが、木堂会とは関係なかった。おそらくそのために、北秋田郡での石川陣営の運動を渡辺等が中心になるか、木堂会が中心になるかで争いが生じたらしい[31]。

一月三一日の「中田儀直日記」には、「渡辺君と事務所其他の事に就て協議せるも一致せず」とあり、二月三日には「渡辺君などのやり方に就て癪に触る事が多いが、勝たねばならない為めに忍ぶ」とある。そして、二月一三日には、渡辺も横山会も石川陣営から去っていき、演説会は中田と石川の二人で廻るという淋しい姿で投票日を迎え、中田自身も諦めて投票所にいかなかった。

開票の結果は、やはり石川は北秋田郡でも同じ政友会の鈴木に大きく負け、一区全体でもさらに大きく引離されて落選した。北秋田郡政友会派の票は成田重太郎によって鈴木に回され、また渡辺忠行の地盤長木村の票は逆に民政党田中隆三へ流れた。

第一八回総選挙（一九三二年二月　当選者、政友会杉本国太郎・鈴木安孝、民政党田中隆三・町田忠治）

政友会犬養内閣の下で行われた第一八回総選挙では、当然のことながら政友会、そして木堂会は大いに活性化した。

中田等は今度こそ政友会を勝たせ、同時に木堂会関係者から当選者を出そうと活動した。しかし、そう考えたのは木堂会だけではなく、他の政友会系勢力からも立候補者の名前が多く上がり、そのために候補者選定は非常に複雑な経緯を辿ることになったが、ここでは中田に焦点を絞って記述する。

政友会支部では、以上のような事情であったため、候補者を従来の二名から三名に増加する案が有力であった。しかし、ここでも秋田県支部の幹部の意向によって、当選確実な二名だけを擁立することになり、二月六日秋田県一区からは鈴木安孝と中西徳五郎（山本郡）が公認を得た。しかし、直後に不満が一挙に飛び出した。

鈴木氏は論外として中西徳五郎氏の擁立については鎌田、松崎、熊井各氏が猛烈に反対し到底支部の意見一致を見られざる情勢に、六日夜川村竹治氏より支部宛松崎了四郎氏を挙げては如何との電報があつたので七日同支部に鈴木支部長始め在秋幹部集合凝議をなしたが容易に意見決定を見ず、一方北秋政友派の中田県議擁立論も意外に強硬で共に相譲らざるものあり、〔中略〕政友第一区は今や中西、松崎、中田、池田に既定の鈴木氏を加へ公認二名に対し五名の候補過剰の状況で候補者決定までには尚相当の内紛を醸すべく(32)

このような状況の中で、大館の中田擁立運動は実際に非常に熱心で、秋田市に人を派遣して支部幹部と交渉し、あるいはたとえ非公認でも木堂会等を中心に中田を立候補させることが検討されていた。しかし、こののち、それまで有力視されてはいたが本人が立候補を辞退していた杉本国太郎（山本郡能代、製材業者、県議）が突如立候補の意向を固め、結局鈴木と杉本を公認候補として政友会は戦うことになった。この間の事情を、中田自身は大館町青年会や秋田木堂会同志に向かって次のように語ったという。

東京川村〔竹治〕氏邸に於て支部の選挙委員会開き一区から川村、横山、鈴木、石川、杉本、中西の六氏を候補の候補として挙げ、この六氏に付協議の結果、鈴木、杉本の両氏に人選を決し、支部に帰つて常任幹事会を開き正式に本部に公認を要求するに当て、杉本氏は絶対に受託せぬため、再び委員が上京して川村氏宅で人選を行つた結果中西氏を推薦することに決定し、帰県して中西氏の公認を要求せんとしたが、選挙区の情勢は中西氏では不利で反対党を有利に導くのみであるとの情報部の報告に鑑み、更に常任幹事及選挙委員の聯合会を開いて人選を協議の結果、不肖中田にお鉢が廻はつた、然し自分はお鉢を廻はされても自分の手で当選に確信ある軍費の調達が簡単にゆかぬが公認にさえなるなら、在京の先輩友人の手で相当纏まつた金が出来る積りだから、その方面の確答を得る迄保留を乞ひ上京して接衝（ママ）の結果軍費調達の可能性あればその旨直ちに打電するから、着電次第本部へ公認要求を電請されたいと、鈴木支部長と固く約束して八日の朝上越線廻りで上京した。斯くて東京において東京木堂会その他先輩を歴訪して、大体予期の軍費を調達し得る見込み立った矢先、杉本氏が突如立候補を承諾し本部またこれを公認したとの報を聞き、事の以外（ママ）に本部および川村委員長を訪問して、今回の人選につき支部の取った態度を難じ、且選挙委員長としての川村氏にも色々強いことを言つて帰つた。〔中略〕自分は最初立候補の意思などなかつたが、選挙委員会で人選に人選を重ねた結果、杉本、中西の両氏が駄目で、結局自分にお鉢が廻はつたため、事情斯くの如くんばとあつて立候補を決意したものである。然るに問題が逆転して最初の杉本氏が出馬を決意し、本部これを公認した以上、党の戦略たる二名擁立して二名取るといふ方針の上から、強ひて意気地をたて、立候補せんとすれば、前述の如き行懸り上支部では本部に公認方を要求—現に要求した—し或は本部でも公認するかも知れぬが、対敵作戦上三名では不利この上ないと考ひ、自分の意地を捨て、党員として党本位の立脚地から、たとひ本部で公認するとも、断然立候補は辞退することにした次第である(33)

すなわち、自分は木堂会等の関係から立候補しなくては申訳ないが、「党員」として「党本位」の立場から断念したというのである。この結果、北秋田郡は協定選挙区の関係から杉本を支持することになり、中田らもその方向で活動するようになった。

投票の結果は、北秋田郡の政友会票はみごとに杉本に集中した。従来、中田等と必ずしも一致しなかった成田重太郎（彼は従来の鈴木との関係から鈴木を支持するのではないかと見られていた）や渡辺忠行らも杉本支持に廻り、地盤協定は完全に遂行された。そして、政友会票そのものも大幅に増加した。これによって、杉本はトップで当選することができた。

第一九回総選挙（一九三六年二月　当選者、民政党町田忠治・中川重春・信太儀右衛門、政友会石川定辰）

第一九回総選挙では、第一区政友会からは、現職の鈴木安孝、杉本国太郎と新人の石川定辰、中田儀直の名前が上がった。一般的には現職が優先されるが、なかなかまとまれず、一月二九日にやっと鈴木安孝と中田儀直が公認候補となった。中田は、在郷軍人会や青年団での活動を通じて政友会支部幹事長小山田義孝や、元幹事長で支部の有力者の刈田義門等と親しくなっていた。彼自身もこの時支部の幹事長であり、同年末には支部長となっている。在郷軍人会、青年団の活動が中田を政友会県支部での地位を上昇させ、今回の選挙では晴れて公認を勝ち取ったのである。

しかし、これに不満を持った石川定辰が非公認で立候補した。その理由は、鈴木安孝は現職の秋田市長であり（市長は市部の獲得票数を加えることができなかった）、形勢によっては辞退する可能性があったからであるが、石川のこの作戦は奏功し、結局二月三日に鈴木が立候補を辞退し、すでに立候補していた石川は容易に公認を得ることができた。この結果、木堂会関係者の二人が政友会公認候補となり、木堂会から念願の代議士を当選させる可能性が高くなったのである。そして両者の地盤協定は、中田が北秋田郡、石川は秋田市、河辺郡、南秋田郡としたが、山本郡は郡内の政友会派が二派に分かれ幹部派は中田を、非幹部派は石川を支持し、また鹿角郡は自由競争となった。

ところが、投票結果からみれば、両者ともに振るわなかった。その理由は、政友会自身この選挙を野党的立場で行わなければならなかったこと、そして既成政党を批判する形で粛正選挙が行われたこと、がまず挙げられよう。秋田県第一区の場合は民政党が優勢であり、政友会は与党の時には定員半分の二名を獲得することができたが、そうでない場合は政友会全体で約二万票強しか獲得できず、そのため一名しか当選させられなかった。この状態は昭和戦前期で一貫しており、この選挙でも中田、石川合わせて約二万票であり、どちらが最下位で当選するか、が事実上の焦点であった。したがって、政友会同志の一騎打であり、そのために地盤協定そのものの意味がなく、自由競争に近い状態となったのであった。逆に与党の時は、票配分さえ成功すれば確実に二名を当選させられたので、地盤協定は比較的厳格に守られた。

もう少し子細に見ていくと、例えば中田の場合、彼が立候補した影響で北秋田郡の政友会票は彼に集中し、また、政友会が与党として戦った一九二八年の選挙よりも政友会票は増加しているが、その他の郡では低迷した。大選挙区時代以降、二大政党は協定選挙区制度を利用してきたが、これが有効に機能するには、地元から候補者を出せない郡が他郡の候補にどれだけ献身するかが重要であったが、これにはおおむね成功していたようである。前述のように、北秋田郡政友会派も、与党選挙の場合は成功していた。しかし、この中田のように地元の一郡のみに集中したことは、この方式が機能しなくなったことを意味した。もちろん、従来も政友会が野党の場合は、同じような傾向があったが、昭和十年代ではそれに拍車がかかったようである。じつは、この傾向は民政党総裁として選挙区内から幅広く票を獲得できる町田忠治のようなタイプを除いて、昭和十年代を通じて郡部の既成政党候補全般に当てはまることであり、また全国的にも同じような現象が見られるようである(34)。党組織のみならず個人的ネットワークも動員できる地元郡では、従来と同じかあるいはそれ以上の票が期待できたが、自党の県議候補者等の活動に頼らざるを得ない他郡ではそのようにいかなくなったということではないであろうか。つまり、少しずつ既成政党組織の凝集力が弱りつつあったのである。

このことは、次の第二〇回総選挙でも同様であった。政友会は中田、石川を再び公認候補として送り出したが、今度は中田が石川を上回り当選した。

第二一回総選挙（一九四二年四月　当選者、町田忠治・信太儀右衛門・二田是儀・中川重春）

この翼賛選挙の実態は新聞情報が少ないためよく分からないので、「中田儀直日記」から彼の選挙活動を見ていくことにする。彼の選挙活動を支えたのは、やはり田中磯松、田堰武四郎、金谷嘉一、松原慎一郎、柴田永蔵ら木堂会系の大館の県議、町会議員であった。さらに、この時には全国の木堂会の中心人物鷲尾義直が大館に来て、中田の選挙公報を執筆するなど多大な援助を与えていた。また、やはり木堂会員と思われる庄司なる人物も東京から応援に駆けつけ、演説会で雄弁をふるった。ところで、鷲尾の執筆になる選挙公報には、次のような一節がある。

議会が創設されて以来五十年、幾多先賢愛国の至誠に発した苦心努力に依りて、順次発達を見来たつたのでありますが、年処を経るに従つて、各種の弊害も亦自から生じ、殊に最近時勢の激動急変に会するや、動もすれば時代の進運に伴ふ能はざるかの如き非難をさへ招くに至つたのは、まことに遺憾に堪へない所であります。併し乍ら上意下達といひ、下情上通といひ、国民の総意を徴して、大政を翼賛し奉る上に、議会を措いて他の何物に之を求むることが出来ませう。弊風は之を排すべし、陋習は之を斥くべし、而して正しき有力なる議会を造ることが真に必要な今日なのであります。

大東亜戦争貫徹のために議会も翼賛機関として協力することを強調した選挙公報が多い中で、議会の独立性を主張し、さらに従来の議会を比較的擁護しているのがこの公報の特徴であった。木堂会の面目躍如というところであろう。

また、中田は依然として政友会にも依存していた。岡田忠彦（衆議院議長、政友会領袖）から選挙資金を貰っていたし、各地で中田が演説会を開催する際にも、それぞれ従来から親交のある地元の政友会系人物が応援演説にやってきた（もっとも演説会の聴衆は極端に少なかった）。彼らの関係は、たとえ党中央組織が消滅しても途絶えることは無かったのである。しかし、政友会が解散している以上、公に党活動ができないのだから当然であるが、日記から受ける印象では、旧政友会組織よりも木堂会が選挙の前面に出てきたようである。旧政友会員でも木堂会員とそうでない政友会員がいるが、中田の選挙運動の中心となっている人物たちは木堂会員の旧政友会員である、ということである。さらに、中田の従来の在郷軍人会、青年団等の活動、そして、おそらく大政翼賛会事務総長であった横山助成の推挙もあって大政翼賛会推薦候補となった。したがって、各種の公的団体が中田の強力な支持基盤となった。また、中田はこの年の正月に、石原莞爾の主催する東亜聯盟の講習会に出席している。周知のように、東亜聯盟は東条英機首相に圧力をかけられていたのであるが、中田はそれにもかかわらず堂々と関係を持っていた。そして、おそらくこの方面からの選挙への動員もあったと考えられる。

以上のように、翼賛選挙における中田の行動は、旧政友会組織、議会を重視する木堂会、大政翼賛会、そして東亜聯盟と多彩であった。それらは論理的にも対立するものであったし、実際に中央政治では深刻な対立が生じていたものもある。しかし、地方政治家中田儀直にあっては、それらはさほど矛盾無く受容されていた。ここに地方政治の一つの特徴があるように思われる。

ところで地盤であるが、彼が遊説した地域は従来通り、北秋田、鹿角、山本郡に限定されており、実際の獲得票もそこに集中していた。本来であれば、政党が解消されたことによって協定選挙区制度は無くなり、また翼賛選挙自体がそのような地域性を排斥しようとしていたのであるから、特定郡に集中していることは、中田自身が他の郡で選挙活動をやってもあまり意味が無いと感じ、地元に集中したからであろうか。

最終的に、中田は前回の一万三二二四票から一万三三七票へと約三〇〇〇票ほど減らし、その結果、推薦候補であるにもかかわらず落選した。この時でも、北秋田郡の得票は安定していたが、その他の郡の得票が大幅に減少し、それ故に落選したのであった。したがって、中田の選挙活動に関しては、第一に、党組織は消滅してもその支部組織の人間関係は依然健在であり未だ機能していたこと、第二に、働きかける対象が個人のネットワークをフルに利用して多様化したこと、の二点が指摘できる。翻って考えてみれば、このような多様な個人的ネットワークこそが個人後援会であった。地域の共同性を背景とした既成政党の集票能力が弱まり、候補者が個人として様々な組織を選挙区ごとに組織する個人後援会が選挙場裡で主流になりつつあった。ただし、中田の場合は、その活動が地元郡に限定され、選挙区全体には及ばなかった。これが落選の原因となったのである。

以上のように、北秋田郡政友会勢力の動向をみると、昭和〇年代の中田等秋田木堂会系は、「党本位」の下で不満は持ちつつも兎も角も有効に機能し、北秋田郡以外の鈴木安孝、杉本国太郎等候補者に対し北秋田郡の票を提供していた。しかし、昭和十年代に入ると、少しずつではあるが、政党としての凝集力が弱まり、候補者はさらに党以外の様々な組織に依存する必要に迫られたのであった。

おわりに

地方の政治状況は、中央の影響を非常に強く受ける。これは近代化の深まりとともに当然起こるべき現象であろう。しかし、中央の影響が地方に投入された途端に、また独立したものとなる。地域の受け手の側は、それぞれの立場によって中央からの流れをかなり自由に受け止め、自己に有利に利用していく。したがって、地方政治はそれぞれ非常に個性的なものへと姿を変えていく。

このような中にあって、政党の地方組織は、それ自体独立した形では強固な組織を持たなかったが、地域社会の共同性などと深い関係を持ちながら強い結集力を持っていた。特に、選挙における動員力は、現在の選挙の投票率の低さと比較してみると、相当なものであったと言わざるを得ず、単に名望家政党として片付けてしまうことはできない。しかし、政党が政権を離れる昭和十年代には変化が見え始めた。翼賛選挙でも旧政友会組織はそれなりに機能しており決して侮れないが、候補者の党組織への依存度は少しずつ減少し、逆に彼らは地域で新たに多様なネットワーク、個人後援会を築き始めていた。筆者は以前に、木堂会や在郷軍人会のように名望家ネットワークを介さずに中央から国民に働きかける「直結型挙国一致」論を提案したが、地方の政治家はそれらを地域単位で受け止め、自分の下に組織していくのであった。[35]この傾向は戦後に継続されていく。中田に即して言えば、東亜聯盟同志会、[36]機械金属工業会、大館読書会、各種育英会等がその舞台であった。

注

（1）伊多波英夫『中田儀直—その人と時代—』（中田直敏発行、一九七八年）、七二～七三頁。
（2）中田直敏氏所蔵文書。
（3）『北鹿新聞』（秋田県立図書館所蔵）一九七五年五月一四日・一九七六年一月二八日・一九七七年一月二八日各号。
（4）時任英人『犬養毅』（論創社、一九九一年）、九頁。
（5）明治末頃から大正初期にかけて、大館町をリードしていたのは町人で「内町」を代表する小野長治であったという。小野は「マルコ」の屋号で呉服店を経営していた。
（6）大館市史編さん委員会編『大館市史』第三巻下（大館市、一九八六年）、一五頁。

(7)『北鹿新聞』一九七六年六月四日号等。
(8)『北鹿新聞』一九七六年六月四日号。
(9)『北鹿新聞』一九三三年五月一七日号。
(10)例えば、一九二七年九月の県会議員選挙の際に、無産党運動に関与し、のちに秋田県革新農村協議会幹事をつとめる中村次郎も中田を支持していた。彼は、「私は現在、政党に愛想をつかし、無党派連盟を日ごろ口に、筆に主張してきた。今回の選挙に、時偶々少年時代の顔見知りである中田儀直が、中立の、然も理想選挙で出馬し、私の郷里の青年たちも同氏に声援している。その同志の要請もあり、心動いて応援演説に中田氏と何度か行を共にした」(前掲注(1)『中田儀直』、一三九頁)と述べている。
(11)前掲注(1)『中田儀直』、一四一頁。
(12)「中田儀直日記」は中田直敏氏所蔵文書の一つで、現在では国立国会図書館憲政資料室でマイクロフィルムで閲覧できる。
(13)前掲注(1)『中田儀直』、一五七頁。
(14)前掲注(1)『中田儀直』、一四二頁。
(15)前掲注(12)「中田儀直日記」一九三〇年二月二一日条には、総選挙で落選した安部磯雄に対して「同情に堪いない」という記述がある。つまり、地方無産派グループが政友会所属であるが地方政治家中田に親密であったように、既成政党員中田も無産派リーダーに同情的であった。
(16)『北鹿新聞』一九七七年二月二五日号。
(17)『秋田魁新報』一九三〇年一月一八日号。
(18)加藤陽子「政友会における「変化の制度化」」(有馬学・三谷博編『近代日本の政治構造』吉川弘文館、一九九三年)参照。
(19)前掲注(1)『中田儀直』、一二〇頁。
(20)本書第I部第二章第二節「大選挙区制度下の総選挙と地域政治社会」。
(21)『北鹿新聞五十年小史』(北鹿新聞、一九六八年)口絵参照。
(22)前掲注(21)『北鹿新聞五十年小史』、九頁。
(23)『北鹿朝日新聞』一九三一年九月二五日号。
(24)『北鹿朝日新聞』一九三〇年三月二〇日号。

(25)『北鹿新聞』一九三二年二月一三日号。
(26)『秋田魁新報』一九二八年一月三〇日号。
(27)前掲注(12)「中田儀直日記」。
(28)中田直敏氏所蔵文書。
(29)『秋田魁新報』一九三〇年一月一七日号。
(30)『秋田魁新報』一九三〇年一月一八日号。
(31)これは次回の第一八回選挙でのことであるが、『北鹿新聞』一九三二年二月一八日号によれば、渡辺は中田が木堂会に依存して立候補準備をしていることを批判し、党の組織を通じて公認要請をすべきであると述べている。
(32)『秋田魁新報』一九三二年二月九日号。
(33)『北鹿新聞』一九三二年二月一三日号。
(34)本書、第Ⅰ部第二章第一節「戦前期の総選挙と地域社会」参照。各地域それぞれの事情があるので一概に言えないが、数字的にはそれまで各候補者の得票は二つくらいの郡からの票がその多くを占めていたが、そのうちの一方の郡（おそらく地元郡）の票は依然としてその候補者にいくが、もう一つの郡の票は徐々に減少していくようである。
(35)季武嘉也『大正期の政治構造』（吉川弘文館、一九九八年）、序章第一節参照。
(36)中田は一九五二年に東亜聯盟同志会に参加している（前掲注(1)『中田儀直』、三〇四頁）。

終章　「地方的団結」の行方

――国民国家から総力戦国家へ――

最後に、本書のこれまでの選挙と政党に関わる論点を、国政と関連させながら時期を分けて整理していきたい。

第一の時期は、明治の出発から一八九八年（明治三一）の憲政党結成までである。黒船来航に国家的危機感を抱いたのは藩閥官僚政府だけでなく、民間の志士たちも同じであった。身分制から解き放たれて自由、平等を手に入れた彼らは、積極的に政治を語り、活動範囲を広げていく。自由民権運動に参加し、国会期成同盟に集まった全国の活動家は一八八一年に自由党を結成し、さらにイギリスの二大政党制に強い影響を受けた大隈重信らは、翌年に立憲改進党を創立した。彼らはまた、自らが主体となって、国民の力で日本を変革し危機を乗り越えることも目標にしていた。しかし、その情熱が強ければ強いほど行動は過激となり、政党活動はむしろ沈滞した。

そのようななかで、再び彼らの活動が活発化したのが、一八八七年頃から始まる大同団結運動であった。党派を問わず、国家の浮沈に関わる「三大事件」（言論集会の自由、地租軽減、条約改正）や「実際問題」（憲法、外交政略、財政整理、兵馬及警察組織、地方自治、農工商政策）を、「地方的団結」を上に積み上げ、国家的団結を達成することで解決しようと呼びかけ、実際に大きな動きとなった。保安条例で一時は鎮静したものの、一八九〇年に帝国議会が始まると、政党合同こそしなかったが、衆議院で優勢な民党は予算審議で藩閥政府を追い詰め、藩閥政府側も「明治政府末路の一戦」[1]とばかりに背水の陣を敷かざるを得なかった。

藩閥政府のこの危機を救ったのは、一八九四年に勃発した日清戦争であった。戦争の興奮が国内の対立を凍結したのである。しかし、第Ⅰ部第二章で示したように、じつは同時に選挙区単位で一候補者独占型、すなわち「地方的団結」が急速に進んでおり、さらにその傾向は県単位でもみられた。こうしたなか、日清戦後になって戦後経営、対ロ強硬外交など国策が明確となり、そのための増税（地租増徴）が誰の目にも明らかになると、誰がそれを実現するかが重要な焦点となった。そこに登場したのが平岡浩太郎であった。彼は、藩閥側に地租増徴の実現と引き換えに、民党合同による政党内閣の成立を認めさせようとした。結果的に地租増徴には失敗したが、「地方的団結」の上での国民的一党制の実現と日本初の政党内閣樹立に成功したのである。しかし、この時の政党内閣は平岡自身も認めていたように、一時的な取引による成果であって観念先行的な夢であった。それを構造化、実体化したのが、二〇年後の原敬政友会政党内閣であった。

第二の時期は、隈板内閣瓦解から一九二五年（大正一四）の普通選挙法成立までである。日清・日露戦争で勝利し、独立の危機を乗り切った日本の次の目標は、生活の改善、地方の発展、社会の改良の上での国際的経済競争への対応であり、産業化、近代化、民主化であった。これに最も積極的に取り組んだのが立憲政友会であった。一九〇〇年の創設当時、政友会総裁の伊藤博文は、国家の発展のためには政府（藩閥・官僚閥）のみならず「国民自ら奮つて其政治の如何と云ふ事を明かに知り得るの能力を養成して、之を宜きに誘導することが必要であるが、此宜きに誘導すると云ふ事即ち政党の尤も必要なる職務」とか、「苟も政党たる以上は一の規律の下に動くと云ふことにならなければ立法上に於て其意志を現はすに於ても、又国民の指導者たらんとする場合に於ても、事実上之は止むを得ぬ事」[2]と述べているように、経済発展など国家・公益のために官僚と協力して国民を「誘導」するのが政党であり、同時に政党は「兵隊」ほどではないにしろ、規律をもって行動しなければならないと主張した。もし、この言葉通りであるとすれば、政友会はほとんど「軍隊」的組織をもった吏党であり、しかも結党時に過半数を超えていたことを考え合わせれば、国家的一党制に近い状態であったといえよう。なお、政友会には、吏党から大岡育造、元田肇なども参加した。第Ⅰ部第三章第二節「山県有朋と三党鼎立論の実相」でみたように、第三党に所属した代議士たちは必ずしも保守的、非民主的な面ばかりでなく、産業振興に熱心であり、経験がある者が多かった。こののち、改進党系政党も含め二大政党は、吏党を吸収しながら組織を充実させていくことになる。(3)

さて、伊藤の後継者原敬も、政府との協力という点ではその理念を継承した。一九一一年（明治四四）一月二九日、当時の桂太郎首相（長州閥、陸軍大将）が、政友会と「情意投合」して国政にあたると宣言したことは有名であるが、これについて原は「我憲政史に一新紀元を与ふべし」(4)と珍しく喜びを隠さずに日記に記している。彼にとって「情意投合」は、すべての国家機構の協力体制が構築されたことを意味したのであろう。筆者は以前に、挙国一致の類型として各政治集団の指導者たちが協力する体制を「指導者集団挙国一致」(5)と定義したが、「情意投合」もまさしくこれに該当するものであった。

しかし、原は別の面で伊藤に従順ではなかった。伊藤は外部から総裁専制と批判されたが、原政友会の場合は、たしかに組織として整然としていたが、決して上からの一方通行ではなかった。彼はさまざまな地方利益要求を吸い上げまとめ上げて積極主義(6)として提示した。このような原を、あるいは原が支えたのが「地方的団結」であった。第Ⅰ部第二章でみたように、この時期の郡部は、二候補者対立型と一候補者独占型が多く、また、地域の共同性を背景に票数が安定していたが、このことを利用して、政友会は協定選挙区制によって議席数を伸ばした。伏見岳人氏が、政友会は候補者を調整することで安定した議席数を確保することが予想された(7)とした背景には、このような「地方的団結」が控えていたのである。また、明治中期以降に、中央—県—郡—町村、という地方制度が整備されたことも政党組織の充実に貢献した。こうして原敬は政友会を、地方名望家を結合の核として、上意下達でも下意上達でもない形で中央と地方を結ぶ付け、かつ強固な組織力を持つ「地域中央結合集団」に育て上げた。その影響力は、上は国政の頂点に達し、下は「地方的団結」を通して一般住民にまで及んでおり、国家的一党制や国民的一党制のような全体性こそないが、国家と国民を結び付けた一党優位政党制を確立したのであった(8)。

この時期の改進党系政党（国民党、立憲同志会、憲政会）にも言及しておこう。久野洋『近代日本政治と犬養毅—一八九〇～一九一五—』(9)は、当時の先進地域岡山県を例に、カネのかかる政友会型の積極政策よりも減税を主張する者が多い地域があったことを示した。犬養毅にしても、国内インフラの整備を重視する積極政策よりも、海外との貿易通商を重視する考え方が強かった。おそらく、同じような考え方を持つ者たちが改進党系政党の支持者であったろうし、また、政友会よりも民主化を求める者、政友会よりも対外硬的な考えを持つ者たちも同党を支持者した。さらに、東日本、東北では比較的早く改進党系政党が地域社会に浸透し、大選挙区制と相まって順調に党勢を伸ばした。改進党系政党は、彼らを取りまとめる形で二党制の一翼を担ったのである。

しかし、その内部には激しい対立を抱えていた。それは、政友会と同じく桂太郎内閣に接近を図ろうとする大石正巳を中心とした改革派と、政友会との提携によって桂太郎内閣との対決をめざす犬養毅らの非改革派の争いであった。前者は「情意投合」を喜んだ時の政友会と同じ国家的一党制を、後者は民党連合による国民的一党制をめざしたものと思われる。この状況の中で、桂太郎が新党樹立を宣言したため国民党は、伊藤博文的な政友会をめざす立憲同志会と、少数党ながら新たな挙国一致体制をめざす犬養の国民党に分裂した。この後、立憲同志会や民政党は、伊藤之雄『大正デモクラシーと政党政治』(10)、奈良岡聰智『加藤高明と政党政治—二大政党制への道—』(11)で明らかになったように、政策目標の面では財政健全主義・普選・協調外交を旗印に、イギリス的な本格的二大政党制をめざす憲政会へと生まれ変わるが、政党組織面では加藤総裁を中心として徐々に原敬政友会に近づいていく。原敬によって構造化された政党組織は反対党にも伝播し、両党は本格的な二党制を形成して一九二四〜一九三二年（大正一三〜昭和七）の政党内閣時代を作り上げたが、同時に両党は類似した組織面から既成政党と呼ばれるようになった。[12]

政党政治がピークを迎える一方で、第一次世界大戦後には大きな社会的変化が生じていた。第Ⅰ部第二章で混戦型の地域が増加したことからわかるように、名望家の寄生地主化、教育制度の充実、西欧思想の流入などの影響によって、名望家の社会的影響力が大きく後退し始めたのである。江戸時代の農村秩序を支えていた名主などの指導者層と一般農民の関係は、例えば、上山和雄『陣笠代議士の研究』[13]が名望家のきめ細かい住民へのサービスとして示したように、近代に入っても地方名望家秩序へ継承され「地方的団結」の中核を形成したが、それが後退したことは国家と国民を結ぶ環の劣化を意味し、国民は原子化し大衆化する様相をみせた。そこへ、一九二五年に普選が導入されたことで、いわば大量の無党派層が発生し、川人貞史氏が指摘したナショナルスウィングが起こったと考えられる。[14]

さて、次の普選導入以降の第三の時期であるが、一時的に大衆化したものの、日本の場合、西欧のように直ちに大衆社会に突入したわけではなかった。簡単にいえば、軍・官・民がこぞって社会の中に自らが積極的に関わる組織を全国的、本格的に展開しようとし始めたのである。在郷軍人会、町内会・部落会、婦人団体、青年団、産業組合、同業組合、農民・労働組合、各種社会団体などである。[15]じつは政党も手を拱いてはいなかった。政友会総裁田中義一が在郷軍人会を集票組織として利用しようとしたばかりでなく、[16]第Ⅱ部第七章でみた木堂会や、若槻会、床次会など党首名を冠した既成政党の別働隊的組織を、全国的に展開しようとした。

しかし、政党の場合、より広範に普及したのは個人後援会であった。これを支えた柱の一つは「変貌解体しはじめていたが、まだ集票能力はあった」[17]名望家秩序であったが、もう一つは前述の第一次大戦後に急速に組織された全国的な団体であった。個人後援会は適宜これら団体を、地域分断的に候補者個人の下に再編成しようとした。こうして、既成政党候補者は個人後援会を通して大衆に入り込んでいったのである。ただし、それは候補者による、いわば「上からの」組織化であり、典型的な大衆政党とはいえない。むしろ、薄れゆく「地方的団結」を名望家に替わって補完するものであり、候補者が個人として地域と中央を結び付けるものであった。

しかし、昭和初期の世界的激動の中で、政党は政界の主役から降ろされる。この時期の政党に託された目標は、世界恐慌や中国ナショナリズムへの対応であり、政友会の産業立国主義、民政党の金解禁、あるいは政友会の田中外交、民政党の幣原外交がそれであったが、残念ながら一九三一年の満州事変以降は、国民から圧倒的な支持を集めることはできなくなった。また、組織として、候補者が個人としての基盤を固める一方、政党としての組織的凝集力は、以前と比較すればどうしても劣ってしまい、非選出部分が大きな力を持つようになると、両党は明治期の民党連合のような政民連携や政民合同という形で抵抗しようとしたが、非選出部分の圧力に打ち勝つことはできなかった。その一方で、社会大衆党など第三党が急速に勢力を増し、なかにはナチス型の「下からの」国民的一党制をめざすグループも生まれたが、結局、戦前の政党は総力戦を可能とした国家的一党制の大政翼賛会として終焉を迎えることになった。日清戦争の頃では、国民的一党制ばかりか、第Ⅱ部第一章第四節（一七六頁）でみたように、総力戦的な国家的一党制という夢もあったが、半世紀を経た昭和戦中期ではそれが現実のものとなるほど、日本社会は大きく変貌を遂げていた。

以上、戦前政党史を概観してきたが、第一期、第二期に続く第三期の終焉は一九五五年体制成立時とすることができるように思われる。第三期では、保守系候補が個人後援会という形で基礎を固め、革新系候補も急速に増加する労働者階級を背景にさまざまな方法で基盤を築いた。戦時議会期では戦争という強い制約によって脇役的位置に止まったが、公職追放という障害を乗り越えることができた候補者たちの強い基盤は、戦後になって華を開かせる。そして、分散していた候補者たちが、保守系、革新系それぞれ大合同した一九五五年（昭和三〇）に二党制が成立した。ただし、自由民主党の場合、その組織面をみれば、個人後援会を底辺として上に積み上げる形の組織であり、党中枢と候補者個人の間には派閥という中間団体を生むことになった。

こうしてみると、おおよそ三〇年の周期で大きな変動があったように思われる。次の三〇年間の自民党は、地域分断的な個人後援会と全国横断的な族議員の統合を兼ね備えていくことになる。

注

（1） 一八九二年の第二次伊藤内閣成立の際、伊藤博文が他の元老に対して述べた言葉（春畝公追頌会編『伊藤博文伝　中巻』春畝公追頌会、一九四〇年、八五六頁）。薩摩・長州閥の指導者を網羅したこの内閣は「元勲総出内閣」と呼ばれた。

（2） 小林雄吾編『立憲政友会史　第一巻』（立憲政友会史編纂部、一九二四年）、一三～一八頁、「伊藤公爵の演説」。

（3） 立憲政友会の経済政策に、吏党出自の大岡育造などが大きな影響を与えたことは、伊藤陽平『日清・日露戦後経営と議会政治―官民調和構想の相克―』（吉川弘文館、二〇二一年）参照。

（4） 原奎一郎編『原敬日記　第三巻』（福村出版、一九六五年）、一九一一年一月二六日条。

（5） 挙国一致の類型については、拙著『大正期の政治構造』（吉川弘文館、一九九八年）、序章第一節「課題と視角」参照。

（6） 積極主義については、以下の原敬の演説を参照されたい。

日本が開国以来所謂開国進取の方針を執り来つて今日の盛運に達したることは、決して消極政策の賜物にあらずして、皆積極政策の賜である。〔中略〕彼等〔反対党憲政会を指す〕は鉄道を延長し、改良するも是は党略の如く考へて居る。港湾の改良修築を致せば又党略のやうに考へ、其他苟も国力を発展し国民の福利を増進すべき積極的の処置を称して、彼等は皆党略なりと申すが如く評して居つたのは今日に始まらぬ。（田中朝吉編『原敬全集　下巻』原敬全集刊行会、一九二九年、八〇二頁）。

(7) 伏見岳人「初期立憲政友会の選挙戦術―大選挙区制下の組織統制過程―(一)~(四)」(『法学』七七―五、七八―二、七九―二、八〇―三、二〇一三~二〇一六年)。
(8) 前掲注(5)で、筆者は挙国一致の類型として「介在型挙国一致」を提示したが、原政友会はこれに該当する。
(9) 久野洋『近代日本政治と犬養毅―一八九〇~一九一五―』(吉川弘文館、二〇二一年)。
(10) 伊藤之雄『大正デモクラシーと政党政治』(山川出版社、一九八七年)。
(11) 奈良岡聰智『加藤高明と政党政治―二大政党制への道―』(山川出版社、二〇〇六年)。
(12) 升味準之輔『日本政党史論　第五巻』(東京大学出版会、一九七九年)、第一四章「まえがき」に「そもそも両党の創立と発展の事情がよく似ている。いずれも藩閥指導者を党首とし、彼の輩下の官財界出身者と民党代議士をあつめて組織され、ほぼ同じ方法で党勢拡張をきそい、政権獲得をあらそった」(二二八頁)とあり、「中央人種」が党の指導者になったこと、「変貌解体しはじめていたが、まだ集票能力はあった」(二二九頁)名望家層が集票を担ったことが挙げられている。ただし、本書で述べたように、既成政党代議士は単に名望家秩序に依存していたわけではなかった。
(13) 上山和雄『陣笠代議士の研究』(日本経済評論社、一九八九年)。
(14) 川人貞史『日本の政党政治　一八九〇―一九三七年―議会分析と選挙の数量分析―』(東京大学出版会、一九九二年)。
(15) 筆者は前掲注(5)『大正期の政治構造』序章第一節「課題と視角」で「直結型挙国一致」を提示したが、それは中央でさまざまな組織が生まれ、それが名望家を通さずに直接的に地域に結び付く形態を意味しており、それを地域分断的に再編成したのが個人後援会であったともいえよう。
(16) 加藤陽子「政友会における「変化の制度化」」(有馬学・三谷博編『近代日本の政治構造』吉川弘文館、一九九三年)。
(17) 前掲注(12)。

あとがき

まず、各章節の初出を示せば以下の通りである。ただし、発表以来長い時間がたっているため大幅に修正を施しているものもある。

第Ⅰ部　選挙制度の変遷と地域・政党
　第一章　選挙制度に関する考察
　　一　日本における選挙制度の変遷（『歴史と地理』五四七、二〇〇一年）
　　二　戦前の選挙区制度と期待される代議士像（『選挙研究』二五―二、二〇〇九年）
　第二章　選挙と地域社会
　　一　戦前期の総選挙と地域社会（『日本歴史』五四四、一九九三年）
　　二　大選挙区制度下の総選挙と地域政治社会（『創価大学人文論集』四、一九九二年）
　第三章　代議士と政党に関する考察
　　一　明治後期・大正期の「地域中央結合集団」としての政党（有馬学・三谷博編『近代日本の政治構造』吉川弘文館、一九九三年）
　　二　山県有朋と三党鼎立論の実相（伊藤隆編『山県有朋と近代日本』吉川弘文館、二〇〇八年）

第Ⅱ部　戦前選挙の実態

第一章　一八九〇年代の地域社会の混乱とその収束（『創価大学人文論集』三四、二〇二二年）

第二章　大同団結運動から憲政党の結成へ（季武嘉也編著『日本近現代史―民意と政党―』（放送大学教育振興会、二〇二一年）所収、第三章「大同団結運動から隈板内閣へ」）

第三章　福岡県の第一三回総選挙（西日本文化協会編『福岡県史　近代研究編各論（二）』（福岡県、一九九六年）所収、「戦前におけるいわゆる大選挙区制と政党支部」（有馬学氏と共著））

第四章　大正期の宮崎県政―「児玉伊織日記」を題材に―（『宮崎県史研究』八、一九九四年）

第五章　一ブロック紙の昭和戦前史―『名古屋新聞』の場合―（『年報・近代日本研究』一二、一九九〇年）

第六章　「実際家」安川敬一郎の普選法案反対活動（有馬学編『近代日本の企業家と政治』吉川弘文館、二〇〇九年）

第七章　中田儀直にみる昭和戦前期秋田県の地方政治（『創価大学人文論集』六、一九九四年）

改めて振り返れば、三〇年間以上に跨る論文集であり、これまでの怠惰ぶりが恥ずかしい限りである。山室建徳氏の「政党をめぐって牢固としてある紋切り型のイメージを崩す突破口は、選挙分析にあるような予感」（「回顧と展望」『史学雑誌』一〇二―五、一九九三年、一七四頁）という言葉を頼りに、山室氏や村瀬信一氏とともに選挙に関する調査を始めて以来、序章でも述べたように、数字と文字の間を行き来し各地で史料を探していたため、多くの時間を費やすことになってしまった。とにかく、体力、気力を失う前にこのような形でまとめることができ、一安心しているところである。

筆者は以前に『大正期の政治構造』で「挙国一致」をキーワードに大正時代の政界上層、すなわち「国家」を俯瞰した。また、『選挙違反の歴史』を上梓し、選挙違反という犯罪行為を通して、いわば「国民」を下から覗くような形で描いた。これに対し、本書は「国家」と「国民」が選挙という場で、両者をつなぐ「地方的団結」を中心にどのように関係しているかを考察した。筆者個人としては、「団結〈solidarity〉」三部作の最後のピースでもあった。

本書の作成に長期間を要したため、お世話になった方は数多い。すでに鬼籍に入られた方もいらっしゃる。羅列するような形になってしまって申し訳ないが、最後に改めて謝辞を述べさせていただきたい。

二〇二四年八月一九日に逝去された伊藤隆氏には、大学学部学生以来、語りつくせないほどの恩を受けた。有馬学氏には宮崎県・福岡県の史料について大変にお世話になるとともに、自由かつ史料に裏打ちされた多くのアイデアをいただいた。日本選挙学会に紹介してくれた楠精一郎氏をはじめ、玉井清、奥健太郎、清水唯一朗、末木孝典各氏の慶応義塾大学法学部関係者、あるいは筑波大学システム情報系岸本一男、前田貢一両氏、東京大学法学部福元健太郎氏には、政治学や数量分析方法など何も知らない筆者に親切に対応していただき、多くのご教示をいただいた。歴史学系のいわば長年の同僚である櫻井良樹、大西比呂志、源川真希各氏や山梨県の先達杉本仁氏、そして、後輩の矢野信幸、小宮一夫、松本洋幸、車田忠継、井上敬介、手塚雄太、久野洋、池田さなえ各氏らには多くの刺激を受けたが、怠惰によりその研究の成果を十分に生かせなかったことをお詫びしたい。

第Ⅱ部第一章・第四章の成果は、宮崎県史編さん委員会関係者のご助力の賜物である。特に、編さん委員野口逸三郎、鬼塚正二両氏、専門調査員矢野一弥氏、室員前田哲司、黒木弘一、小八ヶ代宗明、早日渡志郎、森岡真人、籾木郁朗各氏、嘱託宮野原泰男氏、榎本朗喬氏、高野明子氏、西山朝子氏、および宮崎県立図書館岩切悦子氏には心より御礼申し上げる。第Ⅱ部第二・三・六章は福岡県関係の論文であるが、ここでは福岡県地域史研究所（現・西日本文化協会）の方々にお世話になった。なかでも所長秀村選三氏をはじめ、福岡市博物館野口文氏、東京大学社会科学研究所中村尚史氏、北九州市立いのちのたび博物館日比野利信氏には特に御礼申し上げたい。このほか、第Ⅱ部第五章で「小山松寿関係文書」（現・国立国会図書館憲政資料室所蔵）を閲覧させていただいた小山千鶴子氏、第Ⅱ部第七章でやはり史料閲覧を快くお許し下さった比内町公民館や、「中田儀直日記」（現在、国立国会図書館憲政資料室でマイクロフィルム公開）所蔵者の中田直敏氏には、心より謝意を表する。

最後に、筆者の著作を終始支えてくれた吉川弘文館編集部の斎藤信子氏、本書を担当して下さった同部の宮川久氏、そして、何よりも長期間にわたって安定した研究生活を許してくれた妻智子に感謝するしだいである。

二〇二四年十二月十日

季武嘉也

著者略歴
一九五四年　東京都に生まれる
一九八五年　東京大学大学院博士課程単位取得退学
現在　創価大学文学部教授、博士（文学）

〔主要編著書〕
『大正期の政治構造』（吉川弘文館、一九九八年）
『大正社会と改造の潮流（日本の時代史24）』（編著、吉川弘文館、二〇〇四年）
『選挙違反の歴史』（吉川弘文館、二〇〇七年）
『原敬（日本史リブレット人）』（山川出版社、二〇一〇年）

戦前日本の選挙と政党

二〇二五年（令和七）二月十日　第一刷発行

著者　季《すえ》武《たけ》嘉《よし》也《や》

発行者　吉川道郎

発行所　株式会社　吉川弘文館
郵便番号一一三―〇〇三三
東京都文京区本郷七丁目二番八号
電話〇三―三八一三―九一五一（代）
振替口座〇〇一〇〇―五―二四四番
https://www.yoshikawa-k.co.jp/

組版＝有限会社　緑舎
印刷＝藤原印刷株式会社
製本＝誠製本株式会社
装幀＝山崎　登

ISBN978-4-642-03939-0

索　　引

あ　行

か　行

さ　行

た　行

な　行

は　行

ま　行

や　行

ら　行

わ　行